지역전통과
정체성의 문화정치

― 장성 황룡연구

정근식 김병인 박명희 홍성흡
윤희면 전형택 추명희 오미란 공저

景仁文化社

이 책은 2002년도 한국 학술진흥재단
협동연구(KRF－2002－042－B00100)에 의해 연구되었음.

‖ 책머리에 ‖

이 책은 한국 농촌의 마을공동체들의 기층구조에 관한 연구의 일환으로, 오늘날의 지역정체성의 역사적 기원, 그리고 사회변동과정에서의 현대적 재구성을 검토하는 공동연구의 성과를 묶은 것이다. 이 공동연구는 전남대 호남문화연구소에서 1999년에 구상했던 호남 지역사회 및 마을 기층구조에 관한 장기적이고 종합적인 연구 프로젝트에 기원하고 있다.

우리는 첫번째 연구로 전남 영암의 구림을 대상으로 삼았으며, 여기에서 지역사회 연구방법론을 개발하고, 장기사적 맥락에서 마을이나 군지역사회의 구조나 변동을 어떻게 설명할 것인가를 집중적으로 검토하였다. 그 연구성과가 2003년에 발간한 <구림연구>였다. 다행히 이 공동연구는 많은 분들의 관심을 끌었고, 이것이 후속작업을 기획하는데 자극과 격려가 되었다. 우리는 원래의 문제의식을 보다 구체화하고 일차 연구성과를 보다 일반적 맥락에서 객관화하려는 동기에서 후속연구의 대상지역을 기존의 영암 구림과 대비되는 지역을 선정하기로 하였다. 그래서 섬진강 유역이나 지리산 주변의 산촌을 후보지로 검토했으나, 최종적으로 지역의 전통이나 정체성 연구에 보다 적합한 자료를 구할 수 있는 장성의 황룡을 선정하였다. 이 곳은 영암 구림에 못지 않게 지역의 전통이 뚜렷하고 지방자치제 실시 이후 지역활성화를 위한 문화적 프로젝트가 활발한 지역으로, 특히 황룡은 그런 문화적 자원이 집중된 곳이다.

우리 연구팀은 한국학술진흥재단의 협동연구과제 지원을 받아 연구에 착수할 수 있었다. 연구팀은 역사학, 한문학, 사회학, 인류학 전공자 등 4인으로 구성되었는데, 두 사람은 지역전통의 형성과 재구성에, 다른 두 사람은 주민의 역사적 경험과 일상생활에 초점을 맞추기로 하였다. 그러나 지역사회의 변동을 종합적으로 이해하기 위해서는 시간적으로 보다 긴 기간을 다루어야 하고 주민생활의 다양한 측면에 주목하지 않을 수 없다. 따라서 책의 완성도를 높이기 위하여, 공동연구자들의 연구 이외에 이미 장성의 '전통'의 핵심적 장소인 필암서원에 관하여 훌륭한 연구를 한 바 있는 윤희면, 전형택 교수의 필암서원에 관한 논문, 그리고 우리의 공동연구와 함께 진행된 추명희 박사의 홍길동축제에 관한 연구결과를 포함하기로 하였다. 그리고 연구보조원으로 활동한 오미란의 한마음공동체에 관한 글도 포함하였다. 결국 이 책은 역사학, 한문학, 사회학, 인류학, 지리학 등 서로 다른 배경을 가진 연구자의 공동연구 결과가 된 셈이다. 다만 책을 편집하는 과정에서 필자가 이 책의 의도와 맥락에 맞게 최초의 원고를 약간 수정하였다.

이 공동연구는 공동의 예비답사와 개별 현지조사에 기초하고 있으며, 수차례의 발표와 상호 토론을 거쳤다. 연구의 진행과정에서 전남대 대학원 인류학과의 송하민군과 사학과의 박미선양이 연구보조원으로 많은 도움을 주었다. 항상 그렇지만 지역사회연구는 현지 주민들의 관심과 협조가 없으면, 원활하게 진행될 수 없다. 이러한 어려움을 겪지 않도록 배려해주신 김흥식 장성군수, 그리고 연구자들의 인터뷰에 응해주신 변시연선생, 이종일원장, 기호중선생, 김병욱교

수, 광산 김씨 문숙공파 관계자, 남상도 목사, 안진오 선생, 기타 여러 주민들께 감사의 말씀을 드리지 않을 수 없다.

끝으로 항상 호남문화연구소의 연구성과를 출판하는데 도움을 주는 경인문화사의 한정희 사장께 감사를 드린다.

2004년 7월 10일
연구진을 대표하여 정근식 씀

차 례

서 장
지역전통과 정체성 연구의 시각

정 근 식

I. 전통의 사회적 구성

지역사회의 해체가 오히려 정확한 표현이라고 말할 수 있을 정도로 한국농촌의 현실은 어렵다. 급속하게 팽창한 도시에서의 낮은 수준의 공동체적 통합과 함께 농촌에서의 지속적인 인구 감소와 고령화의 문제가 병존하고 있음은 주지의 사실이다. 지난 40여년간 지속된 이런 경향이 반전될 기미가 없는 가운데 1990년대에 새롭게 형성된 조건들, 즉 세계화와 농업의 개방은 농업생산의 위기를 더욱 가속화시켰다. 그러나 '지역발전'의 전망이 불투명함에도 불구하고 한국농촌의 지방자치단체들은 '지역발전'이라는 화두를 결코 내려놓지 못하고 있다. 이런 어려운 상황에서 나올 수 있는 대안의 하나가 비농업적 전략인데, 이의 중심에 지역의 역사문화적 자원을 활용한 발전 전략이 놓여 있다. 1995년 광주 비엔날레의 개최를 계기로 봇물처럼 터져 나온 지역사회의 문화적 발전전략은 상대적으로 적은 예산으로 가능한 문화이벤트의 시대를 열었다. 이 과정에서 나타나는 두 드러진 현상이 전통의 활용과 정체성의 정치였다. 지역전통을 재구성하여 지역사회의 발전에 활용하거나 공동체적 통합을 꾀하는 현상은 도시나 농촌 어디를 막론하고 나타나는 보편적 현상이었다. 지역의 전통이나 정체성은 지방자치의 질적 제고라는 맥락에서도 중요하지만, 경제적 지역활성화라는 맥락에서도 탐구되어야 할 중요한 의제이다.

오늘날 한국의 지역사회에서 통용되는 '전통'은 언제, 어떻게 형성되었으며, 그것의 현재적 의미는 무엇인가. 지역의 전통이 역사적 사실에 근거한 것인가, 아니면 특정 맥락에서 구성된 것인가는 입장에 따라 많은 논란이 있을 수 있지만, 근래에는 후자에 동의하는 견해가 점차 많아지고 있다. 즉, 전통은 고정 불변하는 역사적 사실이 아니라 항상 현재의 필요에 의해 과거로부터 불러내지며, 동시에 현재적 맥락에 적합하게 재구성되는 것이다. 전통이 가진 이런 구성주의적 시각은 홉스봄이나 앤더슨에 의해 명확하게 정립된 바 있지만, 국민국가단위 뿐 아니라 지역사회단위에서도 적용될 수 있다. 이 글은 한국의 농촌사회의 기저를 이루는 마을공동체의 연속과 단절이라는 시각에서 지역의 전통과 정체성의 문제를 분석하고, 지역 주민들의 역사적 경험이나 주체적 대응이 '전통'과 어떤 관계에 놓이는가를 살펴보기 위한 것이다.

한 지역사회의 역사는 언제나 다양한 모습을 가진다. 전통은 과거 역사를 구성하는 다양한 요소들 중에서 특정의 지배집단이 자신들의 이념이나 이해관계에 따라 취사선택하여 정립한 결과이다. 지역사회에서 창출되는 전통은 언제나 나름대로 의미가 있다고 판단되는 문화요소를 추출하여 비교적 일관성과 통합성을 갖도록 재구성한 것이다. 지역전통은 보통 특정 역사적 시기의 지배관계 속에서 만들어진

문화적 요소를 탈맥락화하여 추상화함으로써 정립된다. 문화적 발전이 강조되는 시기에는 역사적, 설화적 인물이나 다른 자연적 요소로부터 전통을 이끌어내기 쉽다. 이들은 외부에 대해서는 역사적 긍지를 드러내거나 우월함을 주장하며, 내부적으로는 지배문화를 중심으로 내부적 이질성이나 잠재적 갈등요소를 최소화하는 방향으로 나아간다. 전통이 새롭게 만들어지는 과정에 관한 연구(유철인 2000 ; 정근식 외 2003)에서 보면, 지역에 전승되는 전설이나 문화적 자원들이 특정한 계기에 의해 집합적 행사나 축제, 또는 기념비 건립 등을 통해 구체화되는 과정을 밟으며, 여기에서 의례가 중요한 역할을 한다. 이 때 의례는 유교나 불교식을 따름으로써 짐짓 오래된 것 같은 외양을 갖추게 된다.

한번 정립된 지역전통은 쉽게 변화하지 않고 일정한 기간동안 지속적으로 작동한다. 이러한 기간이 하나의 중기적 국면을 이룬다. 지역사회의 구성원들은 이런 전통을 자기정체성으로 인지하고 수용한다. 그런데 전통이 구성되는 맥락과 활용되는 맥락이 서로 달라지면, 여기에 긴장과 모순이 발생한다. 전통을 창출한다는 것은 대외적으로 지역사회의 문화적 자원을 확충하는 것일 뿐 아니라 대내적으로 주민들의 핵심적 통합기제를 만들어내는 것을 의미한다. 사실, 전통의 '창출'은 매우 미묘한 개념이다. 이것은 잃어버린 지역사를 복원시키는 것이지만 때때로 전통의 날조과정이 될 수도 있다. 전통이라는 상징은 흔히 지역의 역사적 경험 중에서 긍정적 측면만을 조합하여 만들어낸 것이며, 실제로 주민들이 경험한 것 중 부정적 측면은 생략되거나 가볍게 다루어진다. 그렇지만, 역사적 근거가 희박한 전통의 날조는 주민들의 자발적 참여를 이끌어내지 못할 뿐 아니라 반발을 불러일으킬 수 있다. 이런 점에서 지역의 상징은 역사적 근거가 뚜렷해야 하고, 주민들의 역사적 감성이나 기호에 적합해야 한다.

강력한 중앙집권형 국가주의하에서 지역 공동체는 동원의 대상이 되었을 뿐 자치의 주체가 아니었다. 따라서 지역의 전통이나 정체성은 크게 강조되지 않았고, 국가주의와 양립할 수 있는 범위에서 지역전통이 강조되었다. 한국사회에서 지역전통은 1960~1970년대의 경제성장기에 재구성된 경우가 많지만, 이런 전통의 정치적 효용이 별로 두드러지지 않았던 것은 이 때문이다. 그러나 1990년대에 지방자치제가 복원되면서 지역의 전통이나 정체성은 이전에 비해 훨씬 중요해졌다. 전통이 지역사회의 발전에서 중요한 문화적 자원으로 활용되기 시작했다. 이런 변화는 지방자치제의 복원과 궤를 같이한다. 지방자치가 경제성장보다 뒤늦게 또는 그것의 결과로써 실시되자, 대부분의 지방정부 또는 기초자치단체들은 지역의 역사적 전통을 문화적 자원으로 만들어가기 위한 프로젝트들을 발전시켰다. 이 과정은 국가의 농촌정책의 실패를 의미할 뿐 아니라 지역사회의 경제적 기반이었던 농업의 어려움, 전망의 불투명을 표현하는 것이기도 하다. 그럼에도 불구하고 지방자치는 국가중심의 역사에서 벗어나 지방중심의 역사를 자리잡게 하고, 정치중심의 지역사보다는 문화중심의 지역사를 더 중요하게 부각시키는 효과를 발휘한다.

농촌에서 전통과 정체성이 군이라는 기초자치단위로 구성된다면, 도시는 기초자치단위보다는 광역자치단위로 구성된다. 도시의 경우 전통은 도시의 기원, 도시화의 속도와 규모, 산업구성에 따라 다르며, 이것은 다시 문화정치의 중요성을 다르게 한다. 도시의 문화정치는 농촌과는 달리 자발적 시민조직에 의존하는 경향을 보인다.

농촌경제의 침체가 만성화되고 구성원이 노령화되는 상황에서 문화전략은 발전전략의 유력한 대안으로 떠오르고 있으나, 전통에 근거한 문화정치가 언제나 순조롭게 진행되는 것은 아니다. 지역의 전통은 그 자체의 개념적 명료함 이외에 사회구성원의 정체성과 호응하는 정도, 그리고 정치적 활용가능성에 따라 부각되는 정도가 다르다. 기존의 전통이 정치적 활용가능성이 낮으면, 지방자치제에 따라 주기적으로 교체되는 지역의 정치집단은 전통의 재구성이나 대체를 꾀한다.

대부분의 문화적 발전전략들에는 역사적 인물이나 문학적 인물의 '지역영웅'으로의 가공과정이 존재한다. 전설이나 설화가 가공이 아니라 역사상의 실재였음을 인정받으려는 욕구가 크다. 이를 주도하는 사람들은 군청이나 지역문화단체이며 이들은 반드시 고고학 또는 민속학, 또는 유학자들의 도움을 받는다. 역사학자들이나 인류학자, 사회학자들은 이들보다는 유보적이거나 비판적인 자세를 취하기 때문에 약간의 거리를 두는 경향이 있다. 이런 전통의 창출에 대하여 역사학자들은 문헌자료적 근거를 발견하기 어렵기 때문에 유보적인 반면, 사회과학자들은 구성주의적 원리를 수용하거나 옹호하기 때문에 이를 하나의 사회적 사실로 관찰하려는 경향이 강하다.

전통은 지역구성원의 집합적 정체성을 구성할 뿐 아니라 문화정치가 활성화되는 경우 유력한 상징적 자본으로 기능한다. 영암의 구림에서 나타난 왕인의 재발견이나 장성에서의 홍길동의 재발견은 이런 사례에 속한다. 한국의 농촌현실에서 시민단체는 새로운 전통을 정립하거나 주도할 힘이 취약하기 때문에 전통의 교체는 이른바 관주도형 프로젝트로 수행될 가능성이 크다. 전통의 재구성은 지역사회의 경우, 군청이나 문화원이 중심이 되어 수행하지만, 때때로 지역사회 외부의 전문가집단이 개입하며, 유력한 지배문중의 관심이나 이해와 밀접히 연관되어 있다.

그러나 전통은 특정한 사회적 지배관계 속에서 만들어진 것이어서 이를 재구성하는 경우 논리적 정합성에 손상을 가져 올 수 있다. 지방정부가 문화적 발전 전략을 취하여 기존의 전통을 재구성하거나 새로운 전통으로 대체하는 경우, 지역주민의 정체성에 혼란을 야기할 수 있다. 이것은 또한 지역사회의 상징적 자원의 재분배를 의미하므로, 권위나 이익에 손상을 입는 집단은 이에 반발할 가능성도 있다.

Ⅱ. 신분제와 전통

근래에 우리 학계는 마을이나 마을권, 또는 그보다 약간 넓은 범위의 지역사회에 대한 집중적 연구를 시도하여 많은 성과를 거두었다. 김일철 외의 『종족마을의 전통과 변화』(1998)를 필두로 지승종 외의 『근대사회변동과 양반』(2000), 그리고 안병직·이영훈 외의 『맛질의 농민들』(2001)이 그 예이다. 최근에는 정근식 외의 『구림연구』(2003)가 출간되었고, 김경옥 등의 영암 영보리에 대한 연구(2003), 박찬승을 중심으로 하여 충남의 내포지역에 관한 공동연구(2004)가 진행 중이다. 전자들에 대해서는 이미 검토한 바 있지만(정근식 외 2003), 『맛질의 농민들』은 특별히 언급할 필요가 있다.

최근의 수량경제사적 연구성과의 하나로 출간된 『맛질의 농민들』은 경북 예천군 용문면 대저리 박씨가문의 고문헌에 입각한 19세기−20세기 전반기의 농촌경제에 관한 장기사적 연구이다. 이 연구는 두가지 측면에서 중요한 문제를 제기하고 있다. 하나는 조선사회의 장기구조사적 변동에 관한 일반적인 역사상, 또는 패러다임의 교체라는 커다란 과제가 제시되고 있다는 점이다. 여기에서 안병직교수는 한국의 농촌을 17세기 후반부터 시작하여 1950년대까지 지속한 소농사회로 규정하였다. 이와 함께 이영훈(2004)은 "근년의 경제사연구가 재확인하거나 새롭게 밝히고 있는 주요 사실"을 농촌에서의 다양한 비시장경제의 강고한 지속, 17세기 후반부터 18세기말까지의 조선경제의 완만한 성장과 안정, 19세기의 인구와 시장의 침체와 19세기 중반이후의 경제의 위기로 요약하였다(2004, 372). 물론 이런 주장은 "20세기 식민지기부터의 근대적 경제성장의 시작"설을 포함하는 것이다. 이 명제는 오랫동안 우리 학계의 정설로 굳어있던 자본주의 맹아론에 대한 본격적 비판을 의미한다. 과거의 식민지사관의 조선사회의 정체성론과 유사한 역사상이어서 곤혹스럽지만, 적극적인 검토를 요구하는 것이다.

두 번째로 주목할 지점은 이 책이 가진 사회사적 함의이다. 안병직 교수는 『맛질의 농민들』의 서문에서, 자본주의 맹아론과 함께, (본격적인 연구성과에 기초한 것은 아니지만), 신분제 해체론도 "거대담론이 빈약한 실증을 대신해온 것"이라고 지적했다. 즉, 그는 "노비제를 기축으로 한 신분원리의 전통사회가 해체되고 있었음은 부정할 수 없는 사실이지만, 20세기의 한국사회와 관련하여 보다 중요하게 관찰되어야할 점은 신분제를 대신할 어떠한 형태의 새로운 질서와 사회적 연대가 모색되어 왔는가라는 점이다. 대안이 없는 해체는 많은 경우 단기간의 극단적인 혼란과 무질서로 끝날 뿐이다"(2001, 6－7). 결국 그는 자본주의 맹아론과 함께 신분제해체론을 한국의 근대사학계를 지배해온 패러다임으로 보고, 이에 대한 비판이 필요한 시점이라고 주장한 것이다.

실제로 한국의 신분제는 갑오개혁에 의해 폐지되었지만, 사회적 사실로서의 신분제는 20세기 전반기의 한국사회에 강력하게 영향을 미쳤다. 기존의 통설에 따르면, 신분제는 19세기에 꾸준히 해체가 진행되어 오면서, 동학농민군의 요구에 의해 결정적으로 타격을 받았고, 갑오개혁으로 최종적으로 폐지된 것이다. 그러나 근래의 지역사회에 관한 구체적인 연구, 특히 장기사적 연구들에 따르면, 식민지하에서의 족보의 간행과 문중 선양을 위한 각종 행사에의 몰두, 그리고 한국전쟁에서 관찰되는 갈등의 중요한 원천으로서의 사회적 차별이 반복적으로 지적되고 있다(지승종 외 2000 ; 정근식 2003 ; 2004). 이것은 20세기의 사회적 사실로서의 신분의 존재양상을 말하는 것이라고 말할 수밖에 없다.

이와 맥락을 같이 하는 것이지만, 오늘날까지 한국의 지역사회는 조선의 지배층이 발전시킨 유교문화나 민중들의 생활문화의 요소들을 자신의 전통으로 삼고 있는 경우가 많다. 근대사회로 전환할 때 시민혁명의 길을 밟지 못했기 때문에 지역의 전통도 또한 역사적 검증을 받을 기회가 없었다. 예컨대, 한국전쟁기에 신분적 요소가 어떻게 주민들의 갈등과 투쟁에 작용했는가, 그리고 한국전쟁기의 경험과 기억이 지역정체성의 재구성과 어떤 연관을 가지는가에 대한 관심이 부재하였다. 근래에 민주화가 이루어지고 또 지역의 문화정치가 활성화되면서 비로소 지역의 전통은 성찰의 대상이 되기 시작했다.

우리 사회에서 전통이라는 이름으로 신분제적 원리가 재생산되고 있는 측면들이 주목될 필요가 있다. 지역의 전통은 과거의 역사적 사실에 기반하여 성립된 것이지만, 현재의 지역사회의 주요 구성원들의 이해에 의해 끊임없이 재구성되는 것이다. 특정 인물과 그가 속한 문중이 지역을 대표하는 상징으로 상승하는 경우도 있지만, 역으로 지배집단이 공유하였던 문화나 상징이 점차 후손에 의해 사적으로 전유되거나 문중화되는 과정을 밟기도 한다. 지역전통과 이에 조응하여 형성되는 지역정체성은 때때로 현대 사회의 시민적 윤리, 즉 민주주의적 이념, 또는 공화주의적 이념에 친화적일 수도 있고, 반대로 이에 어긋날 수도 있다. 전통이 신분적 요소, 특히 지배계급의 문화적 우월성에 근거를 두고 있는 경우, 민주화와 공화주의의 진전은 전통의 지속성에 큰 위협으로 작용한다. 새롭게 정립된 지역전통이 보다 민주주의의 이념에 친화성을 가지는가, 아니면 배타적 우월성을 무의식적으로 고취하고 재생산하는 방향으로 작동하는가는 지역전통의 정립 이전에 형성된 의도적 지향성의 결과라기보다는 사후의 무의식적 효과일 가능성이 크다.

Ⅲ. 연구방법론

나는 영암 구림의 사례연구(정근식 2001 ; 2003)를 통하여 군 지역사회의 신분제적 편성에 주목하면서 조선중기부터 1950년대까지의 군단위 지역사회의 장기사적 변동을 고찰하는 방법론적 틀을 제안하였다. 여기에서는 도선과 대동계, 왕인축제로 유명한 구림에서 전통이 어떻게 형성되고 근대에 이르러 어떻게 변화되었는가, 최근의 여러 문화적 이벤트가 이런 전통을 어떻게 활용하거나 그 전통을 재구성하는가를 탐구하였다. 이를 위한 방법론으로 지역사회의 전체사를 생태지리적 구조, 신분제적 지배, 그리고 지역정체성 등 세 층위로 구성된 것으로 보고, 400년간 지속된 대동계로 표현되는 신분제적 지배는 세 번에 걸쳐 확대된 농지구조(특히 16세기의 간척)에 기반을 두며, 다시 지역정체성의 역사는 신분제의 변동에 기초하는 것으로 설정하였다. 이것은 한국의 농촌사회, 특히 영산강 하류의 지역적 특성과 조선사회에서의 국가의 지역지배의 틀을 고려한 것이다.

이런 장기구조사를 구성하는 요소들은 생태학적 변동, 교통로와 교통수단, 지배문화의 변동이 지역사회에 미치는 영향, 토지소유제도와 구조, 국가권력의 지역지배와 마을의 위상, 마을의 생애사, 마을내 문중집단의 공간적 배치, 전통 불러오기 등 8가지를 들었다. 이런 분석틀은 어떤 이론으로부터 끌어내진 것이라기보다는 연구사례에 대한 장기적 관찰을 통해 얻어진 지표들이다. 그러나 장기적 구조 그 자체와 장기적 구조를 구성하는 요인들을 명백하게 구별하는 것은 쉽지 않다.

한국의 농촌사회의 경우, 생태학적 변동의 장기추세는 서남해안에 인접한 평야지역과 동북부의 산간지역에서 상당히 다르다는 점이 강조될 필요가 있다. 전자의 경우 바다가 강의 매립과 간척을 통한 농지확브의 양상이 두드러지고 이것이 지역사회의 형성, 그리고 신분적 지배질서에 기반한 공동체적 전통과 관련을 맺으며 근대에 들어와 심한 계급적 분화를 보인다면, 후자에서는 상대적으로 생태학적 구조변화의 정도가 낮고, 계급적 분화의 수준이 낮으며, 한번 성립된 권위구조가 더 지속적이라는 특징을 보인다.

조선중기이후 한국의 농촌사회에서 변하지 않는 장기구조로는 신분적 지배질서를 들 수 있다. 지역사회에서 관찰되는 사족들간의 위신을 둘러싼 상징투쟁은 매우 치열했으며, 지역의 지배구조는 이를 통해 끊임없이 교체되면서도 변화하지 않은 장기구조로서의 신분적 지배질서가 형성된 것이다. 이런 장기구조로서의 사족 지배질서는 향약과 향안의 성립을 통해, 그것의 변동상황은 주로 입향조 분석과 함께 생원 진사시와 문과 급제자 분석, 그리고 향안에 기록된 성씨별 분포를 통해 파악될 수 있다. 19세기 후반부터 20세기 중반까지의 시기는 이런 장기구조가 해체되는 국면으로 이해될 수 있다. 이런 국면들사이에 역사적으로 의미있는 사건들, 예컨대 1860년대의 민란이나 1894년의 동학농민혁명, 그리고 1950년의 한국전쟁등이 위치하고 있다. 사건사적 분석은 국면과 구조변동의 맥락에서의 해석과 밀접히 연결될 필요가 있다.

한편, 장기적 구조변동을 탐구하는 적절한 연구단위를 어떻게 설정할 것인가라는 문제가 있다. 이것은 공동체적 생활을 가능케하는 제도나 의식, 행위들의 범위를 고려한 것이었다. 지역사회의 구조는 대체로 국가권력과 지역공동체간의 힘의 배치의 양상에 따라 유형화할 수 있는데, 이는 곧 양반이나 유생들의 권력이 지역내 국가권력을 대변하는 향리집단에 대하여, 그리고 양반과 상민을 대표하는 마을 간에 어떤 배치를 보이고 있는가를 의미한다. 이를 공간적 기준으로 환원하여 이념형적으로 표현한다면, 읍-면 경쟁형, 읍 중심형, 면단위 반촌 우세형 등으로 구분된다. 이런 틀을 경험적 연구에 적용하려면 연구의 범위는 군 지역사회를 전망에 넣으면서 초점이 되는 몇몇 마을권, 또는 마을을 비교 연구해야 할 것이다. 또한 일상적 생활세계에서 중심과 주변을 형성하는 신분적 지배의 축과 농업 생산력을 중심으로 형성되는 계급적 관계의 축을 통일적으로 파악하는 것은 중요한 변혁기의 긴장과 갈등을 포착하는데 중요하다. 마을권은 조선사회의 군 단위 지역편성과 신분적 지배구조가 엮어내는 공간적 배치, 읍과 반촌간의 경쟁, 그리고 반촌을 거점으로 하여 인근 마을들을 묶어 형성되는 가시적인 생활권을 염두에 둔 것이다.

　장기구조사의 경우 연구단위는 고정된 것이 아니라 시간이 지날수록 개방체제가 된다는 점이 연구의 설계에서 어려움을 안겨준다. 수백년전의 마을이나 마을권, 또는 면단위 지역사회가 교통과 통신이 비교할 수 없을 정도로 발달한 오늘날과 동일한 단위로서의 의미를 지니지 않는다. 따라서 연구단위를 물리적으로 고정된 공간으로 설정하여 그 변동을 탐구할 것인가, 아니면 시기에 따라 연구단위를 신축성 있게 설정한 것인가를 선택해야 한다. 전통의 형성을 다룰 때는 특정 마을이나 마을권에 초점을 맞추고, 현대로 올수록 공간적 범위를 군 지역사회 전체로 넓혀가는 방법이 유력한 대안이 된다. 즉, 읍치와 반촌의 선적 대응관계로부터 읍치와 주변 지역전체를 포괄하는 면적 관계로의 전환이 필요하다.

지역사회 연구의 기초가 되는 자료는 첫째, 문헌자료, 둘째, 지역에 남아 있는 각종 비문헌자료, 셋째 주민들의 구술과 증언 등이다. 이들 중에서 가장 중요한 것은 역시 문헌자료인데, 여기에는 국가기구나 도서관이 소장하고 있는 자료 외에 서원이나 향교, 그리고 문중이나 주민들이 소장하고 있는 개인 일기나 문헌 등이 포함된다. 오랫동안 잘 소장되어온 집안의 문중문헌이나 서원, 향교자료를 확보하는 것이 필수적인 작업이다.

비문헌자료는 마을에 존재하는 기념비나 건축물 등이다. 이들도 지역사회연구에 적극적으로 활용될 필요가 있다. 한가지 난점은 대부분의 문헌자료와 기념물 자료는 지배집단에 의해 만들어졌거나 그것을 지향하고 있어서 편향적이라는 점이다. 따라서 이런 신분적, 계급적 자료 편향성을 극복하기 위해 비문헌자료를 주목해야 하지만, 근본적으로 이들은 소량이고 흩어져 있다는 한계를 갖는다.

구술자료는 이런 편향성을 극복하고 사회를 전체로 파악할 수 있는 자료인데, 오래전에 만들어진 구술자료가 거의 없으므로 생존하고 있는 인물들로부터 확보할 수밖에 없고, 따라서 이 구술자료는 항상 노인들에게 초점이 맞춰지는 경향이 있다. 주민들의 구술이 적절한 사료로서의 가치를 지니는가는 역사학계에서는 큰 쟁점이만, 사회학이나 인류학계에서는 구술을 오히려 역사적 사실과 주민들의 기억의 상호관계를 파악하는 핵심적 매개물로 활용하기 시작했다. 증언과 구술을 어떻게 구별할 것인가도 큰 이론적 과제인데, 구술이 갖는 역사적 사실의 증언성과 자신의 삶이 투영된, 또는 자신의 생생한 경험을 통해 걸러진 구성성의 결합으로 파악할 필요가 있다.

지역사연구나 지역정체성 연구의 길잡이는 근래에 활성화되어 있는 향토사 또는 지역사이다. 향토사는 연구의 길잡이로 활용되거나 정체성을 파악하는 수단으로 활용되기도 한다. 향토사는 평가적 차원이 강하며 긍정적 자기정체성을 드러내고 부정적 자기정체성을 배후에 감추는 전략적 기술을 하고 있다는 점을 염두에 두고, 제한적으로, 그러나 적극적으로 활용할 필요가 있다.

우리가 지역사회 기층구조의 변동에서 주목할 것은 지역전통이라는 상징적 자원의 장소적 근거가 되는 마을이 겪었던 변동, 그리고 대중들의 생활권의 변모이다. 전통의 형성은 주로 지역상징의 물질적 근거지가 되는 장소에 대한 집중적 연구를 통해 분석할 수 있다. 여기서 쟁점은 '전통의 형성'에 관한 정의를 역사적 사실로부터 구할 것인가, 아니면 그런 역사적 사실에 근거한 이론적 정립으로 볼 것인가이다. 예컨대 장성에서처럼, 하서 김인후의 연구와 교육, 또는 이후 문도들의 사당건립에서 찾을 것인가, 아니면 훨씬 후에 발생하는 지역전통으로서의 호명 행위들로부터 찾을 것인가이다. 지역의 역사와 지역정체성의 역사는 명백히 구분되는 것이며, 후자는 서술된 '향토사의 역사'를 포함하는 것이다.

한국 근현대사에서 발견되는 지역사회의 구조변동은 첫째 한말의 농민봉기와 국가의 멸망, 둘째, 한국전쟁, 셋째 20세기 후반에 진행된 대규모 이농에 의해 야기되었다. 현대사에서 한국전쟁이 짧은 기간의 급격한 사건사적 계기라면, 이농은 보다 긴 기간에 걸쳐 진행된 국면사적 계기이다. 물론 이런 사회의 기층구조의 변동은 농촌과 도시에서 다르게 나타난다. 구체적으로 농촌지역인 군 지역사회나 마을권 연구에서 구조변동은 인구의 극단적인 감소와 고령화, 농업의 축소, 공동체의 해체, 그리고 신분적 지배의 완전한 소멸로 특징지울 수 있다.

지역사회연구는 해당지역 전체를 골고루 다루는 것이라기보다는 문제의식이나 특정 시각에 의해 포착되는 핵심마을들을 취사선택하여 다루는 것이다. 지역이나 마을권의 장기구조사적 연구는 언급되어야 할 주제의 다양성 때문에 불가피하게 학제간 공동연구를 필요로 하는데, 특별한 예외를 제외하고는 한 지역에 대한 자료의 집중성이 떨어지고 연구자들의 관심이 분산되므로 이런 요구를 수용할 수 있는 이상적인 팀을 구성하기가 매우 어렵다. 또한 경제사적 장기추세 연구가 사회사나 정치사적 연구와 결합할 필요성이 있다.

Ⅳ. 장성의 장기구조사의 구상

이 책의 연구대상지역은 전남 장성의 황룡지역이다. 장성군은 전남의 최북단에 위치하여 행정상 1개의 읍과 10개의 면으로 이루어져 있으며, 전남·북을 잇는 지역이다. 장성은 11개 읍면으로 구성되어 있는데, 장성읍과 황룡면 등을 중심으로 하여, 북동부에 북상과 북하면, 남부에 남면과 진원면, 서남부에 삼계와 삼서면 등 크게 4개의 소지역으로 구분된다. 이 지역에는 북서부의 노령산맥과 동남부의 병풍산 줄기가 가로지르고, 중심부를 영산강의 지류인 황룡강이 흐르고 있다. 장성의 인구는 1910년 약 6만 3천명, 해방 당시에 10만 천명, 1965년경에는 13만 명으로 증가했다가 이후로 감소하여 2000년 말 현재 약 2만 세대, 총 5만 6천 여명의 인구를 가지고 있다.

장성은 조선 중기와 후기 유학의 본산지로 '문불여장성(文不如長城)'이라는 별칭을 얻었는가 하면, 나라가 어려울 때는 의병을 일으켜 호남의병의 중심지가 되기도 하였다.

장성의 황룡지역에는 현재까지도 전승되고 있는 유물과 유적이 많다. 조선중기 호남유학을 중흥시킨 학자이자 문인인 김인후와 관련된 것만 보더라도 筆巖里의 필암서원을 비롯하여 그의 묘, 신도비, 유허비 등이 있다. 김인후가 울산 김씨 문중과 더 긴밀하게 연관되어 있다면 또 다른 장성의 유력한 성씨인 광산 김씨는 김경우에 의해 설립된 요월정을 문화적 근거로 삼을만하다. 최근에 재발견된 홍길동 관련 유적도 황룡의 아치실에 있다. 따라서 이 연구에서는 전통의 배태지로서의 황룡으로부터 시작하여 현대로 내려오면서 장성군 지역전체를 조감하는 방식을 취한다.

장성의 전통은 조선시기의 유교적 지배신분의 활동을 소재로 하여 1970년대의 향토문화운동에 의해 정립된 것이다. 장성에서 지역전통의 재구성을 위한 노력은 1972년 향토문화개발협의회의 조직과 더불어 시작되었다. 향토문화개발협의회는 장성의 지역지식인들이 주체가 되어 향토사 연구, 향토문화의 개발을 목적으로 결성된 것으로 향토사연구, 문화재 발굴, 연구지 출판활동을 전개하였다. 향토문화개발협의회(향문회)는 '문화유적지의 보존과 지역사회개발'에 기여하기 위하여 <향토문화>를 1973년 4월에 창간하였다. 1974년에는 군민의 날 제정안을 작성했으며, <문향>이라는 월간 뉴스레터를 발간하고, 1975년에는 학술발표회를 중심내용으로 하는 제1회 문향의 축전을 거행하였다.[1] 지역 내의 문화유적답사와 마을조사 등을 행하였다. 군민의 날 행사는 1978년부터 실시하였고 이것은 1982년에 명칭이 노령문화제로 바뀌었다. 이들에게 학문적 지원을 한 것은 주로 대학교수들이었다. 이들은 노사 기정진 100주기 기념 학술강연회를 열어 장성의 유학적 전통을 드러냈다. 향문회는 1979년 사단법인으로 등록하면서 단체의 소재지를 장성에서 광주로 이전하고 1981년부터

---

1) 향토문화는 1983년 8호까지 장성에서 발행되었고, 1979년 사무실을 광주로 옮긴 향토문화개발협의회가 9호부터 광주에서 발간해오고 있다. 이와 함께 장성문화원에서 「문향」이 1986년 4월 창간하여 매년 발간해오고 있다.

전남의 향토문화운동의 중심이 되기 시작하였다. 당시 대우재단에서 향토사연구모임을 지원하기 시작했는데, 이 지원을 받기 위하여 장성 흥문회, 충북의 예성동우회, 김해의 가야문화연구회를 중심으로 전국향토사협의회를 결성하였다. 이 때 17개 단체가 결성되어 가입 단체로 활동하였다.

이들의 활동성과는 1982년 장성군사의 발간으로 나타났다. 전통의 정립은 새로운 지역사 쓰기 프로젝트로 이어진다는 것을 보여준다. 이들의 활동과정에서 '장성문화권'이라는 용어가 등장하였다. 지역정 체성의 구성에서 원초적 요소로 자리잡고 있는 16세기 하서 김인후의 학문과 그를 기리는 필암서원, 그리고 지역정체성을 확증하는 매개적 요소로서의 19세기 노사 기정진의 학문과 활동이 여기에서 중요한 위 치를 차지한다. 이들의 권위는 당대의 권력에 의하여 성립된 것이 아 니라 지속적인 사족내의 경쟁을 통해 확립되어 간 것이다.

장성에서의 장기구조로서의 사족지배질서는 17세기 초반 향약의 실시를 통해 뚜렷한 모습을 드러내기 시작하였다. 정유재란에서 큰 타격을 받은 지역의 사족들은 농촌의 질서를 수습하고 지역의 지배 권을 확고히 하려는 맥락에서 장성현과 진원현을 1600년 통합하였는 데, 이 과정에서 1606년 향약이 실시되었다. 지역의 통합이 서로 대 등한 세력을 가진 두 지역간에 타협하는 방식으로 이루어졌기 때문 에 향교와 읍치소가 분리되었다. 1606년 향안이 만들어졌을 때 입록 자는 총 54명으로 18개 성씨로 구성되었고, 후일 장성의 주요 4성씨 로 불리는 집단은 17명으로 구성비는 1/3이하였으며, 진원현에 기반 은 둔 성씨들의 구성비가 높았다.

장성의 사족들은 서원 조직기에는 당파와 무관하였으나 17세기 후 반부터 점차 당색이 뚜렷해지기 시작하였다. 17세기 서인의 노론과 소론으로의 분열은 18세기 초반 장성에도 영향을 미쳐 노론계와 소론계로 분열되었는데, 울산 김씨와 행주 기씨는 노론계로 간 반면, 황주 변씨는 소론계가 많았고, 이들은 서로 향촌의 주도권을 놓고 경쟁하였다. 1731년 영조의 탕평책이 장성에서도 작용하여 필암서원에서 탕평을 실시했으나, 1796년 하서 김인후의 문묘 조향이 이루어진 후 노론계의 사족들은 필암서원을 근거지로 하여 뚜렷하게 지역의 헤게모니를 장악하였다. 또한 다른 지역에 대해서도 우월한 위신을 누리기 시작하였다.

향약을 통한 사족의 공동체적 운영 내부에는 주요 가문과 문벌간의 치열한 경쟁이 존재한다. 치열한 경쟁은 사족 지배의 상징인 향안이 18세기 중반이후 파치되는 것으로 나타난다. 이들의 동향을 파악하기 위해서는 앞에서 언급했듯이 주요 시험의 합격자 분석이 필요한데,2) 박지현(1993)은 이런 시각에서 장성의 지배사족으로 불리는 4개 성씨의 입향조로부터 급제자 분석을 통해 이들의 구성비 변화를 추적하였다.

<표 1> 장성의 주요 성씨별 생원진사시 및 문과급제자 구성비의 변동

시기	17C 전반		17C 후반		18C 전반		18C 후반		19C 전반		19C 후반		합계	
	생진	문과	생진	문과	생진	문과	생진	문과	생진	문과	생진	문과	생진	문과
울산 김씨	1	1	1				3		9	1	13	4	27	6
황주 변씨		1	5	1	5		6	2	5		1	1	22	5
행주 기씨	1		1				4		9	4	4	1	19	5
광산 김씨	2	1	1		6		2						11	1
기타	8	2	9	2	11	1	11	2	12		3		79	7
합계	12	5	17	3	18	1	26	4	36	5	21	6	130	24

자료 : 박지현(1993)에서 재구성

이 표를 보면 시기별로 4성씨가 전체 시험 합격자에서 차지하는

---

2) 장성처럼 원래 장성현과 진원현이 하나의 군으로 통합된 지역은 과거의 두 현 모두를 시각에 넣어야 한다.

비중이 많이 달라지고 있음을 볼 수 있다. 첫째 4성씨의 비율은 17세기에는 절반 이하였다가 18세기 후반부터 절반을 넘어서고 19세기 후반에 이르면 이들에 의해 독점되는 현상이 발생한다. 즉 장성에서 지배사족은 17세기에는 매우 분산적이었다가 19세기에 이르면 몇몇 성씨로 집중된다. 지배 성씨 내부에서 보면, 17세기 전반에는 광산 김씨가 상대적으로 두드러졌으나 17세기 후반부터 18세기 전반에는 황주 변씨가, 19세기 전반에는 행주 기씨와 울산 김씨가, 19세기 후반에는 울산 김씨가 거의 독주하는 양상이 발견된다. 이런 양상은 필암사원이 점차 문중화되어 가는 현상과 무관치 않다.

19세기 후반기의 기씨 가문의 두드러진 역할, 그리고 20세기의 울산 김씨의 두드러진 역할은 이런 장기적 추세의 후반기에 해당한다. 전통이 신분적 지배질서 속에서 배태되었다면, 이런 장기적 구조가 균열을 보이는 19세기 중후반에 활동한 노사의 기정진 위치는 이중적이다. 그가 1862년의 전국적 민란기에 올린 병인소는 민란을 주도한 농민과 이에 대해 적극적인 발언을 하는 유학자라는 대립적 배치가 지역사회에 잠재되어 있음을 의미하는 것이다. 이런 배치는 19세기 후반기에 동학농민전쟁과 위정척사 및 의병투쟁이라는 서로 다른 방향의 역사적 투쟁으로 가시화되었는데, 20세기 중반의 한국전쟁에 이르면, 서로 충돌하는 힘으로 작용하였다.

전통의 정립과정은 이런 이질적이고 때때로 갈등하는 지역사의 경험 중에서 지배신분의 문화를 선택하는 것이었다. 노사 기정진에 대한 강조는 호남의 근대 유학이 주로 그의 문하생들에 의해 꾸려졌다는 점과 무관하지 않다. 그의 전통을 따라 전개된 1896년 송사 기우만의 의병활동과 1907년 성재 기삼연이 주도한 호남창의회맹소는 문향이라는 상징이 함축하는 내용을 풍부하게 만드는 고리이다. 19세기 후반의 울산 김씨의 역량의 축적은 20세기 초반, 장성의 근대화의 중요한 동력으로 작용하게 된다. 이런 장기적 신분 지배질서는 한국 전쟁을 거치면서 1950~1960년대에 그리고 뒤이은 대규모 이동과 함께 '하나의 국민'이라는 틀로 용해되었다.

장성 황룡연구는 구림연구와 비교할 때 몇가지 점에서 연속적이다. 두 지역 모두 전통은 조선 중기의 유교적 지배문화에 뿌리를 두고 있고, 신분적 지배문화의 전통이 강하게 지역의 상징이나 정체성에 남아 있다. 그런 전통은 이를 '진정'한 것으로 인식시키는 장소적 근거를 가지고 있다. 또한 오랫동안 누적된 신분적 지배의 유산으로 인해 한국전쟁기에 많은 희생이 이루어졌다. 1960~1970년대 이후 농촌의 급속한 쇠퇴를 공통적으로 경험하고 있어서 이에 대한 대안으로 문화적 발전전략을 군당국이 중심이 되어 추진하였다.

기존의 신분적 지배문화의 요소가 1970년대에 이르러 전통이라는 이름으로 정립되었다면, 그에 대립하는 민중적 요소는 1990년대 후반에 이르러 또 하나의 지역전통을 구성하는 요소로 추가된다. 선비문화와는 뚜렷이 구별되고 이질적인 동학농민혁명을 지역의 전통으로 끌어들이려는 움직임은 1994년 동학 농민혁명 100주년 기념사업에 자극을 받아 형성되었다. 장성에서는 황룡전투가 농민혁명의 과정에서 매우 중요한 의미를 지닌다는 점이 강조되면서 1996년 동학농민군 기념공원과 승전기념탑이 조성되었다.3) 1997년 한 공무원의 제안으로 출현한 홍길동의 지역영웅화 프로젝트는 지배신분의 문화가 전통으로 정립된 상황에서 또 하나의 이질적인 요소가 등장한 것을 의미한다. 이것은 명백히 지역정치에서 문화적 요인이 부각되는 과정이었다. 이것은 학술회의를 통한 고증과 고고학적 발굴을 통해 '역사적 사실'로 확정되어갔다. 이것이 의미하는 바는 진정성이 전통

---

3) 장성에서의 동학농민군의 동향은 이춘영의 수기나 변만기의 봉남일기에 상세히 기록되었다.

의 저구성에서 매우 중요한 기준이며 이것이 확보되어야만 창출된 상징이 전통의 세계로 편입될 수 있다는 점이다.

이런 전통의 정립과 재구성은 문화정치가 발전한 지역일수록 뚜렷하다. 지역정체성의 정치는 구림이나 황룡에서 유사하게 확인된다. 그러나 새롭게 창출된 전통은 과거의 전통을 완전히 지운 상태에서 시작되는 것이 아니어서, 흔히 이런 지역일수록 전통이 단일한 것이 아니라 다양하며 이들은 단순히 병존하는 것이 아니라 서로 경쟁하거나 갈등적이다. 이런 문화정치는 악화되어 가는 농촌의 삶의 조건 속에서 필연적으로 등장할 수밖에 없으나 과도한 문화정치는 지역주민의 삶의 조건을 향상시키지 못할 뿐 아니라 그것과 유리된 채 진행됨으로써 문화정치에 대한 회의주의적 시각을 강화시키는 요인으로 작용하기 쉽다.

장성 황룡은 몇 가지 점에서 영암 구림과 다르다. 영산강 상류지역인 장성은 하류지역인 구림에 비해 생태적 변동의 폭이 훨씬 적다. 또한 조선시기의 국가권력의 지역장악의 거점으로서의 읍의 자율성이 영암에 비해 약하다. 지역의 유력한 지배문중은 구림에 비해 좀더 분산적이다. 이런 차이들은 구림연구에서 적용된 마을권적 접근의 타당성을 감소시킨다. 여기에서는 장성연구의 초점이 되는 지역을 황룡면으로 설정했지만, 시각에 따라서는 다르게 설정할 수 있을 것이다.

군단위 장성지역의 전통이 주로 면단위 황룡지역의 역사적 자원에 근거하고 있지만, 황룡이 읍과 매우 가깝게 위치하고 있기 때문에 장성읍과 황룡 사이의 뚜렷한 인지적, 심리적 경계는 존재하지 않는다. 사족지배의 전통을 가진 마을들이 군 전체에 분산되어 있기도 하지만, 한국전쟁의 지역사적 해석을 지역의 전통, 즉 신분제적 지배와 차별에서 오는 누적된 불만의 갈등으로의 전화라는 틀에 충실하려면 하나의 마을권이 아닌 여러 마을권의 갈등을 시야에 넣어야 한다. 따라서 전통의 기원을 다룰 때는 황룡의 필암서원이나 요월정문학을 중심으로 설정하고, 오늘날의 장성을 다룰 때는 군 지역전체나 황룡이 아닌 다른 면지역의 움직임도 포괄하도록 하였다. 전통의 기원이나 근거를 찾는 경우, 읍과 지배거점이 되는 마을들을 잇는 선의 관계가 중요하다면, 오늘날의 지역문화정치는 군 전체를 포괄하는 입체적 장소에 초점을 맞출 필요가 있다.

한편, 지역사회의 기층구조의 연속과 단절을 보다 구체적으로 탐구하려면 전근대로부터 근대로 전환하는 시기에 관한 연구가 더 강화될 필요가 있다. 19세기 말부터 20세기 초반의 구조변동의 문제는 한편으로는 농촌에서의 소유구조의 변동, 다른 한편으로는 신분적 지배구조의 변동을 의미하며, 이들은 상호작용하여 근대화를 향한 태도에 영향을 미친다. 주지하다시피 장성은 이 시기의 한국사의 향배를 가른 사건들, 즉 동학농민전쟁과 한말 의병투쟁의 중요한 현장이었다. 황룡의 장기사적 구조변동에 관한 보다 이상적인 연구는 조선후기, 그리고 20세기 초반의 일제침략과 민중의 주체적 저항에 관한 연구를 포함하는 것이다. 황룡전투를 수행한 동학농민군과 장성지역의 관계, 그리고 한말 의병을 주도한 기씨 가문의 맥락과 의병들의 구성이 이에 해당한다. 이들에 관해서는 근래에 발간된 장성군사에서 자세히 다루고 있지만, 이런 사건들을 단지 지역의 긍지를 드러내는 사건으로서가 아니라 장기구조사의 맥락에 놓고 재해석할 필요가 있다. 지배집단의 현실적 권력의 상실과 도덕적 권위의 지속이라는 모순적 현상이 관철되고 있다는 점은 20세기 전반기의 식민지체제의 의미와 관련하여 주목할만한 가치가 있으며, 이에 관한 심층적 연구는 차후의 과제이다.

이 책은 크게 전통의 형성과 재구성을 다루는 1부와 현대사적 경험과 지역정체성을 다루는 2부로 구성되어 있다. 각 부는 4개의 장으로 되어 있다. 1부에서는 장성의 지역적 전통이 필암서원이나 요월정으로 대표되는 조선시기의 선비문화에 근거하고 있다고 보고 이들의 형성과정을 다루었다. 또한 필암서원의 경제적 기초를 분석함으로써 조선의 양반문화가 갖는 신분적 지배관계의 실상을 드러내려고 하였다. 그리고 1970년대에 이런 역사적 자원들이 지역전통으로 구성되는 과정을 다루었다.

2부에서는 지역전통의 중핵을 이루는 신분적 요소들이 한국전쟁 과정에서 어떻게 갈등의 원인으로 작동했는가와 함께 주민들의 일상생활에서 중요한 축을 이루었던 오일장 시장의 쇠퇴, 농촌의 새로운 변화로서의 생태문화산업의 성립, 그리고 새롭게 도입된 지역축제의 실태와 이것이 함축하고 있는 지역전통의 전환가능성을 다루었다.

● 참고문헌

고석규, 2003, 「서평 : 마을권을 단위로 한 장기구조사의 시도」『지방사와 지방문화』6-1, 학연문화사.

김경옥, 2003, 「조선후기 동성마을의 형성배경과 사족들의 향촌활동」『지방사와 지방문화』6-2, 학연문화사.

김광억, 2000, 「지방연구 방법론 개발을 위한 시론」『지방사와 지방문화』제2집, 학연문화사.

김일철 외, 1998, 『종족마을의 전통과 변화』, 백산서당.

박지현, 1993, 「조선후기 장성지방 사족의 동향」, 한국정신문화연구원 석사학위논문.

박찬승, 2004, 「20세기 전반 예산의 정치사회적 동향과 지역엘리트」『지방사와 지방문화』 7 - 1, 학연문화사.

안병직 · 이영훈 편, 2001, 『맛질의 농민들』, 일조각.

이영훈 편, 2004, 『수량경제사로 다시 본 조선후기』, 서울대 출판부.

유철인, 2000, 「충남서산지역의 전통만들기 : 변화에 대한 문화적 대안」 『지방사와 지방문화』 3 - 2, 학연문화사.

장성군사편찬위원회, 2001, 『장성군사』.

정근식, 2001, 「지역사회의 장기구조사의 구상」 『호남문화연구』 28, 호남문화연구소.

정근식 외, 2003, 『구림연구』, 경인문화사.

정근식, 2004, 「지역정체성, 신분투쟁, 그리고 전쟁기억」 『지방사와 지방문화』 7 - 1, 학연문화사.

지승종 외, 2000, 『근대사회변동과 양반』, 아세아문화사.

홍성찬, 1992, 『한국근대농촌사회의 변동과 지주층』, 지식산업사.

홍성찬, 1999, 「한말 일제하의 사회변동과 향리층」 『한국 근대이행기 중인연구』, 신서원.

제1부

전통의 형성과 재구성

제 1 장
지역의 전통과 필암서원

윤 희 면

I. 왜 필암서원인가

전남 장성에 있는 필암서원은 문묘에 종향된 유일한 호남 인물인 김인후(金麟厚, 1510~1560)를 모신 서원이다. 1590년(선조 23)에 건립된 필암서원은 1662년(현종 3)에 사액을 받았고, 1871년(고종 8)의 사액서원 철폐에도 불구하고 존치된 47개 서원과 사우 가운데 하나였다. 함께 존치된 광주 포충사가 사우라는 것을 감안하면 필암서원은 전남지역에서 철폐를 면한 유일한 서원인 셈이다.[1] 이 때문에 필암서원은 장성 뿐 아니라 전라도 전체에서 유림의 중심에 놓여 있었고, 이것이 후일 지역의 전통이나 정체성의 형성에서 매우 중요한 의미를 갖게 된다.

조선시대 서원에 대한 연구는 근래 매우 활발하게 진행되고 있다. 그러나 조선시대 서원이 정작 무엇을 하는 곳이었고 구체적으로 어떠한 활동을 전개하고 있었는가 하는 기능과 활동에 대해서는 별다

---

1) 필암서원을 다룬 연구로는 송정현(1981)과 전형택(1997) 등의 논문이 있다.

른 연구 진전이 없는 실정이다. 조선시대 서원의 기능은 크게 제례, 교육, 도서관, 정치사회적 결집으로 나누어 볼 수 있는데, 본고에서는 전남지역의 대표적 서원인 필암서원의 사례를 통해 서원의 정치사회적 기능을 살펴보려고 한다. 우선 필암서원의 건립과 사액, 존치의 과정을 통하여 서원이 어떻게 건립되고, 당색(黨色)은 무엇이었으며, 서원 철폐 과정에서 어떻게 살아남을 수 있었는지를 그려보려고 한다. 다음으로는 필암서원에서 이루어지는 정치사회적 활동을 통하여 조선시대 서원이 구체적으로 무엇을 하던 곳이었으며, 지방 양반들과 중앙 정치세력들에게 어떠한 존재 의미를 가졌던 것인가를 살펴보려고 한다.

서원에 관한 연구에서 가장 큰 어려움은 자료의 부족 문제이다. 더구나 영남지역과 달리 호남지역에 남아 있는 서원의 자료들은 더 빈약하다. 무엇보다도 자료에 대한 종합적인 탐사가 이루어지지 않았기 때문에 자료의 정확한 소재를 파악하지 못하는 것이 제일 큰 원인이다. 다음은 서원과 관련 있는 후손이나 양반유림들이 서원 자료들을 사유화하였기 때문이었을 것이다. 고종 5년의 미사액서원 철폐, 고종 8년의 사액서원 정리에 따라 많은 서원들이 가지고 있던 서적과 문서들의 관리 문제가 모호해졌다. 일부는 향교로 이관하고, 일부는 후손들이나 유림들이 자기 선조의 이름이 들어있음을 기화로 각종 자료, 예를 들면 유안, 청금안, 원임안 등을 자기 물건으로 간주하여 사유화하였다.

1920년대 이후에 서원들이 후손이나 유림들에 의하여 많이 복설되고 있지만 자료의 반환은 안 이루어졌다. 해방 이전에 간행된 「서원지」들 속에 소장 자료의 수와 양이 지극히 빈약한 것은 바로 이에 기인하는 것이라 하겠다. 그리고 서원 철폐 이후 동학, 의병, 일제시대의 수탈, 해방 이후의 전란과 사회적 격변으로 말미암아 그나마 있던 서원 자료들도 많이 유실되고 소실되었다고 생각한다. 더욱이 사유화된 자료들마저 후손들의 관리 소홀로 유실되거나 사장되고, 또 매도된 것도 서원 자료 부재의 한 원인으로 지적할 수 있겠다.

필암서원도 예외는 아니었다. 전남지역의 대표적 서원이라는 명색에 어울리지 않게 남아 있는 자료들은 빈약하기 짝이 없다. 1984년에 소개된 필암서원 고문서(『고문서』 제2책, 전남대박물관)를 보면 서원 철폐 후의 경제적 어려움을 호소하는 품목(稟目)과 첩정(牒呈)이 대부분을 차지하고 있고, 서원의 구성과 기능을 알려 주는 청금안, 유안, 절목, 통문, 첩문 등은 거의 전무한 실정이다. 1975년에 간행된 『필암서원지』도 마찬가지로 내용의 절반 이상이 일제 이래 유림들의 참제록(參祭錄), 강안(講案), 계안(契案)들로 채워져 있다. 전남지역의 서원 자료에 대한 정밀한 지표조사와 함께 후손과 유림들의 자발적인 자료 공개와 기증이 필요하다고 하겠다.

Ⅱ. 설립, 사액 그리고 존치

조선에서 서원의 시초는 1543년(중종 38년)에 풍기군수 주세붕에 의해 설립된 백운동서원이다. 주세붕은 고을 백성들의 교화와 양반들의 교육을 위해 중국의 백록동서원을 모방한 백운동서원을 설립하였다. 1550년(명종 5년)에 풍기군수였던 이황의 요청에 따라 백운동서원은 「소수(紹修)」라는 사액을 받아 나라의 공인을 받은 사설교육기관으로 독자적인 활동을 허락 받았다. 백운동서원이 사액서원으로 발전한 이래 각 지역에서는 서원이 활발하게 건립되었다.

성리학적 정치철학에 충실한 사림들이 정권을 장악하게 된 선조

대에 이르면 서원은 본격적인 발전을 보게 되었다. 서원은 사림들이
향촌에서 지배세력으로서의 지위를 확고히 하는데 적합한 향촌기구
가 되고 있었다. 그리고 서원은 정착되어 가는 성리학을 배울 수 있
는 교육시설이기도 하였다. 그리하여 서원이 나타난 지 반세기가 경
과할 즈음에는 "서원이 없는 고을이 없다"[2]고 할 정도로 각 고을에
서 서원 건립이 속출하였다.

이런 추세를 반영하듯 김인후를 모시는 서원이 그가 죽은 지 30년
뒤인 1590년에 문인들에 의하여 건립되었다. 김인후의 직접 훈도를
받은 변성온(卞成溫), 기효간(奇孝諫) 등이 이이의 문인인 변이중(邊
以中) 등과 의견을 모아 기산(岐山:현재의 장성읍 기산리) 아래에 서
원을 건립하였다.

전라도 지역에서 필암서원과 비슷한 16세기 후반에 설립된 서원들
은 다음 표와 같다.

<표 1> 1560～90년대 호남에서의 서원 설립 현황

군현	서원 이름	설립연대	모셔진 인물
순천	옥천서원(玉川書院)	1564	김굉필(金宏弼)
능주	죽수서원(竹樹書院)	1570	조광조(趙光祖)
태인	남고서원(南皐書院)	1577	이항(李恒)
전주	화산서원(華山書院)	1578	이언적(李彦迪)
광주	월봉서원(月峰書院)	1579	기대승(奇大升)
남원	창주서원(滄洲書院)	1579	노진(盧禛)
남원	고룡서원(古龍書院)	1583	노진(盧禛)
나주	경현서원(景賢書院)	1583	김굉필, 정여창(鄭汝昌), 이언적, 조광조, 이황(李滉)
전주	서산서원(西山書院)	1586	최양(崔瀁), 최덕지(崔德之), 이계맹(李繼孟)
강진	서봉서원(瑞峰書院)	1590	이후백(李後白)
장성	필암서원(筆巖書院)	1590	김인후

---

2) 『선조수정실록』 권29, 28년 7월 임신.

1564년에 순천에 유배를 왔다가 사사(賜死) 당한 김굉필을 모신 옥
산서원이 처음으로 세워졌고 1568년에 "옥천(玉川)"이라 사액을 받
아 전라도 최초의 사액서원이 되었다. 그리고 1570년에 능주에서 기
묘사화로 사사된 조광조를 모신 죽수서원이 세워지고 바로 사액을
받은 뒤에 전라도 지역에서도 서원 건립이 점차 활발하게 이루어졌
다. 그리하여 20년 사이에 9개의 서원이 건립되었고, 서원에 모셔진
인물들도 성리학 발전에 기여한 인물들로 범위가 확대되고 있음을
알 수 있겠다. 사림들이 서원의 제향 인물들을 통하여 그들의 학통을
천명할 목적에서였던 것이다. 필암서원도 전라도의 이러한 서원 설
립 추세에 맞추어 건립된 것이라 할 수 있다.3)

서원은 후손, 문인, 향인들의 힘이 모아져야 건립된다. 후손들은 선
조를 현양하기 위해, 문인들은 스승을 높이고 학통을 계승하기 위해,
향인들은 활동의 근거지로 삼기 위해 서원 설립에 적극적으로 참여하
기 마련이었다. 따라서 서원 설립을 위해서는 향촌사회에서 양반사족
들의 기반이 확고하여야 하고 여론의 일치가 선행되어야 했다. 이 당
시 필암서원 건립의 구체적 모습을 알려주는 기록이 없지만 다른 서
원들의 건립 모습을 참고해 보면 아마도 다음과 같았을 것이다.

우선 장성 사림들이 주축이 되어 여러 향교와 서원에 통문을 보내
어 서원 설립의 필요성을 알린다. 각 교원에서 호응하는 답통(答通)
이 오면 일정 장소를 정해 유회(儒會)를 개최하고 서원 건립에 대한
구체적인 의견을 모은다. 유회에서 서원 터를 정한 다음, 건물을 건

---

3) 현감을 지낸 김인후를 모신 영귀정사(詠歸亭祠)가 1564년(명종 23)에 옥
   과(玉果)에서 건립되었는데, 이는 교육기능이 없는 사우에 불과하였다.
   그리고 김인후가 만년에 강학하던 순창에서 화산사(花山祠)가 1569년
   (선조 2)에 건립되었다고 하는데 이는 착오로 보인다. 1607년(선조 40)에
   세운 화산서원(花山書院)이 잘못 알려진 것 같다.『서원등록』2, 신유(숙
   종 7) 정월 20.

립하는데 필요한 공정과 재료를 담당할 성조도감(成造都監), 동역유사(董役有司), 재목유사(材木有司), 와역유사(瓦役有司) 등등의 임원을 정한다. 그리고 고을의 사림, 김인후의 내외손, 다른 고을의 향교, 서원 등에 서원을 건립하게된 사정을 설명하고 서원 건립에 필요한 물질적 도움을[求請] 청하는 내용을 담은 통문을 보낸다. 아울러 수령에게도 정문(呈文)을 올려 나무의 벌목과 운반 및 건립에 필요한 역정(役丁)과 승도(僧徒)을 동원할 수 있게 해달라고 부탁을 한다.

서원 건물을 지을 때는 우선 묘우(廟宇)부터 시작한다. 개기(開基), 입주상량(立柱上樑), 준공의 과정 속에 농번기에는 역사를 중지하고, 입동 뒤에도 아울러 역사를 중지한다. 묘우, 강당, 동서재, 신문, 전사청, 담장 등이 완성되면 사림들이 모여 위판(位版)을 묘우에 봉안하는 길일(吉日)을 정하고, 이를 고을 사림, 내외손, 다른 고을 향교와 서원 등에 통문으로 통고를 한다. 봉안하기 전에 사림들이 미리 모여 원할한 봉안례의 거행을 위해 직임을 나누어 맡는다. 헌관, 봉안유사, 집사 등을 분정하고, 아울러 각 직임들 책임 아래 제기와 제물을 마련하고, 위판을 제작하고 고유문을 작성해 놓는다. 봉안 당일에 봉안례를 거행하는데 참석한 사림들의 명단을 참사록(參祀錄)이나 제명록(題名錄) 등의 형태로 작성하여 후일 참고하도록 하고, 제례가 끝나면 듣복을 한 뒤에 헤어진다.

서원의 건립에는 막대한 돈과 인력이 소요된다. 따라서 사림들은 수시로 고을 사림들과 내외손, 다른 고을의 사림들에게 협조 요청의 통문을 발송하고, 또 수령이나 감사에게 도움을 호소하기 마련이었다. 이 때에 지방관들의 협조는 서원 건립에 있어 절대적이었다. 이는 초기 서원은 물론이고 18, 19세기에도 변함이 없었다. 영조 17년의 서원 정리 이후 서원의 신설을 규제하였지만 여전히 많은 서원, 특히 문중서원들의 남설이 가능했던 것은 바로 지방관들의 묵인과 협조 때문이었다.

장성은 김인후 같은 학자를 배출한 이래 사풍(士風)이 크게 진작되었다. 이를 반영하듯 서원이 건립되기 직전인 1586년(선조 19)에는 향안(鄕案)이 작성되고 향약이 시행되었다.[4] 향약 시행은 김인후의 문인들과 후손들의 노력에 힘입었을 것이다. 장성의 사림들이 향안을 작성하여 사족 지배를 공고히 하면서, 다른 지역에서 성행하는 서원에 눈을 돌린 것은 지극히 당연한 일처럼 보인다. 필암서원 설립에는 기축옥사(己丑獄事)와의 관련도 생각해 볼 수 있다. 정여립 모반 사건으로 야기된 1589년(선조 22)의 기축옥사는 전라도 사림들의 당색 분열을 초래하였다. 동인, 서인이 대립한 기축옥사에서 고변자측의 입장에 서 있던 사람들이 김인후의 문인인 정철을 중심으로 외손인 양천회(梁千會), 양천경(梁千頃)[5], 문인 오희길(吳希吉), 기대승의 아들 기효증(奇孝曾)이었다. 서인들의 결속을 위하여 김인후의 문인들이 필암서원의 건립을 적극 서둘렀을 가능성도 있다고 생각된다.[6]

서원의 당색은 모셔진 선현의 당색에 따라, 또는 선현의 후손이나 문인들에 따라 결정되는 것이 보통이었다. 필암서원은 김인후의 문인들이 대부분 서인으로 좌정하였기에 처음부터 서인계 서원으로 성격을 뚜렷이 하였다.[7] 다른 서원들과 마찬가지로 필암서원도 이 지

4) 향약은 임진왜란으로 손실되었다가 1606년에 증손(增損)을 거쳐 향헌 20조가 완성되고 재시행되었다. 변이중(1546~1611), 『망암선생문집(望菴先生文集)』권3, 잡저(雜著) 향헌서(鄕憲序).

5) 그는 문인 양자징의 아들이다.

6) 전라도 지역에서 대체로 광주, 장성을 중심으로 태인, 남원 등지에서 서인계 서원들이, 무안, 강진 등지에서 남인계 서원이 건립되고, 전라도 행정 중심지인 나주지역이 두 당색이 첨예하게 대립하는 곳이 되었다. 전라도 지역의 서원과 당색에 따른 대립과 분열에 대해서는 김동수(1977)와 김문택(1994)의 논문 참조.

7) 강당인 청절당(淸節堂)이 건립되었을 때 제영시(題詠詩)를 지은 사람들의 면모를 보면 고경명, 정철, 조헌, 이이의 문인인 홍천경(洪千璟), 그리

역 사림들의 중심기구로 부상하여 활발한 활동을 하였을 것으로 짐작할 수 있다. 임진왜란으로 필암서원은 소실되었고 1624년(인조 2)에 이르러 사림들과 후손들의 주선으로 서원이 복설되었다. 복설하면서 위치를 옮겨 증산(甑山, 현재의 필암리 증산동) 아래로 서원 터를 잡았다.[8]

필암서원은 복설 이후 서원의 지위를 높이기 위하여 사액 요청을 활발히 하였다. 그리하여 1658년(효종 9)에 김인후의 문인인 오희길의 종질 오이익(吳以翼)을 소두(疏頭)로 한 전라도 유생들이 사액을 요청하여 이듬해에 필암이라 사액을 받았고[9], 실제의 선액(宣額)은 3년 뒤인 1662년(현종 3)에 이루어져 「필암」이라는 선액을 가지고 서울에서 예관(禮官)이 내려와 치제하였다.[10]

사액례의 모습을 필암서원의 자료로는 알 수 없지만, 다른 서원의 예를 들어 그려보면 다음과 같다. 사액이 결정되면 예조에서는 사제문을 짓고, 이를 가지고 내려갈 예관(禮官)과 날짜를 정한 뒤 고을에 관문(關文)을 보낸다. 필암서원에는 예조정랑 윤형계(尹衡啓)가 예관으로 파견되었다. 사림들은 서원에 모여 사액을 맞이할 준비를 한다. 건물을 수리하고 도배를 하는 등 면모를 새로이 하고, 유림들과 각 고을의 교원에 서둘러 통문을 보내 사액 사실과 영액(迎額)의 날짜를 통고하여 많은 참석을 권유하고, 아울러 원활한 영액례(迎額禮)의 거행을 위해 구청(求請)도 한다. 사액은 고을의 경사요 후손들의 광영이기에 많은 후원이 뒤따른다. 유림들과 내외손들이 미(米), 포(布), 조(租), 전(錢) 등을 부조하고, 또 수령 및 향청, 이청, 장청 등에서도

고 정철과 친교를 맺은 권필(權韠) 등으로, 모두 당색이 서인이었음을 알 수 있다. 『필암서원지』 권3, 시 청절당제영(淸節堂題詠).

8) 『필암서원지(筆巖書院誌)』 권2, 사우상량문(祠宇上樑文) 증산복설시(甑山復設時).

9) 『효종실록』 권21, 10년 윤3월 무자.

10) 『필암서원지』 권수(卷首), 선액시(宣額時) 사제문(賜祭文).

부조를 한다. 그리고 인근 고을의 수령, 유림 및 교원(校院) 등에서도 부조를 하였다. 사액례의 예관은 서울에서 액판과 사제문을 지참하고 내려오는데, 예조에서는 이들이 지나가는 고을의 각 역에 관문을 보내 소홀함이 없도록 당부한다. 장성의 사림들도 예관을 배행하면서 함께 내려온다. 예관은 묘우나 강당에 액판을 걸고, 위판을 향해 사제문을 낭독하고 헌작을 한다. 이때 고을 수령이나 인근 고을 수령들도 함께 전사관(典祀官)으로 참석한다. 제례가 끝난 뒤에는 이들과 장성 유림, 후손, 각 고을에서 참석한 유림들이 함께 어울려 음복을 하고 헤어진다.

1668년에는 김인후에게 이조판서 및 양관 대제학으로 증직이 이루어졌으며, 1669년에는 문정(文靖)이라는 시호가 내려졌다.[11] 사액과 시호에 이어 1672년(현종 13)에는 현재의 위치인 필암리로 서원을 이건하였다. 사액서원답게 서원의 면모도 일신하고 규모도 늘릴 목적이었을 것이다. 이건에는 김인후의 외현손인 이실지(李實之)를 비롯하여 박승화(朴升華), 기정연(奇挺然) 등의 유림들이 노력하였다. 당시 서원 장의를 맡고 있었던 이실지는 서인의 영수인 송준길에게 편지를 보내 이건 문제를 협의하였고, 송준길은 장성부사이며 서인계 관료인 김세정(金世鼎)과 협의할 것을 지시하였다.[12] 그리고 송시열의 아우 송시도(宋時燾)가 마침 신임 부사로 도임하여 필암서원은 이건을 원만히 이루어낼 수 있었다.

필암서원이 현종 대에 사액과 이건이 이루어지는 데에는 서인들의

---

11) 향교와 서원의 위판은 모두 밤나무를 사용하지만, 향교 위패는 이름을 직서(直書)하고, 서원 위패는 도분(塗粉)을 하였다. 향교의 위패는 한번 쓰면 고칠 일이 없었지만, 서원 위패는 뒤에 시호나 증직을 받으면 고쳐야 했기 때문이다[이실지(1624~1704), 『남계선생문집(南溪先生文集)』 권3, 회천일기(懷川日記)].

12) 『필암서원지』 권3, 서 동춘송선생답이남계실지등서(同春宋先生答李南溪實之等書) (현종 12년 신해 9월 29일).

협조와 지원이 있었을 것이다.13) 필암서원과 김인후에 대한 서인들의 배려는 1672년에 박세채가 지은 행장, 1675년에 김수항이 지은 묘표(墓表), 그리고 1682년에 완성된 송시열의 신도비명으로 이어질 수 있었다. 1682년에 김인후의 외현손인 이실지는 송시열에게 신도비문을 요청하기 위해 직접 화양동까지 방문하였고, 비문을 받은 뒤에 서울로 이재(李縡)를 찾아가 글씨를 받아왔다. 그리고 강당인 청절당과 동재인 진덕재(進德齋), 서재인 숭의재(崇義齋)는 송준길의 글씨이고, 확연루(廓然樓)는 송시열의 글씨이고, 필암서원 액호는 윤봉구(尹鳳九)의 글씨이다.

필암서원와 비슷한 1650~1660년대에 사액받은 호남의 서원을 조사해 보면 다음과 같다.

<표 2> 1650~1660년대에 사액을 받은 호남의 서원

군현	서원이름	사액 연도	봉사 인물
광주	월봉서원	1654	기대승, 박상(朴祥), 박순(朴淳), 김장생(金長生)
고부	정충사(旌忠祠)	1657	송상현(宋象賢), 신호(申浩), 김준(金浚)
전주	화산서원	1658	이언적, 송인수(宋麟壽)
익산	화산서원(華山書院)	1662	김장생
금산	성곡서원(星谷書院)	1663	김선(金侁), 고경명(高敬命), 조헌(趙憲) 등
금산	종용사(從容祠)	1663	고경명, 조헌, 고인후(高仁厚), 변응정(邊應井) 등
여산	죽림서원(竹林書院)	1665	조광조, 이황, 이이(李珥), 성혼(成渾), 김장생
남평	봉산서원(蓬山書院)	1667	백인걸(白仁傑)
담양	의암서원(義巖書院)	1669	유희춘(柳希春)
나주	월정서원(月井書院)	1669	박순, 김계휘(金繼輝), 심의겸(沈義謙) 등

---

13) 정만조 교수는 서원과 붕당정치의 관계를 설명하면서 효종대에 서인계 산림들이 대거 등용되면서 자파의 도학적 정통성을 추구하기 위하여 서원 설립에 치중하였고, 그 결과 서원을 지방사림 선에서 정치적 차원의 영역으로까지 끌어올렸다고 파악하였다(정만조, 1984, 255쪽).

이들 서원 대부분이 봉사된 인물들의 당색으로 보아 서인계 서원임을 알 수 있다. 이 시기에 호남의 서원에 대한 서인들의 대대적인 지원과 포섭이 이루어지고 있다고 할 수 있겠다. 필암서원은 처음부터 전라도 지역의 대표적 서인계 서원의 면모를 보여주고 있는데, 이러한 것이 더욱 심화되어 갔다. 이는 경원장제(京院長制)로도 잘 알 수 있다.

필암서원은 원장(院長), 원이(院貳), 진신장의(搢紳掌議)를 두어 중앙관료나 지방관을 임명하고, 또 유림장의(儒林掌議), 유림색장(儒林色掌)을 두어 고을 양반들이 맡는 이원적인 원임 구성을 하였다. 이는 서인계, 노론계 서원의 전형적인 원임 구성이었다. 송시열을 모신 노론계 서원인 강진의 남강사(南康祠)의 경우와 똑같은 모습이었다.

> 원장, 원이는 정부의 원로재상을 부표(付標)하였고, 진신장의는 본군(本郡)의 성주(城主)와 관찰사, 절도사를 부표하였고, 집강(執綱)은 도내(道內) 및 본군의 지벌문학지사(地閥文學之士)를 부표하였다.[14]

이렇게 서울의 고위관료, 지방관, 고을 유림들이 원임을 나누어 맡는데, 서울관료들이 맡는 원장, 원이를 경유사(京有司), 지방관이 맡는 것을 도유사(道有司) 또는 진신유사(搢紳有司), 고을 유림들이 맡는 것을 향유사(鄕有司) 또는 장보유사(章甫有司)라 부르고 있다. 이 가운데 서울의 고위관료들이 원장, 원이 등의 경유사를 맡는 것을 경원장제, 또는 경재임제(京齋任制)라 부른다. 필암서원의 역대 원장의 이름을 보면 송준길(宋浚吉, 1670~1672)·유척기(兪拓基, 1753~

---

14) 『남강원지(南康院誌)』 권2, 설단유사품목(設壇有司稟目). 남강사(南康祠)는 1689년(숙종15) 기사환국(己巳換局)때 제주도로 유배가던 송시열이 강진에서 배를 탔던 것을 기리기 위하여 호남의 유림들이 1803년에 세운 사우로, 뒤에 주자를 주향, 송시열과 문인인 박광일(朴光一)을 배향으로 하였다.

1768)·김원행(金元行, 1771~1775)·김이안(金履安, 1786~1787)·김종수(金鍾秀, 1789~1793)·심환지(沈煥之, 1802)·홍직필(洪直弼, 1845~1852) 등으로 모두 산림(山林)이거나 재상들이었고, 또 모두 노론계 인물들이었다.[15] 그리고 진신장의는 장성부사는 물론이고 담양, 부안, 김제, 무장, 옥구, 나주 등 인근 고을의 수령들이었다.[16]

경원장제를 마련한 이유는 붕당정치의 전개와 관련을 지어 생각할 수 있다. 인조반정으로 집권한 서인들은 영남 남인들과의 경쟁을 위하여 기호, 호남지방에 많은 서원을 세우고 있었다. 이 과정에서 자기 당파의 세력부식을 위하여 서인계 인물들을 봉사하는 서원을 세웠을 뿐만 아니라 서원의 운영에도 적극 간여하였다. 그러한 점에서 마련해 낸 것이 경원장제였다고 하겠다.[17] 곧 중앙관료들로서는 자기 당파의 세력 부식을 위하여 지방유림들과의 관계를 돈독히 할 목적이었고, 당쟁의 와중에서 서원의 여론조성을 통하여 자기 당파에게 유리하게 작용시킬 의도가 개재되었던 것이다. 특히 현종대의 복제논쟁(服制論爭)에서 영남 남인계 서원 유생들이 올린 정연한 논리의 상소가 결과적으로 서인의 패배를 불러 일으켰으며, 이에 서인들도 자기 당파의 배후세력으로 서원을 적극 설립하고 운영에 상당한 노력을 기울였던 것이다.

한편, 지방의 유림들도 중앙의 세력과 연계를 가지는 경원장제를

---

15) 경원장제(京院長制)를 처음 언급한 논문은 이수환(1990)이다. 그리고 원임의 구성, 선출, 임무, 신분 등을 다룬 논문으로는 윤희면(1993)의 것이 있다.

16) 『필암서원지』권4, 원장선생안(院長先生案), 집강안(執綱案).

17) 언제부터 경원장제가 나타나게 되었는지를 알려주는 기록은 없는 것 같다. 대략 추정해 본다면 인조반정 이후 서인들의 집권시기, 늦어도 효종 때가 아닐까 한다. 필자가 찾은 경원장제 기록으로 가장 이른 것은 1652년(효종 3)의 양주(楊州) 도봉서원(道峰書院) 원장인 좌의정 이시백(李時白)이었다. 『서원등록』1, 임진(효종 3년) 9월 20일.

이용하여 서원의 위신과 자신들의 지위를 높일 수 있었다. 또한 더 많은 경제적 혜택을 누릴 수 있었던 것이다. 중앙권력에 의존하여 사액을 받으려고 하였고, 서원의 중건과 이건에 따른 구청(求請), 면세와 면역의 특혜 등에 경원장제를 활용하였다. 더구나 조선 후기에 향촌사회 변동에 따라 서원 운영의 원활을 기하기 위해서는 중앙권력에 기대지 않을 수가 없었던 것이다. 따라서 처음과는 달리 서원측에서 중앙관료들에게 경원장에 취임해 달라는 요청이 계속 이어졌던 것이다. 그러나 경원장제를 채택하였지만 서원 운영의 실질적 주체는 어디까지나 지방 유림들이었다. 『남강원지』에 이런 사정이 기록되어 있다.

> 원우(院宇)의 흥폐는 원임을 맡은 자들의 현부(賢否)에 달려 있다. 경유사(京有司), 도유사(道有司)는 원사(院事)를 멀리서 처리할 뿐이고 모든 주장은 오직 향유사(鄕有司)을 옳게 얻는데 있으니 가려서 선택해 낼 것(권2, 절목)

서인들의 도움으로 사액을 받은 필암서원은 이제 나라의 학교, 즉 국학의 하나가 되었다. 이에 따라 나라로부터 여러 가지 혜택을 받았다. 초기 서원들은 사액을 받으면 전답, 노비, 서적 등도 하사 받았지만, 서원의 수가 증가하면서 이러한 혜택은 거의 없어지게 되었다. 사액서원은 서원전 3결을 면세 받는다. 초기 서원은 지방관의 배려로 면세의 혜택을 관행으로 누리고 있었다. 그러나 서원이 남설되고 사회적 폐해를 일으켜가자 나라에서는 서원을 규제할 목적으로 면세를 제한해 나갔다. 영조 대에 사액서원만 자비전(自備田) 3결만 면세토록 하였고 이러한 조치가 『속대전』에 등재되었다. 면세란 전세뿐만 아니라 대동미, 결작, 잡역세 등의 면제도 포함되었다. 그리고 환곡 분급에서도 제외되었다.

사액서원은 제례에 쓸 제수도 관아로부터 지급 받았다. 관아에서 제수를 지급하는 곳은 원칙적으로 향교와 사액서원에 국한되어 있었다. 사액서원은 향교보다는 못하지만18) 그에 버금가는 대우를 받는다는 의미였다. 『전라도대동사목(全羅道大同事目)』에는 다음과 같이 써 있다.

> 문묘오성(文廟五聖)의 폐백(幣帛)은 대동미로 제급(題給)하고 사액서원의 폐백 역시 이처럼 제급한다.

사액서원에 제수를 지급하는 것을 회감(會減)이라 하여 미사액서원의 관봉(官封)과 구별하였다. 관에서 지급하는 제수는 예방(禮房)이 책임지고 모아두었다. 제향 하루 전에 원임이 노비들을 거느리고 관아에 가서 제물을 받아 오면 헌관과 집사들이 서원 문밖에서 도열하여 맞이하였다. 삭망 분향례에는 향촉 정도를 받아쓰는 정도였다.

사액서원은 원생 수에서도 특혜를 받았다. 인조대의 교생 고강과 관련하여 향교에서는 동재 양반유생과 서재 액내교생을 구분하였다. 서원도 이를 답습하여 양반들을 동재유생, 비양반들을 서재원생으로 각각 구분하였다. 서원에서는 전에 없었던 서재 원생을 받아들여 고강을 피하게 해주는 대가로 미포(米布) 등을 받아 재정 충당의 방법으로 이용하였다. 그리하여 군역을 담당하여야 할 신분들이 서원에 들어오는 것이 점차 증가하였다.

서재원생들이 군역 도피처가 된다는 점에서 정부에서는 그대로 방

---

18) 사액서원은 성묘(聖廟)와 같지 않다. (『서원등록』 1, 경자(현종 원년) 3월 6일 ; 권5 갑진(경종 4년) 5월 15일). 서원의 제향(祭享)과 향교(鄉校)의 대제(大祭, 석전제)는 일의 도리와 체면이 같지 않다. 대제는 국휼(國恤)이 있더라도 피할 수 없는 것이고, 서원은 마땅히 임시로 줄인다. 장현광(張顯光), 『여헌선생속집(旅軒先生續集)』 권2, 답옥산서원사림(答玉山書院士林).

치할 수 없는 일이었다. 이에 서재원생을 인정하되 액수를 제한하고 자 하였다. 숙종 33년에 대현서원(大賢書院)은 30명, 사액서원은 20 명, 미사액서원은 15명으로 액수를 정해 원생이 무제한으로 늘어나 는 것을 규제하였다. 이렇게 정액이 규정된 서원의 서재생, 또는 하 재생(下齋生)이 액내원생이었다. 『필암서원지』에 「동재 유생은 무정 액(無定額), 서재 유생은 30인」(권1 유생)이라 한 것은 뒤에 김인후가 문묘에 종향되어 필암서원이 대현서원이 되면서 서재 원생이 20명에 서 규정대로 30명으로 늘었기 때문이었다.[19]

원보(院保)의 수에도 차이가 있다. 보인은 봉족과 같은 말로 군역 부담과 관련있는 것인데, 서원도 언제부터인지는 모르지만 원보가 소속되었다. 1657년(효종 8)에 원보의 수를 사액서원은 7명, 미사액 서원은 5명, 향현사는 2명씩으로 정하였다. 원보가 군역의 피역수단 으로 활용되어 서원에서는 액수를 무시하여 받아들이고 곡식이나 돈 을 받아냈다. 나라에서는 원보의 수를 현실화하여 향교는 40명, 사액 서원은 20명을 정원으로 삼고 미사액 서원은 인정하지 않았다. 그 뒤 어느 때인가 늘어 30명이 관행처럼 되었다. 아마도 사액서원의 원생 30명에 맞추어 정한 것 같다. 필암서원도 사액서원으로 원보가 30명 으로 되어 있다.[20] 이처럼 사액서원이 되면 하나의 국학으로 간주되 어 여러 가지 경제적 이득을 얻고 있었다. 이는 서원 재정에 비추어 보면 상당한 비중을 차지하였다. 그러나 사액서원이 가지는 정치사 회적 위세라는 무형의 권위가 더 큰 혜택으로 다가온 것이 아닐까 생각한다.

---

19) 1846년(헌종 12)의 서재유안(西齋儒案)에 30명의 원생 명단이 수록되어 있다(『필암서원지』 권11). 이들 서재원생들에게는 매년 2량씩을 받았다. 『필암서원지』 권3, 원저가대질(院底家垈秩) 참조.
20) 『필암서원지』 권3, 원저가대질. 이들 원보로부터는 매년 미 3두, 닭 2마 리, 진임(眞荏) 6되, 진맥(眞麥) 6되를 받았다.

사액을 얻기 위해서는 많은 비용과 인력이 소모되었다. 유림들이 모여 사액을 요청하는 상소를 작성하고, 유생을 서울로 보내 상소를 올리고, 또 여론을 불러일으키기 위하여 성균관과 고위 관료들에게 청탁 인사를 다니는 데에는 막대한 비용이 요구되었다. 사액의 요청 은 한, 두번의 상소와 청탁으로 가능한 일도 아니었다. 경우에 따라 서는 몇 십년 동안 여러 차례의 시도를 거쳐도 겨우 이루어질까 말 까 하는 일이었다. 사액 요청에 따른 막대한 비용은 고을 유림들이 갹출을 하고, 서원 후손들이 보조를 하였지만 대개는 서원에서 전답 을 팔고 노비를 팔아서 충당하는 것이 보통이었고, 심지어는 많은 빛 을 내기도 하였다.[21]

많은 노력과 투자가 이루어져 사액을 받는다면 이는 무형의 자산이 되는 것이었다. 중앙의 당파는 유림들의 여론을 이용하고 정치적 배 경을 튼튼히 하려고 한 점에서 사액서원에 대한 배려를 이전보다 한 층 더 각별히 하였을 것이다. 그리고 사액서원에 대한 지방관의 협조 적 태도와 물질적 지원이 계속되고, 사액서원으로서의 위상이 유림사 회와 지역사회에 더욱 크게 작용하였을 것이다. 서원에 관여하는 유 림들과 후손들도 그만큼 사회적 위세를 더 할 수 있는 일이었다.

필암서원은 이제 사액서원으로, 노론계 서원으로 사회적 위치를 더욱 굳건히 하였다. 그런데 경종대에 일어난 노론과 소론의 신임사 화(辛壬士禍) 대립은 장성 지역에서도 심각한 여파를 미쳤다. 「일향 계약문(一鄕契約文)」 서문에 있는 다음과 같은 기록에서 알 수 있듯 이 노론과 소론간의 대립과 분열이 장성지역에서도 그대로 나타나고 있었다.

---

21) 경상도 울산의 구강서원(鷗江書院)은 13년 동안 4차의 노력 끝에 사액을 받을 수 있었는데(1692년), 사액을 위해 5만량 이상의 막대한 비용을 소 모하였다고 한다(이수환, 1995).

신임년간에 이르러 평지에서 파란이 별안간 일어나 일시에 무너져 분열하니 수습할 수가 없었다. 전후가 서로 반대하고 천지가 뒤바뀌어 도당(徒黨)을 나뉘어서 서로 능멸하고 짓밟았다. 친소가 거꾸로 되고 명분과 의리가 땅에서 사라졌다. 비록 친척 붕우와 같은 가장 친애하는 사람도 당색이 같지 않은 즉 문득 원수가 되어 반드시 우물에 넣어 돌을 떨어뜨리고자 하듯 한다.[22]

1728년(영조 4)에 강경 소론들이 일으킨 무신란(戊申亂)은 진압되었고, 이는 노론계의 소론계에 대한 억압으로 작용하였다. 그리하여 지역사회에서도 노론들이 주도권을 잡고 화합의 방안을 모색하였다. 1731년에 필암서원에 유림들이 모여 탕평을 도모하자는 통문을 발송하고, 장성의 유림들이 향사당에서 모임을 가진 것을 계기로 장성지방의 당색 분열은 어느 정도 해소가 되어간 듯 하다.[23]

필암서원을 중심으로 한 노론계 인사들의 움직임은 더욱 활발해져서 1796년(정조 20)에 김인후의 문묘 종향이 이루어지면서 절정에 달하고 있는 것으로 보인다. 김인후를 문묘에 종향하자는 요청은 1771년 전라도 유생 양학연 등의 상소에서 비롯되었고, 1786년에 필암서원에 김인후의 문인이자 사위인 양자징(梁子澂)이 나라의 허락을 얻어 추배되면서,[24] 다시 8도 유생들이 문묘 종향을 건의하였으나 허

---

22) 『필암서원지』 권3, 일향계약(一鄕契約).
23) 이 시기 장성지역의 노론으로서는 송시열과 김수항의 문인인 김인후의 후손들이, 소론으로서는 변씨들이 손꼽히고 있다(이해준, 1995).
24) 필암서원에 배향이 거론된 인물들은 양자징, 기효간, 변성온 등이었다(『필암서원지』 권2, 양고암 기금강 변호암 삼선생 청배소(梁鼓巖奇錦江卞壺巖三先生請配疏), 숙종 정축). 그 뒤 양자징만이 배향이 요청되어 나라의 허락을 얻어냈다(『필암서원지』 권2, 고암양선생청배소(鼓巖梁先生請配疏) 정조 병오). 배향이란 도학을 올바르게 계승했다고 판단되는 인물들을 배치하는 것으로 "명종적(明宗嫡) 시추향(示趨向)"을 위한 것이다. 많은 문인들 가운데 왜 세 사람만이 배향이 거론되고, 또 양자징 한사람만 배향하였는지는 알 수 없다. 이는 당색이라든가, 후손들간의 관계, 장성 유림들의 동향과 관련하여 앞으로 더 살펴보아야 할 문제라

락을 받아내지는 못하였다. 그 후로도 거듭 상소가 이어져서 1796년
에 정조의 김인후에 대한 깊은 관심 표명과 관학 유생들의 연이은
상소로 마침내 문묘 종향이 결정되었다. 이해 6월에 노론이 조헌과
김집의 문묘 종향을 건의하자 부자의 문묘 종향은 전례가 없다고 정
조는 거부하고 이황과도 절친하였던 김인후를 대안으로 거론하였다.
이후 노론측의 조헌, 김집 종향안, 정조의 김인후 종향안, 양자의 절
충인 3자 종향안으로 의견이 나뉘었고, 결국 노론들이 정조의 의견
에 동의함으로써 김인후의 단독종향안이 결정되었다. 정조는 김인후
를 종향하면서 도학, 절의, 문장 가운데 도학을 종향 기준으로 채택
하였고, 또 김인후의 시호를 조광조, 송시열, 송준길과 같은 문정(文
正)으로 바꾸었다. 이런 조치는 정조가 노론의 정통론을 희석하려는
의도를 가지고 있었다고 해석하기도 한다.[25]

　김인후의 문묘 종향으로 필암서원은 대현서원(大賢書院)으로 한
단계 더 사회적 위치를 격상시킬 수 있었다. 그러나 이러한 일련의
경사가 필암서원의 경제기반에는 커다란 타격을 가져왔다. 1862년에
작성된 「입의(立議)」에서 볼 수 있듯이 필암서원의 경제기반은 크게
줄어들고 말았다.[26]

고 생각한다. 참고로 서원의 위차에 대하여 잠시 설명하면 서원의 묘우
안에는 모시는 선현을 상징하는 위패가 있다. 위차는 위패를 놓는 순서
를 말하는데, 어디에 놓느냐에 따라 주향(主享), 병향(並享), 열향(列享),
배향(配享), 종향(從享), 별묘(別廟) 등으로 나눈다. 그리고 모시는 시기
에 따라 원향(元享)과 추향(追享)으로 나눈다(윤희면, 2000).
25) 김인후의 문묘 종향을 둘러싼 정조와 노론간의 길항에 대해서는 김성윤
(1998, 205~207쪽) 참조.
26) 『필암서원지』 권1, 연혁 및 『고문서』 2책, 전남대학교 박물관, 1984, 5
3~54쪽. 1680년의 『전답안』에는 논 55두락 2승락지, 밭 26두락 2승락지
에서, 1802년의 『필암서원원적』에는 논 114두락 5승락지, 밭 34두락 9승
락지로 논이 거의 2배로 늘어났다고 한다. 대신 노비의 수를 보면 1680
년의 48구에서 1745년에는 160구 이상으로 늘어났다가 1802년에는 28
명으로 대폭 줄어들었다고 한다. 이로 미루어 볼 때 문묘 종향과 시호

　본 서원은 중요한 곳이지만 서원의 힘이 시들어 버리고 서원의 일들
이 어지럽게 되어 한심하게 된지가 오래되었다. 모두 이는 종향(從享)을
할 때에 소청(疏廳)의 재촉에 응하였고, 시호를 이어 받을 때 쓴 비용이
대단히 많았기 때문이었다. 옛부터 내려온 전지(田地)의 태반을 팔아버
려 나머지가 많지 않게 되었다.

　조선 후기에 이르러 서원, 사우가 한 고을에 사, 오십 개씩 세워질
정도로 남설되었고, 이는 결과적으로 서원, 사우의 권위 하락과 사회
적 위상의 추락을 초래하였다.

　유학(儒學)과 충렬(忠烈)에서 그다지 두드러지지 않은 인물들이 후
손의 재력과 정치권력과의 결탁에 의해 서원에 모셔지는 등 이전과
는 다른 인물 기준이 적용되는 것이 다반사였다. 또한 서원, 사우가
양반사족의 이해를 모아주는 도구가 아니라 사족간의, 그리고 문중
간의 다툼 도구로 활용되고 있었다. 이러한 문중간의 다툼이나 갈등
은 필암서원에서도 나타나고 있다. 1786년에 양자징이 배향되었는
데, 제례를 지낼 때 축문을 따로 짓지 않고 김인후 축문의 끝에 덧붙
여서 지냈다. 처음에 헌관들과 장성의 장로(長老)들이 그리 정해 놓
았기 때문이었다. 그런데 1851년(철종 2) 가을 제향 때 양자징의 후
손들이 다른 서원과는 다르다하여 이의를 제기하고 축문을 따로 작
성해 줄 것을 요청하였고, 이듬해에 또 개정을 요청하였다. 그리고
관아에 따로 청을 넣어 제물(祭物)을 받을 때 축문지(祝文紙) 한장을
더 받아내었던 것이다. 필암서원 유림들은 도내와 고을 유림들에게

　개정에 따른 재정 부담을 위하여 노비를 팔아서 비용을 충당하고 대신
남은 돈으로는 논을 대거 매입한 것이 아닐까 짐작할 수 있겠다. 그렇
더라도 전반적인 재정 상태는 매우 열악하였다고 파악되고 있다(전형
택, 「앞의 논문」). 이 때문인지는 몰라도 영조때 까지만 해도 서원 건물
들을 자주 중수, 중건하다가 정조대 이후에는 중단되고, 겨우 1886년(고
종 23)에 본손이 돈을 내어 묘우를 단청하고, 그 다음 해에 장성부사와
유림들이 협조하고 김씨 문중에서 돈을 거두어 대대적인 건물 수리를
하고 있다.

또 김인후 후손들에게 의견을 묻지도 않고 개정해 달라고 요청하는
양씨 후손들의 행동을 타이르면서 일단 뒷날 더 논의하기로 하고, 전
후 사정을 수령에게 알리고 축문지를 반납하였다.

장성서원 유림들은 사제가 합향되었더라도 별도로 축문을 작성하
고 있는 다른 서원의 관례를 참고하여 1853년 봄 향사 때부터 따로
축문을 작성키로 결정하였다. 그런데 이는 김씨와 양씨 간의 충분한
논의와 타협이 이루어진 끝에 나온 결정이 아니었던 것 같다. 이는
수령에게 축문지를 다시 지급해 줄 것을 요청하였을 때, 수령이 작년
에 축문지를 반납하던 때의 인사들과 지금 축문지를 요청하는 인사
들이 다르니 이는 「일편지언(一偏之言)」이 아니냐는 의문을 제기하
고 지급을 거절한 사실로 짐작할 수 있겠다. 그리하여 다시 유림들과
김인후 후손, 양자징 후손들 간의 논의와 타협이 이루어진 끝에 1853
년 가을 향사 때에야 비로서 축문이 따로 작성될 수 있었다.[27] 따라
서 일반 사람들도 서원이 겉으로는 모현(慕賢)이라고 하지만 실제는
사사로운 이익을 취하려는 데 있다고 인식하였다.

이러한 서원, 사회의 의미 축소는 권위의 하락을 가져와 서원 근처
에 묘지를 써서 서원과 개인간의 산송(山訟)이 자주 발생하기도 하였
다. 심지어는 서원의 양반들에게 잡혀간 향리들을 구출하기 위하여
향리와 관속들이 유서 있는 사액서원에 난입하여 원임들을 구타하고
위판을 훼손하는 사태도 일어나곤 하였다.[28] 사회적 위신의 추락은
비단 남설 때문만은 아니었다. 서원의 만성적인 재정 어려움은 서원
을 관에 예속시켰고, 또 사회적 폐해의 온상으로 인식시키고 있었다.

---

27) 『필암서원지』 권2, 기 고암각축시고선생문(鼓巖各祝時告先生文) 철종
　　계축(1853년) 가을 ; 권3, 산문(散文) 품목 철종 임자(1852) 8월 18일,
　　품목 철종 계축 2월 21일.
28) 『비변사등록』 233책, 헌종 12년 3월 4일, 헌종 12년 5월 22일과 『일성
　　록』 67, 철종 4년 9월 8일.

서원을 운영하기 위해서는 많은 재정이 필요하였다. 특히 한꺼번에 많은 재원이 소요되는 건물의 수리와 중건은 서원의 재정적 어려움을 가중시키곤 하였다. 이에 관아의 협조에 크게 기댈 수밖에 없었다.

서원에 대한 관아의 협조는 늘 유동적일 수밖에 없었다. 또 지방 관아의 어려운 재정형편으로 말미암아 이전처럼 서원이라고 일방적인 특혜를 주기도 점차 어려워지고 있었다. 그리하여 수령이나 향리들이 원생이나 원보들에게 군역을 부과하는 일도 있었다. 이 때문에 서원의 경제적 처지는 늘 불안정할 수밖에 없었던 것이다. 서원들은 당장의 재정 부족을 타개하기 위하여 전답을 매각하고, 서원노비를 속량하거나 매각하였다. 환곡을 대여 받고 책전(債錢)을 얻어 쓰기도 하였다. 큰 서원조차도 거듭되는 부채를 급급하게 변상하는 것이 가장 큰 어려움이라고 토로할 정도였다.

서원의 재정 형편은 갈수록 열악해져 갔고, 이에 따라 여러 가지 사회적 폐해를 낳고 있었다. 중앙관료들을 내세워 각 고을이나 문중에 구청을 하고, 향교나 서원 등에 도움을 구걸하고, 백성들에게 금전을 강제로 징수하기도 하여 자주 물의를 일으키고 있었다. 아울러 액외원생이나 사모속을 모입하여 서원이 피역의 소굴이니 양역폐단의 원인이라는 지적이 끊임없이 나오게 하였다. 그리하여 서원은 사회적 폐단의 온상으로 자주 지목되고 있었다.

서원의 정치적 의미도 많이 변해갔다. 붕당정치의 전개와 심화에 따라 서원이 당론의 근거지 역할을 하였지만, 영조, 정조대의 탕평정치의 결과 서원의 당색이 많이 퇴색되었다. 그리고 19세기의 세도 정치기에는 중앙에 견제세력이 거의 없는 상황이었기에 벌열(閥閱)들이 굳이 지방 사족들의 협조를 얻고자 하지도 않았다. 오히려 지방 사족들이 중앙 권력과 결탁하기 위하여 선현들의 영정을 베껴 영당과 서원을 세우는 빌미로 삼고 있었다. 그러나 설령 서원을 세웠다

하더라도 그다지 서원 운영에 열의를 보이지도 않았다. 그리하여 선현의 후손들이 서원의 퇴락을 한탄하고, 영정을 빌려준 것을 후회하면서 서원의 철훼를 건의할 정도였다. 결론적으로 서원의 남설과 경제적 곤궁, 정치적 의미 축소는 서원의 권위를 추락시켰고, 사회적 폐해의 온상이라는 지적만 크게 불러일으켰다. 대원군의 서원 철폐는 강제적이고 물리적인 조치이기는 하지만 그 시기를 앞당긴 것에 불과한 것이라 할 수 있겠다.

　서원의 철폐는 민생 회복을 도모하겠다는 대원군의 대내정책의 일환이었다. 이러한 구상은 그의 집권 초부터 시작되었다고 할 수 있다. 서원의 사회적 폐단과 경제적 폐단을 겨냥하면서 첫 번째 금지조치를 적용한 것이 1865년(고종 2) 3월에 시행된 만동묘의 철폐였다. 표면적인 구실은 사회적, 경제적 폐해를 시정함이었고, 또한 대보단과 첩설이라는 것이었다. 만동묘 철폐는 첩설된 서원과 폐해를 일으키는 서원은 경중을 가리지 않고 모두 없애겠다는 앞으로의 서원 정책에 주요한 근거로 활용되었다. 1868년(고종 5) 8월에 이르러서는 미사액서원의 철폐를 단행하였다. "대원위분부(大院位分付)"의 형식으로 된 미사액서원의 철폐 명령이 예조 관문을 통하여 각 고을에 하달되었다. 서원의 철훼를 맡은 고을 수령은 유림들의 반발에 부딪치기도 하고, 고을 유림과 서원 후손들의 관계 등을 고려하여 가능하면 이를 늦추어보려고 노력하였지만, 성화와 같은 중앙의 독촉에 마지못해 서원 철훼에 직접 나서야만 하였다. "위판매안(位版埋安), 사우훼철(祠宇毁撤), 보솔첨정(保率簽丁), 전답출세(田畓出稅)"라는 조치대로 서원 건물은 허물어지고 경제기반은 모두 박탈당하였다. 서원을 철훼할 때의 절차를 보면 우선 선현에 대한 고유(告由), 위패의 매안, 건물의 철거 순서였다. 건물의 재목은 건축 자재로 재활용하였고, 서원의 전답은 후손들에게 돌려준 것 이외에는 대부분 향교

나 양사재에 귀속시켰고, 또 일부는 지방 관아에 돌려 재정 충당에
활용하였다. 식리전, 서적, 제기, 노비 등은 대부분 향교나 양사재에
귀속시켜 교육활동에 충당토록 하였고, 원생은 신분적 지위에 맞는
선무군관에, 원보는 일반 군역에 충당시켰다.

1871년(고종 8) 3월에는 전국에 47개만 남겨놓고 사액서원 모두를
모두 철폐하라는 명령이 내려졌다. 미사액서원의 철폐 때처럼 사액
서원의 경제기반은 속공되었고, 원생, 원보도 군역에 충당되었다. 서
원 철폐에 항의하는 유림들의 집단상소와 개별 상소가 계속 이어지
긴 하였지만 서원을 철폐하여 모든 폐단을 없애야겠다는 대원군의
태도 앞에서는 소용이 없었다. 이른바 「신미존치」 47개 사액서원은
「묘(廟) 1, 원(院) 26, 사(祠) 20」으로, 문묘에 종향되어 있는 설총 등
16인이 주향인 서원 16개와 충절대의(忠節大義)로 파악된 31개의 묘,
서원 및 사우였다. 이를 지역별로 보면 경기도 12, 충청도 5, 전라도
3, 경상도 14, 강원도 3, 황해도 4, 평안도 5, 함경도 1 이었다.

서원 선정 과정을 추정해 보면, 예조에서는 우선 문묘 종향인들이
주향인 서원을 골랐다. 주향인 사액서원이 하나였던 서악서원(설총),
무성서원(최치원), 남계서원(정여창) 등의 경우에는 별다른 어려움이
없었을 것이다. 그런데 주향이 여러 군데인 경우에 가급적 가향의 연
고를 가진, 그리고 어필 사액되거나 어필 편액을 가지고 있고 어제를
보관하고 있는 특별한 서원을 「존치」하기로 결정하였다. <표 3>에
서 어필 사액, 어필 편액을 가지고 있는 서원이 많은 것이 이 때문이
라 하겠다. 어필을 받은 서원의 존치를 통해 왕실의 권위를 높이려는
의도가 담겨 있다고 해석할 수 있다.[29)]

---

29) 조광조의 경우 경기도 양주에 있는 도봉서원도 1775년(영조 51)에 어필
    편액을 받았지만 송시열과 병향이었기에 제외되었던 것 같다. 대신 우
    거(寓居)한 바 있는 용인의 심곡서원이 선정되었다. 그리고 송시열의 화
    양서원도 1716년(숙종 42)에 어필 편액을 받은 곳인데 1779년(정조 3)에

<표 3> 신미존치 16개 도학서원(道學書院)

이름	서원	건립연도	사액연도	소재 고을	선정이유 (추정)
설총(薛聰)	서악서원(西岳書院)	1561	1623	경상 경주	병향이지만 유일한 사액서원
최치원(崔致遠)	무성서원(武城書院)	1615	1696	전라 태인	주향으로 유일한 사액서원
안향(安珦)	소수서원(紹修書院)	1543	1550	경상 순흥	명종 5년 어필(御筆) 사액
정몽주(鄭夢周)	숭양서원(崧陽書院)	1573	1575	경기 개성	화상(畵像)이 있는 서원
김굉필	도간서원(道東書院)	1605	1607	경상 현풍	복거
정여창	남계서원(灆溪書院)	1552	1566	경상 함양	가향
조광조	심곡서원(深谷書院)	1650	1650	경기 용인	도봉(道峰)이 어액(御額)이나 송시열과 병향
이언적	옥산서원	1573	1574	경상 경주	가향,
김인후	필암서원	1590	1662	전라 장성	가향, 어필 경장각(敬藏閣) 편액
이황	도산서원(陶山書院)	1574	1575	경상 예안	가향, 선조 하사 편액
이이	문회서원(文會書院)		1568	황해 백천	선조, 숙종의 어필 편액
성혼(成渾)	파산서원(坡山書院)	1568	1650	경기 파주	복거
김장생(金長生)	둔암서원(遯巖書院)	1634	1660	충청 연산	가향
송시열(宋時烈)	강한사(江漢祠)	1779	1785	경기 여주	정조의 어제(御製), 어필의 비(碑)
송준길	흥암서원(興巖書院)	1702	1705	경상 상주	외향, 숙종 어필 원액(院額)
박세채(朴世采)	봉양서원(鳳陽書院)	1695	1696	황해 장연	

전라남도에서 철폐를 면한 서원은 장성의 필암서원과 광주의 포충사였다. 다른 서원들이 철폐될 때에도 남겨지게 되었다는 점에서 필암서원은 예전보다 사회적 위치가 한층 고양되었을 것으로 짐작할 수 있다. 그러나 경제적 형편은 훨씬 열악해졌다. 서원전 3결의 면세 특권이 없어졌고, 이들 수입은 국고에 귀속되었다.[30] 또한 원생과 원보

여주 대노사에 어제(御製) 어필(御筆)의 비를 세운 것에 더 비중을 두었던 것 같다. 1개의 충절 서원, 사우는 임진왜란, 병자호란, 이인좌란 등 전란 중에 전망하거나 순절한 곳에 있는 사우, 그들을 기리기 위하여 나라에서 자주 치제(致祭)를 한 사우가 우선적으로 선정되었다. 그리고 세간의 인물 평가를 고려하여 선정하기도 하였고, 후손들이 고위 관료이기에 배려[청탁]한 것도 있었다. 전체적으로 47개 서원, 사우의 존치는 선정자의 임의가 많이 작용하였지만, 이를 통해 왕실의 권위를 높이려는 의도가 담겨 있었다고 생각된다. 문묘에 종향된 인물의 16개 도학서원보다 거의 배가 되는 31개의 충절 서원, 사우가 남게 된 것도 왕권을 돋보이게 하려는 정치적 의도가 담겨있다고 판단된다(윤희면, 1998).
30) 『일성록』 고종 8년 3월 25일, 3월 28일.

도 없어지거나 숫자가 줄어들게 되었다.[31] 관아로부터 제향에 필요한 제수를 지급 받았지만 서원의 사회적 활동에 많은 제약을 받게 되었고, 경제적 마련을 위하여 이전의 혜택을 다시 허락해 줄 것을 수령과 중앙에 계속 요청하였다. 그러나 이는 수령 마음대로 결정할 일이 못 되었다. 그 뒤 대원군이 하야하고, 만동묘가 복설되는 등의 복고적인 조치에 편승하여 서원전 3결의 면세와 원보의 복고가 가능하게 되었다. 1878년(고종 15)에 필암서원은 서원전 3결의 면세와 원보의 복구를 허락받을 수 있었다.[32] 그러나 이도 항시적인 것이 아니었기 때문에 늘 지방관에게 면세를 요청하는 청원을 올려야만 하였다.[33]

필암서원의 경제적 열악함은 계속되었고, 이와 병행하여 사회적 위상도 예전 같지 않아졌다. 서원의 운영을 위하여 인근 군현에서 할당한 듯한 예부전(例扶錢)이 기한이 지나도록 납부되지 않고 있으며, 서원촌인 필암, 중동(中洞), 장자(壯子) 가운데 필암을 제외한 두 동리가 잡역의 수행을 거부하기도 하였고[34], 면임들이 서원촌에 잡역을 부과하기도 하였다.[35] 그리하여 필암서원에서는 지방관의 협조를 기대하고자 철폐 이전과 같이 관찰사를 원이로 부표하기도 하고[36] 홍학장(興學長)으로 부표하기도 하였다.[37]

---

31) 나라의 명령으로 인하여 보솔(保率)이 줄어들었다. 『필암서원지』 권3, 산문 이서원중수사상본쉬문(以書院重修事上本倅文).

32) 『무성서원지(武城書院誌)』 권1, 복호보로환복기(復戶保奴還復記).

33) 『필암서원지』 권3, 산문 문보(文報) 고종 계사(1893년) 9월 7일, 고종 병신(1896년) 12월 26일, 고종 무술(1898년) 정월 1일, 고종 기해(1899년) 11월, 12월 등.

34) 『고문서』 2, 첩정(牒呈) 계사(1893년) 9월 초7일(전남대학교박물관, 1984, 54쪽).

35) 『필암서원지』 권3, 산문 품목 고종 임인(1902년) 정월 18일, 6월, 8월 27일, 고종 계묘(1903년) 9월, 문보 고종 갑진(1904년) 정월.

36) 『필암서원지』 권3, 산문 품고(稟告) 고종 경자(1900년) 5월, 품고 고종 갑진(1904년) 9월.

37) 『필암서원지』 권3, 산문 품목 고종 임인(1902년) 9월 28일.

서원의 경제적 어려움과 사회적 위상의 저하를 반영하듯 양반유림들도 서원운영에 소홀하였다. 예를 들면 제관으로 임명되어 차첩지를 받았음에도 불구하고 아무런 이유 없이 제례에 불참하는 인사들도 있었다.38) 이처럼 필암서원은 점점 사회적 지위를 상실해가고 있었고, 이에 대신하여 유림들의 공동 이해를 대변하기보다는 후손들의 이해가 더 반영되는 기구로 변화해 가고 있었다.

Ⅲ. 정치사회적 기능과 활동

필암서원은 평지에 세운 서원이다. 남북 자오선을 축으로 삼고 그 축선 위에 주요 건물을 배치하고 있어 전형적인 유교 건물임을 보여주고 있다. 외삼문을 대신하면서 유생들의 휴게장소로 활용되던 확연루를 지나면 청절당(淸節堂)이라는 이름의 강당이 자리잡고 있다. 강당의 좌우로 유생들의 기숙장소인 동재(東齋, 일명 진덕재)와 서재(西齋, 일명 숭의재)가 있어 이곳이 공부하는 학교임을 보여주고 있다. 그리고 공부를 위한 보조 건물로 책판을 보관해 놓은 장판각(藏板閣)과, 도서를 보관해 놓은 장서각(藏書閣)이 가까이 세워져 있다. 동재, 서재를 지나면 제향을 위한 공간이 마련되어 있다. 내삼문을 지나면 선현의 위패를 모신 묘우[祐東祠]가 서원의 중심 건물로 자리잡고 있고, 앞쪽 한켠에는 제례를 준비하기 위해 전사청이 있다. 이러한 전학후묘(前學後廟)의 건물 구조는 성균관, 향교의 건물 구조와 다를 바가 없다. 필암서원도 제례와 교육을 기본 기능으로 삼고 여러 가지 활동을 전개하였다.

38)『필암서원지』권3, 산문 품목 고종 기묘(1879년) 8월.

1680년에 작성된 『노비전답안(奴婢田畓案)』「기미용하질(己未用下秩)」에는 1679년(기미) 8월부터 이듬해(경신) 2월까지 7개월 동안의 지출내용을 기록하고 있는데 이를 용도별로 모아 정리해 보면 다음과 같다.[39]

<표 4> 필암서원의 지출 내역(1679.8~1680. 2)

연. 월. 일	지출 내역	구분
1679. 8. 8	추향(秋享) 입재시(入齋時) 지공(支供) 독가(犢價)	제례
9. 10	추향 지공 우가(牛價)	제례
10. 11	거접시(居接時)	교육
1680. 1. 11	거접시	교육
1679. 9. 10	강당 중수 원회시(院會時)	원회
1679. 12. 12	장의 체임시(遞任時) 원회	원회
1680. 1. 6	향교 이건통문(移建通文) 원회시	원회
2. 4	재임 체임시 원회	원회
1679. 11. 2	선생문집 수정시(修正時) 지필가(紙筆價)	도서
1679. 8. 8	수리시(修理時)	건물 수리
1679. 10. 15	목수 부역시(赴役時)	건물 수리
1679. 11. 2	치도(治道) 부역시	건물 수리
1679. 12. 12	목수 회향시(會餉時) 주병(酒餅)	건물 수리
12. 12	목수 수공가(手功價)	건물 수리
12. 12	식모 침장가(針粧價)	노비 수가(酬價)
1679. 11. 2	재임 과년(過年) 양미(糧米)	원임 수가
1679. 11. 2	재임 과년 간사시(幹事時)	원임 수가

<표 4>의 지출 내역을 구분해 보면 제례, 교육, 유생 모임, 도서, 그리고 건물 유지, 인건비 등으로 나눌 수 있다. 이 때 앞의 네 경우가 서원의 기능과 활동을 보여주는 것이라 할 수 있다. 제례와 교육이라는 2대 기능 이외에 서원은 원임이나 유생들이 모여 여러 가지 서원과 향촌에 관한 일들을 논의하는 장소였으며, 또한 도서를 간행하고 보관하는 장소이기도 하였다.

---

39) 전형택, 「앞의 논문」, 362쪽의 <표 14>를 지출 내용별로 모아 다시 정리한 것이다.

필암서원의 제례, 교육, 도서관 기능을 간략하게 살펴보고, 이어서 정치사회적 기능을 알아보고자 한다. 서원마다 가감이 있었겠지만 서원 제식(祭式)은 향교 제례에서 크게 벗어나지 않았을 것이다. 서원의 정기적인 제례는 가장 큰 춘추 제향이 있고, 매달 초하루와 보름에 원임이나 유생이 묘우(廟宇)에 나아가 향촉을 밝히는 삭망분향제가 있었다. 아울러 정알(正謁)이라 하여 정초에 유생들이 서원에 모여 참배하는 것도 있었다.

춘추의 제향은 석전제와 같이 중월(仲月, 음력 2월, 8월)에 하는 것이 보통이었다. 초기 서원은 계월(季月, 음력 3월, 9월)의 상정(上丁)이었으나 한 달 사이를 두고 향교와 서원의 제례를 지내는 것이 번거롭고 제수 마련에도 문제가 있어 상정의 향교 석전제 뒤인 중정에 서원 제례를 지내는 것이 관례가 되어 갔다. 춘추의 제례와 삭망 분향례, 정알 이외에는 모두 부정기적인 제례였다. 부정기적인 것은 이안제(移安祭)와 환안제(還安祭), 위안제(慰安祭), 예성제(禮成祭), 그리고 사액을 받았을 때 올리는 사액례 등이 있다.

제례날이 다가오면 서원에서는 원장과 유사 등 원임과 유생들이 모여 당회(堂會)를 열고 제례를 준비하였다. 우선 제례의 제관을 정하였다. 제관은 헌관과 집사로 대별할 수 있다. 헌관은 서원에 모셔진 선현들에게 잔을 올리는 제관으로 초헌관(初獻官), 아헌관(亞獻官), 종헌관(終獻官)으로 구분한다. 집사는 헌관을 도와 제례를 원만하게 진행토록 보조하는 하급 제관이었다. 헌관으로 선발된 인사에게는 서원에서 차첩지를 보내 헌관 임명 사실을 통보하였다. 집사는 제례의 진행을 돕는 하급 제관으로 직책에 따라 상급집사와 하급집사로 나눌 수 있다. 상급집사는 양반유생들이 맡으며 제례의 진행과 관련된 일을 담당하였고, 하급집사는 액내원생이 맡으며 제례에 쓸 제복·제기·제수의 준비, 참석인사 안내, 호창(呼唱) 등 낮은 일을 담당하였다.

제관이 정해지면 전사청(奠祀廳)에 보관하고 있는 제기를 하급집 사들과 노비들이 깨끗이 닦아 준비하고 제수를 마련하였다. 관아에서 지급해주는 제수는 열악한 서원 재정에 비추어 볼 때 상당한 비중을 차지하고 있었던 것이다. 헌관과 집사는 물론 원임, 유생들이 참석하여 제례를 끝마친 뒤 이들은 서원에 모여 앉아 음복을 하고, 제수를 나누어 가졌다. 이를 복주(福酒)라고 한다. 이어 유회를 열어 서원과 고을의 여러 가지 일들을 논의하였다. 예를 들면 원임을 선출하고, 서원 유생으로 받아들일 사람들을 추천하여 결정하였고, 서원 건물의 수리와 중건 같은 문제를 논의하였다. 그밖에 유림사회에 현안이 될만한 정치적인 문제나 강상 윤리와 관련된 포상과 처벌 등을 결정하기도 하였다.

다음은 필암서원의 교육기능에 대하여 살펴보도록 하자. 서원의 효시인 백운동서원은 유생 자격을 생원, 진사, 초시합격자, 향학자(向學者) 등으로 정하였고, 뒤의 서원들은 자격을 완화하여 학행(學行) 위주로 하였다. 그리고 점차 학행을 우선함이 일반적인 추세였다. 이는 서원이 사림들의 기구로 정착되어 가는 과정과 일치하고 있었던 것이다. 서원에서의 교육은 서원 유생들을 춘추로 열흘이나 보름 정도 서원에 기숙시키면서 제술과 경학을 공부케 하는 거접, 수령이나 감사 등이 돈을 내어 가끔씩 벌이는 순제, 백일장 등이 주된 것이었다. 필암서원도 예외는 아니었다. <표 4>에서 보듯이 춘추로 거접을 하였다.

그런데 서원의 교육은 침체되어가기 시작하였다. 우선은 재정 부족 때문이었다.[40) 다음은 서원 교육의 비효율 때문이었다. 서원의 교

---

40) 홍여하(洪汝河, 1620~1674),『목재선생문집(木齋先生文集)』권5, 함령서원립약문(咸寧書院立約文).

육은 위기지학(爲己之學)에 더 근본을 두어야 한다고 강조되었지만,
과거 준비라는 현실을 외면할 수는 없었다. 그러나 전반적으로 서원
의 교육 체계와 내용은 과거준비로 미흡하였고 교육효과도 그다지
높지 않았다고 할 수 있다. 따라서 유생들은 서원보다는 사찰이나 사
숙(私塾) 등을 이용하는 편이 많았다. 그리하여 서원의 교육은 점차
유명무실하게 되어갔고 제례만이 두드러지게 되었던 것이다.[41]

그래도 필암서원은 원임과 유림들의 노력으로 교육이 간간이 유지
되고 있었던 것 같다. 1776년(정조 원년)에 쓰여진 강수청기(講受廳
記)에 따르면, 비록 중단되기는 하였지만 유생들이 모여 글을 읽는
일이 전에 있었음을 전해주고 잇다. 이것이 바로 강회(講會)였다.

> 필암서원은 위전(位田)을 많이 두어 한해 수입이 적지 않았으나 강수
> 라는 이름으로 따로 된 것이 없었다. 또 원임으로 강의(講義)에 마음을
> 두는 사람도 적어 다른 비용을 줄여 양사(養士)하는 비용으로 쓸 수도
> 없었다. 이에 여러 유생들이 항상 학문을 하고자 하여도 의지할 데가
> 없었다. 이러한 걱정에 십 수년을 경영하여 마침내 글 읽는 소리가 들
> 렸지만 아침에 모였다가 저녁에 그만두는 것에 불과하였다. 옛말에 법
> 당 앞에 풀이 3장이라고 하였는데 거의 이에 가깝다.

필암서원에서는 강규(講規)를 마련하고 강관(講官)과 강원(講員)이
매달 삭망에 청절당에 모여 분향하고 이어 강회를 열었다. 이때에 강
관으로 임명된 사람 가운데 이실지와 박승화는 1670년(현종 11)의 장
의, 색장이었다. 곧 원임이 강관이 되어 제술과 강경으로 나누어 강
의하였고, 성적 우수자에게는 후백지(厚白紙)를 상으로 내리고 성적

---

41) 서원이 서재나 사찰처럼 공부 장소로 이용되고 있었다. 학문과 과거에
뜻을 둔 유생들이 직접 서원에 찾아와 기숙하면서 공부하는 예였다. 특
히 초기 서원 이래 17세기말까지 이러한 사례들을 문집이나 서원 유생
안 등에서 다수 확인할 수 있다. 서원에서는 경제적인 어려움이 있더라
도 이들에게 숙식을 제공하여야 했다.

불량자에게는 벌로 후백지를 내도록 하였다. 그리고 불참하거나 늦
게 온 강원(講員)들에게도 벌지(罰紙)를 내도록 하여 강회의 자본으
로 충당하였다.[42] 이후에도 몇 차례 강회가 설강되었다고 하였으니,
적어도 필암서원에서는 17세기말까지는 교육활동이 간헐적으로 이
루어지고 있었음을 짐작할 수 있겠다.

서원 교육에 큰 변화가 나타난 것은 1732년(영조 8년)의 조현명의
「권학절목(勸學節目)」 때문이었다. 「권학절목」은 경상감사 조현명이
도내의 흥학을 위하여 작성한 것으로, 감사 체임때 조정에 알렸고 왕
의 재가를 얻어 전국에 하달되었다.

전문 14조로 구성된 「권학절목」에서 서원과 관련된 중요사항은
교육체계가 도[낙육재]—군현[향교 ; 도훈장]—면[서원, 산당 ; 면훈
장]—리[부형, 塾師]의 행정체계와 결합되어 있는 점이다. 이 「권학절
목」이 각도로 반포된 후 이와 비슷한 내용의 절목이 계속 이어졌다.
1745년(영조 21년)에 전주감영에서 각 군현의 향교, 서원, 양사재에
보낸 「권학절목」에는 도훈장, 면훈장의 선발, 향교나 서원에서 삭망
시강, 우수자 시상, 거접유생의 권과 등 17개조의 내용이 규정되어
있었다.

이러한 교육 진흥책을 반영하듯 각 서원에서는 교육활동을 따른
재원마련을 위하여 강수청(講修廳), 강수청(講需廳), 강학청(講學廳)
이라는 이름의 별도 기구를 설치하고 있었다. 그리고 강장(講長)을
초빙하여 간헐적으로 교육을 실시하였다. 필암서원에서도 1775년(영
조 51년)에 강수청을 만들어 교육을 강화하기에 이르렀다. 1776년(정
조 원년)에 쓰여진 강수청기에는 필암서원에서 원임들의 노력으로
재정을 마련하고 나이 어린 유생들을 모아 교육하는 강회를 개최하
였음을 설명하고 있다.

---

42) 『필암서원지』 권4, 문계안(文契案).

영조 을미년(1775년)에 유사 김직현(金直賢)이 선생의 후손으로 다른 일은 제쳐두고 서원에 관계되는 일만 열심히 하였다. 또 재물을 모아 양사하는 것을 오랜 계획으로 삼았다. 그리하여 세입 가운데에서 절약하고 나머지를 모아 2년 동안 300량을 얻었다. 논 약간을 사서 40곡(40 斛)을 수조하여 창고에 별도로 저축하고 이름을 강수라고 부쳤다. 이에 공의에 따라 연소자 10인을 택해 서원에서 독서케 하고 매달 삭망에 설강하였다. 원근의 뜻 있는 선비들을 참석하도록 권하고 음식을 제공하는 비용은 모두 모아놓은 것에서 처리하였다. 절목을 만들어 규칙대로 서너 번의 강회를 시행하였다.[43)]

강수청에 강장을 두어 유생 교육을 담당케 하였고[44)], 때때로 저명한 학자들을 초빙하여 강회를 열기도 하였을 것이다.[45)] 그밖에도 매년 춘추의 제례날에 청절당에서 유생들의 질문을 받고 대답해주는 강회를 열었다고 한다.[46)] 그러나 "지금 서원은 사묘(祠廟)가 되어서 학궁(學宮)의 옛날 모습을 다시는 볼 수 없다"[47)]는 현실 속에서 필암서원의 교육활동은 계속 이어지지는 못하였을 것으로 짐작된다. 강회를 열만한 재정이 뒷받침되지 못했고, 또 유생들이 간헐적으로 이어지는 서원 교육에 별다른 열의를 보이지 않았을 것이기 때문이었다.[48)]

---

43) 『필암서원지』 권2, 강수청기(講受廳記).
44) 『필암서원지』 권1, 임원을 보면 강수재강장(講受齋講長) 1인이 있다.
45) 필암서원에 대한 노론관료와 산림의 관심은 지대하였다. 산림인 김원행(金元行)은 수령을 시켜 필암서원에서 강회를 열도록 권유하기도 하였다. 황윤석(黃胤錫), 『이재속고(頤齋續稿)』 권6, 미상록(渼上錄) ; 다른 서원에서도 교육활동을 따른 재원마련을 위하여 강수청(혹은 강수청(講需廳, 강학청)이라는 별도의 기구를 설치하고 강장을 초빙하여 간헐적으로 교육을 실시하였다. 『고암원지(考巖院誌)』 권3, 『덕양원지(德陽院誌)』 강수청사례(講受廳事例) 등.
46) 『필암서원지』 권2, 강안서(講案序). 이는 다른 서원도 마찬가지였던 것 같다. 장흥 연곡서원(淵谷書院)의 경우를 보면 춘추제향 날의 지출하는 비용로 강전(講錢) 1량씩이 계상(計上)되어 있음을 볼 수 있다.『연곡서원통일년응하정례식(淵谷書院通一年應下定例式)』(정사 12월).
47) 『목민심서』 권7, 예전 제사.

서원은 도서를 간행하고 보관하는 도서관 기능도 가지고 있었다. 필암서원은 호남의 대표적 사액서원답게 나라에서 내려준 서책들이 많았다. 이른바 내사본(內賜本)들이 그것이다. 또한 필암서원에서는 김인후의 저술들을 간행하고 보관하였다. 1568년(선조 원년)에 문인들에 의하여 편집, 간행된『하서집(河西集)』초각본이 전란으로 소실되었기에 1686년(숙종 12년)에 재각(再刻)하였다. 노론인 김수항이 발의하고 현손인 김시서(金時瑞)가 주선하여 필암서원에서 판각한 것이『하서선생집(河西先生集)』이다. 그리고 1796년에 김인후를 문묘에 종향하면서 정조의 명령으로 문집을 다시 판각하였다. 그 동안 누락된 것도 보충하여『하서선생전집(河西先生全集)』으로 이름하고 필암서원에서 판각하여 1802년에 완성하였다.[49] 그리고 김인후가 쓰거나 지은『초천자문(草千字文)』,『무이구곡(武夷九曲)』,『백련초해(百聯抄解)』도 필암서원에서 판각하여 간행하였는데, 판각한 목판들을 모두 장판각에 보관하여 오고 있다.[50]

서원에서는 모신 선현의 저술들을 판각, 간행하면서 관계를 맺고 있는 서원, 향교 등에 서로 배포를 하였다. 따라서 서원마다 다른 서원과 향교에서 보내온 서책들이 상당히 많았다.[51] 서원에서는 이러

---

48)『필암서원지』권7, 강안(講案). 강회는 간간히 이어졌다고 믿어지며, 서원 철폐 이후 필암서원에서는 1893년부터 춘향(春享), 추향(秋享) 뒤에 강회가 열린 것으로 기록되어 있다.

49) 김인후 문집의 간행 경위에 대해서는 김진웅(1996)과 이해준(앞의 논문) 참조.

50) 필암서원에 보관되어 있는 목판에 대해서는 전남대 문헌정보연구소·전라남도(1998, 73~91쪽)에서 조사하였다.

51) 서책을 주고받을 때에는 대체로 같은 당색간에 이루어지는 것이 보통이었다. 따라서 서원에 소장되어 있는 서책들을 보면 서원의 당색을 대충은 알 수 있다. 필암서원의 경우 나라에서 내려준 내사본(內賜本)과 함께 이이, 정철의 문집, 송시열·송준길의 왕복서간 등 주로 서인·노론 인사들의 책들이 소장되어 있어 이 곳이 바로 서인, 노론계 서원이었음을 다시 확인시켜 주고 있다.『필암서원지』권3, 산문 서책질(書冊秩).

한 서책들의 목록을 작성하고 유생들에게 대출하였다. 필암서원도
사정은 마찬가지였고 관리의 책임은 원임들이 담당하였다. 1862년에
작성된 「절목」에 다음과 같은 규정이 들어 있다.

> 1) 내사(內賜)한 서책은 극히 중대하니 다른 사람에게 빌려줄 수 없
>   다. 보기를 원하는 자는 서원에 와서 소중하게 할 것.
> 2) 경장각의 개금(開金)은 집강(執綱)이 차지(次知)하고 살펴보아야
>   할 책이 있다면 친히 가서 열어줄 것
> 3) 전여(傳輿) 뒤에 서책과 서원의 물건을 잃으면 새로운 집강이 추
>   심하여 수장할 것

이렇게 필암서원은 책을 출판하고 보관하고 빌려주는 도서관 기능
을 하기도 하였다. 참고로 전남 서원에 소장되어 있는 고문서와 판목
(板木)을 소개하면 다음과 같다.

<표 5> 전남 서원 소장 고문서와 판목

서원 이름	소장 고문서, 전적	소장 목판
강진 남강서원 (南康書院)		주자갈필(朱子葛筆), 대우수전(大禹手篆) 등 40매
곡성 도동묘 (道東廟)		회헌실기(晦軒實紀) 87매
광주 포충사 (褒忠祠)	포충사복호입안문서(褒忠祠復戶立案文書,1592년) 포충사제위답영납명문(褒忠祠祭位畓永納明文,1610년) 포충사수직로영납명문(褒忠祠守直奴永納明文,1618년), 교지(敎旨) 4매, 고경명친필마상량문(高敬明親筆馬上檄文)	제봉집(霽峰集), 정기록(正氣錄), 유산록(遊山錄) 등 493매
광주 월봉서원 (月峰書院)		고봉집(高峰集), 논사록(論思錄) 등 474매
나주 미천서원 (眉泉書院)	미천서원원적(眉泉書院院蹟), 전답문서(田畓文書) 등	기언(記言), 완산이씨세고(完山李氏世稿) 985매

담양 송강서원 (松江書院)	유안 33책, 서원서재유안 4책, 서원 전답안 2책, 서원보직안 1책, 송원도 내장의안 1책, 심원록 22책	송강집(松江集), 기암집(畸庵集) 535매
담양 의암서원 (義巖書院)	호구단자, 소지, 통문, 향안, 유안, 완문, 서원절목, 보직안	미암집(眉巖集) 396매
보성 용산서원 (龍山書院)		죽천집(竹川集) 103매
순천 정충사	정충사 보부록 1책(1682년), 순천부 교원집강안(1811년), 심사록(尋祠錄), 절목(1865년)	
여수 운암사 (雲巖祠)		거문절공유사(車文節公遺事) 53매
영광 내산서원 (內山書院)		강감회요(綱鑑會要) 642매
영광 묘장서원 (畝長書院)		이응도(二鷹圖) 1매, 공신회맹축 (功臣會盟軸) 3매
영암 녹동서원 (鹿洞書院)	녹동서원청금록 28책, 서재유안 2책, 합경재청금안(合敬齋靑衿案) 4책, 녹동서원사적(鹿洞書院事蹟)	연촌유사(烟村遺事), 문곡집(文谷集), 산당집(山堂集) 등 541매
영암 죽정서원 (竹亭書院)	죽정서원행적(1698년), 죽정서원사적 권학계안, 죽정서원원적 24책	
장성 고산서원 (高山書院)		노사선생문집(蘆沙先生文集), 답문류편(答文類編) 862매
장성 필암서원	필암서원문서(보물 587호)	하서선생문집(河西先生文集), 초천자문(草千字文), 무이구곡(武夷九曲), 백련초해(百聯抄解), 묵죽도(墨竹圖) 등 705매
장흥 연곡서원		노봉선생문집(魯峯先生文集) 294매
함평 자산서원 (紫山書院)		곤재우득록(困齋愚得錄) 48매

*자료출처 : 전라남도・목포대박물관(1998), 전라남도・목포대박물관(1999),
　　　　　전라남도・전남대 문헌정보연구소(1998)

이제 필암서원의 정치사회적 기능을 살펴보도록 하자. 앞서의 제
례, 교육, 도서관 기능도 넓게 보면 모두 서원에 출입하고 서원 운영

에 간여하는 양반유림들의 정치사회적 활동의 소산이라고 할 수도 있다. 그렇더라도 여기서는 양반유림들이 정치적 입장을 내세우고 양반으로서의 사회적 지위를 유지하기 위한 일련의 관심과 활동에 대하여 알아보려고 한다. 이를 살펴보기 좋은 것이 바로 유회(儒會)와 통문(通文)이라고 할 수 있다.

서원은 교육기관, 제례기관일 뿐만 아니라 양반들의 공공장소였다.[52] 서원은 양반이라면 방문하고 싶은, 또 방문해야 하는 곳이기도 하였다. 새로 도임한 감사는 장성 고을을 순행하는 길에 필암서원에 들러 알묘(謁廟)를 하고 물품을 부조하였으며, 장성부사는 물론 인근 고을의 수령·찰방·도사(都事), 심지어 어사도 필암서원에 알묘하고 부조하였다. 지방관들뿐만 아니라 과거에 급제한 사람들도 신은인사(新恩.人事)로 서원에 왔고, 전직관료·진사·생원·유학 등도 사는 고을에 관계없이 서원에 들러 인사를 하고 갔다. 또한 후손, 방손(傍孫), 외예(外裔)들도 끊임없이 서원에 찾아와 인사하였다.[53] 이처럼 서원은 양반들의 발길이 끊기지 않는 곳이었고 언제나 양반들이 모여있는 곳이었다. 따라서 이곳에서 유림사회와 관련된 소식이 전달되고 여론이 형성되었다. 백운동서원 사문입의에 "문에 들어오면 동 밖의 일을 말하지 않는다"고 한 이래 거의 모든 서원 원규에는 조정의 이해타든가 수령의 장단을 언급하지 않도록 규정하고 있지만 서원에 양반들이 모여 정치사회적인 문제들을 논의하고 여론을 형성하는 것은 지극히 자연스런 일이었다.[54]

---

52) 「사림공공지중지(士林公共之重地)」, 『소수서원잡록(紹修書院雜錄)』 권2, 경진(숙종 26년)3월 4일 향사시완의(享祀時完議).
53) 『필암서원지』 권5, 봉심록(奉審錄).
54) 숙종 7년에 대사성 김만중(金萬重)은 상소에서 서원유생들의 「군거유담 부박지론(群居遊談 浮薄之論)」을 서원 폐단의 하나로 지적하였다(『서원등록』2, 신유 11월 9일). 또 영조는 서원을 「취당지소(聚黨之所)」라 지적하고 있다(『영조실록』 권22, 5년 4월 기해).

서원을 이용한 양반유림들의 정치사회적 활동을 잘 보여주는 것은
통문이다.[55] 유림들은 통문을 서울의 태학과 지방의 교원을 이어주
는 혈맥 같은 것으로 인식하고 사문의리에 관계되는 것을 상고(相
告), 상유(相諭)하는 수단으로 이용하였다. 양반유림 사회에 관련되는
문제가 발생하였거나 그러한 소식을 접하였을 경우 양반들은 서원에
모여 논의하였다. 그리고 모여진 의견을 통문의 형식으로 작성하고,
태학, 각 고을의 향교, 서원 등 같은 교원(校院)에 발송하여 여론을
불러일으키고 있었다.

통문의 내용은 매우 다양하였다. 선왕(先王) 존호(尊號)와 복제(服
制) 등 예론(禮論) 문제, 조정의 대신이나 감사, 수령 등에 대한 비판
과 시비, 선현의 문묘배향이나 승출에 대한 찬반, 선현에 대한 변무
(辨誣)와 규탄, 명현에 대한 증직, 증시(贈諡)·신원·삭직·추탈 등
사문의리에 대한 것, 서원·사우의 건립, 사액·승호(陞號)·이건·
중건·추향·위차 등의 문제, 문집의 간행과 문자시비, 불교, 도교,
서학, 동학 등 이단에 대한 배격, 향전에 대한 찬반과 조정, 고을 내
의 효자, 열녀 등 삼강에 모범이 되는 사람들의 추천과 포상 요청 및
향강 파괴자나 괴란자에 대한 처벌 등등이었다. 그리고 18, 9세기에
부쩍 늘어난 서얼 소통에 대한 비판과 견제 등도 있었다. 다시 요약
하면 조정의 정치문제부터 향촌사회의 교화문제에 이르기까지 크고
작은 모든 사항에 걸쳐 양반유림들의 관심을 표명하고 여론을 환기
시키는 수단으로 이용된 것이 통문이었다.

통문의 작성과 발송의 모습을 대충 그려보면 다음과 같다. 통문
작성을 위해서는 유회가 개설되어야 했다. 정례적인 유회는 춘추의
제례 자리였다. 서원 제례가 끝나면 유림들은 원임을 선출하고 유생

---

55) 통문과 유회에 대해서는 정순목(1979), 김동수(1981), 이수건(1987) 등의
　　논저가 있다.

을 천거하여 받아들이는 등 서원 구성에 관한 일을 처리하고 서원의
수리, 중건, 이건 등 건물 유지 문제를 논의하였다. 그리고 향촌의 풍
속 교화와 같은 일을 논의하였다. 그런데 춘추 제례와 같은 정기적
인 모임에서는 주로 서원과 관련된 사항들을 논의, 결정하는 것이 보
통이었고, 사문(斯文)과 관련된 중대한 일이 있다면 따로 날을 잡아
유회를 개최하였다. 유회를 열면 유림들이 의견을 모아 통문을 작성
하고 각 고을의 향교, 서원에 발송하였다. 이런 통문 작성과 발송을
위해서 통문을 대표하는 통두(通頭)와 통문 작성에 따른 제반 업무를
맡는 공사원(公事員), 직접 통문 작성과 발송에 관여하는 제통(製通),
사통(寫通), 발통(發通) 등의 직책을 따로 선출하였다.

작성된 통문을 도내의 계수관(界首官)에 있는 향교나 중요 서원에
보내면, 그 곳에서 자기 고을과 다른 고을의 서원들에 개별적으로 전
달하는 것이 통문 전달의 가장 보편적인 방법이었다. 그리고 시일이
촉박할 경우에는 고을 서원들이 통문을 접수하고 곧 다른 서원에 전
달하는 "비전(飛傳)"의 형식을 취하는데, 언제 받았으며 언제 전달하
였는지를 직접 기재해 넣으면서 통문을 전달하고 마지막으로 접수한
곳에서 그 통문을 가지고 유회에 반납하는 형식을 취하기도 하였다.

통문 연락을 받은 서원에서는 이를 원로(院奴) 등을 시켜 각 면리
에 있는 유력한 양반문중들에 전달하여 소식을 전하였는데, 이를 회
문(回文)이라고 한다. 회문을 할 때에는 향교와 서원이 있는 곳을 중
심으로 고을을 몇 개의 지역으로 나누어 맡기는 것이 통례였다. 필암
서원의 경우도 유회와 통문 작성이라는 일련의 과정을 거쳐 유림들
이 정치사회적 관심을 표명하였을 것으로 짐작할 수 있다.56) 사문(斯
文)과 관련된 매우 중요한 문제가 발생하였을 때에는 참여의 폭을

---

56) 1853년에 필암서원에서 유학(幼學) 이광복(李光復) 등 36인이 장수 황씨
5위를 모시는 귀동사(歸東祠)의 건립을 촉구하는 통문을 고창현에 보낸
것이 있다. 『사림공의(士林公議)』(고창군 성내면 조동리 황병관씨 소장)

더 넓혀 논의를 하고 의견을 모아 상소하거나 또는 상경하여 직소하
는 방법도 취하였다. 예를 들면 1725년에 김인후의 5대손인 김택현
(金宅賢)을 소두로 장성의 사족 60~70여명을 포함한 전라도 유생
천여명이 송시열을 모시는 정읍 고암서원(考巖書院)을 부액(復額)해
줄 것과 여산 죽림서원(竹林書院)에 송시열의 적전이라는 권상하를
추배해 줄 것을 요청하는 집단상소를 한 것이 그러한 예일 것이다.57)
이 때의 상소 모습을 그려보면 다음과 같았을 것이다.

  우선 상소를 위하여 유회의 개최가 필요하였다. 통문으로 상호 연
락하여 유회의 날짜와 장소를 정한다. 상소를 할 때에는 많은 인원이
참여하여야 더 효력이 있을 터이니 고을 규모에 따라 몇 명씩 참석
인원을 할당하여 유회에 참석하도록 권하였다. 그리고 참석하려 오
는 사람들 편에 상소에 찬성하는 고을 유림들의 명첩(名帖)[일종의
위임장]을 가져오도록 하였다. 상소에 몇 천명씩의 이름이 기재되어
있는 것은 바로 이러한 명첩을 베껴 넣었기 때문이었다. 각 고을에서
유림들이 모이면 임원을 구성하고 상소를 작성한다. 우선 소두(疏首)
를 3망(3望) 가운데 권점(圈點)하여 선출하고, 다음에 소두를 도와 일
을 추진할 장의, 재무 담당하는 유사(疏色) 등을 지명하여 일을 진행
한다. 그리고 실제 상소문을 작성하는데 간여할 제소(製疏), 택소(擇
疏), 교소(較疏), 사소(寫疏) 등을 선임하여 상소문을 작성한다.

  만약 상경하여 직소하려 한다면 소두 일행을 배행할 배소(陪疏)를
각 고을마다 안배하여 함께 가도록 하고, 또 상소에 필요한 제반 비
용을 마련하기 위하여 각 고을마다, 또는 각 향교, 서원마다 일정 금
액을 배정하여 납부토록 하였다. 서울에 올라간 상소자 일행들은 친
교가 있는 관료들의 집을 숙소로 정하거나 일정한 거처를 정해 소청
을 열고, 여론을 탐문하고, 또한 여러 사람들의 자문을 얻어 상소문

---

57) 『승정원일기』 586책, 영조 원년 2월 8일, 『영조실록』 권3, 원년 2월 병자.

을 다듬은 다음 승정원에 제출한다. 그리고 임금의 대답을 받은 다음
에 상소자들은 귀향한다. 혹 임금이 직접 상소문을 받고자 할 경우에
는 소두가 봉소유생(奉疏儒生)과 독소유생(讀疏儒生)을 대동하고 승
정원에 들어가 상소문을 읽고 제출하는 절차를 밟기도 한다.

서원에서는 향촌민의 교화를 주관하기도 하였다. 서원이 효자, 열
녀, 충신 등 풍교(風敎)와 관련된 사람들을 포상하도록 관에 추천하
였다.58) 그런데 1765년(영조 41년)에 전라도 관찰사가 관내 각 군현
의 향교, 서원에 보낸 「교원교폐절목」에 향촌교화와 관련된 서원의
폐단이 지적되어 있다.

> 교원유생(校院儒生)들이 평상시에 고을의 상놈으로 혹 싫어하고 분
> 하게 여기는 자가 있으면 꼭 제향입재(祭享入齋)하는 때에 교복(校僕)들
> 을 보내 재소(齋所)에 붙잡아들여 낭자하게 때리기를 마치 형을 집행하
> 는 아문과 같이 한다.

이 때 사용하는 것이 묵패(墨牌)였다. 서원에서는 묵패를 이용하여
하층민들을 잡아들이고 토색(討索)의 수단으로 삼았던 것이다.59) 이
는 양반들이 서원을 악용한 행위였다. 풍속의 교화와 기강의 확립이
라는 명목으로 자행되던 양반들의 계급적 이해가 반영된 폐해였던
것이다.

서원은 양반유림들의 의견만을 나타내는 곳이 아니었다. 역으로
나라의 방침을 고을민들에게 전달하는 전달자의 역할도 담당하였다.
나라에서는 서원을 이용하여 통치의 원활을 기대하려고 하였다. 또
한 그러한 방향으로 실행도 하였다. 중앙과 지방고을에서는 서원을

---

58) 고문서로 남아 있는 서원 통문 대부분은 효자, 열녀들의 포장을 건의하
   는 내용들이다.
59) 『일성록』고종 4년 7월 18일 경상도암행어사 박규수(朴珪壽) 진계별단
   (進啓別單).

통하여 여러 가지 시책과 계획 등을 고을민에게 통고하였다. 임금의
윤음이나 정부의 시책을 담은 관문을 받은 감영과 지방 고을에서 관
내의 여러 서원에 관첩(官帖)을 내리면, 서원에서는 회문의 형식으로
주변 각 면에 윤고(輪告)하여 알리는 형식이었다.[60]

가장 흔한 관첩은 과거의 시행 장소와 날짜를 알리는 것이었다.
예조나 감영으로부터 통고를 받은 고을에서는 이를 서원에 알려 유
림들에게 주지케 하였다. 고강 날짜의 통보같은 것도 있었고, 흥학에
관심이 높은 수령이 백일장이나 순제 등을 시행하면서 서원을 통해
유림들에게 널리 알려 많은 참여를 유도하는 것도 자주 있는 일이었
다. 또한 철종 때 삼정구폐책을 구하는 윤음을 각 면에 돌리기도 하
고, 노비 혁파와 같은 중대 사항을 유림들에게 알리기도 하였다. 그
리고 서얼들을 향교와 서원의 직임에 임명케 하라는 서얼소통, 또는
서원 철폐 등 서원과 직접 관련있는 조치들도 회문되었음은 물론이
었다.

Ⅳ. 서원의 상속자들

1. 서원과 후손

서원에 향사된 인물들의 후손들은 어떠한 형태로든가 서원운영에
간여하고 있다. 백운동서원의 설립 초기에 순흥 안씨들이 서원건립
에 적극 협조하였고, 경상도 관찰사 안현이 서원운영 규칙을 제정하
고 경제기반을 마련해 주는 등 많은 노력을 아끼지 않은 것도 봉사

---

60) 서원 자료 가운데 관첩(官帖)과 회문(回文) 등을 통하여 알 수 있다. 한
    국정신문화연구원(2000), 한국정신문화연구원(1996).

된 안향이 선조였기 때문이었다. 자기 선조를 기리기 위해 세워 놓은
서원에 대하여 후손들이 관심을 표명하는 것은 당연한 일이기도 하
였다. 더욱이 후손들은 서원으로부터 경제적인 협조 요청을 끊임없
이 받고 있었다. 이에 후손들은 서원 안에 별도의 조직을 마련해 놓
고 서원과 긴밀한 관계를 맺고, 또한 서원 운영에 적극적으로 참여하
려 하였다. 예를 들면 신숭겸을 모시는 전라도 곡성의 덕양사(德陽
祠)에서는 내외 후손들이 건물 수리, 본손 공궤 등을 위하여 서원 안
에 별고(別庫)를 설치하고 경유사(京有司)와 향유사(鄕有司)를 두어
경향간에 기밀한 연락을 취하였다. 뒤에 동종(同宗)들의 협의와 서원
재정의 안정확보 등을 위하여 종계(宗契)를 또 설치하기도 하였다.
그리고 본손 가운데 근민한 자를 별유사(別有司)로 뽑아 서원재정운
영에 관여토록 하였다.[61] 물론 서원의 재정운영은 장의, 유사 등 원
임들이 책임을 지는 것이고 후손 별유사는 서원재정의 보충, 재정운
영의 점검, 서원건물 보수협조 등 보조적인 역할을 하는 정도였지만,
어쨌든 조선 후기에 서원 후손들의 서원운영 참여 노력을 엿볼 수
있게 해준다고 하겠다. 필암서원의 경우를 보아도 1672년에, 그리고
1908년부터 1911년까지에 별유사라는 직임이 보이고 본손들이 담당
하고 있는데, 이는 바로 별고의 설치와 관련이 있다고 하겠다.

후손들의 서원운영 간여는 서원이 점차 양반사족들의 공동이해를
위한 기구에서 점차 후손들의 기구로 변모하는 추세에 따라 더욱 심
화될 수밖에 없었다.[62] 이와 비례하여 후손들의 원임 취임 현상도 늘

---

61) 『덕양원지(德陽院誌)』 절목. 후손들이 서원에 별고(別庫)를 두고 서원운
  영에 적극 참여하는 것은 후기 서원들에서 흔히 보이는 모습이었다. 예
  를 들면 상주의 홍암서원에서는 별소(別所)를 두고 본손 가운데 진신
  (搢紳)을 유사로 천망하였고, 전라도 여산의 죽림서원에서는 장재유사
  (掌財有司)를 신설하여 본손유림(本孫儒林)을 임명하였고, 경상도 영천
  의 임고서원에서도 별고유사, 위별고유사(位別庫有司)를 각각 두고 정
  몽주의 후손으로 하여금 담당케 하고 있었다.

어나고 있었다. 서원이 후손들이 사는 고을에 설립되어 있는 경우에 문중서원은 말할 것도 없고 대현서원에서도 후손들이 원임에 취임하는 것은 흔한 일이었다.[63] 필암서원도 예외는 아니어서 김인후의 후손들이 유림장의, 유림색장 등 향유사를 맡고 있었다.[64]

대원군의 서원 철폐와 함께 양반유림들의 서원에 대한 관심 정도가 이전보다 약해지면서 필암서원의 운영에 후손들이 더욱 깊숙이 참여하게 되었다. 1886년(고종 23)에 본손이 돈을 내어 묘우를 단청하고, 그 다음 해에 장성부사와 유림들이 협조하고 김씨 문중에서 돈을 거두어 대대적인 건물 수리를 한 것도[65] 운영의 모습이 이전과는 달라져 가는 것을 반증하는 것이라 할 수 있겠다. 그 때문인지는 몰라도 이러한 서원 운영의 변화는 자칫 유림들과 후손들간의 갈등으로 비화되기도 하였다.

필암서원은 유림들이 존경하고 흠모하는 서원이지 [김인후]본손들의 문중사우가 아니다. 이에 본손들이 서원 일에 간여하려는 것을 사림들이 공의로 물리친 것은 전래되어온 원규이다. 이는 비단 이 서원 뿐 만

---

62) 예를 들면 송준길을 모시는 경상도지방의 대표적 노론계 서원인 상주의 흥암서원에서는 서원 이건을 사림들이 추진하는데 본손들이 이를 중지하도록 방해하는 일 등이 있었다. 또는 나주 미천서원에서는 향사된 허목의 후손들이 서원운영에 여러 의견을 내어놓고 있었다. 1748, 『용호한록(龍湖閒錄)』 권3, 흥암사적(興巖事蹟) ; 『미천서원실기(眉泉書院實記)』 권1, 번암장석편제(樊巖丈席編題) ; 그리고 경주 동강서원(東江書院)에서는 손중돈의 본손이 유림들과 상의도 없이 사사로이 묘우(廟宇) 상량문을 고쳐 유림들의 질책을 받은 예도 있었다. 『옥산서원고왕록』 병오(1846년) 정월.

63) 이수환씨는 17세기 중·후반부터 후손의 원장임명이 점차 확산되고 있음을 안동의 병산서원, 경주의 옥산서원의 예를 들어 설명하고 있다. 이수환, 1990, 79~80쪽.

64) 『필암서원지』 권4, 집강안(執綱案).

65) 『필암서원지』 권1, 연혁, 『고문서』 2책(전남대학교 박물관, 1984) 53~54쪽.

이 아니라 나라안의 [김인후]선생 서원 모두 그러한 것이다. 그런즉 본
손이 서원에 상관치 않는 것이 분명한 일이다.[66]

이처럼 유림들이 김인후 후손들의 서원 간여를 막고자 한 것은 이
전과 달리 후손들의 서원에 대한 영향력이 더욱 세어졌기 때문일 것
이다. 또한 일부 후손들이 서원에 기대어 생활을 유지해 나가면서도
피해를 끼치는 것과도 관련이 있어 보인다.

> 필암서원 집강이 품보(稟報)하는 일. 원답 9마지기가 서이(西二) 맥동
> (麥洞)에 있는 바, 도조로 말하면 6석을 받을 수 있는데, 본손이 이를 스
> 스로 4석으로 정하여 경작하고 있다. 또 4마지기가 읍 동쪽 월평에 있
> 는데 도조로 말하면 2석을 받을 수 있다. 이것도 본손이 15두로 정하여
> 경작하고 있다.[67]

이렇게 김인후의 본손임을 빌미로 정해진 도조를 자기 멋대로 낮
추어 책정하기도 하고, 심지어는 도조 납부를 거부하는 자들도 있었
다.[68] 그리고 서원에서 바라보이는 안산(案山)에 투장(偸葬)을 하여
이를 파내도록 유림과 후손들이 여러 차례 달래도 완강히 거부하는
본손도 있을 정도였다.[69] 아무튼 필암서원은 서원 철폐 이후 변화된
사회 사정과 어려운 경제적 여건 속에서 유림들과 후손들의 협력과
갈등을 겪으면서 겨우 면모를 유지해 오고 있었다.

---

66) 『필암서원지』 권3, 품목(1901년).
67) 「품보」. 경자(1900년) 윤8월(전남대학교 박물관, 1984, 『고문서 2』, 72~
   73쪽).
68) 「품보」. 기유(1909년) 2월(전남대학교 박물관, 1984, 『고문서 2』, 76쪽).
69) 「품보」. 경자(1909년) 8월(전남대학교 박물관, 1984, 『고문서 2』, 74쪽).

2. 역사적 유산

지금까지 문묘에 배향된 김인후를 모신, 대원군의 서원 철폐에도 존치된 전라도의 대표적 노론계 서원인 필암서원의 역사와 기능 등을 살펴보면서 조선시대 서원이 과연 무엇을 하던 곳인가를 알아보았다. 김인후가 죽은 지 30년 뒤인 1590년에 문인, 후손, 고을 사람들이 힘을 모아 필암서원을 건립하였다. 전라도 여러 지역에서의 서원 건립과 추세를 같이 하는 것이었으며, 학통을 계승하고 선조를 현양하고 활동의 근거지를 삼으려고 하는 장성 사림들이 서원 건립에 앞장을 섰다. 특히 정여립 모반사건에 고변자의 입장이던 김인후의 문인들이 서인들의 결속을 위해 서원 건립에 적극성을 띤 것으로 보인다. 필암서원은 설립 초기부터 서인으로서의 당색을 뚜렷이 하였고, 서인계 산림과 관료들의 협조로 1662년에 사액을 받았고, 1672년에 현재의 위치로 이건하여 면모를 일신하였다.

사액을 받은 필암서원은 국학(國學)으로 간주되어 서원전 3결의 면세, 정기적인 제수의 지급, 액내원생의 증액, 원보의 확보 등과 같은 경제적 혜택을 받았다. 또한 중앙 당파의 배려, 지방관의 협조적 태도와 물질적 지원이 뒤따랐고, 무엇보다도 서원과 관련을 맺은 유림, 후손, 문인들의 사회적 위세가 유림사회와 지역사회에 무형의 힘으로 작용하였던 것이다. 1786년에 김인후의 문묘 배향으로 필암서원은 전라도 지역에서 정치사회적 위상을 더욱 더 공고히 할 수 있었다.

18~19세기에 서원의 남설과 그에 따른 권위의 하락, 만성적인 재정의 어려움으로 빚어내는 사회적 폐해, 탕평정치, 세도정치로 인한 서원의 정치적 위상 저하는 결국 고종 2년의 만동묘 철폐, 5년의 미사액 서원 철폐, 8년의 47개소만을 남겨놓은 사액서원 정리를 불러

일으켰다. 필암서원은 문묘에 배향 된 선현을 모신 대현서원으로 철폐를 면하였지만 경제적 특혜가 줄어들어 운영에 어려움을 겪게 되었고, 그 결과 김인후 후손들이 서원의 유지와 운영에 더 큰 영향력을 끼쳐 유림들과 갈등을 빚기도 하였다.

필암서원은 다른 서원들과 마찬가지로 제례, 교육, 도서관, 정치사회적 기능을 수행하였다. 김인후를 주향, 문인인 양자징을 배향으로 모시고 음력 2월, 8월 중정(中丁)에 올리는 춘추제례, 매달 초하루와 보름에의 삭망분향례, 매해 정초에 올리는 정알 등이 정기적인 제례였다. 서원 교육은 춘추로 열흘 내지 보름 정도 유생들을 모아 공부시키는 거접, 지방관들이 돈을 내어 벌이는 순제, 백일장 등이 주된 것이었다. 그리고 간헐적으로 강회를 열어 유생들에게 제술과 강경을 공부시키기도 하였다. 경제적 어려움과 교육효과의 미흡으로 서원 교육은 침체되어 갔으며, 18세기 중엽 이후 나라의 흥학책에 부응하듯 필암서원에서도 1775년에 강수청[강학청]을 설치하여 강장을 초빙하고 유생들에게 강회를 베풀기도 하였으나 경제적 문제 때문에 교육을 간헐적으로 밖에는 이어가지 못하였다. 서원은 도서를 간행하고 보관하고 빌려주는 도서관 기능도 담당하였다. 필암서원에서도 김인후의 저술들을 판각하여 간행하고 목판을 보관하였다. 그리고 서원끼리 주고받은 서책들을 소장하고 유림들에게 열람 및 대출도 하였다.

서원은 양반유림들의 공공장소였다. 양반유림 사회에 관련되는 문제가 발생하였거나 그러한 소식을 접하였을 경우 유림들은 서원에 모여 우회를 열었다. 논의하고 모여진 의견을 통문의 형식으로 작성하여 太학, 각 고을의 향교, 서원 등 같은 교원(校院)에 발송함으로서 여론을 불러일으켰다. 사문과 관련된 매우 중요한 문제가 발생하였을 때에는 상소하거나 또는 상경하여 직소하는 방법도 취하였다. 많은 인원이 상소에 참여하여야 더 효력이 있을 터이니 고을 규모에 따라 참석 인원을 할당하였다. 유회와 통문이 바로 서원의, 또는 서원을 이용한 양반유림들의 대표적인 정치사회적 활동이었다. 서원은 나라의 방침과 계획을 고을민들에게 전달하는 전달자의 역할도 담당하였다. 임금의 윤음이나 정부의 시책을 담은 관문(關文)을 받은 감영과 지방 고을에서 관내의 여러 서원에 관첩(官帖)을 내리면, 서원에서는 주변 각 면과 유력 문중에 연락하였다.

필암서원이 가진 지역사회의 정치사회적 중심성은 조선 중기에 형성되어 조선후기에 강화되었지만, 오늘날 이것은 다른 차원에서 호명된다. 즉, 지역사 쓰기의 과정에서 지역주민의 자긍심의 원천으로 작용하고, 특히 과거의 역사를 활용하는 문화적 활성화전략의 수립에 따라, 지역의 유력한 문화 자원으로, 상징성으로 전화되는 것이다.

● 참고문헌

1. 자 료

『南康院誌』
『南溪先生文集』
『望菴先生文集』
『목민심서』
『木齋先生文集』
『武城書院誌』
『眉泉書院實記』
『비변사등록』
『士林公議』

『선조수정실록』

『紹修書院雜錄』

『旅軒先生續集』

『영조실록』

『옥산서원고왕록』

『龍湖閒錄』

『頤齋續稿』

『일성록』

『필암서원지』

『효종실록』

전남대 박물관, 1984, 『고문서 2』.

전라남도·목포대박물관, 1998, 『전남의 서원.사우-사액서원.사우편-』.

전라낟도·목포대박물관, 1999, 『전남의 서원·사우』 2.

전라남도·전남대 문헌정보연구소, 1998, 『전남 서원의 木板』.

한국정신문화연구원, 1996, 『고문서집성 29, 30』.

한국정신문화연구원, 2000, 『고문서집성 50, 51』.

2. 논 저

김동수, 1977, 「16-17세기 호남사림의 존재양태에 대한 일고」『역사학
　　　연구』7집.

_____, 1981, 「서원통문의 공론성과 서원의 정치세력화의 요인」『역사
　　　학연구』10집.

김문택, 1994, 「16-17세기 나주지방의 사족동향과 서원향전」『청계사
　　　학』11집.

김성윤, 1998, 『조선후기탕평정치연구』, 지식산업사.

김진웅, 1996, 『인종승하와 김하서 절의』,명성출판사.

송정현, 1981, 「필암서원 연구」『역사학연구』10집.

_____, 1998, 『조선사회와 임진의병 연구』, 학연문화사.

윤희면, 1980, 　운동서원의 설립과 풍기사림」『진단학보』49집.

_____, 1992, 「조선후기 서원의 액내원생」『성곡논총』23집.

_____, 1993, 「조선시대 서원 원임 연구」『역사교육』54집.

_____, 1994, 「소수서원 파격논쟁」『이기백선생고희기념한국사학논총』.

_____, 1996, 「조선후기 서원전 재론」『길현익교수정년기념논총』.

_____, 1998, 「고종대의 서원 철폐와 양반유림의 대응」『한국근현대사 연구』10.

_____, 2000, 「조선시대 서원의 제례와 위차」『진단학보』90호.

_____, 『조선후기 향교연구』

이수건, 1987, 「조선후기 嶺南儒疏에 대하여」『이병도박사구순기념한국 사학논총』.

_____, 1985, 「정조조의 영남만인소」『교남사학』창간호.

이수환, 1990, 「조선시대 서원의 인적구성과 경제적 기반」, 영남대박사 학위논문.

_____, 1995, 「울산 구강서원의 설립과 사액과정」『대구사학』49집.

이해준, 1995, 「하서 김인후의 현양작업」『하서 김인후의 도학과 문학사 상』, 광주광역시.

전형택, 1997, 「조선후기 필암서원의 경제기반과 재정」『전남사학』11.

정만조, 1984, 「조선후기의 대서원정책」『제3회 국제학술회의논문집』, 한국정신문화연구원.

정만조, 1981, 「퇴계 이황의 서원론」『한우근박사정년기념사학논총』.

정순목, 1979, 『한국서원교육제도연구』, 영남대출판부.

제 2장

요월정과 누정문학의 전개

박 명 희

I. 문학적 전통의 기원

장성의 전통은 유림의 정치사회적 중심이었던 필암서원을 근거로
하여 형성되었지만, 이와 함께 요월정이라는 누정을 중심으로 하여
전개된 문학적 전통도 무시할 수 없다. 누정은 누각과 정자의 약칭으
로 처자와 함께 가족집단의 생계를 유지하며 살아가는 마을 속의 살
림집과 달리 자연을 배경으로 한 남성위주의 유람 내지 휴식공간으
로 가옥 외에 특별히 지은 건물을 일컫는다(박준규 1987, 3). 따라서
지어진 위치도 평지와 다른 적어도 약간 높은 곳에 지어질 수밖에
없었고, 담당한 기능도 삶의 일반적인 것보다는 특수한 것으로 다양
했다. 가령, 유흥상경(遊興賞景)을 한다거나 시문을 짓는 것은 보통
이고, 강학(講學)을 하거나 수련장으로 이용했으며, 한 문중의 제사
를 담당하는 곳으로도 사용되었다.

　이러한 다양한 기능만큼 누정에 대한 연구는 다각도로 이루어졌는데, 한문학이 주축이 되어 조경학, 건축학, 교육학, 역사학 등에서 주로 관심을 보였다. 특히, 한문학에서는 이미 오래 전에 '누정'에 '문학'이라는 말을 덧붙여 '누정문학'이라는 새로운 용어를 생성하여 누정이 단순히 특수한 계층이 시문을 읊조리던 문화적 장소라는 인식을 넘어 문학 연구의 중요한 한 부분으로 대하기에 이르렀다. 누정문학과 관련된 첫 번째 연구는 1973년 김석하에 의해서 이루어졌는데, 그 후 문학이 창작된 현장으로 그 중요성을 의식하며 다양한 입장에서 연구가 진척되었다. 그 양상은 크게 누정문학에 대한 원론적 연구와 지역별·작가별·시기별 연구 등으로 나눌 수 있다.[1] 누정은 우

<hr/>

1) ① 원론적 연구: 박준규, 1987, 「한국의 누정고」 『호남문화연구』 17집, 전남대 호남문화연구소 ; 金戊祚 외 2인, 1989, 「조선조 누정문학 연구」 『한국문학논총』 10집, 한국문학회 ; 성호영, 1997, 「누정문학의 동어문제와 범주에 대하여」 『인천대인천어문학』 13.
　② 지역별 연구: 權泰乙, 1991, 「누정의 文壇的 기능 연구: 尙州지역 누정을 중심으로」 『尙州文化硏究』 1 ; 金聲振, 1992, 「蔚山 太和樓와 그 제영시문에 대하여」 『한국문화연구』 5, 부산대 ; 이종건, 1995, 「扶餘 제영시고」 『온지논총』, 온지학회 ; 鄭容秀, 1995, 「陜川 지역의 누정문학 고」 『石堂論叢』 21, 동아대 ; 김신중, 1996, 「전남의 누정제영 연구」 『호남문화연구』 24집, 전남대 호남문화연구소 ; 이종건, 1996, 「서산지역 제영시 고찰」 『동방학』, 한서대 동양고전연구소 ; 김신중, 1997, 「전북의 누정연작 제영에 대하여」 『호남문화연구』 25집, 전남대 호남문화연구소 ; 이종묵, 1999, 「조선시대 인천지역의 제영」 『한국한문학연구』, 한국한문학회 ; 姜景勳, 2000, 「18세기 安山의 풍광과 제영:시로 읽는 안산의 옛노래」 『한국한문학연구』 25집, 한국한문학회 ; 박영주, 2001, 「관동팔경과 누정문학 유산」 『도남학보』 19, 도남학회.
　③ 작가별 연구: 白源鐵, 1995, 「四佳 徐居正의 公州題詠」 『熊津文化』 8 ; 李貞和, 1998, 「퇴계시 연구―누정한시를 중심으로」 『한국사상과 문화』 2, 한국사상문화학회 ; 金信中, 1999, 「松川의 詩歌活動과 樓亭題詠」 『고시가연구』 6집, 한국고시가문학회 ; 정시열, 2001, 「佔畢齋 金宗直의 嶺南 題詠 考」 『한민족어문학』 39집, 한민족어문학회.

리나라 어느 지역에서도 볼 수 있을 뿐 아니라 시인의 기질을 갖춘 고려와 조선조 문인들은 그러한 누정 공간을 두고 시 짓는 일을 일상적인 것으로 생각하였다. 따라서 지금까지 진행된 것처럼 지역별, 작가별, 시기별 연구가 가능했던 것이다.

이 장은 장성 황룡에 소재해 있는 요월정을 연구 대상으로 삼아 16세기와 17~18세기에 걸쳐 이루어진 누정문학의 추이를 전개하고 그 변모된 양상을 토대로 지역 정체성의 기원을 구명해보고자 한다. 각 세기별로 연구가 가능한 것은 시대 변화의 추이에 발맞추어 누정문학을 형성한 주체가 다르고, 그 주체들의 관계 양상이 다르며, 더 나아가 창작 주체의 세계관과 심미성의 차이까지 드러내 보일 수 있기 때문이다. 가령, 16세기와 17~18세기 모두 누정문학이 활발하게 전개되었지만, 창작 주체의 성격은 사뭇 달랐다. 전기에는 김인후ㆍ양응정(梁應鼎)ㆍ기대승과 같은 사림파 문인들이 주축이었다면, 후기에는 문중인사와 붕당의 와중에 있었던 정치인 세력이 주로 시문을 남겼다. 같은 공간을 향유하였지만, 이들의 시문은 각각의 지향에 따라 여러 양태로 나타났는데, 여기에는 각 집단의 현실을 대하는 입장과 개인적 처지 등이 복합적으로 작용하기 때문이다.

현재 요월정에는 김윤동(金潤東)이 지은 「요월정기」와 50여 수에 이르는 한시문이 남겨져 있다. 이런 작품 수는 요월정이 16세기에 건

---

④ 시기별 연구: 박준규, 1996, 「조선조 전기 전남의 樓亭詩壇 연구」 『호남문화연구』 24집, 전남대 호남문화연구소 ; 김은미, 1991, 「조선조전기 누정기의 연구」, 이화여대 박사학위논문 ; 김동준, 1994, 「16세기 누정한시 연구」, 서울대학교 석사학위 논문 ; 朴順宣, 1996, 「16세기 누정시의 心像研究」, 호남대학교 석사학위 논문 ; 윤채근, 1996, 「조선전기 누정기의 사적 개관과 16세기의 변모양상 ― 윤근수의 고문사창도 문제와 연관하여」『어문논집』 35, 민족어문학회 ; 김성룡, 2002, 「고려중기 누정문학의 형성과 산수미 발견에 대한 연구」『국어교육』 107, 한국국어교육연구학회.

립되어 현재에 이르고 있다는 역사성에 비할 때 결코 많지는 않지만, 양적인 면과는 별개로 역사적 추이에 따른 지역정체성이 구명되리라고 본다. 이러한 지역 정체성에는 장성의 유림문화가 작동하고 있지만, 조선후기로부터 현재에 이르는 기간의 역사적 유산의 지속에는 문중이라는 사회집단의 역할을 무시할 수 없다. 장성의 지배적 문중 가운데 울산김씨가 상대적으로 필암서원에 많은 관심과 이해를 갖고 있다면, 요월정은 광산김씨가 더 많이 개입되어 있다.

Ⅱ. 요월정의 건립

요월정은 장성 중서부의 황룡면에 위치해 있다. 황룡면은 13개의 리로 이루어져 있고, 북서부는 산지로 되어 있고, 황룡강이 흐르는 남동부에는 하천을 따라 넓은 평야가 펼쳐져 있다. 역사적으로 볼때, 황룡은 백제시대에 황룡강 동편의 구사진혜현과 황룡강 서편의 고이시현이라는 행정단위에 속했고, 조선에서는 장성현과 진원현의 양현에 속한 지역으로, 원래 삼서면과 서일면, 서이면을 합하여 황룡면이라 하였으며 그 중 함평군 대화면, 오산면 일부와 영광군 외동면 일부가 편입되어 현재에 이르고 있는 지역이다.

요월정은 16세기의 인물인 김경우(金景愚, 1517?~1559?)가 퇴관후 휴식을 목적으로 지은 누정이다.[2] 1927년에 발간된 『장성읍지』권1의 명기(名基)에서 황룡리에 대하여 '황룡면에 있으며 광산 김씨

---

2) 『朝鮮寶輿勝覽』長城 樓亭. "邀月亭 在黃龍面黃龍里 佐郞金景愚棲息之所"；『湖南邑誌』長城府邑誌 樓亭題咏. "邀月亭 佐郞金景愚所築也 在黃龍川上 今頹廢 但有遺址"；『長城邑誌』권1 樓亭. "邀月亭 在黃龍面黃龍里 佐郞金景愚休官棲息之所."

의 세거지이고, 추담(秋潭) 김우급(金友伋)이 태어난 곳으로 김경우의 요월정이 있다'3)라고 한 것을 보면, 요월정이 어느 정도 지역을 대표하는 유적지 중 한 곳임을 알 수 있다. 요월정에 대한 구체적인 정보는 중건 후 김윤동이 지은 「요월정기」를 통해서 알 수 있다.

> 장성읍으로부터 거의 십리 떨어진 곳 남쪽에 산이 있어 우뚝히 크고 높은 것을 '수련(秀蓮)'이라고 하고, 수련의 끝 굽이에 강을 감싸고 마을을 이루었으니 '황룡'이라고 하였다. 마을 뒤에서 약간 위에다 날개를 펼친 듯 정자를 만들었으니 '요월'이라고 하였다. 옛날 공조좌랑 증사복시정 김경우가 지은 곳이다. 공은 한가한 날에 이리저리 배회하며 놀았는데, 그 고상한 지조와 세속을 벗어난 듯한 드러냄은 추중하지 아니함이 없었다. 하서 김인후와 고봉 기대승 두 선생이 지팡이를 짚고 나막신을 신고 서로 사귀며 즐거움으로 삼아 지금까지도 훌륭한 일이 되어 전하니 선생이 남긴 글을 살필 만하다. 공이 세상을 뜬 300년 후에 후손의 선인을 사모하고 현인을 존경함이 오래되면 될수록 더욱 잊지를 못하여 힘을 다해 다시 모아 이어받아 지켜 다 없어지지 못하게 하니 그 존경하고 사모함을 알 수 있다. 그러나 돌이켜 보면, 이제 물에 버려지고 옮기는 중에 무너져 어지러워짐이 심하니 선인을 사모하는 사람은 이미 드물게 되었는데, 하물며 다시 현인을 존경하겠는가? 이때에 김공 문하의 많은 군자들이 전인이 했던 일을 이어받고 선조 따르기를 잘하여 후에까지 드리워지니 다만 고을이 우러러볼 뿐만이 아니라 또한 장차 한 세상의 모범이 되니 어찌 아름답지 않겠는가? 나는 옛날에 이 정자에서 놀며 조망할 수 있는 승경과 건물의 미려한 아름다움을 눈 가운데에 찍어 일찍이 마음이 가고 정신이 달리지 아니함이 없어 이 정자의 새로운 객이 되지 아니함이 오래였다. 이제 후손 채수(采洙)와 기업(琪業)이 비로소 나에게 기록해줄 것을 청하였다. 그 존경하고 사모함의 정성스러움에 감동되어 문사로써 쓰지 아니함이 없었고, 징파호월(澄派皓月)의 기이한 승경과 연운금어(烟雲禽魚)의 특이한 모습 같은 데에 이르러서는 이미 우리 선조 문곡(文谷)과 삼연(三淵) 두 부군 및 제현(諸賢)이 전술한 요월의 뜻에 갖추어져 있다. 이에 다시 군더더기를 말하지는 않겠다.4)

---

3) 『長城邑誌』 권1, 名基 黃龍里. "在黃龍面光山金氏世居基 秋潭金友伋杖屨地 有金景遇邀月亭."

4) 金潤東, 「邀月亭記」. "由長城治僅十里而南有山 峯然而高大者 曰秀蓮 秀

앞의 내용은 요월정에 대한 몇 가지 사항을 담고 있다. 첫째는 요월정의 입지 여건인데, 수련이라는 산명과 황룡이라는 강 이름이 나오고 있다. 둘째, 요월정의 건립자가 김경우라는 사실을 밝혔고, 셋째 건립자인 김경우의 요월정에서의 행적과 교유 인물을 말하였는가 하면, 넷째 누정 주인 후손들의 조상 숭배 자세를 적었다. 그리고 다섯째 요월정이 한동안 퇴락한 모습을 보인 적이 있었는데, 많은 사람들의 도움으로 재건될 수 있었다고 한다. 마지막으로 요월정의 승경은 이미 김수항(金壽恒)과 김창흡(金昌翕)과 같은 문사들이 제영으로 남겼음을 말하고 글을 끝맺었다.

요월정의 건립자 김경우는 역사적으로 이름을 크게 떨친 인물은 아니다. 따라서 그에 대한 기록 또한 엉성하기만 한데, 다음 지리지 등의 내용을 통해 몇 가지 사실을 읽어낼 수 있다.

① 김경우의 호는 요월정으로 문과 김기(金紀)의 아들이다. 동천(東泉) 김식(金湜)의 문인이며, 하서 김인후·고봉 기대승·송천 양응정을 종유하며 배웠다. 좌랑(佐郞)에 추천되었고, 사복시 정(司僕寺 正)으로 증직되었다.
② 김경우는 전한(典翰) 김기의 아들이다. 좌랑 벼슬을 지냈고, 사복시 정으로 증직되었다.
③ 김경우는 광산인(光山人)으로 호는 요월정이요, 옥곡(玉谷) 김기의

蓮之趾弓抱江而爲邨者 曰黃龍 由村之背而稍上有翼然而爲亭者 曰邀月
昔者工曹佐郞贈司僕寺正金公諱景愚之所築也 公於暇日傲徜徉 其高尙之
操 拔俗之標 莫不推重 如金河西奇高峯兩先生 杖屨相錯以爲樂 至今傳
爲盛事 兩先生遺文可按也 公歿後三百餘載 後昆之慕先尊賢愈久愈不忘
焉 殫力重葺 嗣守勿替儘 知其尊慕者也 然顧今棄海貿遷壞亂極矣 慕先
者旣鮮 況復尊賢者乎 于斯時也 金門諸君子 能善繼述追先垂後 非但爲
一鄕之觀瞻 亦將爲一世之模楷矣 曷不休哉 余於昔年邀遊於斯亭之上 眺
望之勝 輪奐之美 尙印在目中 未嘗不心往神馳 不爲斯亭之生客者久矣
今於後孫采洙琪業 甫之請余記也 感其尊慕之誠 不以不文辭 至若澄波皓
月之異景 烟雲禽魚之殊態 已悉於我先祖文谷三淵兩府君曁 諸賢之前述
邀月之義備矣 此不復贅云."

아들로 관직은 좌랑에서 그쳤다.5)

앞의 기록을 통해 김경우는 김인후·기대승·양응정 등과 같은 당대 유명한 문인들과 교유하였으며, 벼슬은 좌랑에 추천되었는데 사복시 정으로 증직되었다는 사실을 알 수 있다.

부친 김기(1500~1535)는 20세인 중종 14년에 문과에 병과 8인으로 급제하여 3년 후 사헌부 정언을 시작으로 사간원 헌납, 사헌부 지평과 장령(掌令)·홍문관 교리·부응교(副應敎)·응교(應敎)·전한 등의 벼슬을 두루 거친 인물이다.『조선왕조실록』중종조의 기록에 의하면, 특히 왕의 신임이 두터웠던 것으로 나타나 있다. 한번은 왕이 김기를 황해도 재상적간어사(灾傷摘奸御使)로 파견한 적이 있었다. 이는 각종 재해로 인하여 흉년이 들었을 경우 그 실상을 파악하기 위하여 지방에 파견하는 어사를 지칭하는데, 부정을 저지른 수령까지 직접 처벌할 수 있는 권한을 부여받았다. 하지만, 35세의 젊은 나이에 요절하고 만다.6)

김기는 이처럼 비록 생을 일찍 마감했으나 3남 2녀의 자녀를 두었는데, 김경우가 그중 장남이다. 김기는 벼슬 생활 때문에 서울에 머물렀을 것으로 생각되지만, 김경우가 정확히 언제부터 황룡에 머무르게 되었는지는 분명하지 않다. 다만, 김기의 부인이 나주 진씨(羅州陳氏)인데, 남편이 빨리 세상을 뜨자 고향인 황룡으로 왔을 것으로 추정할 수는 있다. 따라서 김경우는 관직에 임명되었던 잠시 동안 서울에 머물러있었고, 그 후에는 모친의 고향인 황룡으로 내려가 생활

---

5) ①『朝鮮寶輿勝覽』長城 遺逸. "金景愚 號邀月亭 文科金紀子 東泉金湜門人 金河西奇高峯梁松川從遊學 薦佐郎贈寺正."
　②『湖南邑誌』長城府. "金景愚 典翰紀子 佐郎贈司僕寺正."
　③『長城邑誌』권2, 蔭仕. "金景愚 光山人 號邀月亭 玉谷紀子 官止佐郎."
6) 김기의 이력에 대한 내용은 박대순 외 4인, 2000, 100~107쪽 참조.

했을 것으로 생각된다.[7]

또한 앞의『조선환여승람』의 동천 김식의 문인이라고 기록한 대목에 주목을 요한다. 김식(1482~1520)은 조선중기 문신 겸 학자로 알려져 있으며, 자는 노천(老泉)이요, 사서(沙西)·동천·정우당(淨友堂) 등의 호를 가졌던 인물이다. 특히, 어려서부터 벼슬보다는 학문을 닦는 데 열중하여 37세 때 조광조(趙光祖)·김정(金淨) 등의 건의로 실시된 현량과에 장원으로 급제하는 영광을 안기도 하였다. 이는 당시 사림들의 신망이 두터웠음을 말하는 것으로 급제자 발표 5일만에 성균관 사성(成均館司成)이 되었는가 하면, 또 며칠 뒤에는 홍문관 직제학(弘文館直提學)에 오르는 등 단시간 내에 높은 관직까지 오르게 된다. 그러나 같은 해에 기묘사화(己卯士禍)로 인하여 선산(善山)에 유배되었고, 뒤이어 일어난 신사무옥(辛巳誣獄)에 연좌되어 절도로 이배(移配)된다는 소식을 접하고서 그만 자결하고 말았다. 즉, 그 당시 훈구파에 맞서 싸우다 희생된 인물 중 한 사람이었다.[8]

---

7) 김경우는 광산 김씨 문숙공파(文肅公派)에 해당하는데, 이들이 황룡에 입성한 시기에 대한 견해는 논자에 따라 다르다. 김연수(향토문화개발협의회, 1998,『장성 황룡』, 38쪽)와 이상식(같은 책, 57쪽)은 김기의 부친인 서청자(西淸子) 김숭조(金崇祖)로부터 황룡에 입성했다라고 하였고, 박대순 외 4인(2000)은 107~108쪽에서 김기의 처인 나주진씨가 친정인 황룡에 들어와 자손이 번성했을 것으로 보았다. 통상 문숙공파의 황룡 최초 입성자로 김숭조를 지목하는데, 박대순 외 4인은 처가나 외가를 따라 입성하는 예는 있어도 아들의 처향을 따라 정착하는 경우는 없다는 논리를 펴며 나주진씨 쪽에 무게를 두었다. 황룡의 최초 입성자에 대해서는 이처럼 논란이 되었으나 광산김씨 문숙공파를 '황룡김씨'라고 불리울 정도로 황룡에서 기반을 닦게 된 때가 김경우부터라고 하는데 대해서는 이견(異見)이 없는 것으로 안다.
8) 그런데 김경우가 김식에게서 수학했다라는 기록 내용은 연령의 괴리로 인하여 재고(再考)의 여지를 남긴다. 김경우의 출생 연도는 대략 1517년 전후이고, 김식이 기묘사화의 피화인(被禍人)으로 운명을 달리한 시기가 1519년이다. 즉, 김식이 세상을 뜰 때 김경우의 나이는 겨우 3~4세밖에 되지 않았을 것인데, 스승을 모시고 배우기에는 다소 어린 나이이

이상과 같이 김경우는 비록 생몰 연대는 분명치 않으나 중종 때 벼슬을 지낸 김기를 부친으로 두었고, 김식에게서 직접 학문을 익히지는 않았다고 하더라도 조금이나마 인품을 보고 배웠으며, 당시 문단에서 이름을 날리던 김인후·양응정·기대승과 같은 인물들을 종유했음을 알 수 있다. 앞에서 이미 언급한대로 김식은 조광조와 뜻을 함께하여 기묘년에 화를 당하였고, 김인후는 기준(奇遵)·김안국(金安國)·최산두(崔山斗) 등 기묘사화 때 화를 입은 기묘명현(己卯名賢)들에게서 수학하여 학문을 완성하였다. 그리고 양응정의 부친은 학포(學圃) 양팽손(梁彭孫)인데, 기묘사화 때 관직에서 삭직당하여 고향인 화순 능주로 돌아와 독서하며 기묘의 화를 입고 낙남(落南)한 기준·박세희(朴世熹)·최산두 등 기묘명현들과 우의를 다지는가 하면, 당시 능주로 유배와 있던 조광조와 경론을 탐구했던 이로 유명하다. 뿐만 아니라 기대승의 계부(季父)는 기준인데, 기준은 기묘명현의 한 사람으로 기대승 집안이 기묘의 화를 피하여 낙남한 후 광주에 터를 잡게 된 결정적 계기를 제공한 인물이다. 이처럼 김경우의 주된 주변 인물들은 대개 사화의 영향을 직·간접 받았다고 할 수 있다.

사화는 한마디로 조선 중기에 신진 사류들이 훈척(勳戚)으로부터 받은 정치적 탄압이라고 할 수 있다. 15세기에 거의 확립된 듯한 조선왕조의 기본 질서는 15세기말 무렵부터 여러 분야에서 모순을 드러내기 시작하였다. 고려 후기에 등장한 사대부는 조선왕조의 건국

기 때문이다. 이런 의문에 대하여 박대순 외(2000), 109쪽에서는 꼭 반드시 문하에서 글을 배워야만 문인이라고 하지 않는다는 논리를 문중 원로의 증언을 통하여 해명하였다. 이에 의하면, 김경우의 부친인 김기와 김식이 절친하게 지냈으며 그래서 김경우가 서너 살이 되자 김식에게 인사를 드렸고, 비록 글을 배우지는 않았으나 김식의 집을 자주 왕래하도록 하여 그의 인품이나 덕망을 보고 배우도록 하였으며 그러한 점에서 후에 그의 문인이라고 칭하게 되었다는 것이다.

과정에서 그 처지를 달리하는 두 방향으로 나뉘어지게 되는데, 그 하나는 개국에 참여한 공신계열이고, 다른 하나는 그에 반대한 인물들로서 그 일부는 향촌에 은거하면서 후일을 예비하게 된 재지사림이었다. 개국에 참여한 공신계열 사람들은 건국 초부터 성종 중엽까지 중앙의 요직을 독점하며 훈구계열로 자리를 잡아가게 되었다. 반면, 향촌에서는 재지적 기반을 가진 사림이 영·호남 등 넓은 지역에 분포되어 성리학에 침잠하고 주자가례의 실천을 통해 자기 수양을 추구하는 한편, 왕조의 건국 이념이자 자기들의 이상인 성리학적 통치질서 확립을 위한 구상을 하고 있었다(이병휴 1999, 53~55쪽).

　이처럼 성리학적 이념에 충실하려고 하는 사대부층의 활동이 있기는 했지만, 이는 지방이라는 지역적 한계를 지닐 수밖에 없었고, 중앙의 요직은 훈구세력들이 독점하여 국정을 농단하는 지경까지 이르게 되었을 뿐만이 아니라 재산을 증식하는데 힘을 기울여 당대의 부호가 되어 있었다. 심지어 1506년에는 연산군의 횡포를 보다 못하여 반정을 일으켜 중종을 새로운 왕으로 세우는 일까지 하게 되었다. 따라서 중종은 왕이 되어서도 훈구세력들로부터 제약을 받을 수밖에 없었다.

　이러는 와중에도 지방에 있던 사림계열의 중앙 정계 진출은 꾸준히 이어졌다. 이들은 경제적으로는 지방의 향리에 얼마간의 토지를 갖고 있는 중소지주계급의 출신이며(이수건 1979, 184~230쪽) 성리학에 바탕을 두고 행동하는 지식인에 속해 당시 훈구계열 사람들뿐만 아니라 척신까지 가세하여 권력을 남용하는 것을 신랄하게 비판하였다. 이로써 정치적인 충돌이 불가피하게 되었고, 당시 힘이 약한 사림파 인사들이 화를 당할 수밖에 없었다.

　이들 사림파들은 중앙의 훈구파들이 휘두른 막강한 힘에 압도될 수밖에 없었고, 언제 있을지도 모를 탄압에 몸을 움추려야만 했다.

즉, 중앙 정계 진출의 꿈은 잠시 접어두고 지방 향리에서 은거하며 학문을 연마하고 후진을 양성하는데 만족해야만 했다. 그리고 비록 중앙 정계에서 자신의 경륜을 펼칠 수는 없었지만, 향리에서 뜻이 맞는 사람들끼리 집단적으로 학파를 형성하기도 하였다. 이러한 학파 형성은 결국 문학을 생성하는 주요 동인으로 작용했다고 볼 수 있는데, 누정이 문학을 생성한 중요한 현장으로 인식될 수 있는 이유도 바로 여기에 있다. 16세기에 건립된 누정의 대부분은 이처럼 사화라고 하는 역사적 사건과 맞물리면서 화를 피하여 잠시 머무르는 은신처로서의 성격도 지니고 있었지만, 이후 지역의 전통을 형성하는 주요한 공간으로 자리매김 되었다고 할 수 있다. 이렇다고 할 때 16세기에 건립된 요월정 또한 장성이라는 지역의 전통으로 자리 잡아 이후 누정시단을 형성하여 현재에 이르렀다고 보아야할 것이다.

Ⅲ. 누정문학의 전개

1. 16세기의 누정문학

16세기의 요월정도 다른 여타의 누정들과 마찬가지로 시인묵객들이 드나들며 주변의 자연 경물과 어울리면서 하나의 시단을 형성했을 것으로 생각된다. 하지만 현재는 김인후·양응정·기대승 등이 남긴 여덟 수의 작품만이 전하고 있다.

김인후는 자가 후지(厚之)요, 하서 외에 담재(湛齋)라는 또 다른 호를 가지고 있으며, 전남 장성현 대맥동리에서 중종 5년(1510)에 태어나 명종 15년(1560)에 생을 마감한 명실공히 조선중기의 대유학자요 시인이다. 6세 때 <영천(詠天)>이라는 시문을 지어 사람들이 놀랐다

는 기록이 연보에 전하고 있을 뿐 아니라 8세 때 당시 호남 관찰사로
와 있던 조원기(趙元紀)와 연구(聯句)를 짓는 과정에서 시인으로서의
천재적 자질이 나타나 명성을 날리기까지 하였다. 그때 마침 고향에
내려와 있던 기준이 김인후의 총명함에 대한 소문을 듣고 김인후의
집에 직접 찾아와 칭찬을 아끼지 않았다는 이야기는 주지하는 바이
다. 10세 때에는 김안국에게 나아가 『소학』을 수학하였고, 18세 때에
는 당시 기묘사화로 인하여 화순 능주에 와 있던 최산두에게서 학문
을 연마한다. 기준 · 김안국 · 최산두 등은 모두 기묘사화 때 화를 입
은 기묘명현들로 이들에게서 수학했다는 사실은 시사하는 바가 크다
고 하겠다. 그후 22세 때에 진사시에 합격하고, 31세 때에는 별시 문
과에 등과하여 출사하였다. 그리하여 승문원 부정자(承文院 副正字)를
시작으로 홍문관 정자(正字), 홍문관 저작(著作), 홍문관 박사(博士), 세
자시강원 설서(侍講院說書) 등의 벼슬을 거친다. 하지만, 자신이 가르
친 인종이 왕이 된지 약 8개월만에 운명을 달리하자 옥과현감을 마지
막으로 더 이상 관직에 나아가지 않고 향리인 장성에 머무르며 당시
지방의 문인들과 교유하는가 하면 후진들을 양성한다.

  양응정의 자는 공섭(公燮)이요, 송천은 그의 호이다. 중종 14년
(1519년)에 전남 화순군 도곡면 월곡에서 양팽손의 셋째로 태어나 선
조 14년(1581년)에 생을 마감하였다. 양팽손은 13세에 송흠(宋欽)에
게 나아가 송순(宋純) · 나세찬(羅世贊) 등과 함께 수학하여 22세 때
인 1510년 조광조와 함께 생원시에 합격하고, 이후 현량과에 발탁되
어 정언 · 전랑 · 수찬 · 교리 등의 관직을 거친 인물이다. 특히 정언
으로 재직할 당시 조광조와 김정 등 사림들로부터 언론을 보호한 인
물로 평가받았는가 하면, 기묘사화가 일어나자 사림들을 위하여 항
소하여 당시 훈척의 부당함을 고발하였다. 이 일로 인하여 결국 관직
에서 삭직당하여 고향인 화순 능주로 돌아와 중조산(中條山) 아래 쌍

봉리에 학포당(學圃堂)이라는 집을 짓고 독서하며 지내게 된다. 학포당에 있을 당시에도 기묘의 화를 입고 낙남한 기준·박세희·최산두 등 기묘명현들과 우의를 다졌고, 특히 마찬가지 능주로 유배와 있던 조광조와는 매일 경론을 탐구하였다.

양응정이 이 세상에 태어난 해는 마침 기묘의 화로 인하여 부친이 관직을 삭탈당하고 수난을 당하던 때여서 남다른 의미가 있다. 양응정은 어려서 가학을 이어받아 22세 때에 생원시에 장원 합격한다. 그리고 12년 뒤인 30대 중반에 이르러서는 식년문과에 을과로 급제하여 검열(檢閱)이 되고, 4년 뒤에는 중시문과에 장원으로 급제하여 호당(湖堂)에서 독서하였다. 이런 관직 생활 중에도 당성(棠城)에 있던 임억령(林億齡)을 만나 시로써 수창(酬唱)하여 「당성수창시(棠城酬唱詩)」를 엮어내기에 이른다. 당시 임억령은 양응정보다 23세 연상으로 모든 면에서 우위를 점하고 있어서 서로 비교할 수도 없는 처지였다. 두 사람은 자신들의 수창을 전쟁으로 인식할 정도로 진지한 자세를 보였다는 점에서 시인으로서의 자질을 엿볼 수 있다. 하지만, 30대 중·후반 공조좌랑으로 있을 무렵 척신인 윤원형(尹元衡)에 의하여 파직당하였다가 4년 뒤에 복직되어 수찬·진주목사·경주부윤 등을 역임했는가 하면, 59세 때에는 성절사(聖節使)로 명나라까지 다녀왔다. 관직 생활을 하는 와중에도 많은 제자들을 가르쳤는데, 특히 정철(鄭澈)·백광훈(白光勳)·최경창(崔慶昌)·최경회(崔慶會) 등이 유명하다. 즉, 이들이 나중에 모두 문재로써 이름을 날리는데, 양응정이 일조했음을 알게 해 준다.

기대승의 자는 명언(明彦)이요, 고봉 외에 존재(存齋)라는 호를 가지고 있다. 중종 22년(1527년) 광주 소고룡리 송현동(光州 召古龍里 松峴洞)에서 태어나 46세를 일기로 선조 5년(1572년)에 세상을 뜬다. 기묘명현의 한 사람인 기준은 그의 계부인데, 기묘의 화를 피하여 부친 기진(奇進)이 남쪽에 터를 잡아 비로소 광주와 인연을 맺게 되었다. 어려서부터 공부하기를 게을리하지 않아 당시 학문으로 이름을 날리던 김인후·이항과 더불어 태극설(太極說)을 논하였고, 정지운(鄭之雲)과는 천명도(天命圖)에 대하여 이야기를 나누었으며, 39세에는 노수신과 인심도심(人心道心)에 대하여 논하게 되었는데 나정암(羅整庵)의 <곤지기(困知記)>에 대하여 <곤지기론(困知記論)>을 지어 변론하였다. 뿐만 아니라 이황과는 12년 동안 편지를 주고받으며 학문적 우의를 다졌는데, 8년 동안 이루어진 사칠논변(四七論辨)은 유학사상 의미있는 일로 알려져 있다. 기대승은 이황의 이기이원론(理氣二元論)에 반대하고 주정설(主情說)을 주장했는가 하면, 이황의 이기호발성(理氣互發說)을 고쳐 정발이동기감설(情發理動氣感說)을 강조하였다. 또한 명종과 선조 2대에 걸쳐 여러 관직을 두루 지냈는데, 조광조가 강조했던 지치주의적 입장을 견지하였다. 그리고 정운룡(鄭雲龍)·고경명(高敬命)·최경회·최시망(崔時望) 등의 문제자들이 기대승 학문의 맥을 이었다.

이들 김인후·양응정·기대승 등은 당시 소위 사림들로서 훈척의 탄압을 받고 벼슬에서 물러나 향리에 있으면서 인간적으로 교유하며 연배의 선후를 넘어 수평적 관계를 형성하고 있었을 것이며, 인근의 누정을 드나들며 시단을 형성하여 시문을 남겼을 것으로 생각된다. 세 사람이 상대방과 관련하여 남긴 시문으로는 <유인왕동차증양공섭(遊仁王洞次贈梁公燮)> (『하서집』 3)·<김인후에 대한 기대승의 제문> (『하서집』 2)·<차기명언대승운제승축(次奇明彥大升韻題僧軸)> (『송천집』 1편)·<유인왕동증김하서(遊仁王洞贈金河西)> (『송천집』 1편)·<제기고봉문(祭奇高峯文)> (『송천집』 4편)·<차송천운(次松川韻)> (『고봉집』 1)·<구일주쉬여정읍태인이쉬등성두초공섭급여동화공섭유시차운(九日主倅與井邑泰仁二倅登城頭招公燮及

余同話公燮有詩次 韻)>(『고봉집』1)·<차백씨운정공섭(次伯氏韻呈
公燮)> (『고봉집』1)·<임류정공섭화운부차지(臨流亭公燮和韻復次
之)> (『고봉집』1권 외집)·<차송천운증승(次松川韻贈僧)> (『고봉
집』속집 1)·<제정관찰시첩용양송천운(題鄭觀察詩帖用梁松川韻)>
(『고봉집』속집 1)·<정송천(呈松川)> (『고봉집』속집 1)·<제하서
김선생문(祭河西金先生文)> (『고봉집』속집 2)·<기대승에 대한 양
응정의 제문> (『고봉집』별집부록 1) 등이 있다. 이러한 시문뿐 아니
라 행적을 적은 글에서 서로에 대하여 어떤 생각을 가지고 있었는지
를 읽어낼 수 있다.

① 고봉은 일찍이 선생(김인후)을 찾아가 뵈었는데 정척(鄭隲)이 또한
   따라갔다. 돌아와서 고봉이 정척에게 묻기를 "하서가 어떠하더이
   까?" 하니, 정이 대답하기를 "속세의 인물같지 않고 그 기상은 삼대
   (三代)의 풍을 지녔더군"이라고 하자, 고봉은 "잘 보았습니다"라고
   답했다.
② 선생(양응정)이 하서 김인후 선생과 인왕동(仁王洞)에서 주고받은 시
   가 있었는데, 김선생이 거기에서 돌아와 어떤 사람에게 이르기를
   "양우(梁友)는 기개가 굳굳하고 위엄이 있어 누구도 그와 우열을 가
   릴 자가 없겠더라"라고 하였다.
③ 하서 김인후는 기안(氣岸)이 능릉(凌凌)하여 서로 맞설만한 사람이
   없다고 말하였으며, 고봉 기대승은 학식이 정(精)하고 사조에 능하다
   고 칭찬하였으며 ….
④ 어느 날 고봉 기대승이 선생(양응정)을 찾아왔다가 때마침 책상 위에
   놓여있던 구결과 토석(吐釋)을 보고는 하는 말이 "영공의 학식이 정
   밀하고 문사가 해박하다고는 내 익히 듣고 흠복하여 온 처지이나 지
   금 이 토석을 보니 참으로 실지 체험해서 얻어진 것들인데 왜 진작
   이 어리석은 사람을 한번 깨우쳐주지 않았습니까?"라고 하였다. 이
   어 선생께서 말씀하시기를 "명언(明彦)은 지금 유자들의 스승이 아
   니던가! 그 무슨 그러한 말씀을 하십니까?"라고 하였다.[9]

---

9) ①『河西集』附錄 2. "高峯嘗就謁先生 鄭隲亦從之 及還高峯問曰 河西如
   何 鄭答曰 似非塵世上人物也 氣像有三代之風矣 高峯稱善觀云. ②『松
   川集』4편, 先生 與河西金先生 遊仁王洞 有唱酬詩 金先生 歸謂人曰 梁

①은 기대승이 스승 용산(龍山) 정척의 생각을 빌어 김인후를 평가한 내용이고, ②는 김인후가 양응정에 대하여 느낀 점을 말한 것이다. 그리고 ③은 김인후와 기대승 두 사람이 양응정의 인물 됨됨이를 언급한 부분이고, ④는 기대승이 양응정의 학식이 정밀하고 문사가 해박하다고 하자 양응정이 오히려 기대승을 유자의 스승이라고 평한 내용을 적었다. 위의 내용을 종합해 볼 때 김인후는 세속과 거리가 있는 인물로 그려지고, 양응정은 굳건한 성격에 학문이 높았으며 글을 잘 지었던 것으로 추정되며, 기대승은 유자다운 풍모를 지녔을 것으로 상상된다.

그러면 어떤 경위를 거쳐 이들 세 사람이 김경우의 누정인 요월정에 제영했을 것인가? 앞에서 이미 살펴보았지만, 김윤동이 지은 「요월정기」에 '공(김경우)은 한가한 날에 이리저리 배회하며 놀았는데, 그 고상한 지조와 세속을 벗어난 듯한 드러냄은 추중하지 아니함이 없었다. 하서 김인후와 고봉 기대승 두 선생이 지팡이를 짚고 나막신을 신고 서로 사귀며 즐거움으로 삼았다'라는 내용에 따르면, 당시 김인후와 기대승이 요월정을 드나들며 김경우와 교유했던 것으로 나타난다. 여기에서 양응정을 언급하지는 않았지만, 양응정은 김인후를 선배로 기대승을 후배로 여기며 친분을 가졌던 사이인지라 김경우와는 얼마든지 가까워질 수 있었다. 즉, 이들 세 사람과 김경우는 근거리의 누정에서 그랬던 것처럼 요월정에서도 시단을 형성하여 자신들의 정회를 시로써 표현했다고 하겠다.

友氣岸 凌凌無與頡頏矣." ③『松川集』5편. "金河西麟厚 謂氣岸凌凌 無與頡頏 奇高峯大升 稱學識之精 詞藻之博 …." ④『松川集』4편. "一日 高峯奇先生委訪 先生口訣適在案 高峯取而見之曰 令公學識之精詞藻之博 余素欽服而今此吐釋 儘是實見得 何曾不一破愚蒙耶 先生曰 明彦爲儒者師 而是何言也."

먼저 김인후가 요월정에 제영한 작품을 소개하면 다음과 같다.

① 靑莎明勝錦　　사초는 푸르러 깁보다 좋고
　水色似長淮　　물빛은 기다랗게 회수와 같네
　野曠天低處　　들이 비고 하늘이 나직한 곳에
　秋風入病懷　　가을 바람 병든 품을 찾아드누나

② 一室臨平野　　한 정자가 큰 들을 내려다보니
　乾坤醉眼開　　건곤에 취한 눈이 열리는구려
　主人眞愛客　　주인이 진정 객을 사랑할진대
　那負菊花盃[10]　국화 뜬 술잔을 왜 저버리겠소

　① 작품은 주로 요월정 주변의 경관을 묘사하는 데 치중하였고,
② 작품은 선경(先景)과 후정(後情)이 서로 어우러져 있다. 먼저 ①
작품에서는 기구와 승구를 대비시켜 누정 주변의 승경을 열거하며
밝은 이미지로 묘사하였다. 뿐만 아니라 현재의 시간을 바탕으로 공
간을 묘사할 뿐이지 과거나 미래 시제를 사용하지도 않았다. 즉, 작
가의 입장에서 보자면 공간의 실재적 모습을 얼마나 잘 묘사하는가
가 중요하지 시간은 별로 인식하지 않았다는 말이기도 하다. 요월정
주변에는 많은 경물들이 존재했을 것이지만, 작가는 '사초'와 '물빛'
을 대표 경물로 들었다. 이는 요월정이 황룡강이라는 강줄기와 넓은
평야를 끼고 존재한 사실을 대체로 그대로 보여주었다고 할 수 있다.
그리고 전구와 결구는 원인과 결과로서 연속의 의미를 띠고 있다.
즉, '들이 비었다'라는 말은 가을 추수가 다 끝난 후를 상징적으로
보여준 것이고, '하늘이 나직하다'라는 말은 하루 시간 중 해질 무렵
하늘이 마치 들판과 맞닿아있는 듯한 모습을 형상화한 것이다. 시간
보다는 공간을 더 중요하게 인식하다보니 직접 시간을 제시하지 않
고 '들'과 '하늘'이라는 공간을 통해 시간을 간접적으로 드러내 보였

---

10) 『河西集』 권5, 「金景愚邀月亭」.

다고 할 수 있다. 단지 마지막 결구에서 '가을 바람'이라는 어구를
내보임으로써 추수가 다 끝나고 난 후의 저녁 해질 무렵의 스산한
기분을 '병든 품'이라는 어구로 대신하였다.

② 작품도 ① 작품의 전·결구와 마찬가지로 원인에 이어 결과를
제시하였다. 기구의 내용을 보면, 현재 작중 화자는 요월정에서 아래
들판을 내려다보고 있다. 보통 누정의 위치가 그러하듯 요월정도 평
지보다 높은 곳에 위치해 있어 바라다보는 눈이 훤하게 열리는 모습
을 승구에서 말하고 있다. 즉, 승구의 눈이 열릴 수밖에 없는 원인을
누정이 높이 있어 들판을 내려다보고 있는 데에서 찾을 수 있다. 마
찬가지로 전구와 결구도 주인은 객을 사랑하기 때문에 국화가 뜬 술
을 대접하리라는 내용을 원인과 결과에 의하여 완결지었다.

다음은 김인후의 또 다른 요월정 제영 작품이다.

月色當軒白   밝은 달은 툇마루에 마주쳐 희고
秋光入眼靑   가을빛은 눈에 서려 파랗군 그래
登臨此夜景   이날 밤 이 정자에서 이 경치를 보니
一世笑浮萍[11]   한 세상의 부평이 가소롭구려

위 작품도 앞에서 살펴보았던 첫 번째 시와 표현 방법에 있어서
유사한 점이 많다. 기·승구는 요월정의 승경을 현재의 입장에서 묘
사하였고, 전·결구는 원인과 결과에 의하여 내면의 감정 상태를 드
러내 보이고 있기 때문이다. 또한 '밝은 달'과 '가을빛'을 대비하면서
'백'과 '청'이라는 밝은 이미지로 그리고 있는 점도 앞에서 보았던
작품과 큰 차이를 느끼지 못하게 한다.

이상과 같이 김인후는 요월정 주변의 경물을 현재 눈에 보이는 것
을 중심으로 하여 내면적 감정을 이입하려고 하였다. 다시 말하여 현

---

11) 『河西集』 권5, 「邀月亭」.

재 눈앞에 펼쳐진 만족스런 경관에는 수많은 경관들이 포진해 있으며, 시인은 눈앞의 경관을 그려내는 것으로 족하지 별도로 보이지 않는 먼 공간을 애써 상상할 필요가 없었던 것이다. 이때 시야 안의 사물은 시인에게 조화롭게 인지되는 대상들이며 대체로 밝게 그려졌다 (김동준 1994, 44쪽).

그러나 다음의 김인후의 작품에 차운한 양응정의 제영시는 표현방법이 사뭇 다름을 알 수 있다.

① 落照千重練   낙조는 일천 겹 마전한 베 드리운 듯
　餘霜萬仞靑   서리에 시들지 않은 나무 만 길이나 푸르리라
　爲來酬勝槩   여기 와서 좋은 경치 말로써 주고받으니
　離合付流萍   만나고 헤어짐이야 부평 그것 아니던가

② 悵望仙人駕   선인의 수레를 멀리서 바라보고
　徘徊小隱亭   소은정을 돌면서 거닐어도 보네
　淸樽猶不盡   술독에 맑은 술이 아직도 남았는데
　山水暮煙生[12]   산과 강에 저녁 연기 뿌옇게 생기네

① 작품의 기구와 승구는 요월정 주변 승경을 묘사한 것이고, 전·결구는 정감을 나타내었다. 그런데 김인후가 현재 눈에 보이는 경물을 밝은 이미지로 실제적으로 묘사한 반면, 양응정은 어두운 이미지로 과장되게 경물을 그리고 있음을 볼 수 있다. 가령, '낙조'와 '서리'는 각각 '해질 무렵'과 '늦가을'을 뜻하여 어둡고 추운 이미지를 느끼게 한다. 게다가 '낙조'와 '서리'에 각각 '천중(千重)'과 '만인(萬仞)'이라는 숫자를 사용하여 과장된 이미지마저 느끼게 한다.

② 작품도 현재의 시·공간과 거리가 멀기는 마찬가지이다. 특히, 요월정을 탈속화된 공간으로 그리고 있음을 볼 수 있다. 즉 기·승구를 통해서 보면, 작중 화자는 신선의 세계에 머무르며 선인이 탄 수

---

12) 『松川集』「邀月亭次金河西麟厚韻」.

레를 보기도 하며, 소은정이라는 누정을 배회하기도 한다. 이는 현실 세계와 동떨어진 이상적 공간으로 상상력이 비약적으로 발휘된 결과라고 하겠다. 보통 현실에서 이루고자 하는 것이 잘 되지 않을 때 이상 세계를 동경하는데, 작중 화자의 심리 상태가 어떠하다는 것을 대체로 읽어낼 수도 있다.

기대승은 김경우가 죽은 후 칠언절구 2수와 오언율시 1수의 만사(挽詞)를 짓기도 하였는데, 이를 보면 둘의 정이 남달랐던 것으로 생각된다. 이중 오언율시 1수를 소개하면 다음과 같다.

文字餘家業	문자는 가업으로 남았지만
崎孤老不成	기박하고 외로워 늙도록 이루지 못했네
幾回耽野興	몇 차례나 들의 흥취 즐겼으며
眞復惜朋情	참으로 벗님의 정 아까워하노라
暮峀迎飛兎	저녁 산봉우리에서 달을 맞이하고
春溪掇杜蘅	봄 시내에서 杜蘅을 캐노라
平生最相與	평생에 가장 서로 좋아했으니
今日淚縱橫[13]	오늘날 눈물이 마구 흐르네

1·2구에서는 김경우가 가업으로 학문을 닦았지만, 운명이 기박하여 나이가 들도록 이루지 못한 사실을 말하였고, 3·4구에서는 들에서 함께 즐겼던 흥취를 회상하며 안타까운 정을 드러내었다. 그리고 5·6구에서는 김경우의 살아생전의 모습을 그렸는데, 요월정에서 거하며 달맞이하는 광경과 봄이 되면 시냇가에서 나물을 캔다고 함으로서 한가롭게 살아가는 처사적 삶을 보여주었다. 마지막 7·8구에서는 기대승 자신이 김경우를 어느 정도 따랐는지를 보여주며 옛날을 회상하니 눈물이 흐른다고 하며 만사 내용을 끝맺었다.

다음은 기대승의 요월정 관련 작품인데, 위의 만사와 마찬가지로

---

13)『高峯集』續集 권1, 挽金師顔景愚.

주로 김경우의 살아생전의 모습을 회상하는 내용으로 이루어져 있다.

夫君才氣合乘車	그대의 재기가 수레를 탈 만한데
遯跡江湖放浪餘	강호에 방랑한 나머지 자취를 감추었네
載酒引歌風色嫩	술을 싣고 배 끄는 풍색이 조용하고
藝花扶杖月華虛	꽃을 심고 지팡이 잡으니 달빛도 밝네
經心舊學惟深也	옛 학문에 마음 두니 오직 깊고
脫手新濤更貫如	새 시에 손을 대니 다시 문채로와
雨露九天應下漏	하늘의 우로가 응당 내려오리니
直長威望壓周廬14)	직장의 위망이 주려를 누르리라

1·2구에서는 김경우의 재기가 훌륭하여 벼슬을 할만한데, 세속의 삶을 벗어나 강호에 묻히게 되니 환로의 꿈이 펼쳐지지 않음을 적었다. 이어서 3·4구에서는 김경우의 과거 살았을 때를 그렸는데, 조용한 풍색을 갖추고서 술을 가지고 오는가 하면 화초를 심고 달빛 밝은 때에 지팡이를 잡고서 이리저리 배회하는 모습을 보여주었다. 5·6구는 김경우가 학문에 뜻을 두었는데 깊었다는 사실과 시문 창작도 제법 잘 하였음을 말하여 문사로서의 재능도 인정하였다. 마지막 8구의 직장은 김경우를 두고 하는 말로 이해되는데, 그의 위엄 있는 덕망이 결국 주려도 누를 수 있다고 하여 최고의 예찬을 아끼지 않았다.

그러나 다음 기대승의 두 수의 제영시는 앞의 시와는 달리 현재 요월정에서 흥이 일어 즐기는 모습을 형상화하였다.

① 堂成酒熟客回車	집 이루고 술도 익으매 손님이 왔으니
秉燭開筵樂有餘	촛불 잡고 자리 열어 즐겁기만 하여라
寒月漏雲光不定	찬달이 구름에 새어나 빛이 유동하고
暝煙籠水色交虛	어둔 연기 물을 감싸 색깔은 서로 비도다
涓涓玉斝飛還數	맑은 옥술잔 자주 날아오고

---

14) 『高峯集』 外集 권1, 「邀月亭韻」 金景愚 佐郞.

艶艶黃花笑自如	고운 국화꽃 웃는 모습 자연스러워
乘興浩然迷遠近	흥을 타고 호연하여 원근도 잊었으니
却疑天地是蘧廬	천지가 거려(蘧廬)인가 문득 의심하노라
② 屋角流光似轉車	지붕 위에 흐르는 햇살 굴러가는 수레 같아
江山今見九秋餘	강산에는 지금 구월의 가을빛이로다
蕭蕭落木空飄雨	쓸쓸한 낙엽 비속에 나부끼고
疊疊遙岑欲抽虛	첩첩의 먼 봉우리 허공에 솟았구나
松下佩壺情不盡	소나무 아래에 술병 차니 정이 무궁하고
水邊邀客興何如	물가에 손님 맞으니 흥이 어떠한가
疎狂自有偸閑癖	소광한 몸 스스로 한가로움 좋아함이니
未必明時厭直廬[15]	밝은 때에 벼슬이 싫어서만은 아니로세

두 작품 모두 많은 사람들이 술을 즐기는 가운데 흥이 최고의 지경까지 다다른 분위기를 느낄 수 있다. 먼저 ①의 1·2구에서는 요월정이 완성된 후 술도 익고 하객들의 방문이 이어져 잔치를 여니 즐겁다는 의사를 표출하였다. 뒤이은 3·4구에서는 시간적으로 밤이 깊어감을 알게 해주고, 5·6구에서는 시간에 개의치 않고 술잔이 오고가며 흥이 깊어감을 느끼게 한다. 그리고 마지막 7·8구에서는 술에 흠뻑 취한 자신의 모습을 그렸는데, 흥을 타서 호연지기가 일어 주변 승경의 멀고 가까움도 잊어 마치 이 우주공간이 주막처럼 느껴진다는 회포를 드러내었다.

② 작품도 같은 맥락에서 이해할 수 있다. 1·2구에서는 계절이 가을임을 구체적으로 보여주었고, 3·4구에서는 1·2구를 이어 가을 감각에 맞게 근경(近景)에서는 낙엽이 쓸쓸하게 뒹굴고 있는 반면, 원경(遠景)에서는 산봉우리가 아스라하게 솟아있음을 그렸다. 이상과 같은 경치를 배경삼아 5·6구에서는 술자리가 질펀하게 펼쳐지고 있음을 알게 해주는데, 술을 매개로 하여 흥을 유도하고 있음은 ① 작

---

15) 『高峯集』 권1, 「湖亭偶吟贈諸公」. 이 작품은 『高峯集』 續集 권1, 「與金佐郎景愚邀月亭詩」의 내용과 같다.

품과 상통한다. 그리고 마지막 7·8구에서는 한가로움을 좋아해서 흥
겨운 분위기를 즐기고 있는 것이지 결코 벼슬이 싫어서 그런 것은
아니라고 하며 작자 자신의 현실적 태도를 드러내 보였다.

이상 ①과 ②의 제영시는 평소 성리학자 기대승의 이름에 걸맞게
감정을 억제하고 지었다라고 하기보다는 현재의 순간에 충실하며 감
정이 유로(流露)되는 대로 자연스럽게 나타내 보였다고 할 수 있다.
이는 문학과 학문의 차이를 분명히 인식한 결과라고 할 수 있는데,
기대승의 입장에서 볼 때 좋은 시는 작위가 배제된 채 경물에서 기
인한 감흥의 결과이다. 이는 주자(朱子)의 <무이도가(武夷櫂歌)> 10
수 연작시 중 제9곡을 두고 이황의 입도차제(入道次第)와 달리 인물
기흥(因物起興)이라고 해석한 부분에서도 극명하게 드러난다. 즉, 기
대승은 외경을 접한 후 생성된 시는 경물을 형용해야지 만일 문학을
도학에 비유한다면 이심(二心)이 될 것이 자명하다고 하였다. 이런
시학적 논리는 결국 사단과 칠정이 따로 떨어져 있는 것이 아니라
칠정 속에 사단이 포함될 수 있다는 기대승의 학문 내용과 맥이 닿
아 있으며, 불선(不善)하지만 않다면 칠정으로 표현되는 작가의 다양
한 감정은 인정해야 한다는 입장의 또 다른 표출이라고 할 수 있다
(김동준 2001, 86~95쪽).

지금까지 16세기에 요월정에서 제영된 작품을 살폈다. 김인후와
기대승은 모두 성리학자로 칭해지지만 실제 시문이 지어진 양상은
사뭇 다름을 알 수 있다. 시문 창작에 있어서 기대승이 자연스러운
감정의 유로를 중요하게 생각한 반면, 김인후는 인위적인 배치까지
고려하는 치밀함을 보이고 있기 때문이다. 한편, 양응정은 김인후의
시를 이어 차운했지만, 표출된 양상은 순수 시인다운 면모를 드러내
보였을 뿐 아니라 나타난 분위기도 다소 어두워 작자의 심리 상태를
읽어낼 수 있었다. 일찍이 이수광은 그의 비평서를 통해 조선중기의

혁혁한 문인들이 호남에서 배출된 이가 많다는 언급을 하였다.[16] 여기에 김인후와 양응정이 포함되어 있는데, 이를 통해서 보더라도 16세기 요월정은 비록 그 양에 있어서 많은 제영시는 남아있지 많지만 문예적 기질을 갖춘 이들이 활동한 시단으로 인정할 수는 있겠다.

2. 17~18세기의 누정문학

16세기 당대의 저명한 문인들에 의해 형성된 요월정 시단은 16세기 후반에 접어들자 김우급·김우삼(金友參)과 같은 문중의 몇몇 인사들단이 시문을 남기면서 겨우 그 명맥만 유지하게 된다. 그러나 17세기 중반 이후부터 18세기까지의 요월정은 16세기의 시단보다도 더 많은 시문이 제작되기에 이르는데, 16세기와는 사뭇 다른 양상을 띠게 된다. 즉, 16세기의 요월정을 이른바 사림문인들이 이끌었다면, 17세기와 18세기는 붕당의 와중에서 반대파의 힘에 밀려 잠시 정치 일선에서 물러난 정치인과 문중 인사들이 화운(和韻)을 하며 이들이 주축이 되어 시단을 이끌고 있기 때문이다. 그 서막을 연 인물은 문곡 김수항(1629~1689)이라고 할 수 있다.

김수항은 안동김씨 17세 손으로 당대 혁혁한 문벌 귀족으로 이름 높던 집안에서 출생하여 17세의 이른 나이에 벌써 반시(泮試)에 수석 합격하여 5년 후 성균관전적을 시작으로 본격적인 관직 생활을 하게 된다. 그러나 그의 관직 생활은 순탄치만은 않아 부침이 자주 반복되었다. 두 차례의 예송 문제와 경신대출척(庚申大黜陟, 1680), 기사환국(己巳換局, 1689) 등은 붕당의 와중에서 김수항이 겪었던 일련의

---

16) 李睟光, 『芝峰類說』 권14, 文章部7, 詩藝. "頃世詩人多出於湖南 如朴訥齋祥 林石川億齡 林錦湖亨秀 金河西麟厚 梁松川應鼎 朴思菴淳 崔孤竹慶昌 白玉峯光勳 林白湖悌 高苔軒敬命 皆表表者也."

큰 사건들로 기록되어 있다. 그는 서인의 영수였던 송시열과 생각을 같이했던 이유로 같은 파 사람들에게는 추앙받는 인물이었지만, 반대파에게는 배척받기에 충분하였다. 이런 저간의 사정을 다음 기록은 말해주고 있다.

> 김수항은 현상(賢相)의 손자로서 젊은 나이에 태사(台司)에 올랐고 풍의(風儀)가 단정하고 정중하였으며 지조와 품행이 조용한 가운데 함축성이 있었다. 문사에 능하였는데 유술(儒術)로 수식하였다. 갑인년에는 고명(顧命)을 받아 국가의 종신이 되었고 정사년에는 직언을 하다가 죄를 받았으므로 사류(士流)가 더욱 흠모하였다. 경신년에 요직에 앉아 역적 허견(許堅)을 다스릴 적에 연좌된 사람이 많았기 때문에 거듭 그 당여(黨與)에게 원수로 여겨지게 되었는데, 이때에 이르러 시배(時輩)들이 마음껏 보복하게 되었다.[17]

처음에는 김수항이 용의 단정하고 품행에 함축성이 있을 뿐 아니라 직언을 하다 죄를 받게되니 사류들이 흠모했다고 하며, 극찬을 아끼지 않다가 허견 사건을 계기로 원수로 여기게 된 이들이 점점 더 많아지게 되었음을 적고 있다. 이런 기록은 결국 그가 정치적으로 얼마나 중요한 위치에 있었는지를 알게 해주는 단서가 되기도 한다.

이러한 김수항이 호남과 직접 인연을 맺게 된 때는 1674년 2차 예송, 즉 갑인예송 후 전라남도 영암으로 유배온 이후이다. 김수항은 처음에는 강원도 원주로 유배의 길을 가게 되나 몇 개월 후 영암으로 그 방향이 바뀌게 되었는데, 그 구체적 시기는 그의 나이 47세 7월부터 50세 9월(1675~1678)까지로 3년이 넘는 세월이었다.[18] 영암

---

17) 『肅宗實錄補闕正誤』권20. "壽恒以賢相之孫 黑頭登台司 風儀端重 操履蘊藉 長於文辭 緣飾儒術 甲寅 受顧命 爲國宗臣 丁巳 抗直言被罪 士流尤傾嚮 庚申 秉軸按治逆堅 多有株連 重被其黨讐視 至是 時輩甘心報復."

18) 김수항의 영암 생활과 영암에서의 시문제작에 대해서는 정근식 외, 2003, 185~214쪽 참조.

은 전라남도의 하단에 속할 뿐 아니라 서울에서 그곳까지 가기 위해
서는 반드시 장성을 지나야만 하는 지리적 조건을 지니고 있다. 따라
서 김수항이 영암에 있을 동안 서울에 있는 가족이나 뜻을 함께 했
던 이들이 간혹 적거의 삶을 살고 있는 김수항을 위로하기 위해 장
성을 거쳐 영암에 이르렀던 것으로 나타나는데,[19] 요월정에 남아있
는 시제인 <낭주귀로여만해김군후광창수(朗州歸路與晚海金君後光
唱酬)>이나 <낭주귀로여몽와김창집·삼연김창흡·소재김이명·지
촌이희조창수(朗州歸路與夢窩金昌集·三淵金昌翕·疎齋金頤命·
芝村李喜朝唱酬)> 등을 통해서 알 수 있다. 시제에 나오는 낭주는
영암의 옛 이름을 지칭한다. 이러한 이유로 김수항을 17세기 중반 이
후부터 18세기까지 형성된 요월정 시단의 중심 인물로 생각하는 것
이다. 하지만, 구체적으로 어떤 계기에서 요월정의 문중 인사들과 인
연을 맺게 되었는지는 명확한 기록이 나와 있지 않다. 단지 지역적
위치로 인하여 지방에 거주하고 있는 문중 인사가 중앙의 유명 정치
인을 먼저 만나면서 문중 차원의 교유가 지속되었을 가능성은 생각
할 수 있다.

17세기 중엽에서 18세기말까지 제작된 요월정 시문을 보면, 김수
항을 비롯한 노론측 인사와 광산김씨 문중 인사가 수창한 것으로 나
타나는데 세 부류로 대별된다. 첫째, 김수항과 김여석(金汝錫)의 수
창이고, 둘째 김창집·김창흡·이희조·이이명과 김후광의 화운이
며, 그리고 셋째는 윤봉구(尹鳳九)·김시찬(金時燦)과 김필의(金必宜)
가 수창한 경우이다.[20]

---

19) 김수항 가족이 영암에 있는 김수항을 만났다는 기록은『문곡연보』의 원
  출산(月出山) 등반 내용을 통해서 알 수 있다. 김수항은 월출산을 두 번
  오르는데, 첫 번째 등반은 둘째 아들인 김창협과 함께 하였고, 두 번째
  유람 때는 맏이인 김창집을 비롯한 네 명의 아들들과 동행한 것으로 나
  타나 있다. 이에 대한 상세한 내용은 박명희, 2002, 100∼109쪽 참조.
20) 물론 19세기에도 노론의 맥을 이은 인사와 문중 인사와의 수창시는 이

먼저 김수항은 김여석에게 다음과 같은 시를 준다.

吾君聲價動南州	그대의 높은 성화 南州를 뒤흔드니
一識何如萬戶侯	한번만 만나봐도 萬戶侯와 어떠하리
曾爲塵魔咸阻闊	일찍이 난리 속에 소식이 막혔으니
至今衰病懶交遊	지금은 병이 들어 상종이 어렵구려
龍江水暖魚應躍	황룡강물 따스하여 물고기만 뛰고
鳳嶽春濃洞更幽	봉황산 깊은 봄에 동안이 조용하네
安得從容文酒地	어찌하면 조용한 詩酒의 장소에서
眼前風月盡情收	눈앞에 청풍명월 한없이 즐겨보리

위의 시제가 <여황호처사김군여석창수(與黃湖處士金君汝錫唱酬)>
로 되어 있는 것을 보면, 김수항이 김여석을 처사로 인식했음을 알 수
있다. 1·2구에서는 김여석의 명성이 남쪽 지방에 두루 퍼져 있음을 언
급하며, 그 인물됨을 만호나 되는 영지를 가지고 있는 제후에 비긴다.
그러나 3·4구에서는 난리 이후에는 만나볼 수도 없었고, 현재는 또한
병까지 들어 상종할 수 없음을 애석해 하고 있다. 5·6구에서는 김여석
이 살고 있는 황룡 마을 주변의 승경을 말하였고, 그리고 마지막 7·8
구에서는 조용한 곳에 살면서 청풍명월과 같은 자연을 벗하며 사는
모습에 대한 부러움을 드러내었다.

김여석은 당시 향리에서 주로 활동한 인물로 두루 알려져 있지는
않지만, 다음의 『조선환여승람』과 『광산김씨족보』를 통해서 어떤 사
람이었는지 조금은 알 수 있다.

① 김여석의 호는 황호요, 문과 김기의 후손으로 성현의 묘미를 배우며
궁구하였고, 사욕을 이겨내고 사념을 다스려 행할 것을 힘써 시종
게을리하지 아니하였다. 『만어록』한 편을 지으니 농암 김창협과 창

_____

어지는데, 그 대표적인 경우로 영초(潁樵) 김병학(金炳學, 1821~1879)과
김경찬(金京燦, 1796~1879)을 들 수 있다. 특히, 김경찬은 조선후기에
요월정이 중수되는데 공헌을 했던 문중 인사로 알려져 있다.

　계 임영이 그 존양의 뜻을 찬탄하였다. 병자년 이후에는 두문불출하
　고 자정(自靖)하였다.
② 김여석의 자는 뇌숙이요, 호는 황호이다. 성리학에 잠심하였고, 학행
　이 더욱 돈독해졌으나 병자년 이후에는 덕을 감추고 벼슬을 하지 아
　니하였다.『만어』한 편을 지으니 농암 김창협과 창계 임영이 극찬
　하였고, 그것은 존양의 책략을 담고 있다.[21]

　　이러한 내용을 종합해 보면, 김여석은 자가 뇌숙이고, 호는 황호이
며, 성리학을 깊이 연구하여『만어록』이라는 한 편의 책을 저술하니
당시 학문적으로 높은 경지에 이르렀던 김창협·임영도 그를 인정했
다고 한다. 또한 병자난 이후에는 거의 두문불출하며 벼슬에 나아가
지 않았음도 강조하였다. 즉, 김여석의 처사적 삶을 드러내려고 하였
는데, 위에서 본 김수항의 시문 내용과 일맥상통한다. 김수항의 시문
에 대하여 김여석은 화운을 하는데, 처음 1·2구에서 '이 몸이 늙어가
며 강호에서 살고 있으니, 갈매기와 해오라기 어찌 옛 님이 알거나'라
고 하여[22] 자신의 처사적 삶이 결코 비관적이지 않음을 나타내었다.
　　다음은 김창집·김창흡·이희조·이이명과 김후광이 수창한 경우
로 먼저 김창집의 시문을 들어본다.

　　　葦嶺之南江水頭　　　갈재 남쪽 황룡 강가에
　　　故人環堵映淸流　　　맑은 물은 친구 집을 비쳐 돌아 흐르네
　　　百年冤氣悲埋釖　　　칼을 묻고 백년의 원기를 슬퍼하는데
　　　一代詩名壓倚樓　　　한 세상 시명(詩名)은 누각보다 더 높구나

---

21)　① 한국인문과학원편집부 편, 1993,『朝鮮寶輿勝覽』10, 全羅道3 長城郡
　　篇, 遺逸, 金汝錫. "號黃湖 文科紀后 學究聖賢之妙 行懋克治之工 終始
　　不怠 著謾語錄一編 金農巖林滄溪 歎其尊攘之義 丙子以后 杜門自靖."
　　②『光山金氏族譜』권2. "字賚叔 號黃湖 潛心性理 學行彌篤 丙子以後
　　隱德不仕 著書謾語一篇 農巖金昌協滄溪林泳極歎 其尊攘之策."
22)　김여석의 화운시 전문은 다음과 같다. "暮年身世寄江州, 鷗鷺何曾識古
　　侯, 歸去獨專元亮趣, 興來已作謝公遊, 樽中美酒斟常滿, 洞裏流霞晚更
　　幽, 這間要得知心友, 也應風景此全收"

書傳衡浦春前鴈　　　겨울철 기러기는 형보(衡浦)에 편지 전하고
舟泊山陰雪後洲　　　봄 물가 편주는 산음(山陰)에 매기었네
寂是九原難作語　　　머나 먼 저승길 말하기 어렵고
使吾腸斷不能酬　　　애끓은 이내 심사 수작하지 못하네

　시제가 <낭주귀로여만해김군후광창수>로 되어 있어 당시 영암에서 적거의 삶을 살고 있는 부친 김수항을 뵈러 가던 길에 지었을 것이라고 앞에서 이미 언급하였다. 1·2구에서는 김후광의 집이 구체적으로 어디에 위치해 있는지를 말하였다. 갈재는 현재 전라남·북도를 경계짓는 산등성이를 말하고, 황룡강은 2장에서 말했듯이 황룡마을을 굽이쳐 흐르는 강줄기이다. 3구의 칼을 묻는다는 말은 김후광이 자신을 밖으로 드러내지 않았다는 의미로 인식할 수도 있는데, 그럼에도 4구에서는 시인으로서의 명성은 높은 누각보다도 오히려 높다고 일컬으며 칭찬을 아끼지 않는다. 5·6구에서는 겨울과 봄, 기러기와 편주, 형포와 산음을 서로 대비시키면서 주변 승경을 형상화하였고, 마지막 7·8구에서는 저승길이라는 어구를 사용함으로서 현재 자신의 심정이 결코 밝지 않음을 간접적으로 시사하였다. 이러한 심리 묘사는 언제 끝날지 모르는 부친의 적거 생활에 대한 안타까움을 나타냈다고도 볼 수 있다.
　다음 시는 김후광이 수창한 시이다.

傷神感舊皤吾頭　　　옛일을 상심하다 머리만 희었는데
忍說三洲賢士流　　　삼주(三洲)의 어진 선비 차마 말을 하리오
若使移開鰲館座　　　만약에 오산(鰲山)의 정자가 옮겨진다면
不應四羨鳳棲樓　　　정자에 봉황 와서 부러워 깃들건고
當軒翠竹蕭蕭響　　　마루 앞 푸른 대는 소소한 소리내고
繞野長川曲曲洲　　　들을 도는 긴 강물 구비구비 흐르네
北海淸樽徐孺榻　　　선비들의 자리에 맑은 술 놓고
好將詩句鎭相酬　　　좋은 글 지어서 서로서로 읊어보세

현재 김후광에 대한 구체적인 기록은 거의 남아 있지 않은 상황이다. 단지 광산김씨 문숙공파 문중에서 발행한『삼장지(三莊誌)』의「황호공 행장(黃湖公行狀)」말미의 '4남 3녀가 있으니 후광은 감찰이요, 차남은 극광(克光)·도광(道光)·지광(知光) 참봉이요 …'[23]라는 내용을 통해서 보면, 부친은 황호의 호를 가지고 있는 김여석이고, 장남으로 감찰 벼슬을 지냈다는 것을 알 수 있다.

위시의 제목은 <낭주귀노여몽와김창집·삼연김창흡·소재김이명·지촌이희조창수>로 전해지고 있는데, 김창집의 것에 비할 때 함께 수창한 인물을 구체적으로 나타내 보여주었다. 먼저 1·2구에서는 지난날을 회상하며, 삼주의 선비를 차마 말하지 못하겠다고 하였다. 삼주는 김창협의 또 다른 호이기도 한데, 의미의 중의성을 배제할 수는 없다. 3구의 오산은 장성의 옛 이름이기도 한데, 과연 장성 황룡에 있는 요월정 누정을 다른 곳에 옮긴다면 마찬가지로 봉황과 같은 신령스러운 새가 깃들 수 있을까라고 하여 요월정을 마치 신령스러운 공간으로 표현하였다. 5·6구는 현상적으로 드러나는 요월정의 주변 승경을 나타내었고, 7·8구에서는 수창이 이루어지고 있는 현장을 묘사하며 좋은 시구가 나오기를 고대하는 마음을 담았다.

시제에서도 이미 언급했듯이 위 시는 김창흡·이이명·이희조도 아울러 수창하였다. 그런데 이들의 시 7·8구를 보면, 어떤 심정에서 시를 수창했는지를 읽어낼 수 있다. 김창흡은 '응암(鷹岩)은 지척에서 눈물 자주 뿌리니, 구암(求菴)에게 옛 창수 차마 묻지 못하네'라고 하여 '눈물'이라는 시어와 '창수를 차마 하지 못하겠다'는 언급을 통해 시를 수창하고 있는 현재 심리 상태가 그리 밝지 않음을 나타내었다.[24] 이는 김창흡 자신이 김수항의 3남으로 부친의 적거 생활에

---

23) 三莊齋, 1990,『三莊誌』「黃湖公行狀」, 낭주인쇄사, 316쪽. "四男三女 長後光官監察 次克光道光知光參奉 …"

24) 김창흡 시의 전문은 다음과 같다. "到老看看兩地頭, 臘天完景又遷流, 芙

대한 막연한 불안감을 무의식적으로 표출했다고도 할 수 있다. 그러
나 이희조는 '뜬세상 백년사가 자주 변하니, 친구들아 한 잔 술 사양
치 마소'라고 하였고,[25] 이이명은 '그대여 존망사(存亡事)를 말하지
마소, 술잔 들며 다시 한번 창수하리라'라고 했듯이[26] 미래를 다소
낙관하는 듯한 인상을 주고 있다. 주지하다시피 김창흡은 정치인으
로보다는 시인으로서 명성을 얻은 인물이다. 반면, 이희조와 이이명
은 당대의 유명한 정치인으로 알려져 있는데, 이런 자신들의 입장 차
이가 시 내용에 그대로 반영되었다고 볼 수도 있다. 즉, 김창흡은 시
인의 입장에서 수창을 하여 심리 상태를 여과 없이 그대로 표출하였
고, 이희조와 이이명은 정치인으로서 수창을 하여 다소 과장된 모습
과 아울러 미래를 낙관하고 있기 때문이다.

　다음은 윤봉구·김시찬과 김필의의 수창 내용인데, 시의 내용을
보기에 앞서 윤봉구와 김시찬, 그리고 김필의가 어떤 관련성을 가지
고 있는지를 알아야 할 것이다. 다음 기록은 이를 알려준다.

> ① 김필의의 호는 존도와로 문과 김기의 후손이다. 윤병계의 문인으로
>   학행과 덕망을 사문에서 허락한 바가 있었다. 섬촌 민우수와 초천
>   김시찬이 경학으로써 조정에 천거하였다. 성담 송환기가 찬한 묘표
>   가 있고, 동산원에 배향되어 있다.
> ② 김필의의 자는 의백이요, 호는 존도와이다. 병계 윤봉구의 문인으로
>   학행과 덕망이 세상에 추앙되었다. 섬촌 민우수와 초천 김시찬이 자
>   주 조정에 천거하였다.[27]

　蓉遠矣香沈水, 蘿薜多然雪滿樓, 厭伴孤松依石竇, 願爲雙鳩泛烟洲, 鷹岩
咫尺頻揮淚, 忍問求菴舊唱酬"
25) 이희조 시의 전문은 다음과 같다. "十載相逢已白頭, 隙過光景如斯流, 有
　主挽留千里客, 無公虛老一江樓, 如天恩澤北歸日, 勝地山川南見洲, 浮世
　百年頻聚散, 諸君莫謝一杯酬"
26) 이이명 시의 전문은 다음과 같다. "北學聲華在上頭, 南州人物寔名流, 雖
　微壯志標龍榜, 尙看雄詞碎鶴樓, 草閣淸風生竹樹, 龍江明月滿蘆洲, 須君
　莫說存亡事, 且把淸尊又一酬"

앞의 내용을 보면, 김필의의 자는 의백이요, 호는 존도와이고 윤봉
구를 스승으로 모셨으며, 학행과 덕망이 뛰어나 김시찬 등의 천거를
여러 번 받은 것으로 나타나 있다.

윤봉구는 권상하의 문인으로 유일(遺逸)로 천거되어 여러 벼슬을
두루 거친 인물이다. 특히, 강문팔학사(江門八學士)의 한 사람으로
조선후기 학계의 큰 논쟁이 되었던 호락논쟁(湖洛論爭)의 중심 인물
로서 주로 호론(湖論)을 주장하였다. 그리고 김시찬은 김수항과 같은
안동김씨 문중인으로서 노론의 정치적 성향을 가졌던 인물로 알려져
있다. 이런 맥락에서 다음의 김필의의 시를 보자.

淸寫月亭會	요월정에 모여서 좋은 글 베껴보니
恩傳一幅圖	은혜롭게 전한 글 한 폭의 그림 같네
聲華瞻北斗	성화를 북두같이 우러러보고
杖屨屈南湖	늙은이는 남호에서 구부려 앉아있네
宿契連宵重	오래된 모임을 밤마다 거듭하고
杯心付韻呼	술자리에 글운 붙여 읊어보누나
走同函丈侍	스승을 내가 같이 모시니
微悃自區區	정성이 적어서 변변치 못하였네

이 시는 현재 <윤병계여김초천시찬존도와김필의공화(尹屛溪與金
茗川時粲尊道窩金必宜共和)>라는 제목으로 전해지고 있는데, 윤봉
구·김시찬·김필의의 친밀 정도를 읽어낼 수 있는 작품이기도 하
다. 시 내용을 통해서 보면, 현재 세 사람은 요월정에 모여 손수 글을
지어보기도 하고, 남이 써 놓은 글을 읽어보고 있다. 3구의 '성화'라

---

27) ① 한국인문과학원편집부 편, 1993, 『朝鮮寶輿勝覽』 10, 全羅道3 長城郡
篇, 遺逸, 金必宜. "號尊道窩 文科紀后 尹屛溪門人 學行德望師門所許
蟾村閔遇洙茗川金時粲 以經學薦于朝 性潭宋煥箕撰墓表 配東山院."
② 『光山金氏族譜』 권2. "字宜伯 號尊道窩 屛溪尹鳳九門人 學行德器爲
世所推 閔蟾村遇洙 金茗川時粲 累薦于朝."

는 어구의 의미는 '성명(聲名)'과 같은 뜻을 지니고 있는데, 자신의
스승인 윤봉구에 대한 존경하는 마음을 드러내보였다. 그러면서도
마지막 7·8구에서는 스승을 모시는 정성이 변변치 않다고 하여 겸손
한 태도를 전해주고 있다. 이에 반해 윤봉구는 그의 시 3·4구에서
'마음 돌려 흰눈과 밝은 달 보니, 머나먼 강호에서 나라 걱정 나는구
나'라고 하였고,[28) 김시찬은 마찬가지 3·4구에서 '북에 가면 봉궐(鳳
闕)이 걱정이 되고, 남으로 내려오니 황룡강이 보이네'라고 하여[29)
위정자로서의 모습을 여실히 드러내 보여주고 있다.

　이상 17~18세기 요월정 문학을 살폈다. 이 시기 누정문학의 가장
큰 특징은 중앙의 정치인사와 문중인사와의 수창시가 빈번히 나타났
다는 데에 있다. 16세기의 누정문학이 주로 문인 대 문인이 수평적으
로 만나 창작되었다면, 17~18세기에는 중앙과 지방이라는 지역적
차이 뿐만이 아니라 지위의 고하로 인하여 수직적 관계망에 의해 작
품이 창작되었다고 할 수 있다. 그리고 16세기 문인의 경우 주로 누
정 주변의 자연 승경을 묘사하려고 한 반면, 17~18세기 문인들은
수창이라는 상황 설정을 하여 인간 대 인간의 정회를 주로 나타내보
이고 있다.

Ⅳ. 누정문학에 나타난 지역성

　누정문학은 지속적인 시간의 연계 속에서 형성된 문화적 산물이

---

28) 윤봉구 시의 전문은 다음과 같다. "南黻是恩譴, 溪山入畵圖, 活心觀雪
　月, 憂國遠江湖, 有客同宵醉, 尋朋隔水呼, 須從吾友伯, 泉石一淸區"
29) 김시찬 시의 전문은 다음과 같다. "多感屛溪叟, 相逢此豈圖, 北來憂鳳
　闕, 南渡見龍湖, 客夢逢秋亂, 鄉愁覓酒呼, 四年羈旅路, 松樹小山區"

다. 보통 유적을 바라볼 때는 문화재적 가치 여부만 따지게 되는데, 앞으로는 이러한 유적과 관련된 인물들이 사회세력으로서 기능하는 역동적인 모습을 추적하는 노력이 필요하리라고 본다. 예컨대 어느 지역에 누정이 건립되고, 시간이 지남에 따라 번창하게 된다면 주된 후견인은 없는지, 사회경제 배경은 무엇인지 등에 대한 깊이 있는 논의가 있어야 한다(이해준 1999, 173쪽). 이러한 논의가 진척된다면, 비록 작은 공간에서 행해진 문학활동이라도 지역의 정체성을 밝힐 수 있는 열쇠가 될 수 있기 때문이다.

16세기 사족이 중심이던 요월정 문학의 주체는 17세기 중반 이후부터는 문중인사와 중앙의 정치인 세력으로 점차 바뀌어가는 것을 확인하였는데, 그 원인은 향촌의 사회사적인 측면과 깊이 관련되어 있다. 즉, 17세기 중엽에 이르면 부계친 중심의 문중 결속력이 강화되고 이를 통해 새로운 가족 및 친족 결합 모습이 정착되어 갈 뿐만 아니라(이해준 1993, 189쪽) 심지어 문중을 드러내기 위해 유적이 건립되기도 하였다. 여기에 붕당의 와중에 있었던 중앙의 정치 세력의 세력 확대와 맞물리면서 문중과 중앙 정치인과의 연결 고리는 이어질 수밖에 없었는데, 17세기 중반 이후 요월정 시단도 마찬가지라고 볼 수 있다. 특히, 문중 인사들과 중앙 정치인과의 연계성은 앞장 2절에서 대강 살펴보았지만, 다음 요월정 문학과 관련 있는 문중 인사에 대한 기록은 이를 여실히 드러내고 있다.

① 김여석의 호는 황호요, 문과 김기의 후손으로 성현의 묘미를 배우며 궁구하였고, 사욕을 이겨내고 사념을 다스려 행할 것을 힘써 시종 게을리하지 아니하였다.『만어록』한 편을 지으니 농암 김창협과 창계 임영이 그 존양의 뜻을 찬탄하였다. 병자년 이후에는 두문불출하고 자정하였다.
② 김극광의 호는 원관정이고, 문과 김기의 후손이다. 몽와 김창집을 종유하였고, 문장과 덕행이 세상에 추앙된 바가 있었다. 유집에 병계

윤봉구가 찬한 묘지명이 있다.

③ 김극광의 자는 현보요, 호는 원관이다. 문장과 덕행이 세상에 추복받았고, 삼연 김창흡이 찬한 「원관헌기」가 있다.

④ 김천록의 호는 관란재요, 문과 김기의 후손으로 성질이 순후하였다. 병계 윤봉구·미호 김원행 등과 경지(經旨)를 논변하였다. 영조조 때에 진사 성담 송환기가 찬한 묘갈명이 있고, 동산원에 배향되어 있다.

⑤ 김필의의 호는 존도와로 문과 김기의 후손이다. 윤병계의 문인으로 학행과 덕망을 사문에서 허락한 바가 있었다. 섬촌 민우수와 초천 김시찬이 경학으로써 조정에 천거하였다. 성담 송환기가 찬한 묘표가 있고, 동산원에 배향되어 있다.[30)]

①과 ⑤는 앞장 2절에서 이미 나온 내용이지만, 글의 전개상 다시 인용하였다. ②와 ③은 김극광에 대한 기록 내용으로 겹치는 부분도 있지만, 서로 보완적인 내용이 있어 둘 다 열거하였다.

위 인용문을 통해 문중 인사와 중앙 정치인과의 관련 여부뿐 아니라 관련성 정도까지도 알 수 있다. 김여석은 김창협·임영과, 김극광은 김창집·윤봉구와, 김천록은 윤봉구와 김원행·송환기 등과, 마지막 김필의는 윤봉구·민우수·김시찬·송환기 등과 각각 관련을 맺은 것으로 나타나 있다. 이들 중 임영을 제외한 다른 사람들은 정

---

30) ① 한국인문과학원 편집부 편, 1993, 『朝鮮寰輿勝覽』 10, 全羅道3 長城郡篇, 遺逸, 金汝錫. "號黃湖 文科紀后 學究聖賢之妙 行懋克治之工 終始不怠 著謏語錄一編 金農巖林滄溪 歎其尊攘之義 丙子以后 杜門自靖." ② 한국인문과학원편집부 편, 1993, 『朝鮮寰輿勝覽』 10, 全羅道3 長城郡篇, 儒行, 金克光. "號遠觀亭 文科紀后 金夢窩從遊 文章德行爲世所推 有遺集屛溪尹鳳九撰墓誌." ③ 『光山金氏族譜』 권2, 字顯甫 號遠觀. "文章德行爲世推服 三淵金昌翕撰遠觀軒記." ④ 한국인문과학원편집부 편, 1993, 『朝鮮寰輿勝覽』 10, 全羅道3 長城郡篇, 遺逸, 金天祿. "號觀瀾齋 文科紀后 性質純厚 深究性理 與尹屛溪金渼湖論辨經旨 英祖朝 進士性潭宋煥箕撰碣 配東山院." ⑤ 한국인문과학원편집부 편, 1993, 『朝鮮寰輿勝覽』 10, 全羅道3 長城郡篇, 遺逸, 金必宜. "號尊道窩 文科紀后 尹屛溪門人 學行德望師門所許 蟾村閔遇洙茗川金時燦 以經學薦于朝 性潭宋煥箕撰墓表 配東山院."

치적으로는 노론계열에 속해 있다는 공통점을 가지고 있다. 이는 요월정의 주인인 광산김씨 문숙공파의 정치 성향을 암묵적으로 드러내는 것으로 장성 지역의 정체성과 일정 정도는 연관지을 수도 있을 것이다.

요월정은 16세기의 인물인 김경우가 퇴관 후 휴식을 목적으로 지은 누정이다. 16세기에 건립된 누정의 대부분은 사화라고 하는 역사적 사건과 맞물리면서 화를 피하여 잠시 머무르는 은신처로서의 성격도 지니고 있었지만, 이후 지역의 전통을 형성하는 주요한 공간으로 자리 잡았는데, 요월정도 장성이라는 지역의 중요한 문화공간으로 이후 누정시단을 형성하여 현재에 이르렀다.

16세기 사족이 중심이던 요월정 문학은 17세기 중반 이후부터는 문중인사와 중앙의 정치인 세력으로 점차 바뀌어갔다. 중앙 정치인들의 경우 정치적으로는 노론계열에 속해 있다는 공통점을 가지고 있었다. 이는 요월정의 주인인 광산김씨 문숙공파의 정치 성향을 암묵적으로 드러내는 것으로 장성 지역 정체성의 한 부분으로 인식하였다. 현재 누정에 남아있는 시문들은 시간의 계기적 연속성과 관련이 깊다. 따라서 앞으로 누정문학 연구도 어느 한 시대에 머무른 것보다는 통시적인 관찰이 필요할 것으로 생각되며, 정치사, 사회사 등과 연관지어 논의하는 시도가 있어야 할 것으로 사료된다. 누정문학이 생성되는 내면을 들여다보면, 문학 외의 여러 관계망 속에서 결국 나오고 있기 때문이다. 또한 앞으로 누정문학 연구는 방법적인 면을 고려해야 할 것으로 생각된다. 단순한 지표조사 수준에 머무른다거나 어느 한 지역의 누정을 홍보하기 위한 목적이 아닌 좀더 심도있는 논의가 진행될 수 있도록 해야 한다는 말이기도 하다. 이러한 연구가 수행되기 위해서는 각 누정이 지닌 특성을 고려해야 한다는 선행 조건이 따른다. 보통 누정과 관련된 누정문학은 어느 한 시기에

갑자기 형성된 것이 아니라 축적물로서의 의미를 지니고 있다. 오랜 시간을 거쳐오는 동안 누적되어 형성된 것이 누정문학이요, 그것이 바로 누정의 내용을 메꾸고 있는 것이다. 즉, 공시태의 연속성이 통시태를 형성하여 거기에는 일정한 역사성뿐 아니라 한 지역의 정체성까지 나타내게 된다는 의미이다.

● 참고문헌

1. 자 료

『高峯集』

『光山金氏族譜』

『松川集』

『長城邑誌』(1927)

『朝鮮王朝實錄』 중종조

『朝鮮寰輿勝覽』

『河西集』

『湖南邑誌』

『肅宗實錄補闕正誤』

2. 논 저

金東俊, 1994,「16세기 樓亭漢詩 硏究」, 서울대 석사학위논문.

金東俊, 2001,「고봉 기대승의 시세계」『한국한시작가연구』6, 태학사.

박대순 외 4인, 2000,『광산김씨집성촌의 역사와 민속』, 국립광주박물관.

박명희, 2002,「문곡 김수항 시문에 투영된 월출산의 이미지」『호남문화연구』29집, 전남대 호남문화연구소.

朴焌圭, 1987,「한국의 누정고」『호남문화연구』 17집, 전남대 호남문화
　　　연구소.

三莊齋, 1990,『三莊誌』,「黃湖公行狀」, 낭주인쇄사.

李秉烋, 1999,『조선전기 사림파의 현실인식과 대응』, 일조각.

李樹健, 1979,『영남사림파의 형성』, 영남대 출판부.

이해준, 1993,「조선후기 문중활동의 사회사적 배경」『동양학』 23집, 단
　　　국대 동양학연구소.

이해준, 1999,「향촌사회사 관련 자료발굴과 정리 －향촌지배세력(인
　　　물·성씨) 자료를 중심으로－」『고문연구』 12, 한국고문연구회.

정근식 외, 2003,『구림연구』, 경인문화사.

향토문화개발협의회, 1998,『장성 황룡』.

제 3 장

필암서원의 경제적 기초와 신분

전 형 택

I. 서원과 지역사회

필암서원은 호남에서 문묘에 배향된 유일한 인물인 하서 김인후를
모신 서원으로 1590년(선조 23)에 문인들에 의하여 건립되어 1662년
(현종 3)에 사액된 호남의 대표적인 서원의 하나이다. 이 필암서원은
1868년(고종 5) 대원군에 의하여 서원 철폐령이 선포되어 전국적으
로 47개소의 서원만을 남겨놓고 대대적인 서원 철폐가 단행될 때 전
남지역에서 포충사(褒忠祠)와 함께 철폐되지 않았는데, 포충사가 사
우였음을 감안하면 필암서원은 전남지역에서 철폐되지 않은 유일한
서원이라 하겠다.[1]

조선 후기의 서원은 지방 사류들의 근거지로 붕당정치를 오랫동안

---

1) 필암서원에 대한 연구로는 송정현(1981)의 다음 논문이 참고가 된다.

가능하게 한 당쟁의 소굴로 여겨져 왔다. 지방 사류들이 붕당과 연결되어 지속적으로 활동하는 데는 서원이 중요한 발판이 되었다. 지방 사림들은 그들 상호간의 이익과 보호 및 중앙 집권층과의 연계를 위하여 향약, 향청, 문중계 및 서원을 건립하여 이를 바탕으로 그들의 결합을 공고히 하고 있었다. 특히 향청이 수령권 하에 예속된 후에는 서원의 사림세력 결집력은 더욱 강력하게 되었다. 그러한 필요에 의하여 서원에 대한 연구가 활발하였던 것은 지극히 당연한 일이라 하겠다.[2]

그러한 중에도 서원의 경제 기반에 대해서는 별로 괄목한 만한 연구가 나오지 않았다. 그것은 아마도 서원의 구체적인 경제적 실상을 밝혀줄 자료들이 많지 않았던 데서 기인한 것이라 생각된다.[3] 이러한 현실에서 이 장에서는 필암서원의 경제기반이 어떻게 구성되어 있었나 하는 것을 살펴보려 한다. 조선시대 서원의 경제 기반으로는 서원전과 노비가 대표적인 것이지만, 이런 일반적 견해에 의문을 품은 윤희면(1983)은 이 밖에 액외교생(額外校生)과 원보(院保), 그리고 서원의 속촌(屬村)도 그에 못지 않게 중요한 서원의 경제기반이었음을 밝힌 바 있다.

이 장에서는 이러한 선행 연구를 바탕으로 하면서 필암서원에 소장되어 있는 고문서 자료를 토대로 하여 조선후기 필암서원의 경제기반을 서원전, 서원 노비, 원보, 그리고 서원촌 등으로 나누어 고찰하려고 한다. 필암서원 소장의 고문서에는 서원촌(書院村)이나 서원보노(保奴), 교생(校生)들에게 여러 가지 명목의 잡세를 거두어들이

---

2) 서원에 대한 연구는 유홍렬(1937 ; 1939), 민병하(1968 ; 1970), 최원규 (1988), 정만조(1975 ; 1984 ; 1989), 최완기(1975), 김동수(1977), 윤희면 (1980 ; 1983), 渡部學(1969), 정순목(1977)에 의해 이루어졌다.
3) 조선후기 서원의 경제기반에 대해서는 민병하(1968), 윤희면(1983), 손숙경(1994) 등의 논고가 있다.

고 있는 것을 볼 수 있다. 이런 서원의 경제적 기초에 대한 분석은 지역사회의 신분적 지배의 단면을 이해하는 단서가 된다.

Ⅱ. 서원전의 규모와 경영

　조선 후기 서원의 경제기반으로 중요한 것은 서원전이었다. 조선 후기의 서원전은 국가 지급지, 서원 매득지, 원납전, 조세지급지 등으로 구성되어 있었다. 국가 지급지는 속공전이나 둔전, 적몰전, 상송전 등을 서원에 지급한 것이고, 서원 매득지는 서원이 자체의 재력으로 매입한 토지이다. 조세지급지는 국가에서 사사위전(寺社位田) 등의 수세권을 서원에 지급하거나 서원전에 면세의 특권을 부여한 것이다. 면세의 특권은 사액서원에 한하여 3결까지 주어졌다.4) 이러한 토지 가운데 서원 자체에서 매입한 토지가 가장 많아 서원전의 주류를 이루고 있었다. 또한 서원과 관련된 사족들이 시납한 원납전도 무시하지 못할 정도였다.

　필암서원의 서원전이 어떻게 마련되었는지 알려주는 자료는 거의 없으나 필암서원이 호남에서는 유일한 문묘 배향 인물의 서원이었기 때문에 상당한 정도의 토지를 소유하고 있었음은 의심의 여지가 없을 것이다. 필암서원이 소유한 토지도 다른 서원과 마찬가지로 서원 매득지가 주였을 것이며, 사족들이 시납한 원납전도 적지 않았을 것이다. 그러나 현재의 자료로는 이러한 사실을 확인할 길은 없다. 특이한 예로는 서원의 노비를 방매하여 전답을 사들인 경우도 있었다. 필암서원 『노비보』에 의하면 노(奴) 국재(國才)에 대하여 "계미동향

---

4) 『속대전』 권2, 「호전」.

중완의방량매취답고(癸未冬鄕中完議放良買取畓庫)"5)라 주기되어 있
는 것에서 그것을 알 수 있다. 이 때의 계미년은 1763년으로 이 당시
국재는 선운사에 승려로 있었다.

필암서원이 소유한 서원전의 규모는 1680년(숙종 6)에 작성된『노
비전답안(奴婢田畓案)』6)에 기록된 것이 논 55마지기(55斗落) 2되지
기(2升落只), 밭 26마지기 2되지기로 모두 81마지기 4되지기였다. 이
가운데 밭에는 사우(祠宇) 기지로 대전(代田) 3마지기과 강당(講堂)
기지로 대전 3마지기, 사고(庫舍) 기지로 대전 2마지기, 원노비들이
거주하는 집터로 대전 8마지기가 포함되어 있었다.

다음 1802년의 경우『필암서원원적』7)에 실려 있는 전답은 논이 5

---

5)『노비보』17쪽.
6) 이『노비전답안』은 표지에『필암서원성책』이라는 책명과 함께『노비전
   답안』이라는 부제가 붙어 있다. 이 문서는 재임이 바뀌면서 서원의 재
   산을 인계 인수하면서 작성한 전장기로, 이 당시 서원의 경제 및 재정상
   태가 잘 나타나 있다. 이 문서에는「노비질」「보노질」「전답질」「곡물
   봉상질」「기미용하질」이 차례로 기록되어 있고 마지막에 경신 이월 초
   오일이라는 작성 연월일이 기록되어 있다. 이로써 보면 이 자료의 원명
   은『노비전답안』이었던 것으로 보인다. 이『노비전답안』의 작성연대로
   기록되어 있는 경신년은 1680년(숙종 6)으로 확인되었다. 그것은 이『노
   비전답안』에 실제 살아 사역되고 있는 것으로 실려 있는 노비 가운데
   27명이 1745년에 작성된『노비보』의 1단이나 2단에 실려 있고 이들 중
   대부분이 이미 죽은 노비로 등재되어 있기 때문이다. 1745년에 이미 죽
   고 없는 노비가 살아 있으면서 사역되고 있는 연대의 경신년은 이보다
   앞선 간지의 경신년 즉 1680년일 수밖에 없는 것이다. 또한 이 문서 중
   에 "향교이건통문원회시용하(鄕校移建通文院會時用下)"라는 기록이 있
   는데,『장성향교지』에 의하면 장성 향교의 이건은 1658년에 논의되어
   그 후 어느 시기에 완료되었는바, 이와 가까운 경신년은 1680년이 된다.
7) 이 문서는「입의」,「절목」다음에「전답질」「원저가대질」「노비질」「도
   노비질」등이 기록되어 있어 1680년에 작성된『필암서원 성책』과 아주
   흡사하다. 이로써 보면 이 자료도 집강이 교체되면서 작성한 자료인 전
   장기로 보인다. 실제로 절목에는 "집강체임후 신구집강제회전여사(新舊
   執綱齊會傳與事)"라는 구절이 있어 이를 뒷받침해주고 있다. 이 자료의

섬(5石) 14마지기 5되지기, 밭이 1섬 14마지기 9되지기로 합계 7섬 9
마지기 4되지기에 달하고 있어 전체적으로 1802년의 필암서원의 전
답은 1680년에 비하여 크게 늘어났음을 볼 수 있다. 즉, 1680년의 경
우 논 55마지기 2되지기, 밭 26마지기 2되지기에 불과하였는데 1802
년에는 논이 무려 114마지기 5되지기, 밭이 34마지기 9되지기로 그
사이 논은 거의 5배로 늘어난 반면 밭은 약간 늘어나고 있다. 이것은
논의 생산성이 높기 때문에 서원에서 재정의 기반을 안정적으로 확
보하기 위하여 밭보다는 논의 증식에 힘쓴 결과였을 것이다. 앞에서
언급한 바 있는 노비를 방매하여 전답을 사들인 것도 이 사이에 있
었던 일이었으며, 이 때도 밭이 아니라 논을 사들였다.

　필암서원의 전답은 다른 서원과 마찬가지로 대체로 필암서원 부근
에 집중되어 있었다. 1802년의 경우 필암서원의 전답이 소재한 지역
과 면적을 표로 나타내면 다음 <표 1>과 같다.

<표 1> 1802년 필암서원 전답의 소재지와 면적(단위: 마지기)

지역 \ 전답	고서원평	해촌평	남일평	남이평	서일평	서삼평	중등평	읍서동암	원저	영광평	계	비 고
전					30.9	4			17.5		34.9	원저(院底)제외
답	23.3	42.2	11	6	14	9	3	4		2	114.5	
계	23.3	42.2	11	6	44.9	13	3	4	17.5	2	149.4	

　앞의 <표 1>에 나타난 바와 같이 1802년 필암서원의 전답은 영광
에 있는 2두락지를 제외하고는 모두 필암서원이 있는 장성에 집중되

───────────

　작성연대는 1802년으로 확인되었다. 그 것은 「입의」에 "숭정기원후삼임
술"이라고 작성연대를 표시하고 있기 때문이다. 숭정기원후삼임술은
1802년이다. 이 자료에는 전답과 노비 외에 서재원생의 소납전, 보노의
소납전 등이 기록되어 있어 앞의 『노비전답안』과 함께 필암서원의 경제
기반과 재정상태를 연구하는데 중요한 자료이다.

어 있었으며, 그것도 원저를 비롯한 서원 부근에 집중되어 있었다.
위 <표 1>에는 나타나지 않았지만 후술하는 바와 같이 필암서원의
전답은 1900년대에는 이웃 군현인 고창 황산에도 있었다. 이러한 사
실을 감안하여도 조선 후기 필암서원의 전답은 대부분이 필암서원이
소재하고 있는 장성에 집중되고 있었음을 확인할 수 있다. 이와 같이
필암서원의 전답이 서원이 소재하고 있는 부근에 집중되어 있는 것
은 이들 전답의 관리를 효과적으로 하여 서원 재정에 결정적인 역할
을 하는 도조의 수납을 원활히 하기 위함이었다.

그러면 서원에서는 이들 토지를 어떻게 경작하였을까? 조선후기의
서원전은 일반적으로 지주전호제에 의하여 경작되었다. 필암서원의
전답도 지주전호제로 경작되었다. 필암서원 전답의 작인은 노비를 비
롯한 서원종속인은 물론이고 양인이나 심지어는 양반까지도 있었다.

<표 2> 필암서원 종속인들이 경작하는 토지와 도지액

작인	경작면적	도지액	비 고
한장(汗丈)	3마지기	3석 15두	
고직(庫直)	1마지기 5되지기	1석 10두	평균도지액 1석 2두 5승
전직(殿直)	1마지기 5되지기	1석 10두	
계	6마지기	6석 15두	

이들 작인 가운데 노비를 비롯한 서원 종속인이 경작하는 토지는
그렇게 많지 않았던 것으로 보인다. 서원 종속인이 경작하는 토지는
1802년의 경우 한장사내(汗丈仕乃)[8]로 논 3마지기, 고직사내(庫直仕
乃)로 논 1마지기 5되지기, 전직사내(殿直仕乃)로 논 1마지기 5되지
기가 기록되어 있어 전체 논 5섬 14마지기 5되지기와 밭 1섬 14마지

---

8) 사내(仕乃)가 구체적으로 무엇을 의미하는 지는 잘 알 수 없으나 경작자
   가 사적으로 갈아먹는 토지를 의미하는 것으로 보인다. 『덕양원지』에도
   서원종속인이 사적으로 갈아먹는 토지에 대하여 사내로 주기하고 있다
   (최원규, 1988, 602쪽).

기 9되지기 가운데 논 6마지기만이 이들에 의하여 경작되었던 것으로 나타나고 있다. 이들 서원종속인들이 경작하는 토지에 대해서도 필암서원에서는 도지를 수취하고 있었다. 이들이 경작하는 토지와 도지액은 위 <표 2>에 나타난 바와 같다.

　서원 종속인이 아닌 노비들도 서원전을 경작하고 있었다. 예컨대 고종 38년(1901) 서일면 다산촌에 사는 민인들이 수재를 입어 수확을 할 수 없는 논에 관에서 결세를 부과하려 하자 이에 대항하여 징납을 면제해 주도록 요구하는 소지를 올린 바가 있었다.[9] 이 논은 서원전이었는데, 면세전이 아니었기 때문에 관에서 결세를 부과하였고, 이 결세는 작인들이 부담하게 되어 있었던 것으로 보인다. 이 소장에 참여한 인사와 경작 면적은 다음 <표 3>과 같다

<표 3> 1901년 소지에 나타난 작인과 경작 면적

이름	면적	이름	면적
순덕(巡德)	15부(負)	해금(海今)	9負
구월(九月)	10부(負)	변운동(卞音童)	6負

　<표 3>에 나타난 바와 같이 이 때의 작인들은 이름만 기록되어

---

9) 필암서원 소장 고문서 소지 '西一茶山民人等
　右謹陳所志矣段 矣等之所農 加耕田畓 在於南三面古乃坪 而去月潦水沒
　爲川破是乎所 今於該書員 依前例 執總是乎則 無地之加耕 何以徵納聊
　生乎 緣由後錄仰訴爲去乎 參商敎是後 特爲嚴題于該書員 後錄加耕結
　頉下之地 千萬伏祝 行下向敎是事
　城主 處分
　　　　　　　　　　　　　　　辛丑 八月 日
　　後
　巡德　十五負
　海今　　九負
　九月　　十負
　卞音童　六負

있고 성의 기록은 없다. 조선시대에 성이 없이 이름만 기록된 인물은 특별한 경우를 제외하고는 노비였다. 따라서 이 때의 작인들이 노비 신분이었음은 분명하다 하겠다. 다만 이 때는 이미 노비제도가 폐지된 후여서 이들을 노비신분이라고 보기에는 곤란한 측면도 없지 않으나 이 당시 노비제도가 폐지되었다 하여도 아직 이들이 일반 양인과 같은 대우를 받지 못하고 있었던 현실을 고려하면 이들이 서원노비출신으로 이전부터 경작해오던 서원전을 계속 경작해오고 있는 존재로 볼 수도 있을 것이다.

다음 일반 양인 작인의 존재는 1901년(고종 38년)과 그 이듬해에 연속적으로 수재를 입어 실농한 토지에 관에서 결세를 부과하려 하자 이의 부당함을 들어 관에 이의 면제를 요청하는 등장을 올린 민인들을 들 수 있다. 이들이 등장을 올린 내용은 앞에서 살펴 본 노비들이 관에 청원한 내용과 같으나, 그 주체와 대상 토지만이 다르다.[10] 이들이 등장을 올리고 또 그 등장이 필암서원에 보관되어 있는 이유는 이들 토지가 필암서원의 토지였으나 면세되지 않아 결세를 관에 납부하도록 되어 있었는데, 이 결세를 작인들이 관에 납부하도

---

10) 필암서원 소장 고문서 等狀
    西一茶山民人等
    右謹陳寃情事段 矣等所農畓數十石土 今番雨水 沒入川沙 全無望秋 勢將流離 餓莩之
    境故 玆敢齊聲 仰訴爲去乎 參商敎是後 親審摘奸 使此幾死之氓 俾爲安堵之地 千萬
    伏祝 行下向敎是事
    城主 處分
        辛丑 七月 日
    (題辭) 摘奸後 報府措處 姑爲退待事　初九日
이 등장을 앞의 노비등의 소지와 다른 것으로 보는 것은 수해를 입은 토지의 면적이 엄청나게 다를 뿐 아니라, 등장을 올린 날짜와 소를 올린 사람들이 다르기 때문이다. 이러한 내용의 등장이 필암서원에는 5매가 더 보관되어 있다.

록 되어 있었기 때문이었을 것이다. 이렇게 본다면 이들 작인들은 필
암서원의 도지를 경작하는 일반 양인으로 볼 수 있을 것이다.

양반 작인의 존재는 본손(本孫)의 경우에서 확인할 수 있다. 본손이
란 필암서원에 모셔져 있는 김인후의 후손을 말한다. 장성에서는 사족
으로 행세하는 김인후의 후손들이 필암서원의 전답을 차경하고 있었
던 것이다. 이들은 필암서원전을 경작하고서도 본손임을 빌미로 제대
로 도조를 바치지 않았을 뿐 아니라 도지액도 서원에서 결정한 것이
아니라 자기들이 정하고 있었다. 다음 기록에서 이를 확인할 수 있다.

> 필암서원 집강이 품보하는 일. 원답 9마지기가 서이 맥동에 있는 바,
> 도조로 말하면 6석을 받을 수 있는데, 본손이 이를 스스로 4석으로 정
> 하여 경작하고 있다. 또 4마지기가 읍 동쪽 월평에 있는데, 도조로 말하
> 면 2석을 받을 수 있다. 이것도 본손이 15두로 정하여 경작하고 있다.[11]

위 기록에서 본손, 즉 장성의 유력한 사족인 울산김씨가 서원전을
경작하고 있었음을 확인할 수 있다. 조선 후기 일부 서원에서 작인들
이 도조를 거납하는 상황에서 서원의 경제기반을 안정시키기 위하여
서원을 건립한 문중에서 서원전을 경작하는 경우가 있었다. 이러할
때에는 도조를 적게 내거나 도조의 수납을 거부하지는 않았다. 그러
나 필암서원의 서원전을 경작하는 본손의 경우는 이와는 달리 원래
정해진 도조를 무시하고 자기 멋대로 원정으로 도지를 낮추어 책정
하였을 뿐 아니라 이것마저 내지 않아 필암서원의 집강이 관의 힘을
빌어서야 이를 받아낼 수 있을 정도였다. 본손이 도조를 제멋대로 정
하여 낮게 책정하고 그마저 제대로 납부하지 않자 필암서원의 집강
은 이 전답의 작인을 교체하려 하면서 이를 관에 호소하였다. 이에
당시의 장성관은 "원답이 얼마나 소중한 것인가? 하물며 본손은 더

---

11) 필암서원 소장 고문서 품보(稟報), 경자 윤8월 일.

욱 자별한 자가 아닌가? 원래 정해진 도조대로 시행하고 만약 이를 따르지 않고 도조를 연체하는 자는 엄히 처벌하라"[12]고 지시하였다. 또 1909년(순종 3) 필암서원 집강 이봉구(李鳳求)와 박래현(朴來鉉)이 도조의 납부를 거부하는 본손과 양반 작인의 교체를 요구하였을 때에도 관에서는 도조를 납부하지 않은 작인들을 잡아들여 도조를 받아들이고 이들을 재판에 회부하였다.[13]

도조의 수납은 원칙적으로 서원에서 직접 수행할 일이었으나, 조선후기에 들어와 작인들이 도조 수납을 거부하거나 도조액을 낮추려는 등 항조가 심해지자 서원에서는 관의 힘을 빌어 작인을 통제하고 도조를 수납하는 일이 흔히 일어나고 있었는데, 이러한 일은 필암서원에서도 예외가 아니었던 것이다.

이러한 상황에서 본손이 아닌 양반들도 서원전을 경작하고서 도조를 납부하지 않으려 하고 있었다. 1909년 필암서원 집강이 장성군수에게 올린 품보에 "본손은 후예임을 빙자하고, 반인은 반세를 빙자하여 도조를 받을 때에 납부하지 않으며, 심지어는 이를 막는 자까지 있다"[14]하고 있는데서 그것을 확인할 수 있다. 여기에서 양반들까지도 서원전을 경작하고 있었음은 확인된 셈이다.

필암서원에서는 서원전이 타관에 있어 도조의 수납이 여의치 않을 경우 해당 토지를 팔고 관리가 쉬운 곳으로 이매하기도 하였는데 이 경우에도 관의 힘을 빌어 서원의 의지를 관철하고 있었다. 1900년(광무 4)에 작성된 품목에 의하면 필암서원이 있는 장성의 이웃 군현인 고창에 상당한 양의 필암서원의 원전이 있었다.[15] 이 당시 고창에 있

---

12) 필암서원 소장 고문서 품보, 경자 윤8월 일.
13) 필암서원 소장 고문서 품보, 기유 2월 일.
14) 필암서원 소장 고문서 품보, 기유 2월 일.
15) 필암서원 소장 고문서 품목, 신축 6월 26일. "右稟告事 本院畓土 在於高
敞古沙面黃山村前而 所捧租中 幾石 春享時需用 餘在六石 今番秋享時
以酒粮米 需用矣 右租 日前 入於高敞官 執留中云 …"

던 필암서원의 전답이 얼마였는지 정확히 알 수는 없지만 그 도조가
적어도 10여섬이 넘었으며,16) 또 고창답의 조를 거두어들이는 것이
여의치 않자 이를 장성 서삼면 연촌(硯村)에 있는 조(租) 31섬을 받을
수 있는 논으로 이매하려고 한 것으로 보아 상당히 컸을 것으로 보
인다.17) 이 토지는 타관에 있어 조의 수취가 여의치 못하여 방매하고
대신 장성의 토지를 이매하였다. 이와 같이 타관의 토지를 처분하고
서원이 소재하고 있는 고을의 토지를 매입한 것은 관의 힘을 빌어
도조를 용이하게 받아들일 수 있었기 때문이었다.

이들 타관에 있는 토지도 지주 전호제에 의하여 경작되었는데, 그
관리를 위하여 필암서원에서는 마름을 두었다. 그러나 마름이 서원
전의 관리나 도조의 수납을 서원의 뜻대로 잘 수행하면 별 문제가
없겠으나, 타관에 있는 말음들은 자기의 사리사욕을 채우기에 여념
이 없어 서원의 뜻을 제대로 따르지 않는 경우가 많았다. 그리하여
필암서원에서는 서원의 뜻을 제대로 따르지 않는 타관의 말음을 관
내 양반의 노로 교체하기도 하였다.18)

그러나 이러한 말음의 교체만으로 작인을 제대로 통솔하여 도조를
서원에서 작정한 대로 받아들일 수는 없었다. 서원에서는 관의 협조
하에서만 이러한 일들을 효과적으로 수행할 수 있었다. 앞에서 살펴
본 타관에 있는 서원전을 본관에 이매하는 경우를 비롯하여 말음을

---

16) 위 자료에서 고창답의 조 가운데 기석(幾石)을 춘향시에 사용했고 추향
　시에 사용할 것이 6석이라 한 것으로 보아 춘향시에 사용한 것도 적어
　도 6석 이상이었을 것으로 보인다.
17) 필암서원 소장 고문서 첩정(牒呈), 신축 6월 29일. "筆巖書院 執綱爲文報
　事 本院 高敞所在畓土 賭租爲執留云 故日前 稟報移照于高敞郡矣 今見
　照覆 初不入於其中云 以此洞燭 而高敞租 欲爲移買 于本郡西三面硯村
　所在 韓富之租 而石數幷村民所食 合三十一石是乎旀 …"
18) 필암서원 소장 고문서 품보, 경자 윤8월 20일. "筆巖書院 執綱爲稟報事
　高敞黃山 院土 舍音之不善 應已下燭矣 舍音移定于甑山李奴之意 緣由
　稟告事 … (題音) 另擇勤幹 使之任事 無之享需葛藤之地事" 二十六日.

교체할 때에는 물론이고 도조를 제대로 납부하지 않는 작인으로부터 도조를 징수하거나 작인을 교체하는 경우에도 관의 힘을 빌어야 했다. 도조의 납부를 거부하는 작인으로부터 관의 힘을 빌어 도조를 받아들이는 예로는 다음 기록을 참고할 수 있다.

> 본원의 도조를 이미 다 거두어 들었는데 유독 맥동(麥洞)의 도조 1섬 16말만 납부하지 않고 있습니다. 원임의 힘으로는 추봉하기 어려워 이에 감히 우러러 호소하오니, 관에서 용맹한 장교를 별도로 파견하여 즉시 받아주시옵기를 바라나이다.[19]

위 사료는 1900년(광무 4) 도조를 수납할 때 다른 작인들은 모두 도조를 납부했는데 유독 맥동에서만 납부하지 않고 있었는데, 이를 원임의 힘으로는 받아들일 수 없자 관에 협조를 요청하고 있는 사실을 보여주고 있다. 이러한 관의 협조로 도조의 수납을 거부하는 작인들로부터 필암서원은 도조를 받아들일 수 있었다. 다음 사료에는 이러한 사정이 잘 나타나 있다.

> 원답의 도조를 여러 해가 지나도 납부하지 않은 일로 [관청에서] 패(牌)를 발하여 맥동의 김노(金奴)를 잡아들여 대령하자 30냥(30兩)을 즉시 납부하고 나머지 34냥은 추향(秋享) 전에 납부하기로 했습니다.[20]

도조의 납부를 거부하던 작인이 관의 개입으로 이렇게 나오자 필암서원에서는 보다 손쉽게 도조를 받아들일 수 있었다.

이 밖에 서원의 경계 내에 투장하는 자들을 징치하는 데도 필암서원에서는 관의 도움을 받고 있었다. 사건의 발단은 이러하였다. 1900년(광무 4)에 본손인 김홍수(金鴻洙)가 지난 겨울 어느 날 밤에 몰래

---

19) 필암서원 소장 고문서 첩정, 경자 12월 10일.
20) 필암서원 소장 고문서 품목, 경자 7월 20일.

그의 아버지를 필암서원 앞의 안산에 투장하자, 장성의 유림과 본손들이 여러 차례 이장할 것을 요구하였으나, 김홍수가 이를 거부하였다. 이에 필암서원의 유생들이 이를 관에 호소하였다.[21] 이때에도 장성 관아에서는 도면을 그려 올리도록 하고 별도로 호장과 형리를 보내어 이를 살펴보게 한 후 김홍수로 하여금 그의 부친의 묘를 파내도록 한 바 있다. 이상에서 살펴본 바와 같이 조선 후기 또는 근대 초기에 필암서원은 서원을 운영하고 관리하는 데까지도 관의 도움이 없이는 불가능할 정도로 작인의 통제나 도조의 수납이 어려웠다.

그러면 필암서원에서 거두어들이는 도조는 얼마나 되었을까? 1680년의 경우 필암서원에서는 이들 토지에서 추봉(秋捧)의 도조(賭租)로 논에서 조 34섬 7말와 밭에서 태 22말 1되를 거두어 들였다. 하봉의 도조가 누락되어 있어 전체 규모를 정확히 파악할 수는 없으나, 하봉의 도조가 주로 밭에서 거두어들이는 것이었는데, 밭에서도 추봉의 도조가 상당히 많이 걷히고 있는 것으로 보아 하봉 도조는 그 양이 그리 많지는 않았을 것으로 보인다. 추봉만을 대상으로 하면, 평균 도지액은 논이 마지기 당 12말 5되, 밭이 2말 정도로 상당히 헐하게 책정되어 있음을 알 수 있다. 다음 <표 4>는 이를 나타낸 것이다.

<표 4> 1680년 필암서원 전답의 추봉 도조

밭			논		
면적	도지액	평균도지액	면적	도지액	평균도지액
26말2되	태22말1되	*2말	55말2되	조34섬7말	12말5되

*밭의 평균 도지액은 밭 총면적에서 각종 대지의 면적을 빼고 구한 것임.

다음 1802년의 전답의 도지액은 『필암서원 원적』에 의하면, 논의 도지가 모두 61섬 10말 밭의 도지가 23말로 평균 도지액은 논이 마

---

21) 필암서원 소장 고문서 품보, 경자 8월 28일.

지기당 약 13말 8되,[22] 밭이 6되 6홉(6合)으로 역시 도지액이 대단히
헐하게 되어 있었다. 다음의 <표 5>는 이를 나타낸 것이다.

<표 5> 1802년 필암서원 전답의 도지액

밭			논		
면적	도지액	평균도지액	면적	도지액	평균도지액
34말9되	23말	6되 6홉	*96말3되	61섬10말	13말8되

* 원노가 기상(記上)했거나 기상하기로 한 18마지기 2되지기는 제외하였음.

이렇게 도지액이 낮게 책정되어 있는 것은 아마도 이들 전답에는
서원의 고직이나 노비 등이 경작하고 있는 토지는 물론이고, 노비의
소유지로 기상하기로 한 토지도 있었으며, 또한 수재를 입어 제대로
도지를 거두지 못할 전답이 많았던 데에서 기인한 것으로 보인다. 그
렇다고 하여도 이러한 도지액은 너무 낮은 것임에는 틀림없다. 이에
대하여 필암서원의 고문서에는 필암서원전의 도지액이 사답(私畓)에
비하여 삼분의 일 수준에 불과하여 대단히 낮게 책정되어 있음을 밝
히고 있다.[23]

이 문서에는 노비가 기상했거나 기상하기로 되어 있는 전답에는
도지액이 기록되어 있지 않았다. 이러한 전답으로는 무술년에 득명
(得明)이 기상한 논 14마지기와 정재(丁才)가 후일 기상하기로 하고
갈아먹는 논 4마지기 2되지기가 있다. 또 이 문서에는 도지에 '천탈
중년개정(川頉中年改正)'이라는 주기가 달려 있는 전답이 많이 눈에
띄는데 이러한 전답은 대체로 다른 전답에 비하여 도지액이 훨씬 낮
게 책정되어 있다.

또한 1802년의 전답에는 근래에 도지액이 다시 책정되었음을 보여

---

22) 1802년 필암서원의 논 114.5마지기 가운데 원노의 논으로 사후 기상했
   거나, 기상하기로 한 논 18마지기 2되지기를 제외하고 산출한 것임.
23) 필암서원 소장 고문서 품보, 기유 2월 일.

주는 주기가 자주 눈에 띤다. 다음 <표 6>은 도지액의 개정이 있었던 전답을 나타낸 것이다. 이 <표 6>에 의하면 중간에 도지액의 재책정이 있는 토지의 도지액은 전체 평균보다 약 3말 8되 정도 헐한 것으로 나타난다. 이러한 이유로 필암서원 전답의 도지액이 낮게 책정되었던 것을 알 수 있다. 위 <표 6>에서 이들 토지의 도지액이 재 책정된 이유가 천탈(川頉)이나 사탈(沙頉), 즉 수재를 입어 제대로 농사를 짓기가 어려웠기 때문이었음을 알 수 있는데, 서원에서는 이러한 토지에 대하여 그만큼 도지액을 낮추어주지 않을 수 없었을 것이다.

<표 6> 도지액의 개정이 있던 전답과 도지액

소재지	자호	면적	개정사유	개정된 도지액
古書院坪	草	1말 3되	川頉	1섬 5말
		5말		1섬 10말
		2말 3되		2섬 10말
	賴	2말		1섬
	存	2말		1섬 10말
海村坪	常	3말		2섬
	欲	3말		2섬 10말
	此	3말		2섬
	身	2말		1섬 10말
南一坪	靈	7말	沙頉	2섬 10말
	轉	4말	川頉	1섬
	從	5말	川沙頉	1섬
계		39말 6되		20섬 5말

Ⅲ. 서원노비의 규모와 변동

필암서원의 노비에 관한 자료는 3건이 보관되어 있다. 1680년에 작성된 『노비전답안』에 실려 있는 「노비질」과 1745년에 작성된 『노

비보』, 1802년에 작성된 『필암서원 원적』에 실려 있는 「노질(奴秩)」,
「비질(婢秩)」, 「도노질(逃奴秩)」, 「도비질(逃婢秩)」이 그것이다.

1680년에 작성된 『노비전답안』의 「노비질」에는 이 당시 생존해
있는 노비 48명이 실려 있다. 이 당시 필암서원에서 이들 노비를 신
공 위주로 소유하고 있었는지 아니면 직접 사역을 위주로 소유하고
있었는지를 알아보기 위하여 노비의 신역부담형태를 사역형태에 따
라 표로 정리하여 나타내면 다음 <표 7>과 같다.

<표 7> 1680년 필암서원 소유 노비의 신역부담형태

구분	老			壯				弱	계	비고
	사환	신공	기타	사환	신공	빈잔	기타			
노 비	1			11		3	3	6	24	*식모
		1		*8	1	2	1	11	24	빈잔(貧殘) 중4명
	1	1		19	1	5	4	17	48	속공

* 노(老), 장(壯), 약(弱)의 구분은 『노비전답안』의 기재에 따른 것임

위 <표 7>에 나타난 바와 같이 1680년 당시 필암서원에서는 모두
48명의 노비를 소유하고 있었는데 이들 가운데 사역이 가능한 노비
인 장노비(壯奴婢)가 모두 29명이었으며, 역의 부담이 없는 늙은 노
비나 어린 노비가 19명이었다. 또 신역부담이 있는 장노비 29명 가운
데 빈잔무뢰(貧殘無賴)하여 역을 부담할 수 없는 사람 5명을 제외하
고 역의 부담 사실이 표시되지 않은 사람[위<표 7>에 장(壯)의 기타
로 파악된 사람]은 4명으로 이들은 빈잔무뢰한 비의 딸이거나 속공
노비 중에서 담양(潭陽) 방작곡(方作谷)에 살고 있는 자, 홍덕에 살고
있으면서 신공을 바치는 노비(老婢)의 아들이었다. 이들을 제외한다
면, 장노비 가운데 역 부담이 표시되어 있지 않은 노비는 2명이다.
이들은 사환노나 식모비의 자녀였다. 장노비 29명 가운데 앞에서 언
급한 바와 같은 직접 사역시킬 수 없는 부류 9명을 제외한 나머지 20

명이 이 당시 필암서원에서 직접 부릴 수 있는 노비의 전부였다. 그러나 이들 가운데에도 필암서원에서 멀리 떨어져 살고 있어 직접 부릴 수 없는 자가 있었다. 홍덕에 사는 비로 그녀는 필암서원에 신역을 제공하는 대신 신공을 바치고 있었다. 따라서 필암서원에서 직접 부릴 수 있는 노비는 장노비 19명에 불과하였다. 이들 노동력을 필암서원에 직접 제공하는 노비들은 노는 서원의 각종 잡역에 동원되었으며, 비는 식모로서 필암서원에 사역되고 있었다.

이 당시 필암서원에서는 이들 사역노비의 노동력만으로는 서원을 꾸려나가기에 부족하였던 것으로 보인다. 필암서원에서는 부족한 노동력을 늙은 노비 가운데 아직 노동력이 있는 자를 직접 동원하여 사역시킴으로써 보충하고 있었다. 위 <표 7>에서 노노(老奴) 가운데 사환으로 표시된 자가 여기에 해당된다. 이렇게 볼 때 1680년 당시 필암서원의 노비 소유는 서원에서 필요한 노동력을 제공받는 데에 있었다 할 것이다. 다시 말하면 노비로부터 신공을 수취하기보다는 신역을 제공받기 위하여 노비를 소유하고 있었다고 생각된다.

이들 필암서원에 직접 사역되는 노비들은 필암서원 부근에 살고 있었다. 이들의 거주지를 파악하여 표로 나타낸 것이다 다음 <표 8>이다. 이에 의하면 필암서원에 직접 노동력을 제공하는 노비의 대부분이 원하(院下)에 살고 있었음을 알 수 있다.

<표 8> 사환노와 식모비의 거주지

거주지	院下	岐山	黔正里	栗村	中登	夢洞	奄古加	계
사환노	6	2	1	1	1		10	12
식모비	7					1		8
계	13	2	1	1	1	1	1	20

조선후기 노비 소유에서 직접 사역 대신에 신공을 바치는 노비는 이 당시 필암서원에는 2명에 불과하였다. 신공을 바치는 노비는 2명

모두 비(婢)로 이 중 한 사람은 앞에서 설명한 바와 같이 장비(壯婢)로 영광에 살고 있어서 직접 사역시킬 수 없어 신공을 납부하고 있었다. 또 한 사람은 늙은 비로 파악되고 있으면서도 신공을 바치고 있었다. 이 늙은 비는 아들과 함께 흥덕에 살고 있었다. 이들이 낸 신공은 장비(壯婢)가 백미 4말, 늙은 비가 어물을 바치고 있었다. 여기에서도 이 당시 필암서원의 노비 소유가 신공 수납보다는 직접 서원을 운영하는데 필요한 노동력을 조달하는데 더 큰 의미가 있었음을 보여주고 있다. 필암서원에서는 이들로부터 거두어들인 신공을 제향(祭享)시에 사용하였다.

1680년 당시 필암서원이 소유하고 있는 노비 전체의 거주지는 다음 <표 9>에 나타난 바와 같이 남평, 광주, 영광, 흥덕, 담양 방작곡, 함평, 무장 등 7개 고을에 노 6명 비 9명으로 모두 15명에 이르고 있었다. 신공을 바치는 비 2명과 역의 부담여부가 기록되어 있지 않은 장노 1명과 장비 1명을 제외하고는 모두 빈잔무뢰이거나 이들의 자녀인 어린 노비였다.

<표 9> 1680년 노비의 거주지

	원하	기산	남평	광주	영광	검정리	율촌	중동	흥덕	몽동	방작곡	함평	무장	엄고가	계
노	11	2	1		1	1	1	1	1	1	1	1	1	1	24
비	14			1	3				1	1	4				24
계	25	2	1	1	4	1	1	1	2	2	5	1	1	1	24

이들 노비들이 어떻게 서원의 소유가 되었는가를 살펴보자. 노비의 소유는 일반적으로 이전부터 있던 노비의 자손 즉 전래노비를 기본으로 하여 여기에 다른 사람의 노비를 사들이거나 기증받는 외에 관아에 속공된 노비나 적몰노비를 이속받아 증가되고 있었다. 1680년 필암서원의 노비소유가 어떠한 방법으로 이루어졌는가를 알아보

기 위하여 다음 <표 10>을 작성하였다. 이 <표 10>에 의하면 전체 48명의 노비 가운데 이전부터 소유하고 있던 노비의 소생이 38명으로 가장 많고, 다음으로 속공노비가 9명이었으며, 매득노비는 1명에 불과하다. 여기에서 필암서원의 노비는 극히 일부를 제외하고는 이전부터 소유하고 있던 노비의 자손들이 주축을 이루고 있다고 할 것이다. 이러한 경향은 다른 서원의 노비에 있어서도 마찬가지였다.

<표 10> 1680년 필암서원 소유 노비의 귀속 사유

구분 노비	전래노비			매득노비	속공노비	계	비 고
	노소생양녀	비소생	불명				
노	1	7	11		5	24	
비	2	8	9	1	4	24	
계	3	15	20	1	9	48	

이 가운데 속공노비는 이 당시 필암서원의 운영에 별로 도움이 되지는 못 하였다. 이들은 다음 <표 11>에 나타난 바와 같이 빈잔무뢰한 자들이 7명이나 되어 서원에 도움을 줄 수 있는 노비는 사환노 2명에 불과하였던 것이다. 빈잔무뢰한 노비들은 담양, 함평, 무장 등 타관에 거주하고 있는 자들이었다. 이들 속공노비는 『노비보』에 의하면 담양 심준생(沈俊生)이 소송에서 져서 속공한 노비 9명과 유정립(柳廷立)으로부터 속공한 노비 1명이었다. 심준생이 소송에서 져서 속공한 노비는 아마도 이들 노비가 심준생이 다른 사람과의 사이에 소유권 분쟁이 일어나 소송을 하게 되었으나 양측 모두 자신의 노비임을 입증하지 못하여 속공하게 된 노비였을 것으로 보인다. 이들은 2명을 제외하고는 빈잔무뢰한 자들이거나 그들의 자녀들이어서 서원에서는 이들로부터 신공을 받아들이거나 이들을 서원에서 집적 사역시키지도 못하고 있었다.

<표 11> 속공노비의 사역형태와 거주지

	사환		빈잔무뢰			계	
	岐山	奄古加	方作谷	咸平	茂長		
노	1	1	1	1	1	5	*비 4명은 빈잔무
비			*4			*4	뢰 비 㤯春과 그녀
계	1	1	5	1	1	9	의 소생임

　　다음 1745년에 작성된 『노비보』에 실려 있는 노비를 분석해 보기로 하자. 이를 분석하기에 앞서 이 문서에 대하여 약간의 설명을 할 필요가 있다. 이『노비보』는 현재 보관상태가 양호하지 못하여 그 작성연대에 대하여 약간의 혼란이 일어나고 있다. 이 문서는 결락이 심하여 일부가 일실된 채로 전해지고 있는데, 작성연대를 밝혀주는 연대는 '을축 정월 이십오일(乙丑 正月 二十五日)"이라고만 되어 있다. 이 문서에 기록된 을축년은 이 문서에 기록된 주기의 분석 결과 영조년간인 1745년으로 밝혀졌다(안승준 1993).

　　이 『노비보』는 앞부분이 결락되어 있는 가운데 매득노비와 속공노비가 기록되어 있고 이어서 문서의 끝남을 알리는 '제(際)'라는 글자 다음에 생존노비수, 도망노비수, 속공노비수가 기록되어 있고 다음에 "을축 정월 이십오일"이라는 작성일자를 쓰고 이어서 지방관의 압(押)이 있다. 그리고 이어서 다시 노비보가 이어지고 마지막 장에 "병인생산화명 삼십일구내 남노 14구 여비 17구(丙寅生産花名 參拾壹口內 男奴 十四口 女婢 十七口)"라는 주기가 기록되어 있다. 이러한 양식을 기초로 이 문서를 을축년인 1745년과 병인년인 1746년에 작성된 양건으로 파악하는 견해도 있으나(안승준 1993), 이 문서는 1745년에 작성된 단일 문건이다. 이 문서를 1745년 단일 문서로 보는 이유는 다음과 같다.

　　첫째, 노비문서는 일반적으로 소유주가 노비를 정확히 파악하고 이들이 어떻게 하여 자기 소유의 노비가 되었는가를 밝히기 위하여 작성한다. 공노비의 경우 노비의 등재 순서는 통상 전래노비, 매득노비, 속공노비의 순서로 작성하고 마지막에 생존노비, 매득노비, 속공노비, 도망노비 등의 총계를 기록한다. 그런데 본『노비보』의 경우 현재 보존상태는 앞에 서술한 바와 같이 매득노비와 속공노비가 앞부분에 실려 있고 생존노비수, 매득노비수, 속공노비수의 통계와 함께 통상 문서의 마지막을 표시하는 지방관의 압(押)이 있은 다음 또 다시 이어서 문서가 계속되어 전래 노비가 실려 있다. 이러한 불합리한 부분을 해결하기 위하여 문서를 을축년과 병인년 양년분으로 파악하는 견해가 나왔던 것이다. 그러나 이것을 통상적인 하나의 문서로 본다면 당연히 그 순서는 전래노비, 매득노비, 속공노비 그리고 총계와 지방관의 수결의 순서로 바로 잡아야 할 것이다.

둘째 이 문서는 한번 작성된 뒤에 그 내용이 그대로 전해진 것이 아니라 수시로 그 변동 상황을 추가로 기입해 넣고 있다. 추가 기입 내용은 지방관의 압이 있는 앞부분은 물론이고 그 뒷부분도 마찬가지이다. 이 문서가 을축년과 병인년에 각각 똑 같은 노비를 대상으로 작성되었다면 그 내용은 병인년에 새로 파악된 노비를 제외하고는 동일했을 것이므로 추가 기입은 병인년에 작성된『노비보』에만 하였을 것이다. 그러나 이 문서에는 위에 설명한 바와 같이 모두에 추기가 되어 있다.

셋째, 이『노비보』에는 모든 면마다 처음 작성 당시 생존하고 있는 노비의 이름과 주기한 부분에 관인이 찍혀있다. 그러나 "병인년 생산화명 …"의 주기가 있는 마지막 장에는 관인이 하나도 찍혀 있지 않으며, 글자체도 완전히 다르며, 지질도 다르다. 또한 "병인년 생산화명 …"의 주기가 있는 면에 실려 있는 노비의 이름이 앞면에도 그대로 실려 있다. 예컨대 노 철봉(哲奉)과 그 후손 5명은 기재 내용 그대로 바로 앞면에 실려 있으며, 비 시덕(時德)과 그 후손들 역시

『노비보』중간에 비 애상(愛上)-딸 비 망종(望從)-딸 비 덕금(德今)
-딸 비 시덕으로 연결되어 그대로 실려 있다. 이들 역시 앞면에서는
문서 작성 당시 생존해 있던 노비 이름에는 관인이 찍혀 있다. 이로
써 보면 "병인년생산화명 …"의 주기가 있는 마지막 면은 원래의
『노비보』가 아니라 후에 누군가에 의하여 작성되어 첨가된 것임이
분명하다. 결국 병인년에 작성했다는 근거가 되는 마지막 면은 원문
서가 아니라 후에 누군가에 의하여 작성되어 첨부된 것이다.[24] 이로
써 본다면 병인년 작성의 근거는 아무데도 없는 셈이다.

결국 이『노비보』는 을축년(1745)에 처음 작성되었는데 그 후 해마
다 새로 태어난 노비나 죽은 노비 또는 방량했거나 방매한 노비, 도
망한 노비 등의 변동 상황을 기입하면서 전해져 내려왔다. 이 문서에
마지막 주기는 1802년까지 이루어지고 있었다. 전체적으로 일반 서
원의 노비안과 별로 큰 차이를 보이지 않고 있다.

<표 12> 1745년의 『노비보』에 기재된 노비 현황(노/비)

구분\노비	전래노비		매득노비		속공노비		계		고노비		도망노비		방매·방량			계		
	원안	추록	원안	추록	원안	추록	원안	추록	원안	추록	원안	추록	원인	추록	미상	원	추	미
노	78	44	5		5		88	44	12	7	3		2	9	1	17	16	1
비	94	37	3		5		102	37	18	9	4		1	7	1	23	16	1
계	172	81	8		10		190	81	30	16	7		3	16	2	41	32	2

이『노비보』에는 처음 작성될 당시에 살아 있던 노비의 이름에는

---

24) 필자가 필암서원에 가서 직접 확인한 바에 의하면 안승준씨가 소개한
『노비보』의 마지막 면은 현재 필암서원에 소장되어 있는『노비보』에는
없었다. 안승준씨가 자료로 소개한『노비보』의 마지막 면은 다른 면이
모두 6단으로 나뉘어져 있는 것과는 달리 5단으로 나뉘어져 있는데,
『필암서원지』에 실려 있는 노비보 또한 5단으로 나뉘어져 있었으며, 글
자체 또한 완전히 일치하고 있어 안승준씨가 소개한 마지막 면은『필암
서원지』에 실려 있는 노비보의 마지막 면임을 확인하였다.

예외 없이 관인이 찍혀 있다. 물론 하나 하나의 이름에 관인을 찍는
것을 원칙으로 하고 있지만 개중에는 이름이 붙여 쓰여 있는 경우에
는 관인이 가운데에 있는 한 사람에만 날인되고 있다. 또한 추록한
노비의 경우 자와 녀의 표시 다음에 노와 비로 기록한 경우도 있으
나, 일반적으로 노, 비의 표시 없이 자, 녀라고만 표시한 경우가 많
다. 이러한 경우는 출생 간지가 없어도 추록된 노비임을 알 수 있다.
따라서 이러한『노비보』의 기재 경향을 토대로 하여 노비명 옆에 표
시된 간지를 가지고 노비가 출생한 연도를 추정할 수 있다. 위의 <
표 12>는 이렇게 하여 노비의 출생연대를 파악하여 이를 토대로 작
성한 것이다. 이 표에 의하면『노비보』에 기재된 노비는 추록한 노비
를 포함하여 모두 271명에 달하고 있다. 이 가운데서 1745년 이전에
출생하여『노비보』가 처음 작성될 당시에 기재된 노비가 190명,
1746년 이후에 추록된 노비가 81명이었다.

　『노비보』가 작성될 당시에 기재된 노비 가운데는 이미 사망한 노
비와 도망하거나 방량한 노비가 적지 않게 포함되어 있는데 이들을
제외한 나머지가 1745년 당시의 필암서원에서 실제로 소유하고 있던
노비였다. 다음 <표 13>은『노비보』에 실려 있는 노비 가운데 이미
사망했거나 도망 또는 방량한 노비를 제외하고 추산한 1745년 당시
의 필암서원의 실제 노비소유 상황이다.

<표 13>　1745년 당시의 필암서원 노비 소유 상황

구분\노비	전래노비	매득노비	속공노비	계(1)	고노비	도망노비	방량노비	계(2)	현존노비(1-2)	비 고
노	78	5	5	88	12	3	2	17	71	
비	94	3	5	102	8	4	1	13	89	
계	173	8	10	190	20	7	3	30	160	

<표 13>에 의하면 1745년 필암서원의 노비는 전래노비 171명, 매득노비 8명, 속공노비 10명중에서 이미 사망한 노비가 20명, 도망한 노비가 7명, 방량한 노비가 3명으로 30명이 현존하지 않아 현존노비는 160명에 이르고 있었다. 이들은 대부분 전래노비 즉 필암서원에서 이전부터 소유하고 있던 노비의 자손들이었다. 물론『노비보』가 완전하지 못하여 훼손된 자료의 일부와 함께 누락되었을 가능성은 얼마든지 있다. 따라서 실제 노비 수는 이보다 얼마쯤 많았을 것으로 보인다. 여하튼 이 자료를 토대로 보면 18세기 중반에는 17세기 후반에 비하여 필암서원의 노비수가 대폭 늘어나고 있음을 볼 수 있다.

다음으로 1802년에 작성된『필암서원 원적』에 실려 있는 노비를 분석해 보기로 하자.『필암서원 원적』에는 노비와 관련하여 두 항목이 설정되어 기술되어 있다.「노질」,「비질」과「도노질」,「도비질」이 그것이다.「노질」에는 노 15명이,「비질」에는 비 13명이 기록되어 있는데 이들 중 노 4명과 비 5명은『노비보』에 추가로 입록되어 있는 자들이었다. 또한「도노질」에는 노 26명이,「도비질」에는 비 23명이 기록되어 있는데, 이들 중에서도 노 8명과 비 14명이『노비보』에 추가로 입록되어 있는 자들이었다. 이「도노질」과「도비질」에 기록된 노비 중에는『노비보』에 이미 필암서원에서 논을 받고 속량시켰거나, 논을 사기 위하여 속량시킨 것으로 기록되어 있는 비까지 등재되어 있다. 전반적으로 1802년의『필암서원 원적』에 실려 있는 노비의 수는 1745년에 비하여 대폭 줄어들고 있어 이 당시 노비수의 감소라는 일반적인 상황에서 서원도 예외일 수 없었던 사정을 잘 보여주고 있다.

지금까지 살펴본 바와 같이 필암서원의 노비는 1680년의 44명에서 1745년의 160명 이상으로 늘었다가, 1802년의 28명으로 대폭 줄어들었음을 알 수 있다. 주지하다시피 18세기 후반 이후에는 노비 인구가 크게 줄어들었으며, 그 결과 국가에서는 국가 재정과 긴밀한 관

계가 있는 내시노비(內寺奴婢)를 1801년에 혁파할 수밖에 없었던 것
이다. 이러한 사회적 변화에서 필암서원도 예외적인 존재가 아니었
음을 여기에서 다시 한 번 확인할 수 있다.

Ⅳ. 서원촌과 보노

서원의 재정은 일반적으로 서원의 전답으로부터 거두어들이는 도
조와 노비신공 외에 서원의 속촌과 보노로부터 거두어들이는 각종
수입 및 원생의 소납전(所納錢) 등으로 충당되었다(윤희면 1983). 필
암서원도 예외가 아니어서 앞에서 살펴본 서원전과 노비 외에 서원
촌과 보노, 그리고 원생에게 얼마씩의 부담을 지우고 있었다.

필암서원의 속촌으로는 필암, 중동(中洞), 장자(壯子) 등 3촌이 설
정되어 있었다.[25] 이들 3촌은 필암서원에 주로 향사(享祀) 시에 치도
(治道)의 일을 비롯하여 서원에서 필요한 각종 역을 맡아서 하는 대
신[26] 다른 잡역세를 면제받고 있었다.

그러나 관에서는 서원의 속촌에 잡역세를 부과하려고 하여 서원과
갈등을 일으키고 있었다. 1902년(광무 6) 필암서원에서 장성관에 올
린 첩정(牒呈)에 의하면 필암서원의 속촌이 속해 있는 서일면의 면임

---

25) 필암서원 소장 고문서 첩정. "筆巖書院執綱爲文報事 … 筆巖一村則 依
完文善爲修治是乎乃 中洞壯子兩村不爲修治 …"
26) 필암서원 소장 고문서 완문(完文), (임진 1832년 8월 일). "爲完文成給事
… 玆以仰稟目 今爲始 享祀時 沿道分定筆巖中洞壯子三村 …"; 필암서
원 소장 고문서 완문, 임인 정월 일). "爲永久遵行事 卽接筆巖書院稟目
內 以爲本院村民之於院中支供也 應役也 難以支保 故自朝家亦有減戶之
典 …"; 필암서원 소장 고문서 품목, 계묘 1903년 9월 일. "右稟告事 …
院村本孫官戶十七戶全當 及諸般院役民戶之全當 莫此爲重焉 …"

이 예급조(例給租)를 거두려 하자 필암서원의 집강이 이의 부당함을
호소하고 있다.27) 이에 관에서는 서원촌의 잡역을 면제할 것을 다시
확인하면서 완문을 발급하여 주고 있다. 이러한 서원촌을 둘러싼 갈
등은 수시로 일어나고 있었으나 필암서원에서는 그때마다 관에 품목
을 올려 이의 부당함을 호소하여 이의 부과를 저지하고 있었다.

코노는 이미 1680년에 작성된『전답노비안』의 「보노질」에 41명이
실려 있는 것으로 보아 서원 설립 당시부터 존재하지 않았나 생각된
다. 이 보노는 서원에서 모입한 사모속으로 서원에 일정한 경제적 부
담을 하는 존재였다(윤희면 1983, 56∼58쪽). 서원의 보노는 1699년
(숙종 25)까지는 규정이 없다가 이 해에 정액이 규정되어,28) 이것이
속대전에 반영되어 법제화되었다.『속대전』에는 사액서원에 20명의
보노를 두는 것으로 규정되었다.29) 그러나 안정복이 "서원에 소속된
보인은 30명으로 원에 따라 충정하여 완문을 성급하고 추수 후에 미
3두, 태 1두씩을 거둔다"30)고 한 것으로 보아, 그 이후 다시 30명으
로 혼대된 것으로 보인다. 서원 보노에 대한 정액이 규정된 이후 사
액서원인 필암서원의 보노는 30명으로 규정되어 있었다.31) 그러나
이러한 규정은 제대로 지켜지지 않았던 것으로 보인다. 앞의 1680년
에 작성된『노비전답안』의 「보노질」에 등재된 41명은 보노의 정액이
정해지기 이전의 숫자이다.

보노의 신분은 일반적으로 노가 많았지만, 반드시 노만으로 구성
되지는 않았고, 양인도 포함되어 있었다. 1680년 당시 필암서원의 보
노 41명중에는 노가 압도적으로 많았지만, 양인도 6명이나 있었다.

---

27) 필암서원 소장 고문서 첩정, 임인 1902년 6월 일. "筆巖書院執綱爲文報
　　事 … 噫噫甲午間面任則 牟三石租三石謂以例給 而私懲於村中 …"
28)『비변사등록』50책, 숙종 25년 윤7월 17일.
29)『속대전』권3, 예전 금령.
30) 안정복,『잡동산이』서원약령.
31)『필암서원지』권3.

필암서원에서는 이들로부터 봄과 가을에 각각 조 1두씩을 거두어 제
향의 비용에 보태어 쓰도록 되어 있었다.

이 보노에 대하여 1802년에 작성된『필암서원 원적』에는 "보노삼
십명 춘추등 소납미 매명삼두 계이수 진임육승 진맥육승(保奴三十
名 春秋等所納米每名三斗 鷄二首 眞荏六升 眞麥六升)"이라고 기록
하고 있어, 속대전의 규정대로 30명의 규정이 제대로 지켜지고 있음
을 보여주고 있다. 1802년에는 1680년에 비하여 보노의 수가 줄어든
대신 한 사람이 부담하는 양은 증가되고 있었음을 보여주고 있는 바,
이 규정은『필암서원지』에 그대로 기록되어 있다.[32]

필암서원에 소장된 보노에 관한 자료로는 표제가『노비안』이라고
되어 있는 것이 있다. 이 자료의 작성연대는 간지로만 병오라고 기록
되어 있어서 정확하지는 않지만, 전체적인 기재 내용으로 보아 1846
년(헌종 12)에 작성된 것으로 보인다. 이렇게 보는 이유는 무엇인가.
여기에 기록된 사람들의 거주지가 모두 기록되어 있는데 이들 지명
이 1914년의 행정구역 개편 이전의 사실과 크게 다르지 않으며, 문서
의 말미에 장성도호부사의 수결이 있다. 이것을 종합하여 판단하면
이『노비안』의 작성연대로는 1846년 병오 외에는 적당하지 않다. 갑
오개혁 이후에는 장성도호부사가 아니라 장성군수이기 때문이다.

이『노비안』은 표제는 노비안이라 되어 있으나, 사실은 노비안이
아니라 보노안이다. 이 문서를 보노안으로 보는 것은 다음과 같은 이
유에서이다.

첫째, 이『노비안』에는 노 30명만이 기록되어 있다. 이 문서가 노
비안이라면 노만 기록되어 있을 수는 없고 비 또한 마땅히 기록되어
있어야 한다. 또 노 30명도 이것이 보노안임을 말해주는 것이다. 조
선후기에 사액서원은 보노를 30명씩 인정해주고 이들로부터 일정의

---

32) 위와 같음.

신공을 받아 서원의 경비에 보태게 하였던 것이다. 둘째, 이 『노비안』에 올라 있는 노들은 모두가 성이 기록되어 있다. 주지하다시피 우리나라의 노비들은 일반적으로 성을 사용할 수가 없었다. 그러나 이 문서에 기재된 사람들은 모두 성이 기록되어 있다. 이로써 보면 이들은 모두 양인신분으로 보노로 책정된 사람들임을 알 수 있다. 셋째, 이 문서에 기록된 사람들은 모두 거주지가 실려 있는데 한결같이 원촌에 사는 사람들은 없다. 만약 이것이 노비안이라면 원촌에 사는 사람들이 훨씬 많았을 것이다.

필암서원에서는 이들 보노로부터 1680년에는 춘추로 한 사람당 조 1두씩을 거두어 제향 때 사용하였으며, 1802년에는 춘추로 한 사람당 쌀 3말과 닭 2 마리, 참깨 6되, 보리 6되씩을 거두어 들였다. 1842년의 경우도 같았을 것으로 보인다. 이후 호포제가 실시될 때까지는 보노 30명에 대하여 한사람 당 7전씩 거두어들이고 있었다.[33]

필암서원의 경제기반으로는 이밖에도 원생으로부터 거두어들이는 소납전과 예부전(例扶錢)이 있었다. 원생의 소납전은 1802년에 작성된 『필암서원 원적』에는 30명으로부터 춘추로 한 사람당 2냥씩 거두어들이는 것으로 되어 있다. 여기서 소납전을 납부하는 원생은 양반으로 구성된 동재 유생이 아니라 양인으로 구성된 서재 유생을 말하는 것으로 보인다. 그것은 『필암서원지』에는 "동재유생 무정수 서재유생 30명(東齋儒生 無定數 西齋儒生三十名)"이라 되어 있는 바 『필암서원 원적』에서 말하는 원생은 바로 이들을 가리키는 것으로 보이

---

33) 필암서원 소장 고문서 완문, 임오 1882년 7월 일. "爲永久遵行事 本院之 右保生即例也 保奴三十名每名七錢式 收捧 以爲享需矣 近自戶布以後遺 規蕩然 十無一二存焉 院中之貧殘已極無謂 … 至於今春儒論齊發 請於 戶布中磨錢六十兩 以爲需用之意連狀不已 … 參酌兩間以二十一兩許施 爲去乎 每年正月 當戶布錢出令時 右錢二十一兩 自都軍所收納院中 俾 補春享時需用 … 이 완문은 현재 필암서원 절목이라는 표제명으로 되어 있으나, 문서의 내용상 완문이므로 완문으로 바로 잡았다."

기 때문이다.

예부전은 필암서원 인근의 군현에서 예에 따라 부조하는 부조금이 었던 것으로 보인다. 1893년(고종 30) 필암서원 집강이 무장(茂長)의 예부전(例扶錢)을 납부할 기한이 여러 번 지나서도 납부하지 않으니 해당 색리 김영욱(金永郁)을 장교로 보내 잡아들일 것을 허가해달라는 요청이 담긴 첩정을 장성관에 올리자, 장성관이 "무장의 예부전은 차사원(差使員)을 보내어 잡아들여 독봉(督捧)하라"[34]고 하는 것에서 보면, 군현에서 해당 색리가 납부하도록 되어 있었던 것으로 보인다.

필암서원에서는 또 예외적으로 건물을 중수하거나 수리할 때에는 도내 유생으로부터 부조를 받거나 관의 도움을 받기도 하였다. 1887 년(고종 24) 필암서원 원임(院任) 등이 장성관에 올린 첩정에 의하면, 장성관내의 김씨 문중의 일부가 필암서원의 중수를 칭탁하여 강제로 부담금을 배정하고 있었으며, 그 중 일부는 이미 300금(金)을 서원을 중수하는 것으로 하여 거두어들이고 있었다.[35] 이것은 물론 필암서 원에서 직접 거두어들인 것은 아니지만, 중수가 있을 때는 이러한 일 이 수시로 일어나고 있었기 때문에 가능한 일이었다고 생각된다.

중수시의 부조는 장성관내 뿐 아니라 전라도 도내 유생으로부터도 받았다. 1879년 필암서원 유생 박윤양(朴崙陽) 등이 전라감사에게 상 서를 올려 필암서원의 현우(賢宇)를 비롯하여 청절당(淸節堂), 확연 루(廓然樓), 경장각(敬藏閣) 등이 비가 새고 낡아 수집(修葺)해야 하 나 비용이 과다하여 대책이 서지 않자 영문(營門)에 청하여 도내 열 읍(列邑)에 예에 따라 부조를 청하도록 논보(論報)해 줄 것을 요청하

34) 필암서원 소장 고문서 첩정, 계사 1893년 9월초 7일. "筆巖書院執綱爲文 報事 本院茂長例扶錢 屢次過限不納 該吏金永郁 發校杖(결락) … (題音) 茂長例扶錢段 當發差捉致督捧是遣 …"
35) 필암서원 소장 고문서 첩정, 정해 1887년 11월 14일. "筆巖書院院任等爲 文報事 乃在春間 於外東雀洞之金門 北一九海之金門 或有托院重修 勒 排之慮 … 自春初雀洞之金 三百金以院重修樣 有捧標之事云 …"

고 있다. 이에 대하여 전라감사는 "공의(公議)에 따라 조처할 것"을 지시하고 있다.36)

이상에서 살펴본 바와 같이 조선 후기 필암서원의 경제기반을 살펴보았다. 이에 의하면 필암서원은 다른 서원과 마찬가지로 서원전, 노비, 보노, 원생의 소납전을 비롯하여 유생의 원납전, 관으로부터의 보조 등으로 이루어져 있었다. 그러면 이러한 경제기반을 가지고 있는 필암서원의 경제를 이끌어 가는데 어느 것의 비중이 컸는지, 그리고 이를 가지고 운영되는 필암서원의 재정상태는 어떠하였는지를 다음 절에서 살펴보기로 하겠다.

V. 필암서원의 재정

조선후기 필암서원의 경제기반은 서원전을 비롯하여 노비, 보노 등으로 구성되어 있었으며, 이밖에 원생으로부터 거두어들이는 소납전, 유생으로부터 거두어들이는 원납전, 인근 군현에서 도와주는 예부전 등이 항상적인 수입원이었다. 또한 서원의 건물을 중수하거나 보수하는 등으로 물력이 많이 소용되는 경우에는 군현이나 도내 열읍의 유생들로부터도 도움을 받았다. 그러면 이러한 경제기반으로부터 필암서원이 거두어들이는 각종 수입은 얼마나 되었으며, 이것으로 필암서원에서는 어떻게 재정을 꾸려 나갔는지를 살펴보기로 하자.

먼저 1680년의 경우 필암서원의 수입은 서원전에서 거두어들이는

---

36) 필암서원 소장 고문서 상서(上書), 기묘 1879년 정월 일. "筆巖書院儒生 朴崙陽等 謹齋沐上書 于縉紳閣下 … 賢宇與淸節堂 廓然樓 敬藏閣 擧皆 雨漏 椽朽棟頹 時日危急 修葺無策 … 伏願垂察敎是後 修報之方 論報營 門 道內列邑 依例請扶 以保本院俾蒙一新之地幸甚."

도조와 보노로부터 거두어들이는 보노전이 있었다. 이 중에서도 서원전에서 거두어들인 도조가 절대적인 비중을 차지하고 있었다.『노비전답안』에 나타난 바에 의하면 이 해에 필암서원에서 거두어들인 도조는 답조(畓租) 34섬 7말과 전조(田租) 태(太) 22말 1되에 이르고 있었다. 이것은 이 전해인 기미년조(己未年條)의 도조를 이 해에 거두어들인 것이었다.

보노(保奴)로부터 받아들이는 보노조는 한 사람 당 봄 가을에 각 1말씩으로 되어 있었다. 이 당시 보노는 앞에서 살펴본 바와 같이 모두 41명이어서 이들로부터 받아들이는 조의 총액은 모두 82두여야 했는데, 실제로 받아들인 것은 4섬 18말로 2명분이 부족하였다.[37] 그것은 아마도 보노 중 2명이 유고(有故)여서 이들로부터 조를 받아들이지 못하였던 것으로 보인다. 이외에도 하봉전조(夏捧田租)를 비롯한 다른 수입이 있었을 것으로 보이나 이에 대해서는『노비전답안』의「봉상질(捧上秩)」에는 기록되어 있지 않아 알 수가 없다.

다음 1802년의 수입을『필암서원 원적』을 통하여 검토해보면, 먼저 전답조가 전조 23말, 답조 61섬 10말에 이르고 있다. 또 보노 30명으로부터 1명당 소납미(所納米) 2말, 닭 2마리, 참깨 6되, 보리 6되의 원생 30명으로부터 1명당 소납전 2냥씩을 거두어들여 미 3석, 닭 60마리, 참깨 18말, 보리 18말, 전 60냥이 더 있었다. 이 외에 복호 3결에 대한 수입으로 잡수미(雜需米) 2섬이 1802년 필암서원 수입의 전부였다.『필암서원 원적』에는 나타나지 않지만, 앞에서 살펴본 바와 같이 이러한 수입 외에 때에 따라서는 유생의 원납전이나 인근 군현의 예부전이 더 있었을 것이며, 노비 신공도 상당히 있었을 것이다. 특히 노비신공은 노비의 수가 적었을 1680년경에는 그 양이 극히

---

37) 이 당시 1섬은 全石 20말 平石 15말이였는데, 이 문서에 기록된 단위는 모두 전석으로 되어 있다.

적었을 것이나, 노비보유수가 200명 정도에 육박하였을 1745년대에
는 상당히 많았을 것으로 보인다. 그러함에도 불구하고 1680년의
『노비전답안』과 1802년의 『필암서원 원적』에 이에 대한 언급이 없었
던 것은 이 당시에는 노비의 대부분을 필암서원에서 직접 사환하고
있었기 때문이 아니었을까 생각된다.

어쨌든 필암서원에서는 이러한 정도의 수입으로 재정을 꾸려나갔
다. 필암서원의 지출 상황은 1680년에 작성된 『노비전답안』에만 나
타나는데, 이를 토대로 1680년의 필암서원의 재정상태를 살펴보면
그리 풍족하지 않았음을 알 수 있다. 이 자료에 의하면 필암서원에서
는 이 해에 받아들인 전답의 도조와 보노의 조로 한 해의 서원에 소
용되는 각종 경비를 충당하고 있었다. 이 해에 작성된 『노비전답안』
「기미용하질(己未用下秩)」에는 전해인 기미년 8월부터 이듬해인 경
신년 2월까지 7개월 동안의 각종 지출 내용이 세세하게 기록되어 있
는데, 이를 분석해 보면 그러한 사정을 잘 알 수 있다. 다음의 <표
14>는 이것을 알아보기 위하여 작성한 것이다.

<표 14>에 의하면 필암서원에서는 1679년 2월부터 이듬해 8월까
지의 7개월 동안에 미 7섬 6말 2되 8홉과 조 19섬 13말 5되, 태 11말
8되 5홉을 지출하고 있었다. <표 14>의 지출 내역은 7개월뿐이어서
1년 간의 지출을 밝히기에는 어려움이 있다. 그러나 이를 근거로 1개
월의 평균 지출량을 계산하고 다시 이를 토대로 1년 치의 지출 예상
량을 추산하면 대략 1년 분의 지출량에 근접하리라 생각한다. 그것
은 1679년 2월부터 1680년 2월까지 다달이 지출한 경비가 월별로 큰
차이를 보이지만, 추향 시에 지출된 것을 제외하면 그리 많지 않으
며, 1680년 3월부터 7월까지 사이에 지출이 예상되는 가장 큰 항목
역시 춘향(春享) 시에 지출될 것으로 예상되어, 앞의 7개월 분의 평
균이 후의 5개월 분의 평균과 크게 다르지 않을 것으로 생각되기 때

문이다.

<표 14> 필암서원의 지출 내역(1679. 8~1680. 2)(단위 섬-말-되-홉)

연월일	지출 내역	지출 종류			비 고
		미*	조	태	
1679. 8. 8	修理時	4-0-8	1-04-0-0		
	秋享入齋時支供 犢價	14-0-0	5-00-0-0	03-0-0	保租3섬18말,院租1섬2말
9.10	講堂重修院會時	03-3-0	12-4-0		租는 饌價
	秋享時支供 牛價	4-03-1-0	3-06-0-0		9되포 8필 값
10.11	齋任過年 糧米	03-4-0	08-0-0	01-0-0	租는 饌價
	居接時		1-00-0-0	02-0-0	租는 饌價
	木手 赴役時	15-0-0			
10.15	齋任 過年 幹事時	08-6-0	17-0-0	02-0-0	租는 饌價
11. 2	先生文集修正時 筆墨價		13-0-0		
	治道 赴役時	04-0-0			
	木手 會餉時 酒餅	05-8-0	07-3-0	03-0-0	租는 饌價
12.12	木手 手功價		2-10-0-0		
	食母 針粧價		2-00-0-0		
	掌議遞任時 院會	01-8-5	07-3-0	8-5	租는 饌價
	鄕校移建通文院會時	02-1-7	13-0-0		租는 饌價
	居接時		10-9-0		租는 饌價
1680. 1. 6	齋任遞任時 院會	9-8	05-6-0		租는 饌價
11					租는 饌價
2. 4					
계		7-06-2-8	19-14-5-0	11-8-5	

* 미(米)는 답조(畓租) 중 13섬 17말를 작미(作米)하여 110말 8되 3홉을 확보하여
  사용함.

『노비전답안』의 「기미용하질」에 기록되어 있는 1679년 8월부터
1680년 2월 사이에 지출된 경비는 위 <표 14>에 나타난 바와 같이
미 7섬 6말 2되 8홉, 조 19섬 14말 5되, 태 11말 8되 5홉으로 대략 한
달에 미 1섬 1말, 조 2섬 16말, 태 1말 7되을 지출한 셈이었다. 따라
서 1680년 2월부터 7월까지 5개월 사이에 소용되는 물량은 미 5섬 5
말, 조 14섬, 태 8말 5되으로 미 1섬과 조 10섬 정도가 부족할 것으로
예상된다. 다음의 <표 15>는 이를 나타낸 것이다.

<표 15> 월 평균 지출량과 보관량 및 1680년 2월~7월의 지출 예상량과 부족량

곡물종류	기 지출량	월 평균 지출향	보관 량	예상지출량	예상부족량
미	7섬 6말 3홉	1섬 1말	4말 4되 8홉	5섬 5말	1섬 5되2홉
조	19섬14말5홉	2섬 16말	4섬13말 4되	14섬	9섬6말6되
태	11말7되	1말7되	10말4되	8말5되	1말8되남음

그런데 1680년 2월까지 지출하고 남은 물량은 미 4말 4되 8홉, 조
4섬 13말 4되, 태 10말 4되에 불과해 5개월 동안에 필요한 물량의 절
반 정도에 불과한 실정이었다. 그러나 『노비전답안』의 「곡물봉상질」
에 나타나지 않은 수입이 더 예상되므로 전체적으로는 그렇게 크게
부족하지는 않았으리라 생각된다. 「곡물봉상질」에 나타나지 않은 수
입원으로는 앞의 경제기반에서 살펴본 바와 같이 하곡도조와 원생소
납전, 노비신공, 예부전 등이 예상된다. 하곡도조는 밭이 대상이었기
때문에 많지는 않았을 것으로 보이며, 노비신공도 1680년의 경우는
앞에서 살펴본 바에 의하면 비 2명의 몫에 불과하여 거의 무시해도
좋을 정도였다. 그러나 원생소납전은 시대가 뒤떨어지기는 하지만
1802년의 경우 60냥에 달하고 있어 1680년의 경우도 결코 적지 않았
을 것으로 보인다.

　전반적으로 보아 1680년 당시 필암서원의 재정상태는 결코 여유있
는 모습은 아니었다. 따라서 필암서원에서는 경비 부족을 타개하기
위하여 앞에서 언급한 바와 같이 노비를 팔아 이를 재원으로 전답을
마련하기도 하고, 재력을 남용하지 말 것, 춘춘(春秋) 향사(享祀) 시
(時) 남용(物力)을 濫用하지 말 것 등을 강조하는 등의 자구 노력을
기울이고 있었다.

　1802년의 『필암서원 원적』에 실려 있는 「절목」에는 이를 규정한
조목이 여럿 등장하고 있는데, 이것은 바로 필암서원의 경제기반을
공고히 하여 재정을 튼튼히 유지하려는 의도에서 마련된 것으로 생

각된다. 여기에 실려 있는 내용은 본원(本院)의 재력이 중년 이래로 탕진되어 여유가 없으니 지금 이를 이정(釐正)한 후 남용하지 말 것, 춘추향사(春秋享祀) 시에는 물력을 남용하지 말고, 원생의 소납전과 보노로부터 거두는 미 외에는 가용(加用)하지 말 것, 원중(院中)의 노비와 전답을 부득이 방매할 경우에는 집강들과 향원이 원회를 열어 의논한 후 장성관과 감사에게 보고하여 재가를 받은 후에 처리할 것, 원중 전답의 수세(收稅)는 이전과 같이 등한히 할 수는 없으니 차후로는 색장(色掌)이 친히 살펴보고 사실에 따라 할 것[38] 등으로 재정을 충실히 하기 위한 조목이 대부분이었다. 이것은 그만큼 필암서원의 재정이 압박을 받고 있어서 이를 타개하기 위한 조처였던 것으로 생각된다.

VI. 신분제의 유산

지금까지 조선후기 필암서원의 경제기반과 재정에 대하여 필암서원에 소장되어 있는 고문서를 중심으로 살펴보았다. 먼저 필암서원의 경제기반은 서원전과 노비 외에 속촌, 보노조, 원생소납전 등으로 다른 서원과 크게 다른 바 없었다. 이밖에 서원을 중수하거나 수리하는 경우 관내 유생이나 도내 열읍의 부조를 받는 일이 있었다.

---

38) 필암서원 소장 고문서 『필암서원 원적』 「절목」
　一. 本院財力 中年以來 蕩盡無餘 自今釐正後 不可濫用事.
　一. 春秋享祀時 物力不可濫用 院生所納錢 保奴米外 勿爲加用事.
　一. 院中奴婢田畓 不得已 放賣則 諸執綱及鄕員 院會詳議後 報于本官
　　　稟于縉紳受題後
　　　　　　處決事.
　一. 院中田畓 餘存無多 不可如前等閒 此後則 色掌親審從實收稅事.

필암서원의 경제기반에서 가장 중요한 것은 전답으로 전답의 규모
는 1680년의 경우 논 55마지기 2되지기, 밭 26마지기 2되지기로 모두
81마지기 4되지기에 달하였으며, 1802년의 경우는 논 61섬 10마지기,
밭 23되지기로 합계 62섬 13마지기로 대폭 증가하였다. 이들 전답은
지주 전호제에 의하여 경작되고 있었는데, 작인은 노비와 같은 서원
종속인은 물론이고 양인과 양반까지 다양하였다. 이들 전답으로부터
거두어들이는 도조는 1680년의 경우 추봉(秋捧)으로 답조(畓租)가 34
섬 7말, 전조(田租)가 태 22말 1되이었고, 1802년에는 답조가 61섬 10
말, 전조가 23말이었다.

한편 노비의 규모는 1680년에는 48명이었던 것이, 1745년에는 160
명 이상으로 대폭 늘어났으나, 다시 1802년에는 28명으로 대폭 줄어
들고 있다. 또한 이 때에는 현존노비보다 많은 49명의 노비가 도망하
고 있었다. 이들의 신역부담 형태를 살펴보면 1680년의 경우 48명의
노비 가운데 늙은 노비나 어린 노비, 또는 지극히 가난하여 부담을
질 수 없는 빈잔무뢰한 노비를 제외하고 실제 부담을 지는 노비는
대부분이 신역을 제공하고 있었다. 이들은 20명 모두가 원하(院下)를
비롯한 서원부근에 거주하고 있었다. 반면에 신공을 납부하는 노비
는 2명에 불과하였는데, 이들은 필암서원에서 비교적 멀리 떨어진
타곳에 거주하고 있는 노비였다. 필암서원의 노비들은 전래노비, 속
공노비, 매득노비의 3부류로 구성되었는데, 전래노비가 압도적으로
많았다.

필암서원의 속촌으로는 필암, 중동, 장자 3촌이 설정되어 있었는
데, 이들은 향사 시에 치도(治道)의 역을 담당하는 대신 관으로부터
잡역을 면제받고 있었다. 필암서원의 보노는 1680년의 경우 41명으
로 필암서원에서는 이들로부터 각각 춘추로 조 1말씩을 거두어 제향
에 보태 썼다. 이들 중 6명은 양인이었으며 나머지는 모두 노였다.

이 보노는 『속대전』에서 정액화되어 20명으로 줄어들었는데, 다시 사액서원은 30명으로 증액되었다. 필암서원은 사액서원이었으므로 이후 30명으로 고정되어 1802년의 경우 이들로부터 춘추로 각각 미 2말, 닭 2마리, 참깨 6되, 진맥(眞麥) 6되씩을 거두고 있었다. 그러나 대원군 집권 후 호포법이 실시되면서 이들의 부담은 7전씩으로 줄어들었다. 필암서원에서는 이밖에 서재원생으로부터도 소납전을 받고 있었다. 서재원생이 내는 소납전은 1802년의 경우 한사람 당 2냥씩이었다. 필암서원에서는 이러한 경제기반을 바탕으로 재정을 꾸려가고 있었으나 그리 넉넉한 편은 아니었다. 따라서 필암서원에서는 경비 부족을 타개하기 위하여 여러 가지 대책을 강구하고 있었다.

조선 후기의 사족 지배는 서원 뿐 아니라 다양한 양반가문이 가진 노비층을 기초로 하고 있었다. 1894년 갑오개혁으로 신분제가 폐지되었지만, 오랜 신분적 차별과 주민부담의 관행은 쉽사리 없어지지 않은 것으로 보인다. 한편 필암서원은 19세기 후반 또는 20세기 초에 이르면, 김인후의 후예인 울산 김씨에 의한 사유화현상이 증가되고 있었다. 이런 현상은 상대적으로 신분제의 유제가 양반적 전통이 강했던 장성에서 오래 지속되었을 가능성을 보여주는 것이지만, 서원의 속촌이나 양반층 집안에 속해있던 노비들의 신분적 해방의 양상은 추후 더 연구해야 할 중요한 주제이다. 많은 주민들은 일제의 강점기까지 이런 관행이 남아 있었다고 증언하고 있지만, 명확한 자료는 남아있지 않다.

● 참고문헌

1. 자 료

『노비전답안』
『비변사등록』
『속대전』
『필암서원지』
필암서원 소장 고문서

2. 논 저

김동수, 1977, 「16~17세기 호남사림의 존재형태에 대한 일고 ―특히 정
개청의 문인집단과 자산서원의 치폐사건을 중심으로」『역사학
연구』7.

渡部學, 1969, 『近代朝鮮教育史研究』, 雄山閣.

민병하, 1968, 「조선 서원의 경제구조」『대동문화연구』5.

_____, 1970, 「조선시대의 서원정책고」『대동문화연구』15.

손숙경, 1994, 「조선 후기 경주 용산서원의 경제기반과 지역민 지배」
『고문서연구』5.

송정현, 1981, 「필암서원 연구」『역사학연구』10, 전남대 사학회.

안승준, 1993, 「1745·6년의 필암서원 노비보」『고문서연구』4.

유홍렬, 1937·1939, 「조선에 있어서의 서원의 성립」『청구학총』29·30.

윤희면, 1980, 「백운동 서원의 설립과 풍기사림」『진단학보』49.

_____, 1983 「조선 후기 서원의 경제기반」『동아연구』2.

정만조, 1975, 「17~18세기 서원·사우에 대한 시론」『한국사론』2.

_____, 1984, 「조선 후기의 대서원 시책과 영조 17년의 사원 훼철」『한
국학논총』9.

_____, 1989, 「조선 후기 서원의 정치·사회적 역할」『한국학보』10.

정순목, 1977, 『한국서원교육제도연구』, 영남대출판부.

최완기, 1975, 「조선서원 일고 ―성립과 발달을 중심으로―」『역사교육』
　　　　18.

최원규, 1988, 「조선후기 서원전의 구조와 경영」『손보기박사정년국사
　　　　학논총』.

제 4장

지역전통의 정립과 변용

김 병 인

Ⅰ. 향토사적 관심

장성의 홍길동축제는 소설 속의 인물인 홍길동을 매개로 하여 1999년에 처음으로 개최된 이후 지금까지 계속되고 있는데, 특히 축제의 주인공인 홍길동을 소설 속의 허구가 아닌 실존인물로 상정하고 있다는 점이 흥미롭다. 실제로 장성군에서는 황룡면 아치실 344번지의 한 주민의 집 부근에 홍길동의 '생가터'를 복원했으며, 그곳에서 200미터 내려간 지점에서 '길동샘'을 발굴하여 그 사실성을 보다 구체화시켰다. 아울러 홍길동이 일본 오키나와 열도를 지배한 홍가와라와 동일한 인물임을 밝히는 작업도 병행하고 있다(장성군 2001). 이는 영암의 왕인문화축제의 경우처럼 지역출신 인물의 영웅화 작업을 통한 지역전통의 재구성 혹은 지역정체성의 정립 과정으로 보여진다.

홍길동축제가 개최되고 있는 장성은 성균관 대성전에 배향되어 있는 김인후의 고향이라는 점과 그를 배향하고 있는 필암서원의 존재로 인하여, 예로부터 '선비의 고장'으로 불렸으며, 지역민의 자부심 또한 대단한 편이다. 아울러 1592년 임진왜란 당시 장성 남문창의(南門倡義)를 일으킨 선열들의 의로움을 '선비 정신'으로 받아들여 지역사회의 자랑거리로 삼아왔다. 이와 같은 지역적 특성 때문인지 장성지역에서는 향토사연구에 선구적으로 앞장서 왔다. 특히 1973년에 결성된 <향토문화개발협의회>(이하 <향문회>로 약칭함)는 그 중심축을 이루었다. 이 단체는『(장성) 향토문화』라는 연구지를 발간하여 장성의 역사와 문화에 대한 이해 수준을 높였으며, 향토문화의 주체성과 발전방안에 대한 논의를 전개해 왔다.

그렇다면 현재 장성에서 행해지고 있는 <홍길동축제>와 향토사연구의 전통은 어떠한 연관성을 갖고 있을까? 즉, 향토사 연구와 이를 통한 지역전통의 재구성작업, 그리고 지역정체성의 축제적 변용이 어떠한 상관성을 갖는 것일까? 이와 같은 물음에 답하고자 하는 것이 이 장의 목적이다. 이를 위해 우선 장성지역의 향토사연구의 연원과 전개과정에 대하여 소상하게 살펴보고자 한다. 특히 <향문회>의 활동 양상과『(장성) 향토문화』의 내용에 대한 분석을 통하여 그 지향성과 성격을 추구해 볼 것이다. 다음으로 이와 같은 향토사연구가 지역정체성 정립에 어떠한 영향을 끼쳤는지, 나아가 이런 지역전통의 재구성 작업이 지역축제에 어떻게 반영되었는지 검토해보고자 한다.

II. '문향'의 정립

장성지역에서는 1972년 7월 25일 <향문회> 창립을 위한 간담회를 시작으로 향토사 연구와 지역정체성 정립 작업을 추진해왔는데, 이는 다른 지역에 비해 매우 선진적인 활동이었다(고석규 2000, 182~183쪽). 이는 각 지역별 향토사 연구의 실태를 살펴보면 쉽게 알수 있다. 우선 최근 향토사 연구에 있어서 두드러진 활동을 하고 있는 경기도의 경우,[1] 자생적인 민간연구단체인 <기전향토문화연구회>(1986년 창립)와 <용인향토문화연구회>(1982년 창립)가 1989년 9월 <향토사연구 전국협의회>에 가입하였으며, 1996년 각 시·군의 향토사가·전공연구자들의 참여 하에 <경기도 향토사연구협의회>가 결성되었다(최홍규 1977, 8쪽). 다음으로 전북지역의 향토사 연구는 1976년 <전북향토문화연구회>가 설립되면서 본격적으로 진행되었으며, 충남지역에서는 1984년 <충남향토연구회>의 창립과 함께 활발한 활동을 시작했다(최홍규 1977, 21~25쪽). 이와 같은 전국적 상황에 비추어 볼 때, 1972년 장성지역에서 조직된 <향문회>의 활동은 상당히 선구적인 측면이 많다고 하겠다. 이와 관련하여 <향문회>를 창립한 주체이며 부회장을 역임한 이종일은 다음과 같이 설명한 바 있다.

> 최근 왕권사(王權史) 중심에서 민가사(民家史) 중심으로 사관(史觀)이 바뀜에 따라 민중의 생활상이 담긴 「향토사(鄕土史)」에 대한 관심이 높아지고 있음을 볼 때 「향문회(鄕文會)」는 자그만치 10년을 앞섰다고나 할까(이종일 1986, 117쪽).

---

[1] 경기지역의 지방사 연구현황에 대해서는 조성을의 논문(2000)을 참고 바람.

이는 <향문회>의 창립정신과 활동상에 대한 자부심의 발로이기도 하지만, <향문회>의 창립이 갖는 시대적 의미를 부각시키는 언급이기도 하다.[2]

<향문회>는 1972년 7월 25일 창립 발기인 총회에 이어, 같은 해 9월 3일 <장성 향토문화개발협의회>로 출발하였다. 그리고 11월 12일에 입암산성 문화유적지 답사와 12월 4일 나옹암 문화유적지 답사를 실시하면서 활동의 첫걸음을 내딛었다. 뒤이어 1973년 1월 27일 정기총회를 개최한 다음, 2월 1일 장성군에 사회단체 등록을 필함으로써 정식으로 <향문회>가 발족하기에 이르렀다. 그리고 4월 25일 『(장성) 향토문화』 창간호를 발행하면서 본격적인 활동에 들어갔다 (김희태 1993, 41~42쪽; 향토문화개발협의회·장성문화원 1973, 121~122쪽).

한편 <향문회>의 초창기 활동 사항은 『장성 향토문화』의 내용을 통해 알 수 있는데, 주로 향토문화에 대한 제문제와 장성지역의 정신사적 흐름에 중점이 두어졌다.

· 1973년 창간호, 「향토문화 제문제」
· 1974년 제2집, 「지역사회개발 제문제」
· 1976년 제3집, 「장성 정신사의 흐름」
· 1977년 제4집, 「정신문화와 지역개발의 방안」

이와 같은 『(장성) 향토문화』의 초창기 연구주제는 <향문회>의 목표와 활동 방향을 가늠하는 데에 매우 중요한 단서를 제공해주고 있다. 당시 <향문회>의 창립 목적은 "장성군 지역사회 개발과 아울

---

2) <향문회>의 회원인 김삼호 또한 「향토문화개발협의회의 좌표」(1974, 『장성 향토문화』 2, 53쪽)라는 글에서 "본 향문회의 존재가치는 시대적 당위성을 가지며 오히려 너무 늦은 감이 없지 않다"고까지 말한 바 있다.

러 향토인의 긍지를 가질 수 있는 새로운 향토인상 정립을 위한 정신적인 힘과 문화 발굴"에 있었다. 여기에서 말하는 "새로운 향토인상 정립을 위한 정신적인 힘과 문화 발굴"이란 바로 향토사 연구와 지역정체성의 확립을 뜻한다. 이를 위해 우선 향토문화의 중요성을 포착하였으며, 이를 지역사회의 개발과 연계시켜 나가고자 했다. 그리고 그 토대로서 장성의 정신사적 흐름을 부각시켜 나갔던 것이다. 즉, <향문회>는 지역사 연구를 통해 지역정체성을 확립하고, 이를 통해 지역발전을 도모하는 데에 주안점을 둔 것으로 이해된다.

이후 <향문회>는 1977년에 접어들어 중대한 변화를 겪게 되는데, 우선 <향문회>의 잡지 제호가 1~3호까지 『(장성) 향토문화』였던 것이 1977년 제4호부터 『향토문화』로 변경된 점을 들 수 있다. 이는 <향문회>의 출발지가 장성임에도 불구하고, 창립 4년만에 '장성'이라는 지역적 한계를 뛰어넘었음을 의미한다(이종일, 1986, 118쪽). 후일 <향문회>가 <한국향토사연구전국협의회>의 창립 토대로 작용한 사실을 감안한다면, 이러한 제호변경은 상당히 중요한 변화로 여겨진다. 다음으로 1977년부터 <향문회>의 사무실을 광주로 옮기게 된다. 이는 제호의 변경과 맞물린 조치로서, 이 또한 장성이라는 지역적 한계를 극복하기 위한 방편으로 해석된다.

<향문회>의 주도적 역할로 창립된 1985년 <한국향토사연구협의회>는 19개 지역의 향토사 연구단체들이 협의체를 구성하여 조직한 전국적인 향토사 연구단체인데, 1989년 사단법인 등록 이후 40개 단체로 확대되어 현재까지 활발한 활동을 전개하고 있다. 이들은 회보(연 2회)와 향토사연구총서, 연구지인 『향토사연구』를 발간하고 있으며, 매년 전국 향토사연구 학술대회를 개최하고 있다. 현재 전국적으로 향토사 연구가 활발하게 진행되고 있는 배경에는 <한국향토사연구협의회>가 결정적인 견인차 역할을 했다고 과언은 아니다(최홍규

1977, 47쪽). 이와 같은 <한국향토사연구협의회>가 <향문회>의 영
향을 받아 조직되었다는 사실은 <향문회>가 전국적 규모의 향토사
연구를 촉진하는 데에 크게 공헌했음을 뜻한다. 현재 <한국향토사
연구협의회>의 본부가 광주에 있다는 사실 또한 이와 무관하지 않
은 것 같다(김희태, 1993, 41쪽).

한편 <향문회>의 초창기 주요 멤버는 26명의 회원으로 압축되는
데, 이중에서도 김연수(당시 교사) · 박내경(당시 교사) · 이종일(당시
장성군 공무원) 등이 중심이 되었다. 이들은 산암 변시연선생과 술제
정채균 선생을 지도위원으로 삼아 본격적인 활동을 전개해 나갔다.[3]
창립 당시부터 현재까지 <향문회>의 활동 상황을 정리하여 표로
만들어 보면 다음과 같다.

<표 1> <향문회>의 연도별 · 행사별 활동 내역[4]

연도	학술활동	조사활동	출판활동		
	강연회 · 간담회 세미나 · 향토강좌	답사 · 문화지도사업 마을조사 · 지표조사 · 유적조사	((장성) 향토문화)	(향문회보) (문향)	조사보고서 논문집 · 단행본
1972	1	2			
1973	1	4	1집	1~2호	
1974	0	3	2집		
1975	1	7		3~10호	
1976	1	1	3집	11~16호	
1977	0	4	4집	17~23호	
1978	1	2	5집	24~30호	
1979	2	4		31~36호	
1980	2	5	6집	37~41호	
1981	2	4		42~44호	1

---

3) 특히 변시연 선생은 1957년 <한국고문연구회>를 조직하여, "한국학 관
   련 고문헌 전적을 발굴 · 수집하고, 이를 정리 · 간행하는 사업"을 도모
   하였다. <향문회>가 타지역에 비해 일찍부터 활동을 시작한 배경에는
   <고문회>의 영향 또한 적지 않았을 것으로 짐작된다.
4) 이는 『향토문화』 22집(2002)의 향토문화개발협의회 주요활동(182~192
   쪽)을 참조하여 작성한 것이다.

1982	2	4	7집	45~49호	1
1983	2	7	8집	50~51호	
1984	0	3		52~53호	2
1985	0	1		54호	2
1986	1	4		55호	2
1987	0	3			
1988	0	2	9~10집		1
1989	0	2			1
1990	1	4			3
1991	1	1	11집		2
1992	2	0	12집		2
1993	1	0			4
1994	9	1	13집		
1995	12	2	14집		1
1996	8	1	15집		2
1997	8	1	16집		
1998	4	1	17집		1
1999	2	1	18집		
2000	2	1	19~20집		
2001	2	1	21집		
2002	2	1	22집		

이에 따르면, <향문회>는 학술강연회·간담회·세미나·향토강좌와 같은 학술행사와 답사·문화지도·마을조사·유적조사 등과 같은 조사활동을 꾸준하게 전개해왔음을 알 수 있다. 그리고 『향토문화』와 『문향(文鄕)』과 같은 연구지를 지속적으로 발간해왔으며,[5] 각종 조사보고서와 논문집 그리고 향토사 관련 단행본을 출간하기도 했다. 이러한 연구활동은 전체적으로 향토사연구와 관련된 부분이 많았으며, 특히 장성의 지역정체성을 정립하는 데에 많은 노력을 투자하였음을 알 수 있다.

---

5) 『문향(文鄕)』은 1~2호까지는 『향문회보』라는 명칭으로 발간되다가, 1975년 3호부터 『문향』으로 제호가 변경되었다. 『문향』은 <향문회>의 회보로써 회원동정, 향문회 활동상, 조사보고 등을 주요 내용으로 삼았는데, 재정적 어려움으로 인하여 1986년 55호를 끝으로 종간된 상태이다.

이와 같은 <향문회>의 활동 중 특히 주목되는 부분은 첫째, 학술 활동의 대부분이 향토사연구와 관련되어 있다는 사실이다. <향문회>에서는 1975년부터 <문향의 축제>를 주관하였는데, 여기에서 정기적으로 학술강연회를 개최했다.

- 제1회 「향토문화의 가치성」
- 제2회 「향토발전을 위한 청년의 사명」·「지방문화의 육성방안」· 「장성댐 관광개발안」
- 제3회 「향토문화 연구와 전통 계승문제」
- 제4회 「장성지방의 유림사상」
- 제5회 「향토문화 진흥 방향」
- 제6회 「향토문화 개발의 전략」·「민족문화 길잡이로서 향토문화」
- 제7회 「장성 남문창의 제390주년 기념 학술강연회」

이상의 학술강연회에서 다루어진 주제는 대부분 향토사연구의 방향성과 연관되어 있음을 알 수 있다. 그리고 장성지역의 정체성을 드러내는 데에 중요한 매개체인 <유림정신>과 <선비정신>도 강조되었다. 이는 1990년 「고봉의 철학과 사상」, 1992년 「눌재 박상의 문학과 의리사상」, 1993년 「하서 김인후의 문학과 도학사상」에 관한 학술대회를 개최한 데에서도 확인된다. 즉, <향문회>의 초창기 학술활동의 방향은 향토사연구와 지역정체성 정립에 중점을 두고 있었음을 알 수 있겠다.

둘째, 1994년부터 학술활동이 급격히 증가한다는 점을 들 수 있는데, 이는 광주시로부터 문예진흥기금을 지원받아 <향토문화강좌>를 개설했기 때문이다. 이는 회원의 자질향상과 학술활동의 활성화를 목적으로 추진된 사업인데, 외부적으로는 지역사회의 대학과 각 연구단체에서 본격적으로 지방사 연구에 뛰어든 데에 영향을 받은 부분도 있다고 하겠다. 또한 1994년부터 지방자치제가 실시되면서 각 시·군에서 문화사업에 대한 관심의 폭을 점차 확대시켜 나간 점도 아울러 작용한 듯 싶다. 그런데 <향토문화강좌>의 내용을 살펴보면 <향문회>의 학술활동 방향이 상당히 변화되었음을 알 수 있다.

· 1994년 : 「광주의 역사와 문화」·「호남의 농악」·「동학농민혁명의 역사적 의의」·「고고학에서 본 광주의 선사문화」·「호남의 불교사」·「광주지역의 장승유적」·「광주의 세시풍속」
· 1995년 : 「한국전통건축의 이해」·「인도의 불교미술」·「광주지방의 세시민속놀이」·「영산강 3백5십리」·「호남의 유학사상」·「판소리의 조」·「옛책의 이해」·「전라도의 도자역사의 흐름과 무등산 분청사기」·「조선조 연의소설의 성립과 현황」·「장보고의 무역과 청자」·「공동체신앙의 종교적 구조」·「향약과 촌계」
· 1996년 : 「일제시기 영광지방의 사회운동」·「전상의 장군의 생애와 사상」·「금성산제에 대한 일고찰」·「호남정신사의 흐름」·「호남불교의 역사와 사상」·「유기의 제작기법과 쓰임새」·「줄다리기의 이해」
· 1997년 : 「소의 민속」·「한말 지방제도의 변천과 역대 관찰사」·「고고학으로 본 영산강유역의 선사·고대문화」·「고려시대의 영산강」·「임진·정유재란과 호남사람의 의병활동」·「근·현대기 영산강유역」·「영산강 유역의 장터문화와 남도민의 삶」·「영산강의 옛지명」
· 1998년 : 「은봉 안방준의 진유적 삶의 여정」·「규남 하백원의 성리학과 실학사상」·「해금 오달운의 실학사상」·「한말 광주지역의 의병활동」
· 1999년 : 「광주와 견훤」·「신창동 생활유적」·「광주의 옛지명 변천」·「어등산의 문화유적·유물」
· 2000년 : 「임진왜란과 호남의병」·「광주·전남의 동학농민혁명」·「한말 호남의병과 일제의 대응」·「광주학생독립운동과 그 정신」
· 2001년 : 「장성군의 문화유적」·「화순군의 문화유적」·「광주의 문화유적」·「담양의 금성산성」
· 2002년 : 「5·18민주화운동의 역사적 배경」·「광주 5월 민중항쟁의 전개과정」·「의료인이 겪은 5·18광주민주화운동」·「5·18민주화운동의 의의와 앞으로의 과제」

위에서 나열한 향토문화강좌의 내용을 검토해보면 <향문회>의 학술활동이 주로 향토사 연구와 지역의 대표적 인물에 관한 연구에 국한되어온 것과는 달리, 그 연구 영역이 역사와 문화 전반으로 확대되었음을 알 수 있다. 즉, 시대적으로는 선사에서 현대에 이르기까지 그 폭이 넓어졌으며, 또한 역사·문학·민속·예술 등을 아우르는 구체적이고 광범위한 주제로 발전한 것이다. 이러한 변화의 배경에는 여러 가지 점이 작용하였겠지만, 대학과 연구단체에서의 지방사 연구의 활성화, 보다 구체적인 지식을 추구하려는 <향문회> 회원들의 요구, 지역사회 연구자의 양적·질적 팽창 등을 그 주요한 이유로 들 수 있겠다.

그렇다면 <향문회>가 앞서 살핀 바와 같이 선진적인 향토사 연구를 전개할 수 있었던 시대적 배경은 무엇일까? 1972년 유신이후 본격적으로 새마을 운동이 추진되면서 농촌사회가 급격하게 변질되었는데, 특히 광주라는 대도시에 근접해 있는 장성으로서는 새로운 발전 방안을 강구해야 할 필요가 있었다. 이러한 시대적 배경 속 때문에 장성지역에서는 <향문회>를 중심으로 지역발전을 위한 새로운 모색을 도모한 것으로 이해된다. 아울러 당시 장성이 안고 있던 '3성 3평'이라는 세간의 불합리한 평가에 대한 반론을 통해 지역정체성을 새롭게 정립하려는 의지가 반영된 부분도 있다고 하겠다(향토문화협의회 1973, 32~37쪽). 여기에서 말하는 '3성 3평'이란 장성·곡성·보성의 '3성'과 창평·남평·함평의 '3평'을 일컫는 바, 흔히 살기 힘들고 인심이 사나운 지역을 가리킬 때 사용하는 비합리적인 용어인' 셈이다.6) 예를 들어 "3성 3평 사람 앉은자리에 풀도 나지 않는다"고 하는 것이 대표적인 사례이다.7) 그런데 장성에서는 이

---

6) '삼성 삼평론'에 대해서는 이춘환의 「삼성삼평론」(향토문화협의회, 1974, 41~43쪽)을 참조 바람.

7) 이는 근거없는 구전이기는 하지만, 장성 출신들 또한 "삼성삼평이 인심

를 항일 투쟁정신이 강했기 때문에 생긴 오해일 뿐이라며, 오히려 이
를 자랑스럽게 받아들이고 있다. 다음의 기록을 참고해 보자.

> A-1) 그 말이 나오게 된 연유를 거슬러 올라가면 조선 말 민비 시해
> 당시 전라도의 장성에서 이에 대한 울분을 행동으로 터뜨렸고,
> 그후 일본에 항거하는 항일 투쟁을 많이 일으켰기에 일본 사람
> 들은 당시의 이 고장 사람들을 폭도로 낙인찍고 있었고, 일제는
> 총독부에서 장성을 포함한 전라도의 삼성 삼평 골치아픈 반항
> 향으로 인상지웠습니다. (중략) 실상은 항일 투쟁 정신이 뚜렷하
> 고 강한 데서 연유한 것이니 오히려 그런 정신을 가진 고향에서
> 태어난 것을 자랑으로 여겨야 할 것으로 압니다(향토문화협의회
> 1973, 37쪽).
> 2) 삼성 삼평(三城 三平)의 연원에 대하여는 설(說)함이 많으나, 기
> 중 일구(其中 一句)를 간추려 말하자면, 거슬러 올라가서 이조
> (李朝) 영조(英祖) 때 명어사(名御使)로 이름을 크게 떨쳤던 공신
> (功臣) 박문수어사(朴文秀御使, 1691~1756)가 어명을 받고, 지방
> 민정 시찰차 팔도강산을 순회하고 조정에 돌아와 복명(復命)을
> 할 때 … 산수(山水)가 좋기로는 일장성(一長城), 이장흥(二長興)
> 이요, 가히 사람이 살만한 곳은 삼성 삼평이라 하였는데, 삼성
> 은 장성·곡성·보성인 바 산이 좋고 물이 맑으며, 삼평은 함
> 평·남평·창평인데 들 좋고 물 좋으니 농작물이 풍부하여 배불
> 리 먹을 수 있는 골이라고 보고하였다. (중략) 우리 장성 출신들
> 은 항시 조상에 감사드려야 할 것이다. 왜냐하면 전술한 바와
> 같이 일인(日人)들이 시기한 나머지 악평(惡評)을 꾸며 퍼뜨린
> 만큼 산자수려(山紫水麗)한 장성골에 정착하시와 우리를 태어
> 나게 해주시고 길러 주셨기 때문입니다(이춘환 1974, 41~43쪽).

이와 같은 인식의 내면에는 장성이 의로운 고장, 즉 '의향(義鄕)'이
라는 자부심이 전제되어 있는 것 같다. 이러한 자부심은 삼성 삼평에
해당하는 지역에서 대체적으로 비슷하게 나타난다. 예를 들어 창평
과 함평 지역에서도, "삼성 삼평이란, 일제 침탈기에 전국 곳곳에 장

사나운 곳"으로 알려져 있다는 사실은 인정하고 있다(이춘환, 1974, 42
쪽).

사관을 앞세워 상권을 형성했던 일본 상인들이 창평과 함평에서는 유독 발붙이지 못하고 망해서 나간 탓에 붙여진 이름이다"고 자부하고 있다.8)

이처럼 장성 사람들이 자신들의 고향을 '의향'으로 받아들이는 역사적 연원은 1592년 임진왜란 당시의 '남문창의(南門倡義)'로 짐작된다. '남문창의'란, 임진왜란 때에 선조 25년(1592) 7월 20일에 김경수(金景壽)·기효간(奇孝諫)·윤진(尹軫) 등이 각 고을에 격문을 보내어 의병을 모아, 11월 초단(草壇)을 설치한 사건을 말한다. 김경수를 맹주(盟主)로 추대하고 김제민(金齊閔)을 의병장으로 삼았는데, 의병군은 북으로 진군하여 직산·진성·용인 등지에서 많은 왜병을 사살하는 등 큰 전과를 올렸다. 현재에도 장성군 북이면 사가리 714번지에 1802년(순조 2년) 호남의 유림들이 건립한「호남오산 남문창의비(湖南鰲山 南門倡義碑)」가 있는데, 여기에 '남문창의'에 대한 전말이 기록되어 있다.9)『향토문화』7집에 "장성 남문창의 300주년 학술강연회"의 초록을 실어두었는데, 특히 <장성 남문창의 의열정신 재조명>이라는 주제 하에「남문창의와 선비정신」에 대하여 중점적으로 검토하였다. 그 결과 "의(義)는 국가가 위기에 처했을 때 생명을 버리면서 투쟁하는 용기의 선천이 되었던 것이며, 또한 선비정신의 중추를 형성하고 있었다"고 결론짓고 있다(향토문화협의회 1982, 29쪽). 이러한 사실로 비추어 볼 때, 장성의 지역정체성 정립에 있어서 <선비정신>과 <의향>이 중요한 매개체로 작용하였음을 알 수 있다. 특히 장성 지역민들은 고려말 정몽주가 장성 백양사 쌍계루에서 수학한 적이 있다는 사실을 지역 정신과 관련하여 매우 중요하게 받아들이고 있다. 정몽

---

8) 창평과 함평에 대한 정보를 전해주는 인터넷 싸이트 http://www.totam.co.kr/ todam.html 및 http://web.cnei.or.kr/jries/web/cho/map/기산영수.htm 참조 바람.

9) 이 사건에 대한 자세한 내용은『남문창의일기(南門倡義日記)』에 기록되어 있다.

주는 쌍계루에서 다음과 같은 시를 지은 바 있다.

> 지금 백암승(白岩僧)을 만나니, 시를 쓰라 청하는데 붓을 잡고 침음
> (沈吟)하면서 재주없음 부끄럽구나. 청수가 누각 세워 이름이 이제 무겁
> 고, 목옹(牧翁, 필자주: 이색)이 기(記)를 지어 값 더욱 더하네. 노을 빛
> 아득하매 저무는 산이 붉고 달빛이 배회하니 가을 물이 맑구나. 오랫동
> 안 인간에서 시0달렸는데, 어느 날 옷을 떨치고 자네와 함께 올라 볼
> 까.10)

정몽주가 우리 역사상 대표적인 충신으로 일컬어진다는 사실을 감
안할 때, 정몽주가 백양사 쌍계루에서 수학하였다는 사실은 장성 지
역민에게는 매우 자랑스럽게 받아들여졌을 것이며(향토문화협의회
1973, 32쪽), <의향론>을 구성하는 데에 적지 않은 영향을 끼쳤을
것으로 추정된다.

한편 장성은 <선비정신>을 강조하면서 <문향>임을 내세우고 있
는데(향토문화협의회 1973, 39쪽), 이는 성균관 대성전(成均館 大成
殿)에 배향되어 있는 김인후의 고향이라는 사실과 그를 배향하고 있
는 필암서원의 존재때문이라 하겠다. 성균관 대성전에 배향하는 16
성현 중에 한 사람인 김인후에 대한 지역민의 자부심은 대단한 편이
다(향토문화협의회 1976, 61~66쪽). 장성 지역민들은 아직까지도 '문
불여장성(文不如長城)'이란 표현을 즐겨 사용하는데, 그 배경에는 김
인후가 중심적 인물로 자리잡고 있다(향토문화협의회 1973, 26쪽; 향
토문화협의회 1974, 43쪽). 그리고 장성 지역민들은 이를 통해 장성
을 영남의 안동에 비견하여 자긍심을 고취시켰던 것이다

위에서 살핀 바와 같이 장성의 <선비정신>은 <의향론>으로 발
전하였으며, 다시 <문향>의 상징으로 자리매김되었다. 여기에는 궁

---

10) 『신증동국여지승람(新增東國輿地勝覽)』 36권, 장성현(長城縣), 불우조(佛
   宇條).

극적으로 장성지역의 <향문회>의 향토사 연구에 대한 관심과 노력이 결정적인 역할을 담당했다고 볼 수 있다. 아울러 1994년 동학농민혁명 100주년에 즈음하여 황토현 전투의 역사성을 재현하면서 <의향>으로서의 면모를 과시한 것도 이러한 역사성과 관련되어 있다. 또한 장성군 공식 홈페이지에서 자랑하고 있는 역사적 인물의 면면을 살펴보면, 대체적으로 <문향>으로서 <선비의 정신>을 구현한 인물들이 중심을 이루고 있다. 예를 들면 김인후 · 김개(金漑) · 조영규(趙英圭) · 정운룡(鄭雲龍) · 김보원(金輔元) · 심우신(沈友信) · 기삼연(奇參衍) · 박수량(朴守良) · 변이중(邊以中) · 기우만(奇宇萬) · 송흠(宋欽) · 최학령(崔鶴齡) · 기효간 · 서릉(徐稜) · 박준철(朴濬哲) · 기씨부인(奇氏夫人) · 전일귀(全日貴) · 공필장(孔弼章) · 기정진(奇正鎭) · 김익중(金翼中) · 김우급(金友伋) · 윤진 · 김경수 등을 들 수 있다. 이들은 대체적으로 충절과 의리 그리고 효행과 절개로 이름난 사람들인데, 이들은 결국 장성이 <선비의 고향> 혹은 <문향>으로 자리잡게 되는 데에 크게 기여한 것이다. 그리고 이러한 지역정체성을 바탕으로 소위 <호남문화론>이 만들어졌으며, 이후 호남이 <의향>으로 명명되기에 이르렀다. 즉, 장성의 <선비정신론>은 <호남의향론>을 구성하는 데에 결정적 역할을 수행한 것이다. 아울러 장성 지역민들은 자신의 고장을 <선비의 정신>이 살아 있는 <문향>으로 인식하고 있으며, 아울러 의를 실천하는 <의향>이라는 점에 자부심을 갖고 있음을 확인하였다.

Ⅲ. 지역전통의 축제적 변용

1. 홍길동의 '장성출생설' 검토

홍길동은 실존인물인가? 실존인물이라면 그가 바로『홍길동전』의 주인공인가? 아울러 과연 오끼나와의 홍가와라와 홍길동은 동일인인가? 그렇다면 홍길동은 언제 왜 일본에 건너갔을까? 이러한 질문은 최근 활발하게 진행되고 있는 장성 <홍길동축제>와 맞물려 흥미를 끌고 있다. 왜냐하면 <홍길동축제>는 상당부분 홍길동의 '장성출생설'과 '일본진출설'에 의존하고 있기 때문이다. 여기에서는 우선 홍길동의 '실존인물설'과 그의 '장성출생설'에 대하여 검토해보고자 한다.

홍길동의 '실존인물설'은 일찍부터 논의되어 왔는데, 이를 가장 먼저 제기한 사람은 김태준이었다(김태준 1939, 75~77쪽). 그는『홍길동전』의 모델을 <서자>라는 모티브에서 찾고자 했는데, 즉 홍길동의 모델은 '허균·서양갑'이며, 작중 인물인 홍길동은 작가 허균이 꿈꾸었던 '이상적 인물'로 보았던 것이다(설성경 2002, 19쪽). 다음으로 정주동은 "홍길동의 모델은 서양갑인데, 고대 소설 특성상 세종조에 활동한 홍일동(洪逸童)이나 홍길동(洪吉童)을 표제로 내세웠다"고 보았다(정주동 1961, 151쪽). 이후 김동욱은 "『홍길동전』의 모델에 있어서 실명은 연산군대에 활약한 홍길동(洪吉同)과 통하고, 명화적(明火賊)은 홍길동(洪吉童)과 임꺽정(林巨正)에 통하고, 서얼(庶孽)은 이몽학(李夢鶴)과 통하였으며, 이것이 당여(黨與)를 규합하려는 허균의 현실적 욕망으로 드러났다"고 보았다.[11] 한편 이능우는 조선왕조

---

11) 김동욱, 1969,「홍길동전의 역사적 소원(溯源)」『이숭녕박사송수기념논총』, 33~40쪽.

실록에 등장하는 홍길동(洪吉同)이라는 인물을 통해 도적 홍길동의 실존성을 부각시킨 바 있다(이능우 1969, 6~9쪽). 그리고 이재수는 허균이 『수호전(水滸傳)』을 모방하여 서얼제도를 비판하고자 『홍길동전』을 저술했다고 보았다.[12] 이상의 연구는 주로 국문학자들이 한국의 고대소설을 연구하면서 『홍길동전』의 모델을 당시 시대상 속에서 찾고자 한 결과였으며,[13] 이 단계까지는 홍길동의 '실존인물설'이 그다지 중요하게 부각되지는 않았다.

그런데 1974년 설성경이 장성군 황룡면 아치실에 『홍길동전』의 주역 홍길동의 모델이 되는 실존인물 홍길동의 생가터가 있다고 주장하면서 새로운 전기를 맞이하게 된다. 그는 지역 향토사학자 변시연과 박래호의 증언을 토대로 홍길동의 행적을 추적한 끝에 연산군(燕山君) 시절 활동한 홍길동(洪吉同)과 소설 속의 주인공 홍길동(洪吉童)의 행적이 비슷하며, 그가 이상향으로 삼은 율도국(硉島國)은 전북 부안의 위도(蝟島)일 것으로 추정하였다(「중앙일보」 1974. 8. 28). 당시까지의 연구 분위기는 『홍길동전』의 주인공은 허구적인 인물이더라도, 연산군대의 홍길동(洪吉同)과 같은 영웅적인 도둑에 관한 전설과 밀접하게 연결되어 있었다는 데에 머물러 있었던 점을 감안한다면(장덕순 1995, 163~164쪽; 조동일 1984, 84쪽), 설성경의 주장은 획기적인 것이었다. 특히 그는 「실존인물 홍길동(洪吉同)의 생

---

12) 이재수, 1969, 『한국소설연구』, 선명문화사, 142쪽.

13) 국문학계에서는 우리 문학사에 있어 '최초의 한글소설'로 알려진 『홍길동전』에 대하여 ① 현재 우리가 접할 수 있는 작품 『홍길동전』의 작가가 과연 허균(許筠)인가? ② 현전하는 『홍길동전』이 허균의 작이 아니라면 허균이 지은 원작 『홍길동전』은 어떤 모습일까? ③ 『홍길동전』은 과연 애초부터 한글로 지어진 작품인가? ④ 『홍길동전』은 처음 지어진 후 어떠한 유전(流傳)의 계통 관계를 지니고 있는가? ⑤ 실존인물 홍길동의 존재와 작품 『홍길동전』의 관계는 어떠한가? 등 많은 논의를 전개해 왔는데(장효현, 2001), 여기에서 소개하는 것은 마지막 문제에 관한 논의의 일부라 할 수 있다.

애 재구(再構)[1]」(설성경 1997)라는 논문에서 홍길동(洪吉童)은 장성에서 서얼로 태어났으며 국내에서 탐관오리를 상대로 충청도 공주의 무성산성(茂盛山城)을 근거로 의적활동을 하다가 강상죄(綱常罪)로 체포되었고, 출국하였다고 주장하기에 이르렀다. 즉, 홍길동(洪吉童)은 소설 속의 홍길동(洪吉同)과 동일인으로 주장되었고 그 생가로 장성 황룡면 아치실이 지목되었다. 이러한 연구성과는 1974년 4월 <홍길동 생가 복원사업 추진계획(안)>으로 종합되어, 이후 설성경의 논문은 장성 <홍길동축제>의 중요한 역사적 근거가 작용하게 된다.14) 당시 언론은 설성경의 주장을 비교적 상세하게 전하였는데,15) 그 대표적인 사례를 하나 들어보면 다음과 같다.

　　최근 우리나라 최초의 국문소설로 널리 알려진 홍길동의 연고권을 놓고 장성군과 강릉시가 팽팽한 줄다리기를 벌이고 있는 가운데 "홍길동은 이조실록에 10차례나 기록이 남아있는 실존인물이며 장성에서 태어나고 자라서 소설 속의 율도국을 실제로 다스렸다"는 주장이 제기돼 학계와 지역민들의 비상한 관심을 끌고 있다. 18일 장성군청 회의실에서 열린 홍길동 생가 복원사업 추진위원회(위원장 김흥식 군수)에 전문인사로 참가한 설성경 연세대교수(53. 고전문학)는 제안 설명에서 "허균의『홍길동전』은 실존인물의 일대기를 소설화한 논픽션이며 실제 왕조실록 등 여러 문헌을 통해 장성군 황룡면 아곡리 1구(일명 아치실)에서 살았음을 입증하는 자료와 전설들이 많다"고 밝혔다. 설교수는 이를 입증하는 고증자료로 왕조실록의 연산군 일기(5건), 중종실록(4건), 선조실

---

14) 이후 설성경은 1997년 11월 <홍길동 학술토론회> 주제 발표, 1998년 2월 「홍길동전의 성립 배경」 논문 발표, 1998년 12월 「홍길동전의 핵심 소재와 작가」 논문 발표, 2001년 국제학술회의에서 「홍길동 관련 기록은 이렇게 왜곡 와전되었다」 주제 발표를 통하여 자신의 주장을 계속해 갔다. 이에 관한 자세한 내용은 설성경,『앞의 책』, 72~120쪽을 참조하기 바람.

15) 「경향신문」 1997년 4월 24일자, 「한국일보」 1997년 6월 25일자, 「동아일보」, 1997년 10월 31일자, 「강원도민일보」 1997년 12월 5일자, 「일요시사」 1998년 4월 19일자, 「전남매일」 1997년 7월 4일자 등. 이상의 자세한 기사 내용은 설성경, 1997, 121~130쪽 참조.

록(1건), 조선조 3대 설화집인 『계서야담』·『동야휘집』·『청구야담』을 들었다. 이와 함께 설교수는 "홍길동은 연산군 6년인 1500년에 의금부에 체포돼 국문을 받은 후 율도국(오키나와)으로 탈출, 일본열도의 여러 섬들을 상당기간 다스렸거나 최소한 그의 추종자들이 율도국을 건설했다"고 주장했다. 이어 홍길동의 고향으로 확인된 장성군 황룡면 아치실 출신인 박종현 한국통신 기술공사 감사는 "어려서부터 어른들로부터 홍길동이 아치실에서 살았다는 얘기를 많이 들었던 것은 물론 '길동샘'으로 불리는 물을 먹고 자랐다"며 "학술적인 고증작업을 서둘러 자칫 지역간 분쟁의 소지마저 안고 있는 홍길동 연고 논란을 매듭지어야 한다"고 주장했다. (중략) "연고가 장성에 있음을 확인하는 고증자료가 계속 발견되고 있는 만큼 우선 1차로 추경에 용역비등 소요예산을 요청하는 한편 학술심포지엄 등을 통해 이를 공인받은 후 본격적인 사업에 착수하겠다"고 말했다(「전남매일」 1997. 4.19).

즉, 설성경은 조선왕조실록과 설화집의 기록을 통해 허균의 『홍길동전』이 실존인물 홍길동의 전기를 기록한 논픽션이라며, 홍길동의 생가터를 복원하여 기념하자고 강조한 것이다.[16] 그 결과 1999년 장성에서 <홍길동축제>가 개최되었으므로, 여기에는 설성경의 주장이 크게 작용했다고 보아야 할 것이다. 이상에서 논의된 설성경의 주장을 간략하게 요약하면 다음과 같다.

홍길동의 5대조 홍규의 딸인 충숙왕비는 충혜왕과 공민왕의 어머니이다. 공민왕 때 염응방이 무진참화 때 사형을 당하자 염응방과 처남매부간인 홍길동의 조부 홍징은 세 아들 상빈·상연·상부와 함께 목숨을 잃었다. 그러나 넷째 아들 홍상직은 외척들의 도움으로, 다섯째 아들 상검은 고창현으로 피해 살아 남았다. 홍길동의 형인 홍일동에 대해 야사에서는 "상신 홍길동은 장성의 아차곡에 살았다"고 하였고, "홍상직 적자는 홍일동이고 얼자는 홍길동"이라고 하였다. 이를 뒷받침하는 족보 기록인 『만성대동보』에서는 홍상직의 아들이 홍길동이라고 하였다. 홍길동이 장성 아치실을 떠난 가장 큰 이유는 적서의 차대에 있었다. 『경국대전』에서 "서얼 자손은 문과, 진사과, 생원과 시험에 응시할 수 없다"고 규정하고 설사 공적이 있어 등용되더라도 당상관 이상의 고위

---

16) 설성경·정철(1998)은 이러한 주장을 종합적으로 정리한 책이다.

직 등용을 철저히 제한함으로써 서얼 출신의 사회진출을 제도적으로
막았기 때문이다. 홍길동의 국내 활동은 세 시기로 구분된다. 제1기는
무등산과 지리산을 근거로 한 의적 활동 시기이고, 제2기는 바다와 육
지에서의 의적 활동 시기이고, 제3기는 공주산성을 근거지로 삼은 공동
체 활동과 의금부 체포기이다. 『조선왕조실록』에 나타난 의금부 체포시
의 기록에서는 충청도 일원을 중심으로 한 그의 활동이 중점적으로 거
론되고 있다. 홍길동의 해외 활동은 유구 남단 파조간도의 정착에서 비
롯된다. 『조선왕조실록』에는 1500년에 홍길동이 체포되어 의금부에서
추국을 받은 기록이 있다. 그는 그 후 유배나 추방형을 받고 해외로 집
단으로 출국하여 겨울철 해류를 이용해서 오키나와 최남단 작은 섬에
정착하게 되었다. 일본 학계에서는 파조간도는 오야케 아까하치 탄생지
라고 알려져 있으나 실상은 홍길동이 이 섬에 정착하여 기반을 잡은 후
2차로 석원도로 나아가 점차 세력을 확대하였고, 그 2차 정착지에서는
그가 파조간도에서 왔다고 하였기 때문에 그렇게 전해지게 된 것이다.
현재 석원도의 공원에 있는 오야케 아까하치 기념비에는 '아까하치' 일
명 '홍가와라'는 용맹이 뛰어난 인물로 봉건제도에 반항하여 자유민권
을 주장하며 삼 사람을 위해 항거했던 영웅으로 묘사되고 있다(설성경,
1997, 121~174쪽).

이와 같은 설성경의 홍길동 '실존인물설'과 '장성출생설'을 바탕으
로 장성에서 <홍길동축제>가 실시되면서 학계에서 점차 반발이 제
기되었는데, 우선 이덕일과 이희근의 공저 『우리 역사의 수수께끼』
(1999, 243~246쪽)에서 『홍길동전』의 역사적 성격에 대하여 다음과
같이 기술하였다.

선조와 광해군 때 활약했던 허균은 약 100 여 년 전인 연산군 때의
홍길동에 대해서 알고 있었을까? 그가 생존했던 선조 21년에도 홍길동
의 이름은 『실록』에 등장한다. "선왕조에서는 정승을 잘 가려 뽑아 풍
속이 순미하므로 강상의 변이 없고 다만 홍길동·이연수 두 사람이 있
었을 뿐이었기 때문에 항간에서 욕을 할 때는 으레 이 두 사람을 대상
으로 삼았는데 지금은 정승을 할 만한 사람을 얻지 못하여 풍속이 괴패
하고 강상의 변이 곳곳마다 일어나므로 홍길동·이연수의 이름을 욕하
는 자가 없어졌다고 하였다". 이 기사를 보면 홍길동은 그리 아름다운
이름이 아니라 욕으로 사용되었던 저간의 사정을 말해준다. 이름이 욕

으로 사용된 홍길동과 의적 홍길동 사이에는 많은 괴리가 있는 것이 사실인데 그 괴리는 그가 의적으로 알려지게 된 활빈당과의 관계에서 메워보아야 할 것이다. 홍길동이 활빈당의 두목이었다는 사실이 밝혀진다면 그는 의적의 반열에 오를 수 있기 때문이며 현존하는 이미지가 사실이 되기 때문이다. 그러나 적어도 기록상으로는 실존인물 홍길동이 활빈당의 두목이었다는 자료가 전혀 없다. 다만 그의 이름은 조선 후기에도 여러 형태로 나타나고 있는데 그 중에는 실학자 이익의 평도 있다. "옛부터 서도에는 큰 도둑이 많았다. 그 중에 홍길동이란 자가 있었다. 그로부터 세월이 많이 흘러서 어찌되었는지 잘 모르나, 지금에 이르기까지 그의 이름은 장사꾼들이 맹세하는 구호에도 들어있다". 연산군 때의 강도 홍길동은 100여 년 후인 선조 때에는 욕으로 통용되다가 그 후 약 150여 년이 흐른 영조 때에는 장사꾼들이 맹세하는 구호로 그 이미지가 변화하였다. 즉, 조선 전기의 실존인물이었던 홍길동은 중기를 지나 후기로 이르면서 욕에서 맹세의 대상으로 승격한 것이다. 그가 어떤 과정을 거쳐 장사꾼의 맹세의 대상이 되었는지 불분명하지만 활빈당과 관련된 기록은 조선 후기에도 여전히 존재하지 않는다. 그러나 그가 욕의 대상에서 맹세의 대상으로 변화하는 과정은 주목할 만한 것이다. 이는 조선 후기 들어 파탄에 달한 농민 경제와 관련이 있는 것이다. 부패한 정치에 좌절한 백성들은 조선 전기의 유명한 강도 홍길동을 부패한 관료나 부호들을 처벌하고 그 재산을 빈민들에게 나누어주는 의적 홍길동으로 변화시켜 대리 만족을 얻은 것이다. 강도 홍길동이 메시아 홍길동으로 부활한 셈인데 그 배경에는 조선 후기의 부패한 정치구조가 있었다. 농민들은 홍길동을 자신들의 한을 대신 풀어줄 영웅으로 인식하기 시작한 것이다. 그리고 이런 이미지의 전환 과정에 허균의 『홍길동전』은 중요한 역할을 한 것이다.

즉, 연산군 때의 강도 홍길동이 100년 뒤 선조 때에 '욕'의 대상으로 인식되다가, 이후 150년 이 지난 영조대에는 장사꾼들의 맹세의 대상으로 되었으며, 이는 조선 후기의 시대상과 밀접하게 연관되어 자신들의 한을 풀어줄 대상으로 홍길동이 부활한 것이라고 파악하였다. 이에 대하여 설성경은 "궁중에 있는 선조가 100년 전의 강도사건과 연루된 인물 홍길동이 거리에서 욕의 대상으로 거론된다는 것을 알고 있음은 전언의 오류였을 것"으로 판단하였으며, 이는 오히려 홍길동이 민중의 영웅으로 전승되고 있음을 반증하는 사실이라고 반

박하였다(「국민일보」 1999. 3.16). 이와 같은 설성경의 주장에 대하여
이희근은 다음과 같이 응답하였다.

    실존인물 홍길동은 조선초기 활동했던 유명한 도둑인데, 중·후기에
  와서 의적으로 이미지가 전화되었다. 그 이유는 허균이 지은 『홍길동
  전』이란 소설과 삼정 문란으로 대표되는 정치의 난맥상 때문에 고통받
  는 농민들이 전설적으로 내려오던 도둑 홍길동을 부패한 관료에 저항
  한 인물로 영웅화했기 때문이다. 특히 국왕의 묵인에 의한 '홍길동 출
  국설'은 소설이 아닌 현실에서는 실현 불가능한 상상에 불과하다. 당시
  정부에서는 홍길동을 체포한 후에도 그 무리를 일망타진하기 위해 많
  은 노력을 기울였을 뿐만 아니라, 심지어 제대로 대처하지 못해 그를
  늦게 체포했다는 죄만으로 이정을 비롯한 최말단 행정보조원까지 변방
  으로 유배시킬 정도였다. 또한 홍길동 사건의 여파는 그의 주요 활동무
  대인 충청도에서 그가 체포된 지 10여 년이 지난 후에도 백성들이 유
  망하여 제대로 세금을 징수하지 못하기 때문에 토지조사를 실시하자는
  논의가 조정에서 일 정도로 심각하였다. 성호 이익의 『성호사설』에서
  조선의 3대 도둑으로 임꺽정, 장길산과 함께 홍길동을 들고 있듯이 홍
  길동은 체포된 후 반역죄 등 국사범급 죄인만 다루는 의금부에서 심문
  하였고 그 결과 사형당했다. 그런데 어떻게 왕이 전 국가적으로 엄청난
  파문을 일으킨 도적 두목 홍길동의 출국을 묵인할 수 있겠는가? 그리고
  왜 왕이 일반 백성은 물론 관군까지 살해한 도적 두목을 살려서 출국시
  켜 주겠는가? 설교수의 견해는 실존인물과 이미지가 변화된 인물을 동
  일시해서 보려는 혼동의 소산이다(「국민일보」 1999. 3. 23)

  이와 같은 이희근의 반박에 대하여 설성경은 다시 한번 기존의 주
장을 되풀이하면서 반론을 제기하였다(「국민일보」 1999. 3. 27).
  이후 장효현이 『홍길동전』의 주인공 홍길동이 실존인물로부터 비
롯되었다는 것은 선학들의 지속적인 연구를 통해 밝혀진 사실이라는
점을 전제한 다음, 설성경의 주장에 대하여 조목조목 비판하였다. 첫
째, 홍상직의 얼자인 홍길동이 존재했다는 기록은 현재까지 황윤석
의 『이재만록』 및 『해동이적』의 기록, 『만성대동보』의 기록이 확인
될 뿐인데, 『만성대동보』는 1931년에 편찬된 것으로서 자료적 가치

가 크게 떨어진다고 보았다.[17] 둘째, 설령 홍상직에게 얼자 홍길동이
실제 있었다 하더라도, 그가 연산군 대의 도적 홍길동과 동일시될 수
없다고 비판하였다. 즉,『세종실록』에 1428년 홍상직의 처가 남편의
3년 상을 치른 이야기가 기록되어 있는데, 이로써 홍상직의 몰년(沒
年)은 1426년 이전이 될 것이며, 때문에 늦게 잡아도 1426년에 죽은
홍상직에게서 설령 유복자로 홍길동이 태어났다 하더라도 1500년 75
세의 나이에 도적으로 횡행하다가 잡혔다는 것은 상상하기 어렵다는
것이다. 마지막으로『홍길동전』과 홍길동의 관련성에 대하여 허균이
『홍길동전』을 창작하면서 민간에 전승되고 있는 세종대 홍상직의 얼
자 홍길동(洪吉童)과 실존하는 연산군대의 도적 홍길동(洪吉同)의 두
형상을 조합했거나, 연산군대의 도적 홍길동(洪吉同)을 소재로 하여
허균에 의해『홍길동전』이 창작되고 유통된 이후에 작품 속의 홍길
동(洪吉同)을 홍상직의 얼자 홍길동(洪吉童)에로 민간에서 부회시킨
이야기가 파생되었고, 후대에는 이를 오히려 사실로 믿게 되었을 가
능성을 제시하였다(장효현, 2001, 356~361쪽). 즉, 장효현은 허균이
연산군대의 도적 홍길동(洪吉同)을 바탕으로 하여 창작한 소설『홍
길동전』은 후대에 일정하게 부연·윤색되어 현전『홍길동전』으로
이어졌으며, 이후 홍길동 이야기는 세간에 구전으로 유포되면서 전
라도 장성의 인물이 세종대 홍상직의 얼자 홍길동(洪吉童)으로 민간
에 부회되어 오히려 사실로 인식되었고, 홍길동이 건설한 바다 밖 왕
국은 유구 혹은 안남으로 간주되어, 유구의 민중 영웅에 다시 부회되
는 전파 경로를 갖게 된 것으로 보았다.

　이에 대하여 설성경은 홍상직이 죽음을 위장하고 잠적하여 1450년
대까지 살았을 수도 있는데, 이는 홍상직이 경상도 동래에 유배되었

---

17) 이는『풍산홍씨 세보』에 홍상직의 아들로서 홍일동(洪逸童)만 기록된
　　것과는 차이가 있다.

다가 석방되었지만 향후에도 모반 혐의가 덮씌워질 가능성 때문이었다고 보았다. 그는 또한 『만성대동보』의 기록과 관련하여 남양홍씨 문중은 자타가 공인하는 명문가이고, 이런 명문가의 족보를 선별하여 종합 족보지에 올리면서 홍상직의 아들 홍일동과 홍길동을 근거도 없이 나란히 기술한다는 것은 참으로 있기 힘든 일이라고 반박하였다(2002, 198~220쪽).

지금까지 『홍길동전』의 주인공 홍길동(洪吉同)과 홍상직의 얼자 홍길동(洪吉童)의 상관성에 대한 기존의 논의를 자세하게 검토하였는데, 대부분의 경우에 소설 속의 홍길동(洪吉同)이 현실 속의 홍길동(洪吉童)으로 부회되는 사회적 조건과 시대적 특징을 포착하였음에 반해, 설성경만 양자가 동일인이라는 견해를 내세웠다. 그리고 그 홍길동이 장성에서 출생하였다고 주장했으며, 공교롭게도 장성군에서는 설성경의 견해에 동조하여 홍길동의 '실존인물설'과 '장성출생설'에 기초한 <홍길동축제>를 개최하기에 이르렀다. 이에 홍길동의 '실존인물설'과 '장성출생설'에 관한 진위를 보다 명확하게 하기 위하여 홍길동과 관련된 각종 사료를 검토해보고자 한다. 조선왕조실록에 등장하는 홍길동과 관련된 기록은 다음과 같다.

> 전교하기를, "홍길동(洪吉同)의 초사(招辭)를 보건대, 엄귀손(嚴貴孫)은 비단 홍길동의 와주(窩主)일 뿐 아니라 바로 같은 무리이다. 이같은 행동이 있는데도 어떻게 벼슬이 당상(堂上)에까지 올라간 것인가. 그 정승들을 불러 이 초사를 보이라" 하매, '영의정 한치형(韓致亨)·좌의정 성준(成俊)·우의정 이극균(李克均)이 아뢰기를 "엄귀손이 당상이 된 것은 군공(軍功)이 있는 까닭이고 조행(操行)으로 된 것이 아닙니다. 그러나 조관(朝官)으로서 그 행동이 이러하였으니 신 등이 부끄러움을 견딜 수 없습니다"하였다(『연산군일기』 39권, 6년 11월 28일).

여기에서는 홍길동보다는 그의 와주로서의 엄귀손에 대한 비판이 주를 이루고 있다. 그리고 그로부터 얼마 뒤에 홍길동의 행적에 관한 기록이 등장한다.

> 의금부 위관 한치형이 아뢰기를 "강도 홍길동이 옥정자(玉頂子)와 홍
> 대(紅帶) 차림으로 첨지(僉知)라 자칭하며 대낮에 떼를 지어 무기를 가
> 지고 관부에 드나들면서 거리낌없이 마구 행동하였는데, 그 권농(勸農)
> 이 이정(里正)들과 유향소(留鄕所)의 품관(品官)들이 어찌 이를 몰랐겠
> 습니까? 그런데 체포하여 고발하지 아니하였으니 징계하지 않을 수 없
> 습니다. 이들을 모두 변방으로 옮기는 것이 어떠하리까?" 하니, 전교하
> 기를, "알았다" 하였다(『연산군일기』 39권, 6년 12월 기유).

위의 기록대로라면 홍길동이 관료의 도움과 묵인 하에 양반 행세
를 하며 도둑질을 자행했다는 것이다. 그러나 홍길동은 불과 한달도
못되어 체포된 듯 싶다.

> 영의정 한치형·좌의정 성준·우의정 이극균이 아뢰기를, "듣건대,
> 강도 홍길동을 잡았다 하니 기쁨을 견딜 수 없습니다. 백성을 위하여
> 해독을 제거하는 일이 이보다 큰 것이 없으니, 청컨대 이 시기에 그 무
> 리들을 다 잡도록 하소서"하니, 그대로 좇았다(『연산군일기』 39권, 6년
> 10월, 계묘).

당시 홍길동은 조정의 큰 골칫거리였던 것 같다. 이는 당시 홍길
동의 와주로 지목된 엄귀손에 대한 비판 상소가 계속된 것으로 보아
더욱 그러하다.

> 의금부가 아뢰기를, "엄귀손은 죄가 마땅히 곤장 1백 대를 때려 3천
> 리 밖으로 유배하고 고신을 모두 회수해야 되겠습니다." 하니, 정승들
> 에게 의논하도록 하였다. 윤필상이 의논드리기를, "포악하고 독한 무리
> 끼리 작당하여 백성들에게 큰 해독을 끼쳤으니, 이 같은 도적들은 사람
> 마다 분개하는 것입니다. 만약 들었다면 의당 고발하여 체포해야 할 것
> 인데, 엄귀손이 홍길동의 행동 거지가 황당한 줄을 알면서도 고발하지
> 않았고 또한 따라서 산업까지 경영하여 주었으니, 법으로도 마땅히 엄
> 하게 다스려야 합니다. 죄가 법과 합합니다" 하고, 어세겸은 의논드리

기를, "엄귀손이 비록 홍길동의 음식물을 받아먹었지만 이것은 인정에 보통 있는 일이니 그다지 허물할 것은 못됩니다. 그러나 국문을 당하여도 승복하지 않았다고 해서 졸급하게 율문의 '실정을 알고도 죄인을 숨겨준 조문'을 적용한다는 것은 온당하지 않을까 합니다" 하고, 한치형은 의논드리기를 "엄귀손은 본래 탐욕이 많고 사람으로 선왕 때에 포도장 이양생이 엄귀손의 홍천 본가에 가서 황당한 물색을 수색해 냈으나 그 때 겨우 면했었는데, 지금 또 홍길동의 음식물을 받았고, 또 일찍이 주선하여 가옥을 사주었으니 홍길동의 범한 짓을 어찌 모르겠습니까. 형벌을 더하여 실정을 알아내어 죄를 결정하는 것이 어떠하리까."하고, 성준은 의논드리기를. "엄귀손은 범죄와 율이 서로 꼭 맞습니다." 하며, 이극균은 의논드리기를, "엄귀손이 다만 홍길동의 행동 거지가 황당한 것을 알면서도 주선하여 감추어 주었다면 적용한 법이 너무도 적당하겠지마는 만약 홍길동이 장물만을 기탁한 일이 있다고 한다면, 이러한 법을 적용할 수 없으니, 홍길동의 문초 끝나기를 기다려 죄를 결정하는 것이 어떠하리까." 하니, 한치형의 의논대로 하였다(『연산군일기』 39권, 6년 10월, 기유).

영의정 한치형·좌의정 성준·우의정 이극균이 아뢰기를, "엄귀손은 본래부터 탐욕이 많은 사람으로 일찍이 동래현령이 되어서는 관물을 도취한 일로 죄를 받아 파면되었고, 또 평안도 우후가 되어서는 또한 공물을 함부로 훔친 일로 파출되어, 그가 탐심 많고 비루한 것은 사람마다 모두 알고 있는 일인데, 또한 일찍이 양인의 딸에게 장가들었다가 아름다우면 첩으로 삼고 아름답지 않으면 종의 아내를 삼게 하여, 이 때문에 양인을 잡아다가 천인을 만든 일이 또한 많았습니다. 또한 본래는 노복과 재산이 없었는데 지금은 서울과 지방에 집을 사두고 곡식을 3~4천 석이나 가지고 있습니다. 이토록 부요하게 된 것이 지극히 황당하오니 청컨대 강도와 서로 통한 죄를 끝까지 국문하소서"하니, 그대로 좇았다(『연산군 일기』 39권, 6년 11월, 병진).

이러한 홍길동의 도독으로서의 명성은 중종 대에도 계속된 듯 싶은데, 다음의 기록이 이를 알려준다.

효조가 아뢰기를, "요사이 흉년이 잇따라, 양전할 기한이 이미 지났는데도 하지 않은 지 오래입니다. 대저 양전하는 일은 1~2년 동안에 해낼 수는 없습니다. 경기는 인가를 철거한(폐조 때 인가를 철거하였다) 뒤로 절호가 매우 많고, 충청도는 홍길동이 도둑질한 뒤로 유망이 또한

회복되지 못하여 양전을 오래도록 하지 않았으므로 세를 거두기가 실
로 어려우니, 금년에 먼저 이두 도의 전지를 측량하소서" 하니, 전교하
기를, "양전은 중대한 일이라 본디 해야 하나, 어찌 폐단되는 일이 없겠
는가! 대신에게 물으라" 하였다(『종종실록』 18권, 8년 8월, 갑자).

위의 기록을 통해 볼 때, 당시 홍길동의 정치·사회적 성격이 무
엇이었는지는 분명치 않다. 다만 홍길동이 도적질을 하면서도 고급
관료와 내통하고 있었으며, 그의 와주로 지목된 사람에 대한 정치적
공격이 강력하였음을 알 수 있다. 이와 관련하여 당시 시대상을 이해
하는 데에 다음의 사료가 도움이 될 것 같다.

한성부에서 5부 방리의 도적을 금하는 절목을 아뢰기를 (다음과 같이
하였다).
1) 경성의 내외에서 강도·절도가 성행하는 것은, 오로지 경외의 재
   인·백정에 대한 방금이 소홀함으로 말미암아, 서로 통하고 왕래
   하면서 결탁하여 무리를 만들어 곳곳에서 남몰래 날뛰기 때문이
   니, 이제부터는 외방에 사는 이가 경성에 몰래 들어오는 자는 그
   친척·형제와 이웃 사람이 그 즉시 잡아 고발 하기를 허락하고,
   형조로 하여금 끝까지 추국하게 하소서.
2) 여염을 순검하는 것은 오로지 관령에게 책임지우되, 마땅히 문자
   를 해득하고 지식이 있는 자를 택하여 차정하고, 만일 부족하면
   경병·정병으로 맡길 만한 사람을 방마다 2인씩을 차출하며, 부마
   다 또 사령 5인을 차출하여 임사에 대비하게 하소서.
3) 강도·절도는 양반의 빈 집을 빌려서 살기 때문에 몰래 무리를 모
   으고, 집 지키는 사람은 선물받는 것을 마음에 흡족히 여겨서 와
   주가 되는 자가 많으니, 이제부터는 집을 지키는 노비의 인원과
   세들어 사는 사람의 성명을 기록하여 바치게 해서 본부에 치부하
   고, 만을 지내온 내력을 알지 못하는 자가 이사하여 사는 것이 있
   으면, 관령·사령은 그 즉시 잡아 고발하게 하되 관령·인리에서
   고발하지 않는 자도 아울러 중론하게 하소서.
4) 무릇 도둑질한 장물은 흔적을 없애려고 값을 가볍게 하여 시장에
   내다 파는데, 이제부터는 유기·동기·철기와 필단·면주·의복을
   몰래 서로 매매하는 자는 시장의 좌주가 그 즉시 잡아 고하도록
   하고, 형조는 좌주가 능히 발각 검거하지 못한 것을 저죄하게 하

소서.
하니, 그대로 따랐다(『성종실록』 14권, 3년 1월, 임인).

위의 기록을 통해 볼 때, 연산군 당시에는 도둑이 빈번하였으며 그들의 와주가 되는 자가 많았던 실정을 자세하게 보여주고 있다. 이는 연산군의 폐정에 대한 사회상의 반영인 듯 싶다. 홍길동 또한 이러한 시대상의 소산이었으며, 그의 배경에 엄귀손이라는 인물이 자리잡고 있었던 같다. 그러나 엄귀손이 실제적으로 홍길동의 와주였는지, 아니면 정적을 공격하기 위한 빌미였는지는 정확치 않다.[18] 이와 관련하여 설성경은 홍길동에 대한 기록이 부실한 까닭은 연산군과 신료의 이해관계가 일치하여 고의로 누락시킨 것으로 추정하였다. 즉, 부당한 일을 저질러 논박 받았던 연산군은 연산군대로 자신에 대한 부정적인 기록이 남는 것이 두려웠고, 임금의 부당함을 지적했던 신하들은 신하들대로, 연산군의 편집광적 보복이 두려워 역사기록을 삭제했으며, 여기에 홍길동 사건 기록이 포함된 것이 틀림없다고 강변하였다(설성경 2002, 243쪽).

그런데 이상의 사료를 검토해 볼 때, 설성경이 왜 연산군 시대의 홍길동이 100년 이후에 등장하는 『홍길동전』의 주인공 홍길동과 동일인이라는 사실에 대하여 그토록 집착하는지 이해가 되지 않는다. 특히 자신의 논지 전개에 불리한 경우 국왕과 신료가 합작하여 실록의 내용을 고의적으로 첨삭했다는 주장은 수긍하기 어렵고, 사실과도 다르다. 또한 조선후기에 편찬된 남양홍씨 족보를 이용하여 홍길동의 '장성출생설'을 제기한 점 또한 "조선후기 이래 오늘날에 이르기까지 편찬되고 있는 족보가 역사적 사실을 온전히 반영하지 못하는 경우가 많다는 것은 한국 역사학계의 상식에 속하는 일이다. 또한 16세기 초

---

18) 설성경은 엄귀손이 정치적 이유로 인해서 공격받았다고 강조하고 있다 (1997, 243∼266쪽).

반에 활동한 실존인물 홍길동이 17세기 초반에 생산된 『홍길동전』의 재판이었는지도 확인하기 어렵다. 양 시기 사이에는 100년 이상의 간극이 존재할 뿐만 아니라, 16세기 초반과 17세기 초반에 각각 부각된 사회모순이 반드시 일치하는 것이 아니라는 점에서 특히 그러하다. 다만 수년에 걸친 저항, 당상관 관복의 착용, 대낮 활보 등의 대담성, 그리고 그 때문에 이후 그 이름이 회자되었다는 사실 때문에 허균이 소설을 구성할 때 실존인물 홍길동으로부터 많은 영감을 받았을 가능성은 충분히 있었다고 생각된다(김성우 2002, 421쪽).

2. 홍길동의 '일본진출설' 검토

홍길동의 '일본진출설'의 요지는 『홍길동전』의 말미에 홍길동이 율도국으로 건너갔다고 서술된 부분을 확대해석하여 조선을 탈출한 실존인물 홍길동이 일본 유구로 건너가 왕국을 건설하였으며, 그가 바로 유구의 전설적인 인물인 '홍가와라'라는 것이다. 이는 『홍길동전』에 등장하는 홍길동의 해외활동 부분이 작가 자신과 민중의 소망을 담은 단순한 이상향이지 모델인 홍길동과 관련이 없다는 통설과는 차이가 커서 주목된다(김동욱 1986, 98쪽). 홍길동의 '일본진출설'의 단초를 제공한 사람은 정주동이었으며(1961, 185쪽),[19] 1995년 KBS의 TV프로그램 <문화추적「오끼나와로 떠난 홍길동」>이 뒤를 이었다. 이 다큐멘터리 프로의 해설과 인터뷰에는 명지대학교 사학과 홍종필 교수와 현지 일본의 학자들이 등장했는데 그 요지는 다음과 같다.

---

19) 이 외에도 1971년에 발간된 백과사전의 『홍길동전』 항목에서도 홍길동이 율도왕이 되는 것을 '유구국 왕'이 되는 것으로 서술한 경우도 있었다(설성경, 1997, 40쪽).

유구는 비행기로 2시간 거리이다. 유구왕국의 역사 속에 <홍길동>
은 옛 조선인으로 남아 있다. 『홍길동전』에서 홍길동은 율도국을 정복
하고 왕이 된다. 1973년 카데나 쑈도꾸씨는 『유구사의 신고찰』을 집필
하면서 홍길동과 유구의 관계에 관심을 가지게 되었다. 1400년 이전은
몰라도 그 이후는 유구 본토의 공격이 쉽지 않았다. 만약 조선에서 왔
다면 북쪽 100키로 거리의 <구미도(久米島)>, 대만 쪽의 남쪽 300키로
의 <궁고도(宮古島)>, <석원도(石垣島)>가 가능성이 높다. 유구는 기
록의 역사가 없다. <구미도>는 중국, 조선, 일본을 잇는 중간이다. (중
략) 이 성의 통치자는 어느날 갑자기 외부에서 쳐들어와 성을 셋 만들
고 점령왕이 되었다. 구지천성(具志川城)은 다른 유구의 전통성과는 축
성법이 다르다. 이 양식은 중, 한, 일의 하나일 것이다. 역사적으로는 구
미도가 홍길동 도래 가능성 높다. (중략) 일본 간행 『유구사(琉球史)의
재고찰』의 저자인 유구의 오끼나와 현립도서관의 구관장이었던 가데나
씨는 『홍길동전』 속 홍길동의 율도국 정벌은 유구국을 뜻한다고 주장
했다. (중략) 오끼나와 국립대학 교수 중에도 도래인(渡來人) 중에는 소
설 속의 홍길동 같은 인물이 있을 수 있다고 하는 사람이 있다. (중략)
『홍길동전』은 서해-제도(위도)-남경-율도(유구)로 해외 진출 통로를
짐작하게 한다(설성경 1997, 41~43쪽).

　이러한 <문화추적 「오끼나와로 떠난 홍길동」>이란 TV프로그램
이 제작되게 된 직접적인 동기는 오끼나와 현립도서관의 관장을 지
낸 바 있는 가데나 쇼도쿠[嘉手納宗]씨의 주장에 근거하였는데, 그는
『홍길동전』에서 홍길동이 정벌했다고 하는 율도국은 유구국을 지칭
한 것으로 보았다. 물론 그가 『조선왕조실록』에 등장하는 실존인물
홍길동이 의금부에 잡혀 있다가 유구로 건너간 데에 대한 사료적 증
거를 제시하지는 않았다(설성경 1997, 43~44쪽). 이후 설성경은 의
금부에 잡혀있던 홍길동이 극적으로 탈출하여 유구로 건너갔다는 홍
길동의 '일본진출설'을 본격적으로 제시하였다(설성경 1998). 그는
홍길동 일행의 1차 도착지는 오키나와 열도의 최남단의 작은 섬 파
조간도(坡照間道)로 추정하였다. 이곳에서의 홍길동의 활동에 대한
문헌기록은 없지만 홍길동으로 판단되는 홍가와라의 영웅적인 활동
이 역사서와 구비전승을 통해 전해지고 있다고 주장하였다. 그는 또

한 홍길동이 이곳에서 일정 기간 정착을 한 다음 본격적인 개척지인 석원도(石垣島)로 진출했다고 보았다. 즉, 석원시(石垣市)의 대빈(大浜)의 기원공원(崎原公園)에 있는 적봉비(赤蜂碑)에는 오야께 아까히치[オヤケ アカハチ]는 일명 '홍가와라 아까하치'라고 적고 있으며, 그는 용맹이 뛰어난 인물로 봉건제도에 반항하여 자유민권을 주장하며 섬 사람을 위해 항거했던 영웅으로 묘사되어 있다고 한다. 그런데 '오아께[オヤケ], 아까하치[アカハチ], 홍가와라[ホンカワテ]'라는 표현에서 '오아께[オヤケ]'는 '최고 우두머리', '아까하치[アカハチ]'는 '적봉(赤蜂)', 즉 '홍봉(洪蜂)', '봉기한 홍길동'으로 통하고, '홍가와라[ホンカワテ]'는 홍가왕(洪家王)의 이칭이라고 주장하였다. 설성경은 이와 같은 홍길동의 일본진출이 『홍길동전』에 '율도국 건설'의 1차적 소재로 작용했다고 보았다. 즉, 작가 허균이 홍길동의 유구 남서부 섬들의 개척과 진출 후의 성공담을 직접 들을 수는 없었지만, 남부 유구 사신들의 이야기를 들은 이들이 전하는 내용을 작품에 형상화시켰고, 그 내용이 실은 홍길동의 유구에서 펼쳤던 역사적 사실에 소재적 근거를 두고 있다는 것이다. 그는 허균이 유구를 율도국으로 설정할 수 있을 만큼 유구에 대한 관심이 많았기 때문에, 홍길동의 유구행 이후의 사건을 소설에서 홍길동이 율도왕이 되는 것으로 묘사될 가능성이 충분하다고 보았다. 설성경은 허균이 홍길동이 벌인 실재 상황을 당시의 문헌이나 국내외의 소문을 들어서 알고 있었으며, 이에 소설 『홍길동전』에서 국내 활동은 물론 해외로 나아가 율도왕이 되는 부분까지 포함하여 홍길동의 영웅적 삶을 일대기 형식의 실명 소설화할 수 있을 만한 작가적 역량을 발휘할 수 있는 충분한 조건을 갖춘 것으로 판단하였다(설성경 2002, 77～107쪽).

특히 설성경은 1997년 4월 18일 장성군의 <홍길동 생가 복원 사업 추진계획 보고회>에서 성종과 연산군 때 활동한 홍길동은 1500

년 의금부에 체포되어 죽은 것이 아니라, 그 이후 오키나와에서 펼치는 제2의 삶이 있기 때문에, 실존인물에 대한 지역문화 사업도 <홍길동 생애 재구>에서부터 시작되어야 함을 강조하였다.[20] 그는 이와 같은 주장을 한데 모아『실존인물 홍길동』에서 홍길동의 '일본진출설'을 확립하였는데, 그 대략은 다음과 같다.

> 첫째, 일본 유구사를 다룬『구양(球陽)』·『팔중산(八重山)』·『구지천감절구기(久志川間切舊記)』 등의 기록을 보면 15~16세기경 어디선가 나타난 외부 침입자 도래인에 대한 언급이 여러 군데 발견되는 데, 이들이 홍길동과 그 추종세력으로 추정된다. 둘째, 그들이 일본으로 건너갈 수 있었던 것은 홍길동이 경비가 허술한 틈을 타서 의금부를 탈출하여 오키나와로 도피했거나, 처음부터 체포된 것이 아니라 자수한 것으로 미리 계획된 각본에 따라 조정의 묵인 아래 해외로 추방되었거나, 체포 또는 자수로 의금부에서 유배형을 받고 일단 유배지로 갔다가, 유배지에서 집단탈출을 했을 가능성이 있다. 셋째, 홍길동 무리는 양계지방이 아닌 남해 중의 섬으로 유배보내졌는데, 섬에 도착한 홍길동 집단이 유배생활 도중 집단 탈출하여 해외인 오키나와로 망명했다. 넷째, 홍길동은 유구의 영웅이 되었으며, 그가 바로 '홍가와라'이다(설성경, 1998).

이와 같은 설성경의 '일본진출설'에 대하여 이희근은 "'의적' 내지는 '자유민권 운동가' 홍길동이 존재하기 위해서는 그가 사형당해서는 안된다는 소설가적 발상의 산물이 그의 출국설"이라면서, '국왕의 묵인설' 또는 '홍길동 출국설'은 소설이 아닌 현실에서는 실현 불가능한 상상에 불과하다고 비판했다. 그는 당시 정부에서는 홍길동을 체포한 후에도 그 무리를 일망타진하기 위해 많은 노력을 기울였을 뿐만 아니라, 심지어 제대로 대처하지 못해 그를 늦게 체포했다는 죄만으로 이정을 비롯한 최말단 행정보조원까지 변방으로 유배시킬 정

---

20) 「전남매일」 1997년 4월 19일자, 「경향신문」 1997년 4월 24일자, 「한국일보」 1997년 6월 25일자, 「동아일보」 1997년 10월 31일자.

도였기 때문에, '출국방조설' 혹은 '출국묵인설'은 전혀 근거가 없다
고 주장했다. 그는 또한 홍길동 사건의 여파는 그의 주요 활동무대인
충청도에서 그가 체포된 지 10여 년이 지난 후에도 백성들이 유망하
여 제대로 세금을 징수하지 못하기 때문에 조정에서 토지조사를 실
시하자는 논의가 전개될 정도로 심각했던 점에 비추어 볼 때 더욱
그러하다고 보았다. 또한 성호 이익의 『성호사설』에서 조선의 3대
도둑으로 임꺽정, 장길산과 함께 홍길동을 들고 있듯이 홍길동은 체
포된 후 반역죄 등 국사범급 죄인만 다루는 의금부에서 심문하였고,
그 결과 사형 당했기 때문에 국왕이 전 국가적으로 엄청난 파문을
일으킨 도적 두목 홍길동의 출국을 묵인할 수 없다는 결론을 내렸다.
그는 또한 왜 국왕이 일반 백성은 물론 관군까지 살해한 도적 두목
을 살려서 출국시켜 주었겠는가 라고 반문하면서, 이는 설교수가 실
존인물과 이미지가 변화된 인물을 동일시해서 보려는 혼동의 소산이
라고 비판하였다(「국민일보」 1999. 3. 23).

이후 2001년 5월 4일, <홍길동 국제 학술심포지엄>이 개최되었는
데, 설성경 연세대 교수, 홍종필 명지대 교수, 국학연구자 양권승씨
(연세대 박사과정), 일본의 다카라 구라요시[高良倉吉] 류큐대 교수
등 10 여 명이 참가하여 홍길동의 실체를 놓고 토론을 벌였다. 여기
에서 설성경은 각종 문헌 등에 나타난 행적을 통해 한국의 홍길동과
일본의 홍가와라가 동일인물이라고 주장하였다. 그는 홍길동은 1440
년경 장성군 황룡면 아곡리 아치실에서 태어나 1500년경 의금부에
체포됐다가 탈출해 2000여명의 무리를 이끌고 일본 오키나와 류큐
열도로 망명해 민권운동을 폈다고 강조했다. 또한 양권승도 "일본
학자들은 전반적으로 홍가와라가 홍길동이 같은 인물이라는 점을 부
정해 왔으나, 최근 들어 동일인물로 인정하는 경향이 늘고 있다"고
주장하였다. 즉, 홍가와라 족보와 그 곳의 각종 무덤 양식 등을 볼 때

홍길동일 가능성이 높다는 것이다. 그러나 다카라 교수 등 일본측 연구자들은 "홍길동은 한국과 일본 오키나와 간의 교류사를 연구하는데 중요한 키워드다. 두 인물의 비교 연구에 박차를 가해야 한다"고말할 뿐 동일인물일 가능성에 대해서는 유보적 태도를 보였다. 그날토론의 전체적인 분위기는 "홍길동과 홍가와라가 동일인물이라는주장은 아직까지 추론에 불과하기 때문에 학계에서는 좀더 정교한물증을 확보하는 것이 홍길동의 실체 규명에 중요한 과제"라는 데에중점이 두어졌다.

지금까지 홍길동의 '일본진출설' 즉 '유구의 홍가라와설'에 대한연구사적 검토를 해보았다. 그러나 전체적으로 보아 사실적 근거가박약한 하나의 추론에 지나지 않는다고 여겨진다. 당시 국가의 기강을 뒤흔든 중죄로 의금부에 갇혀있던 홍길동과 그 무리들이 국왕의방조 내지는 묵인 하에 유구로 탈출해서 왕국을 건설했다는 주장은아무리 되새겨봐도 설득력이 없어 보인다.

3. <홍길동축제>의 현황과 특징 그리고 전망

1999년부터 지금까지 6회째 개최된 <홍길동축제>의 내용을 살펴보면 다음과 같다.

- 기 간 : 매년 5월5일 어린이날 전후 3일간
- 장 소 : 홍길동생가터, 공설운동장
- 주 최 : 장성군
- 주 관 : 장성홍길동축제추진위원회
- 목 적 : 최근 한글소설『홍길동전』의 주인공인 홍길동이 장성군
  아치실에서 태어나 국내에서 개혁과 정의사회를 구현하기
  위하여 활동하다가 일본 오끼나와에 진출한 실존 인물로
  밝혀져, 홍길동을 브랜드로 한 홍길동 생가 복원, 캐릭터
  개발 등 홍길동 관련사업을 육성 발전시키고자 노력한다.

아울러 관련 자료의 통시대적 그리고 임의적 활용보다는 계기적인 연결을 통해 홍길동의 역사성을 재구성해야 할 것으로 여겨진다. 또한 소설 속의 홍길동과 실존 인물 홍길동의 동일인물 여부에 관해서도 분명한 결론이 맺어져야 할 것이다. 즉, 이들 양자 사이에 존재하는 100년의 시간적 괴리감을 방치한 채 홍길동을 실존 인물로 확신하는 태도 또한 재고되어야 할 것이다.

이와 같이 <홍길동축제>의 특징은 다음과 같다. 첫째, <홍길동축제>는 최근 유행하고 있는 지역축제의 전형적인 패턴을 추구하고 있는데, 그 기본 축은 지역사회의 중심인물을 영웅화하는 데에 놓여져 있다. 특히 장성 <홍길동축제>는 영암의 <왕인문화축제>를 기본 모델로 하여, 확대 재생산하고 있다. 주지하고 있듯이 영암의 <왕인문화축제>는 왕인이라는 역사적 인물을 '지역 영웅화'한 다음, 이를 벚꽃이라는 자연조건과 연결시켜 축제의 상품성을 제고시켰다. 물론 "왕인이 진정 영암출신인가?"하는 부분에 대해서는 여전히 논란이 많지만(김병인 2001), 왕인은 전통적으로 영암지역의 영웅으로 인식된 도선과 그 위치를 자리바꿈 하는 데에 성공했다. 영암의 <왕인문화축제>가 지역축제의 모범적인 사례로 정착하게 된 까닭은 지역적이면서 전체사에서 비중있는 인물을 영웅화시키는 데에 성공했기 때문이다. 이에 각 지역에서 역사적 인물을 선정하여 지역축제의 매개로 활용하게 되었는 바, 장성의 <홍길동축제>·곡성의 <심청축제>·완도의 <장보고축제> 등이 그것이다. 그러나 영암의 <왕인문화축제>와 마찬가지로 과연 홍길동이 장성 출신인가 하는 부분은 반드시 풀어야 할 과제로 남아 있는 실정이다.

둘째, 축제의 중심인물이 해당 지역 출신이라는 사실을 증명하기 위한 문헌사적 검토와 유적지의 발굴작업이 병행되었다는 점을 들 수 있다. 영암의 <왕인문화축제>의 이면에는 왕인의 '영암출생설'

을 증명하기 위한 각종 학술행사와 발굴조사작업이 선행되었다. 그 결과 왕인이 태어났다는 생가터와 왕인이 마시고 자란 것으로 알려진 성천의 발굴이 행해졌다. 왕인이 학문활동을 행한 유적지로 주장되는 책굴과 문산재도 유적지 정화사업의 대상이 되었다. 이러한 일련의 과정은 궁극적으로 영암과 왕인을 일체화시키려는 노력의 소산이며, 이것이 역사적 인물을 통한 지역축제의 성공비결인 셈이다. 이에 장성에서도 홍길동의 '실존인물설' 혹은 '장성출생설'을 증명하기 위하여 수백억원의 예산을 들여 홍길동의 '생가터'와 '길동샘'을 발굴하기에 이르렀다. 현재 유적지 정화사업을 마친 '생가터'와 '길동샘'이 과연 역사적 고증을 통한 사실성의 재현인지에 대해서는 논란의 여지가 많다. 그러나 논란의 와중에서도 홍길동의 '장성출생설'은 이미 <홍길동축제>를 통하여 사실로 받아들여지고 있다. 문제는 기존의 장성의 지역정체성과 홍길동이 어떠한 상관성을 갖고 있는가 하는 점이다.

셋째, 장성에서는 <홍길동축제>의 시행과 함께 장성을 <문무의 고장>으로 재포장하고 있다. 지금까지 장성은 <문향>을 자부하여 왔다. <향문회>의 회보 명칭이 『문향』이며, 예로부터 장성을 "문불여장성"으로 일컬은 사실이 모두 여기에 연유한다. 그리고 장성이 호남지역에서는 유일하게 성균관 대성전에 배향된 김인후의 고향이며, 남문창의의 정신을 지킨 선비의 고장이라는 자부심 또한 마찬가지이다. 이들은 모두 주자성리학적 세계관에 기초하고 있는데, 특히 '유교정신' 혹은 '문' 그리고 '양반정신'으로 집약할 수 있다(향토문화협의회 1973, 38~39쪽). 그런데 홍길동이 이러한 정신을 재구성하는 중심축을 이루고 있다는 사실은 어딘지 모르게 어색하다. 왜냐하면 소설 속의 홍길동이라는 인물은 무인으로 등장하며, 서자출신이기 때문이다. 장성의 지역전통과 모순될 수 있다. 최근 들어 장성의 지역로고는 <문향> 혹은 <선비의 고장>에서 <문무의 고장, 장성>으로 바뀌었는데, 이는 홍길동을 통한 장성지역사의 재구성 작업의 일환이며, 지역전통의 축제적 변용이라고 할 수 있겠다.

Ⅳ. 전 망

이런 현상을 "지방사 연구와 지역전통의 재구성이 갖는 상관성"이라는 맥락에서 해석해볼 수 있다. 장성군은 1970년대 초 농촌사회의 급격한 해체과정에 직면하여, 지역정체성을 정립하기 위해 노력했다. 그 과정에서 선진적으로 향토사(지방사 혹은 지역사)에 대한 연구에 전념했으며, 결과적으로 '문향' 혹은 '의향'이라는 지역전통의 재구성을 이루어냈다. 아마도 장성이 그런 흐름에 일찍 착안할 수 있었던 것은 광주라는 대도시에 인접한 까닭이었는지 모른다. 최근에는 '홍길동'이라는 역사적 인물을 발굴하여 그 정체성에 대한 질적·양적 전환을 시도한 것이다. 대도시 주변의 농촌의 위기와 발전을 향한 욕망이 지방사 연구나 지역정체성에 대한 관심과 어떻게 만나는가를 장성의 사례가 시사하고 있다.

그럼에도 불구하고 축제의 핵심적인 모티브로 작용하고 있는 홍길동의 역사적 실체가 규명되지 않은 점은 여전히 문제점으로 남아 있다고 하겠다. 이에 장성과 홍길동, 일본과 홍길동의 상관성을 보다 구체적이고 사실적으로 규명해야 될 것으로 판단된다.

● 참고문헌

1. 자 료

『南門倡義日記』

『新增東國輿地勝覽』

『장성 향토문화』 창간호~22집.

『풍산홍씨 세보』

장성군, 2001, 『홍길동국제학술 심포지움 자료』.

http://www.totam.co.kr/todam.html.

http://web.cnei.or.kr/jries/web/cho/map/기산영수.htm.

2. 논 저

고석규, 2000, 「전남지방 향토사·지방사 연구의 추세」 『한국지방사연
　　　구의 현황과 과제』, 경인문화사.

김동욱, 1986, 「홍길동전의 비교문학적 고찰」 『허균연구』, 새문사.

_____, 1969, 「홍길동전의 역사적 溯源」 『이숭녕박사송수기념논총』.

김병인, 2001, 「왕인의 '지역 영웅화' 과정에 대한 문헌사적 검토」 『한국
　　　사연구』 115.

김삼호, 1974, 「향토문화개발협의회의 좌표」 『장성 향토문화』 2.

김성우, 2002년 가을호, 「홍길동전 다시 읽기 －조선사회의 경직화와 마
　　　이너리티의 저항」 『역사비평』 61호.

김태준, 1939, 『증보조선소설사』, 도서출판.

김희태, 1993, 「전남지방의 향토사연구 현황」 『전남지방의 향토사연구』,
　　　향지사.

설성경, 1998, 「홍길동전의 성립 배경」 『연세교육과학』 46.

_____, 1998, 「홍길동전의 핵심 소재와 작가」 『고소설연구』 6.

_____, 2002, 『홍길동의 삶과 홍길동전』, 연세대학교 출판부.

설성경·정철, 1998,『실존인물 홍길동』, 중앙 M&B.

이능우, 1969,「홍길동전과 허균의 관계」『국어국문학』 42·43합병호.

이종일, 1986,「향문회의 어제와 내일」『향토문화보』 11호.

장덕순, 1995,『한국문학사』.

장효현, 2001,「홍길동전의 생성과 유전에 대하여」『국어국문학』 129.

정주동, 1961,『홍길동전연구』, 문호사.

조동일, 1984,『한국문학통사』 3권, 지식산업사.

조성을, 2000,「경기지역의 지방사 연구현황과 과제」『한국지방사연구의 현황과 과제』, 경인문화사.

최홍규, 1977,「경기지역 향토사연구의 현황과 방향」『향토사연구의 회고와 전망』(제11회 전국향토사연구 전국학술대회 발표요지문).

제2부

사회변동과 지역 정체성

제5장

지역 정체성, 신분투쟁 그리고
전쟁기억

정 근 식

I. '문향'과 신분

장성은 최근에 지역활성화를 추진하면서 '홍길동'의 고장으로 자신을 표상화하고 있지만, 지난 30여 년 간 지속적으로 제시된 정체성은 '문향'이자 '선비의 고향'이었다. 또한 장성은 한국전쟁기에 계급과 얽혀있는 신분적 요인에 의해 많은 희생이 있었던 지역이다. 이런 사실로부터 우리는 '신분투쟁'과 지역정체성 사이에, 그리고 과거의 정체성과 현재의 정체성 사이에 작용하는 긴장이나 모순에 관한 질문을 이끌어낼 수 있다. '지역사 다시 쓰기'를 포함한 넓은 의미에서의 지역정치에서, '문향'으로 정립된 전통이 어떻게 새롭게 등장한 홍길동 표상을 수용하는가라는 질문도 가능하지만, 무엇보다도 심각하게 전개되었던 전쟁기의 신분투쟁을 어떤 방식으로 다루는가는 문화사회학적 맥락에서 흥미로운 주제가 된다.

최근의 한국전쟁 연구성과에 따르면, 전쟁은 분단국가의 국민형성의 과정이었고, 이것은 새로운 질서의 주도권을 둘러싼 계급투쟁 뿐 아니라 과거의 신분적 차별을 최종적으로 해체하는 사회투쟁을 수반하는 것이었다. 공동체적 자율성을 지닌 지역사회가 국가로 통합되고, 신분관계로 매개되어 있는 공동체 성원들이 균질적인 국민으로 전환되는 과정은 서구에서는 시민혁명을 통해, 탈식민 지역에서는 내전을 통해 이루어지는 경우가 많다. 한국전쟁기의 투쟁을 생활의 현장인 지역사회를 중심으로 바라본다면, 이념과 국가권력을 둘러싼 정규군간의 전투 이외에 국가권력과 공동체간의 투쟁, 그리고 지역 내의 계급투쟁과 신분투쟁이라는 요소가 중첩되어 있다. 투쟁의 구체적 양상은 지역사회의 생태학적 요인, 그리고 지역사회의 역사적 유산에 따라 다르게 나타난다. 험한 산이나 해안선의 존재여부와 같은 생태학적 요인 이외에도 군 지역사회 내에서의 신분적 요소의 배치양상, 과거의 일제의 지배기구나 새롭게 성립하는 분단국가형성에의 특정 문중이나 개인의 개입 정도, 근대교육과 기독교의 확산정도 등의 정치사회적 요인이 지역에 따라 다르기 때문이다. 특히 신분투쟁은 군 지역사회를 하나의 단위로 하여 진행되는 경향이 있는데, 그것은 군 단위 지역사회가 전통적인 국가권력의 지역파악과 신분적 지배질서가 만나는 지정학적 장소였기 때문이다.

이를 공간적으로 보면 읍내 세력과 읍 밖의 유력한 마을(군)간의 갈등과 투쟁으로 구성된다. 사회 신분적으로 보면 읍내의 전통적 향리가문과 읍 밖의 반촌에 거주하는 양반가문, 또는 이들이 이끄는 도덕공동체 간의 갈등과 투쟁이 중심축을 이루고, 반촌(마을권)에서의 지배문중과 신분적 하층 집단간의 투쟁이 보조축을 이룬다. 읍과 반

촌의 경쟁이 치열할수록, 말단 국가기구가 특정 문중에 의해 지배될
수록, 갈등과 희생이 커지기 쉽다. 동일한 양반집단이라 하더라도 전
쟁의 경험은 다를 수 있다. 이들은 한말의 의병이나 식민지시기의 활
동, 그리고 해방직후의 지역정치에의 참여여부 등 역사적 요인과 함
께, 대지주가 문중에 존재하는가라는 계급적 요인에 따라 전쟁과정
에서의 태도가 달라진다. 이들은 대체로 서로 단합하여 공동으로 상
황에 대처하지만 때때로 서로 경쟁하거나 싸우는 당사자가 되기도
한다.

한국전쟁은 국제적 냉전체제나 일국적 분단체제의 형성, 또는 지역
적 수준에서의 시민투쟁의 요소를 복합적으로 가진 것이지만, 최근의
한국전쟁 연구에서 나타나는 한 가지 특징은 전쟁경험과 기억을 초점
으로 하여, '기억 속에 있는 사실'(이용기, 2001)을 찾거나 분단 체제하
에서 국가권력에 의해 '국민'으로 창출되어가는 사람들의 생존전략을
규명(김동춘, 2000 ;정근식, 2002)하려고 한다. 국민형성의 틀에서 본다
면, 이념적 맥락과 함께 사회신분적 맥락을 고려할 수 있다. 한국전쟁
의 전개과정에서의 신분적 요인이 계급적 요인과 어떻게 복합적으로
작동하였는가의 문제는 한국의 사회신분제의 완전한 해체에 관한 관
심의 또 다른 측면이다. 즉, 사회신분제가 갑오개혁에 의해 공식적으
로 폐지되었지만, 그 유제는 식민지 지배기간에 의연히 남아 있다가
한국전쟁을 거치면서 그 모습을 드러냈다는 사실은 홍성찬(1992,
1999), 지승종 외(2000), 정진상(2000), 염미경(2001), 이용기(2001) 등의
연구에서 찾을 수 있다. 물론 양자의 복합적 양상에 관한 설명은 한말
이나 일제하의 사회이동을 바라보는 시각과 연결되어 있으며,[1] 어떤
요인을 강조하는가는 연구자마다 다르다.

---

1) 이런 틀에서 볼 때 중요한 연구성과 중에 이훈상의 연구(1990)와 홍성찬
의 연구(1992 ; 1999), 지수걸의 연구(1999) 등이 있다. 홍성찬의 연구는
화순 동복과 곡성의 사례를, 지수걸의 연구는 공주의 사례를 다루었다.

이 장에서의 연구는 구술사적 접근을 취한다. 한국전쟁연구에서 구술사적 접근이 갖는 강점의 하나는 공식적 기록에는 잘 드러나지 않은 신분적 요소의 작동을 심층면접을 통해 검증할 수 있다는 것이다.[2] 여기에서 주목해야 하는 초점은 행위와 기억이 이루어지는 시공간이다. 우리가 주민들의 생활세계를 공간적으로 구성하는 <지역사회의 인지 지도>라는 개념을 떠올린다면, 이것은 특정한 경계를 가진 영역 안에서 작동하고, 그 영역은 유력하다고 인식된 권력의 배치망 속에서 창조되고 또 재구성된다. 이 권력의 배치는 지역권력 연구에서의 평판 접근법과 밀접한 관련을 가진다.

이와 연관하여 <인지된 지역사>로서의 향토사라는 개념이 가능할 것이다. 지역공동체는 집합기억을 생산하고 재생산하는 유력한 경계이기도 하다. 집합적 기억의 영역성은 공동체적 규제력에 의해 영향을 받는다. 공동체적 압력은 마을내부의 갈등을 최소화하는 방향으로 작동하지만, 때때로 외부의 국가권력이나 다른 마을에 대해서는 신분적 우열의식과 결합하면서 배타적 권력으로 작동할 수 있다. 정체성의 구성이나 향토사 서술에서도 하위집단간의 시각의 차이가 존재하며, 이것이 지역정치의 긴장과 갈등의 원천이 된다.[3] 이는 세대나 계급, 또는 문중등 하위집단에 따라 다르게 구성되어 있지만, 공식적인 향토사에 의해 표준화되기도 한다.

이와 함께 집합기억을 드러내는 언어적 용어에도 주목할 필요가

---

2) 구술사의 근본적 제약은 첫째, 역사상을 '생존자'의 기억에 의존한다는 것, 둘째, 증언자가 항상 공동체의 리더에게 편향된다는 점이다. 이것은 개인 생애사보다 공동체사의 경우에 더 두드러지는데, 구술채록자가 항상 비교적 정확하고 내용이 풍부한 기억을 가진 사람에게 몰려가는 경향이 있기 때문이다.

3) 특정 지역의 역사는 해당 지역에 거주하거나 거주했던 사람들의 주관적 역사와 외부 연구자에 의한 역사로 구분된다. 임시적으로 양자를 구분한다면, 전자를 향토사, 후자를 지역사로 부를 수 있을 것이다.

있다. 기억은 어떤 범주의 용어로 재현되는가. 민주주의나 공화제의 원리가 사회구성의 규범적 원리로 확립되면 신분적 용어보다는 이를 간접적으로 함축하는 용어로 발화되며, 여기에는 문중이나 집안, 성씨가 자주 활용된다. 과거 지역사에 관한 기억 속에는 해당지역에서 활동했거나 그 지역 출신 인물에 대한 평판, 그리고 그를 둘러싼 문중이 자주 등장한다. 현재 한국전쟁을 기억하는 노인세대의 경우, 개인 또는 작은 영웅들이 각자의 문중을 배경으로 움직이고 있는 모습을 떠올리는 경우가 많다. 즉 인지된 지역사인 향토사의 중심에 문중적 요소가 강하게 각인되어 있다.

장성은 읍에 거주하는 전통적 의미의 향리가문의 힘이 매우 약하고, 기변양김(奇邊兩金)으로 약칭되는 행주기씨, 황주변씨, 울산김씨, 광산김씨 등 4성씨의 양반세력이 매우 강한 지역사회로 인식되고 있다.[4] 물론 각각의 성씨 내부에는 하위 분파가 있다. 특히 거대 문중인 울산 김씨의 경우, 황룡, 북상, 북하의 중파, 서삼의 장파, 진원의 계파 등으로 구별된다. 친족의식은 하위 분파인 문중이 단위가 된다. 이런 문중적, 신분적 범주가 식민지시기와 해방 후 전쟁기의 사회변동에서 어떻게 작동했으며, 또한 전쟁기의 경험이 오늘날 구술로 재현되는데 어떻게 드러나는가. 이런 질문에 응답하기 위하여 면접대상은 각 문중의 사정을 잘 알고 있으면서 이념적으로 서로 대립적인

---

4) 광산 김씨는 요월정이 있는 황룡면 황룡리를 거점으로, 울산 김씨는 하서 김인후를 배향한 필암서원이 있는 황룡면 필암리를 거점으로 장성군의 각 면에 광범하게 거주하는 문중이다. 장성의 기씨 문중은 광산군 임곡의 고봉 기대승의 후손과는 별도로, 황룡면 아곡리(아치실)를 세거지로 하며, 노사 기정진의 후손들이다. 이들은 한말의병장인 성재 기삼연과 송사 기우만을 배출하였다. 장성의 변씨 문중은 화차제작으로 유명한 변이중의 후손들이다. 변씨는 장성읍 장안리 일대를 근거지로 하지만, 넓게 거주한다. 이들은 오랫동안 혼맥으로 이어져 비교적 잘 통합된 지배집단을 형성하였다. 노사 기정진의 처가가 울산 김씨였다.

진영에 섰던 사람들을 망라할 수 있도록 고려하였다. 즉, 지역향토사가로 알려진 사람들과의 논의를 통해 비교적 객관적으로 증언할 수 있는 면접대상자를 선정하고 면접이 끝나면 서로 다른 경험을 증언할 수 있는 사람을 추천받는 방식으로 10명을 선정하였다. 면접은 2003년 4월부터 8월까지 수 차례에 걸쳐 행하였고, 2004년 초에 2인의 보충 면접을 실시하였다.

Ⅱ. 지역 정체성의 형성과 이면

1. 지역사에서의 '전통'

오늘날 장성을 지칭하는 문향이라는 지역정체성이나 이를 나타내는 장성문화권이라는 용어는 1970년대부터 시작된 향토문화운동에 의해 현대적으로 재구성된 것이다. 일제하에서 장성은 주로 '3성 3평'이라는 이름으로 알려졌다. 이것은 전남에서 일제가 다루기 힘들었다고 평가된 지역들을 약칭한 것이다.[5] 장성에서 지역전통의 재구성을 위한 노력은 1972년 향토문화개발협의회의 조직과 더불어 시작되었다. 이것은 조선시기의 유학적 전통을 문화적 자원으로 하면서, 1957년 변시연을 중심으로 창립된 한국고문연구회와 맥을 같이 하는 것이다. 향토문화개발협의회는 장성의 군 직원, 교사, 유학자 등 28명의 회원으로 "향토문화를 개발하고 지역사회의 미래상을 정립하고자" 창립되었다. 이들은 "농촌의 특성과 실정에 맞는 생활양식의 보급, 문화재 발굴 및 보호, 연구지 출판과 문예창작의욕의 고취"등을 내걸었다.

---

5) 3성은 장성, 보성, 곡성이며, 3평은 창평, 남평, 함평이다.

향토문화개발협의회(향문회)는 '문화유적지의 보존과 지역사회개발'에 기여하기 위하여 지역 내의 문화유적답사와 마을조사 등을 행하였다. 그리고 『향토문화』를 1973년 4월에 창간하였다. 1974년에는 군민의 날 제정안을 작성했으며, 『문향』이라는 월간 뉴스레터를 발간하고, 1975년에는 학술발표회를 중심내용으로 하는 제1회 문향의 축전을 거행하였다.[6] 군민의 날 행사는 1978년부터 실시하였고 이것은 1982년에 명칭이 노령문화제로 바뀌었다.

이들에게 학문적 지원을 한 것은 주로 대학교수들이었다. 이들은 노사 기정진 100주기 기념 학술강연회를 열어 장성의 유학적 전통을 드러냈다.[7] 향문회는 1979년 사단법인으로 등록하면서 단체의 소재지를 장성에서 광주로 이전하고 1981년부터 전남의 향토문화운동의 중심이 되기 시작하였다. 당시 대우재단에서 향토사연구모임을 지원하기 시작했는데, 이 지원을 받기 위하여 장성 향문회, 충북의 예성동우회, 김해의 가야문화연구회를 중심으로 전국향토사협의회를 결성하였다. 이 때 17개 단체가 결성되어 가입단체로 활동하였다.

이들의 활동과정에서 '장성문화권'이라는 용어가 등장하였다. 이는 조선전기에 장성에 거주한 하서 김인후(1510~1560), 태인의 일재 이항(1499~1576), 광산의 고봉 기대승(1492~?)을 중심으로 시작된 태극도설 논쟁의 전통으로부터 이끌어낸 지역정체성 규정이다. 이들은 이에 더하여 망암 변이중의 화차발명, 노사 기정진(1798~1876)의 유리론(唯理論), 송사 기우만의 한말의병, 성재 기삼연의 3차 의병 등을 정체성의 구성 요소로 첨가한다. 특히 노사가 중요한데, 호남의 근대 유

---

6) 『향토문화』는 1983년 8호까지 장성에서 발행되었고, 1979년 사무실을 광주로 옮긴 향토문화개발협의회가 9호부터 광주에서 발간해오고 있다. 이와 함께 장성문화원에서 『문향』이 1986년 4월 창간하여 매년 발간해오고 있다.

7) 여기에서는 이을호, 배종호, 윤사순, 박석련 교수 등이 발표하였다.

학은 주로 그와 그 문하생들로 구성되어 있다는 점 그리고 위정척사 사상의 형성초기에 보여준 그의 활동이 크게 작용하고 있다.

이들의 활동성과는 1982년『장성군사』의 발간으로 나타났다. 새로운 지역사 쓰기 프로젝트는 "1970년대 중반에 이르러 유림을 비롯한 각계 인사의 군지 발간에 대한 논의"에서 시작하여 1979년 12월 향토문화개발협의회의 구체적인 방안제시"(『장성군사』 2001, 806쪽)로 이어진 결과이다. 여기에서 '문향 장성'이라는 표현이 더욱 뚜렷해졌는데, 이는 "흥선대원군이 전라도 일대를 평하면서 인(人)불여남원, 지(地)불여순천, 결(結)불여나주, 곡(穀)불여광주, 전(錢)불여고흥, 호(戶)불여영광, 여(女)불여제주와 함께 문(文)불여장성이라고 표현했던 것"(『장성군사』, 1982, 857쪽)에 기원한다.[8]

『장성군사』(1982)에는 설문조사를 통해 수집한 마을현황이 부록으로 수록되었다.[9] 이『장성군사』는 "향토문화개발협의회에서 십수년간 발간한 연구지와 회보 등을 비롯한 향토자료"를 참고한 것으로, "480개 자연부락단위로 마을의 유래가 미흡하지만 정리된 것은 참으로 향토사에 획기적인 기록이며 이는 장성유사이래 처음"이라고 자평했다.[10] 이들이 재구성한 지역정체성은 조선 후기 호남사족의 동

---

8) 『장성군사』에서 '규정된 장성'은 "호남유학의 산실로서 하서 김인후는 유학의 원조로, 노사 기정진은 6대 성리학자로서 우뚝한 봉우리를 이루었으며, 선비의 기개와 실천의 모범을 보인 남문창의의 맹주 김경수, 화차를 발명한 변이중, 한말 의병의 지도자였던 기우만, 기삼연 대장은 뚜렷한 발자취를 남겼다. 또한 청백리의 귀감이 된 박수량, 국문학에서는 송흠, 조찬한, 조위한이 향훈을 남기기도 하였다"(『장성군사』 1982, 857쪽).

9) 최초의 마을지는 향문회장으로 활동하던 정채균이 강진군수로 부임하여 만들어낸 강진군 마을지이다.

10) 이후 장성군의 면단위 마을사연구 자료집이 이병직 문화원장의 주도아래 발간되었다. 또한 이 시기에 장성군마을사 연구위원회를 조직했으며,『장성 선비의 얼』,『장성의 전통문화』등을 출간했는데, 이것이 내무부가 주관하는 내고향전통가꾸기운동의 발단이 되었다. 장성군의 마을사는 장성문화원이 주도하여 1987년부터 자료를 수집하고 1988년부

향에 근거한 측면이 있다. 호남 사족 중에서도 장성과 창평,[11] 나주의 사족들의 자긍심이 가장 셌는데, 이들은 대체로 노론에 가까웠고, 해남을 중심으로 한 전남 남부의 사족들은 남인들이 많았기 때문에 이들의 자긍심에는 당파적 배경이 작용한 것으로 추정할 수 있다(이해준 1995; 김성윤 1998; 윤희면 2001). 이런 상황은 다음의 증언에 의해서도 증명된다.

> 증언자 1: 장성이나 창평에서는 나주 이남지역을 하향(아랫녁)이라고 불렀다. 장성양반의 위세는 정조 20년 김인후의 문묘 배향 후 맹위를 떨쳤고, 이것은 1930년대 필암서원에서 발간한 호남지에 장성이 맨 처음 기록되는 것에서 보듯이 근래까지 지속되었다.

이처럼 '장성사람들'은 '문향'의 근거를 필암서원의 존재에서 찾고 있다. 그러나 필암서원의 경제적 근거로서의 신분적 지배(전형택 1997)의 측면은 자긍심 위주의 향토사적 지평에는 잘 부합하지 않기 때문에 이는 전문적인 연구영역으로 위임되기 쉽다.

장성의 공식적 정체성과는 달리 실제 주민구성에서 양반이나 유생이 차지하는 비중은 상대적으로 낮다는 점도 흥미롭다. 1910년 5월에 발행된 민적통계표에 따르면, 당시 장성의 총 호수는 10,427호였는데, 이 중에서 관공리는 36호, 양반 36호, 유생 15호가 있었으며, 나머지는 대부분 농업호로 분류되었다(이헌창 1997, 117).[12] 군내 면

___

터 연차적으로 발간하기 시작하여 2002년까지 완료되었다.
11) 울산 김씨는 특히 창평 고씨와 혼맥으로 연결되었다. 장성의 4성씨가 모두 동일한 당파에 속했던 것은 아니며, 이런 문중간 차이가 필암서원을 중심으로 구성되는 지역정체성에 다르게 반응할 수 있다.
12) 『장성군사』(2001, 49)에는 이와 다른 통계표가 실려 있다. 『장성군사』에 실려 있는 통계로는 장성군의 전체호수가 13, 456호로, 이중 관공리 57호, 양반 64호, 유생 77호로 기재되어 있다. 이것은 현재의 행정구역에 맞추어 재편집한 결과이다.

별 분포를 보면, 장성읍에 관공리호가 15호, 양반 및 유생호가 12호
가 거주했다. 삼계면에 양반 및 유생호가 48호, 동화면에 43호인 반
면, 양반의 상징적 거점인 필암서원이나 요월정이 있는 황룡면에는
양반 유생호가 18호에 지나지 않았다. 장성 인근의 담양군에 양반
322명, 유생 104명, 창평군에 양반 100명, 유생 91명이 있던 데 비하
여 장성군은 양반 36명, 유생 15명에 불과하다. 좀더 범위를 넓혀 살
펴본다면 광주군 양반 100명, 유생 0명, 영광군 양반 136명, 유생 47
명, 나주군 양반 223명, 유생 146명이었다. 이처럼 다른 군에 비해 장
성의 양반과 유생의 규모가 작은 것이 조사방법의 군별 차이에서 오
는 것인지,13) 아니면 실제로 거주하는 양반 및 유생의 수자가 작은
것인지 불명확하다. 전자라면, 그것은 당시 장성이 의병활동의 근거
지였으므로 다른 군에 비해 경찰이 주도하는 이 조사에 더 비협조적
이었을 가능성이 크다고 추론할 수 있다. 그럼에도 불구하고 이 자료
에 충실하다면, 장성의 지역정체성이나 문향 이미지는 실제로 거주
하는 양반 유생들의 규모에 의한 것이라기보다는 상징적 인물의 존
재나 재구성의 집단적 산물로 보아야 한다.

『장성군사』는 2001년에 다시 발간되었다. 이것은 1990년대의 지역
정체성에 대한 재구성의 움직임을 많이 반영하고 있다. 가장 중요한
변화는 노사 기정진의 1860년대 민란에 대한 대응, 한말 의병의 활
동, 동학농민군의 황룡전투, 그리고 홍길동의 지역영웅화를 강조하
고 있다는 점이다. 이들은 공교롭게도 모두 조선후기의 신분적 갈등
의 요소를 담고 있는 것이다. 노사의 사상과 활동, 그리고 기우만이
나 기삼연의 활동이 지역의 양반적 전통이나 도덕공동체적 기반에서
성립했다면, 동학농민군이나 홍길동은 신분적 지배에 저항적인 전통

---

13)『민적통계표』는 군 및 군내 각 면별로 조제되었기 때문에 군 단위로 오
   류의 유형이 공통되는 경향이 있었다(이헌창 1997, 21). 광주군의 통계
   에서 알 수 있는 것처럼 조사에서의 오류가 있는 것이 확실하다.

을 표현한다. 그런데 상호 모순적이거나 적대적인 요소들이 동시에
강조되고 있다. 지역상징의 구성상의 잠재적 모순 뿐 아니라 후일의
공동체내에서의 갈등과 투쟁이 매우 강하게 표출될 수 있는 가능성
을 동시에 함축하고 있는 것이다. 그러나 이런 문제들은 새로운 지역
사쓰기에서 간취되지 않았다.

2. 지역사에서의 '한국전쟁'

공식적 향토사로서의 『장성군사』는 1982년과 2001년에 발간되었
다. 흥미로운 것은 『장성군사』(1982)에 장성의 해방5년사에 대한 언
급이 생략되었다는 점이다. 왜 그랬는가. 증언에 따르면, 향문회가
1982년 『장성군사』를 발간할 당시 한국전쟁을 어떻게 정리할 것인가
가 논의되었는데, 편집회의에서 당시 관련자가 생존하고 있어서 정
확하게 기술하기 어려우므로 '개괄'만 다루자고 결정하였다고 한
다.[14] 이런 결정에는 직접적으로 생존자문제가 작용했지만, 아마도
이런 고려의 배후에는 당시의 정치적 지형의 협소함, 그리고 이들이
추구하는 지역정체성의 내용과 전쟁 현실간의 모순이 작동하였을 것
이다.

그렇다면 여기에서 말한 전쟁의 '개괄'은 무엇이었는가. 『장성군
사』(1982, 350~353)에서는 전쟁경험을 '적 치하의 장성', 그리고 '장
성의 반공투쟁'으로 기술하고 있다.

"장성에 인민군이 들어온 것은 7월 23일 새벽이었다. 물론 아무 저항
없이 들어온 무혈입성이었다. 그러나 인민군이 들어오기 전부터 이미 장

---

14) 2003년 4월 광주 남구 문화원장 이종일과의 면담에 의함. 그는 이 운동
　시작부터 깊게 관여하였다.

성지방의 좌익분자들은 설치기 시작했다. 여기에 여순반란사건이후 입산
했던 빨치산들이 고향이나 연고지를 찾아 내려와 합세하기 시작했다."

인민군 치하의 장성에 관해서는 주로 정치적 기능을 한 조직과 위
치가 소략하게 기술되어 있다.

"읍내무서가 경찰서에, 정치보위부는 대창동 강병원에, 노동당 사무
소는 충무동 왕홍식당 자리에, 인민재판소는 등기소에 유격대 사령부는
매화동 천주교건물에, 조국보위후원회는 충무동 민가에 들어섰다. 일명
허사령으로 불린 김모가 유격사령관이 되었다. 이들은 우익인사들에게
자수를 권유하여 3일만에 50여명이 자수하였다. 여기에는 공무원이나
경찰 등이 포함되었고, 이들은 선무공작반으로 조직되었다."

『장성군사』는 한국전쟁에 관한 내용으로 장성의 반공투쟁을 매우
비중있게 다루고 있다. 장성읍 장안리를 중심으로 하는 태극결사대
(대장 변진일)의 활동을 자세하게 기술하였고, 그 외에 북일면 신홍
리 광복형제단(단장 변대옥), 북상면 용곡리 화랑단(단장 변기옥), 서
삼면 봉연리의 결사단(단장 이중석)등의 존재를 언급하였다.

이와 함께 전쟁기 피해에 관하여 비교적 자세하게 적었다. 이에
따르면, "장성군내에서 우익 인사가 있는 집안으로 피해를 가장 크
게 본 것은 북이면 사거리의 강씨 집안과 북하면 일대의 울산김씨들
이었다. 강씨 집안은 장성군 독촉 국민회 총무부장인 강민수, 강권수
등이 있었다." 두 번째 사례로 북하면 약수리와 중평리 일대의 울산
김씨 문중의 태극반 활동과 이에 대한 보복을 기술하였다(『장성군
사』 1982, 353쪽).

사실『장성군사』에서 다루고 있는 반공투쟁은 1969년 발간된『전
라남도지』(770~771쪽)에 처음 언급되었고, 보다 자세한 내용은 1975
년에 출간된『광복 30년』권3(김석학·김종명 편, 253~280쪽)에 의
존하고 있다. 이 책은 '전남에서의 한국전쟁의 기록'에서 장성의 경

우, "'허사령', 태극결사대, 두 가문의 떼죽음"이라는 제목의 세 부분으로 나누어 기술하고 있는데, 문맥으로 보면, 각 사건의 생존자들로부터의 구체적인 체험을 바탕으로 작성한 것임을 알 수 있다. 그러나 이 책이나 『장성군사』 모두 경찰 후퇴 때 발생한 보도연맹원 처형이나 우익테러에 관하여는 언급하지 않았다.

그렇다면, 그 후 20년이 지나서 발간된 2001년의 『장성군사』는 이런 문제를 어떻게 취급되었는가. 새로운 공식 지역사에는 약 20년 동안 진전된 장성에서의 동학농민전쟁과 의병투쟁에 관한 학술적 연구가 대폭 반영되었다.[15] 그렇지만 해방정국이나 전쟁기의 기술은 이전과 거의 달라지지 않았다. 해방정국의 장성에 관하여 아무런 기술이 없고, 여순사건이 미친 여파 또한 언급하지 않고 있다. 전쟁기의 장성에 관해서도 이전의 『장성군사』(1982)의 내용을 답습하고 있다. 이 지역사 역시 책의 후반에 마을유래라는 이름으로 마을지를 싣고 있는데, 특이하게도 비록 피해의 맥락에 관해서는 모호하게 처리하였지만,[16] 마을별로 조사한 한국전쟁기의 피해상황을 매우 자세히 싣고 있다. 그동안의 민주화를 감안한다면, 이러한 처리는 이념적인 요인보다는 공식적 지역사가 추구하는 지역정체성과 전쟁기의 투쟁의 양상과의 거리감이 더 크게 작용하였으리라고 추론할 수 있고, 다른 한편으로 보면 이것이 전쟁기의 피해를 말하는 방식이기도 하다.

---

15) 이는 『장성군사』 편집을 주도한 이상식교수의 적극적 역할에 따른 것이다.
16) 군사 쓰기에 참여한 증언자는 '쓰지 못한 내용'이 많다고 말했다. 이것은 외적인 검열에 의한 것이라기보다 그동안 형성된 '향토사가 가질 수 있는 어떤 규범적 경계'에 충실하려는 산물로 지역공동체의 일종의 내적 검열의 결과이다.

III. 한국전쟁의 경험

1. 역사적 배경

해방정국과 한국전쟁기의 상황을 염두에 둘 때 지역의 리더쉽은 1920년대 후반, 특히 신간회 시기에 형성되었고, 이들이 해방 후에 지역 리더쉽의 상층부를 구성했다고 할 수 있다. 신간회 장성지회는 1927년 12월에 결성되었는데, 지회장은 김시중이었다.[17] 1929년 1월 부회장 송종근이 출판법 위반으로 구속되었고, 2월에는 김시중을 비롯한 간부 5명의 공판이 있었다. 1931년 2월에 열린 제4회 정기대회의 간부로 집행위원장 김시중, 집행위원 이혁구, 이영구, 임종국, 김규환, 김옥, 김기형, 변동갑, 동 후보로 유긍희, 송종근, 김장환 등이 피선되었다. 이 밖에 신간회 장성지회 창설의 주요 인물로 나승규가 서기를 맡았는데, 그는 1929년 6월의 신간회 복대표대회에서 중앙집행위 후보로 선출되었다. 이런 신간회 지도부는 1926년 광주의 성진회 활동에 참여한 김기주, 나승규, 김종선, 송종근의 활동의 연속선상에 있다. 또한 송동식, 이영백, 김병기, 김종기, 최달봉, 박중진 등이 광주학생운동의 독서회에 참여하였다.

김시중, 송종근, 나승규를 중심으로 하는 장성의 엘리트들은 신간회 활동시기에 장성 농민조합과 1930년대 초반 협동조합활동으로 강력한 인적 네트웤을 구성했다. 장성의 지도층사회에 미치는 인촌 김성수의 영향이 매우 컸다. 인촌 가문은 부안으로 이주하기 전까지 장성에 살았던 울산김씨였다. 장성의 청년들은 중앙학교를 졸업한 사람이 많고 및 상당수가 삼양사 농장과 관련을 맺었다. 김시중은 장성

---

17) 그에 관한 자세한 사항은 안종철 외(1995)의 김시중 편을 볼 것.

의 최대의 지주로 황룡면 울산김씨의 대표격이었다. 이들은 어렸을 때 고정주가 1906년에 설립한 창평 영학숙에서 송진우, 김병로, 백관수 등 호남일대의 인재들과 같이 수학했다. 김시중을 대표로 하는 울산김씨들은 사재를 출연하여 1920년 9월 월평학교를 설립하였는데 (동아일보 1920. 8. 31; 1921. 9. 28), 이 학교는 일제에 의해 1924년 공립보통학교로 개편되었다. 송종근(1901년생)은 서삼면 송현리 출신으로 상해에서 군관학교를 졸업하고 돌아온 사회운동가이며, 평생 김시중과 친교를 맺었고, 해방 전에는 인촌 김성수와도 자주 왕래하였다. 나승규는 삼계 출신의 유력한 사회운동가로 가장 급진적인 지도자였다. 이들 외에 주요 인물로 북이면의 김기형, 북하면의 김인수[18]등을 꼽을 수 있는데 이들은 울산김씨들이었다. 이들과 무관하게 온건한 농촌운동을 했던 김영하도 거론할 수 있다. 그는 광산김씨의 대표격이었다.

식민지기의 장성의 상황에서 관심의 대상의 하나는 한말 의병을 주도한 기씨 문중의 향배이다. 송사 기우만의 가족은 식민지하에서 일제의 교육과 납세를 거부했고, 그의 후손은 매우 가난하게 살았다. 송사의 현손인 기호중과 한학자 변시연의 증언에 따르면, 위정척사 파였던 기씨 문중의 분위기를 알 수 있다.

> 증언자 2: "송사의 손자인 나의 조부(기노선)는 매우 가난했다. 1930년경 부친이 젊었을 때, 머리를 깎자 조부가 화가 나서 화로를 부었다. 부친은 조부와는 달리 발동기를 이용하여 농사를 지으며 30-40마지기 정도의 전답을 마련했다. 성재 기삼연 후손도 매우 가난했다. 기씨 집안은 학문적으로는 뒤떨어지지 않으나 사회적으로는 뒤떨어졌다. 가난했기 때문에 한국전쟁기에는 문중의 전반적 분위기는 좌익에 가까웠지만, 그렇다고

---

18) 그는 북하 면장을 역임했고, 20대에 사립 약수학교를 만들었다. 설의식이 이 학교에서 교사로 봉직한 적이 있다.

지도자급에 속하는 사람은 거의 없었다. 같은 척사파인 난와
(오계수) 손자들도 마찬가지이다. 가난하니까 선조들의 위업
을 제대로 치장하지 못했다. 위정척사탑 하나 세우지 못했다."

증언자 3: "기씨네 집안은 한마디로 안 죽었으니 살았지, 5적 암살미수
사건을 일으켰던 기산도 같은 이는 유리걸식하다 죽었네. 성
재 이시영 선생이 해방 후 기씨들을 찾아, 기산도의 안부를
물었는데 이에 답하기를, '죽어서 묘를 썼는데, 유리개걸지사
기산도지묘라고 목비를 세웠다'고 말하자 눈물을 줄줄 흘렸
다는 말이 있어. 기씨들 한테는 친일파가 없네. 많은 사람들
이 독립운동에 가담했고, 거개가 사회주의여, 요새는 그런 소
리해도 괜찮지. 건준할 때 모두 거기 붙었어.

일제 말기에 장성의 민족운동은 1940년 성립된 무등회로 이어진
다. 1943년 동맹휴학으로 번진 무등회 사건으로 기환도는 고문치사
를 당했고, 그의 아우 기영도는 수감 중 해방으로 석방되었다. 장성
에서 친일파 쪽에 가까운 인물들은 도 평의회 의원과 몇 명의 면장
정도였다.

해방직후 장성의 건준은 김시중과 송종근이 주도하였다. 김시중은
건준과 한민당 전남 책임자로 활동을 하였다. 건준에 이어 다른 지역
에서처럼 인민위원회가 성립하였을 때 이것은 송종근이 주도하였다.
이 산하에 치안대가 설치되었는데, 치안대장에 임종웅이 활동하였
다.[19]

증언자 4: 송종근은 말 잘하고 똑똑한 사람이야. 강연 들었는데, 사람
눈물나오게 하지.

송종근의 정치적 지향에는 그의 아들인 송태환의 영향도 있었다.
그는 고창고보를 졸업했고, 해방직후에는 근화단이라는 청년단을 조
직하여 단장으로 활동했다.[20] 송태환은 또한 황룡면 월평학교 교사

---

19) 전남의 건준 및 인민위원회에 관해서는 안종철(1991) 참조.

로 일했고, 보성전문 재학 중에 월북하였다. 그는 전쟁발발 직전에 북한에서 영광으로 상륙하다가 체포되어 사망했다고 한다.

미군정이 국가기구 및 경찰을 정비하고 지역을 장악했을 때, 장성군수에는 김연하, 장성읍장에는 서기풍, 그리고 장성경찰서장에 변성연이 임명되었다. 장성에서 국가형성세력이 뚜렷해지는 것은 1948년 5·10선거라고 할 수 있다. 장성에서는 김상순, 백인규, 정규문, 김병수 등이 출마하였는데, 정규문을 제외한 3명의 후보가 모두 한민당이었다. 결국 나머지 두 후보가 사퇴하고 북이면 사거리 출신의 김상순이 당선되었다. 그는 일제 때 도의원을 지낸 중규모의 지주였고, 정치적으로 한민당 외에 대동청년단의 배경을 가지고 있었으며 또한 울산김씨의 배경을 가지고 있었다. 백인규는 삼서 출신으로 중앙고보를 졸업했는데, 반민특위에서 김상돈과 함께 활동했던 인물이다. 김병수는 진원면 출신으로 독촉 국민회장으로 활동한 인물이었다.

이들이 장성의 국가형성기 정치사회를 구성했다면, 김시중과 송종근을 비롯한 일제하의 신간회 및 협동조합 활동가들은 미군정주도의 정치사회에서 배제되었다. 장성의 토착적 공동체의 가장 유력한 인물이었던 김시중은 초창기 한민당 간부였지만, 다른 길을 걸었다. 그의 이런 행로에는, 많은 사람의 증언에 따르면 그의 오랜 친구이자 동지였던 송종근의 영향이 컸다. 한 증언에 따르면 송종근이 인민위원장을 역임하다 미군정에 의해 체포되었을 때 김시중이 이를 끝까지 돌보았다. 한민당 간부들이 이를 싫어했지만 그는 이에 개의치 않았다. 김구과 김규식이 남북협상차 북한에 갔을 때 이들도 비밀리에 북한에 다녀왔으며(증언자 9), 이것이 한국전쟁기에 그의 진로선택에 결정적인 역할을 한 것으로 보인다.

---

20) 이 조직에 직접 참여한 한 증언자(5)에 따르면, 이 조직에 김녹영이나 김정수등 30~40명의 단원이 활동했다.

김상순과 김시중의 경우처럼, 울산김씨들의 정치적 성향은 마을별 계파와 계층에 따라 여러 갈래로 나뉘었다. 김시중과 같은 예외를 제외하면 대체로 "상층은 우파적 길을, 하층은 좌파적 길"을 걸었다(증언자 10). 울산김씨의 경우, 이른바 천석꾼으로 불리는 중소지주들이 여러 명 있었다. 일제하 장성지역의 지주에 관한 정보는 농지개혁사 편찬자료10(한국농촌경제연구원 1985)를 통해 부분적으로 알 수 있다. 1930년 전북과 전남의 지주조에 따르면, 조선인지주로 장성면의 80정보를 소유한 김동국, 83정보를 소유한 김상필, 그리고 부재지주로 경성에 거주한 57정보의 이근호 등 3인이 기록되어 있다.[21] 전반적으로 장성은 다른 군에 비해 대지주가 적었다. 해방 후 농지개혁시 전라남도 20정보이상 피분배 지주명단에 따르면, 장성군에는 장성면의 김상필(전답 44.7정보), 북상면 동현리 김병욱(32.3정보), 삼서면 대도리 이현순(66.3정보) 등 3인이 있었다. 이중 김상필은 황룡면 맥동이 근거지로 일제하에서 도의원을 했지만, 해방 후에는 정치에 관여하지 않았다.[22]

장성주민들은 광산김씨의 대표적인 인물로 김영하를 꼽는다. 그는 조병옥의 제자로, 연희전문 상과를 졸업하고 농촌운동을 하였다. 해

---

21) 이외에 1926년 전북의 지주조에 따르면, 고창군에 약 700정보를 소유한 박규용이 장성 북이면 달성리에 거주하였다. 일본인 지주로 1925년 30정보 이상 소유한 일본인 지주 자료에는 장성군에 천기(川崎), 중촌(中村), 본전(本田), 삼분(森分), 말송(末松) 등이 보이나, 1931년 일본인 농사경영자조에는 1915년 농장을 창립한 산전정삼(山田貞三)이 136정보(일본인 농사경영자조)를 가진 것으로 나타나고 있었다. 136정보를 가진 일본인 지주 고교구태랑(高橋龜太郎)도 보인다.

22) 그 이외에 대표적인 울산 김씨의 반촌에는 기록되지 않은 (흔히 천석꾼으로 불리는) 중규모 지주들이 있었다. 북상면 덕재와 기동의 김병윤과 김상훈, 북하면 중평의 김상설, 신평의 김상효 등이 그들이다. 중평은 덕재나 기동에 비해 김씨 동족촌의 성격이 더 강했고, 이 때문에 전쟁과정에서 피해가 상대적으로 적었다.

방 후 여순사건 당시 순천군수에 재직하고 있었다.[23] 해방정국에서
기씨들의 활동은 별로 없었다. 다만 기씨중 우익으로 분류되는 인물
은 한독당원으로 활동한 기형도이다.

장성의 해방정국에서 좌파의 대중적 조직화의 중요한 사건으로 조
정가해야 하는 것은 1946년 11월, 민족교육운동[24]의 일환으로 장성
중학교가 설립되었다는 점이다. 장성중학교는 처음에 장성읍의 보습
학교 터에 자리를 잡았다. 이 학교의 설립을 실질적으로 주도한 인물
은 해방 전에 경성제대를 졸업하고 해방 후 고향에 돌아와 마을마다
야학을 만들면서 활동을 했던 오홍석[25]과 그의 친척인 김인규이다.
오홍석은 1918년 장성 기산리에서 출생하였으며, 그의 부친이 1930
년대 전반기 5년간 황룡면장을 지낸 오일규였다. 김인규는 유탕리의
김녕김씨 종손이었다. 이들과 함께 학교설립에 참여한 사람들은 이
달중, 강현수, 오희근, 정준모, 김현복 등이다. 이들을 통해 지역사회
의 새로운 청년지도층의 성장을 엿볼 수 있다. 학교의 교장은 송종근
이 맡았다.

장성에서 중학교의 설립과 함께 민중투쟁의 흐름이 형성되기 시작
한 것은 1946년 11월이다. 대구에서 시작된 10월의 농민항쟁의 흐름
이 전남농촌에 파급되었다. 이후 몇 차례의 민중적 저항의 파도가 밀
려 왔는데, 그 중에서도 큰 파도는 한편으로는 단정단선반대의 흐름

---

23) 그 후 그는 전남 문사국장(현재의 교육감), 전북, 충북의 문사국장을 역
  임하였다.
24) 이에 관한 자세한 내용은 최정기(1992)를 볼 것.
25) 그는 광주고보를 졸업하였고, 1937년 경성제대 예과 14회로 입학하였다.
  그는 문과 갑류로 영문학을 전공하였다. 경성제대에서 수학할 때 김태
  준, 정해진 등에 영향을 받았다. 해방을 전후한 시기에 임화에게 가르침
  을 받았다. 1947년 고려대에서 자리를 잡았는데, 1948년과 1949년 북한
  에 다녀왔다. 자세한 것은 오제신, 거르재, 월간 예향 2001년 5월호를
  볼 것.

이었고, 다른 하나는 1948년 10월의 여순사건이 몰고 온 것이다. 장성은 점차 지리산과 노령산맥에서 활동하는 유격대의 영향권에 들어가기 시작했다. 1949년 7월 23일 유격대에 의해 장성의 서삼지서가 소각되었으며, 한국전쟁이 발발할 때까지 유격대가 활동하고 있었다.

> 증언자 5: 5.10선거 때 장성에서는 선거에 대한 반대활동이 북삼면을 중심으로 활발했다. 과거 의병활동의 근거지였던 수연산, 문수산, 백암산 등지에서 유격대가 활동했으며 이는 전쟁 직전까지 지속되었다. 이 부대는 김병억이 이끌었고, 이 부대는 지리산으로 후퇴하지 않고 장성인근 산악지역에서 버텼다. 김병억은 장성중학에서 오홍석의 영향을 받아 사회주의자가 되었다고 한다. 그는 1949년 지리산 유격대에 합류하였으며, 전쟁이 나자 장성지구 유격대 사령관이 되었다.

여기에서 알 수 있는 것처럼, 장성의 북부는 전쟁 발발이전인 1948년부터 일종의 내전상태(강정구 1996)에 있었다고 말할 수 있다. 장성에서 5.10선거에 대한 반대가 심했으며, 이것이 마을단위까지 확산되었다는 것은 장성읍 백계리의 남양촌의 사례에서도 확인이 된다.[26] 남양촌은 일제하에서 신간회 장성지부 재정부장이었고 협동조합 운동을 했던 이영구[27)]가 거주하던 마을이다. 장성군지에 따르면 일제 때 58호가 살았고 이 중 차씨 11호, 김씨 호 등 여러 성씨가 살았으며, 6.25전후에 32명이 죽었다고 기록되어 있다(2001, 1137). 이 마을 일대는 백계리 백계마을에 거주하는 김종기가 리더가 되어 활동을 하고 있었다. 그는 광주학생운동사건에서 퇴학을 당한 경력이

---

26) 남양촌은 원래 대사 또는 기룡이라는 이름의 마을로 인근에 있던 청암역과 관계가 있었으며, 한말 해남현감을 지낸 이용중이 마을의 황룡강변에 야은재를 짓고 이것이 제갈량의 와룡강변 남양초당과 비슷하다고 남양촌이라고 부른 것에 유래한다.
27) 그는 당시 금타라고 하는 처사가 시절이 수상하니 사회활동을 하지 말라고 권유하여 은둔하고 있었다.

있는 민족운동가였고 약 300석의 지주였다. 그는 해방 남노당 후 군
당 조직의 간부로 활동했으며, 그의 영향력 아래에 있던 마을 청년들
이 활발하게 활동을 하였는데, 중심인물은 양재환(1921년생)과 김재
홍(1923년생) 등이었다. 5.10 당시 선거가 인근 장성 북국민학교에서
이루어졌는데 남양촌 청년들은 선거감시를 나온 경찰 2명을 사살했
다. 징병되었다가 해방 후 돌아온 이농기(1924년생)가 당시 경찰이
소지하고 있던 99식 소총을 뺏어 사살한 것이다. 이 사건이 발생하자
기동대가 출동하여 마을에 방화를 하였다. 양재환과 김재홍, 이농기
등은 이 사건으로 입산하였다.[28] 흥미로운 것은 양재환이나 김재홍
이 빈농들이 아니라 100석규모의 자작지주들이었다는 점이다. 당시
남양촌은 이영구가 약 800석 정도의 지주였고, 그 아래에 양재환과
김재홍이 있었으며, 나머지 주민들은 대부분 자소작농들이었다.

　이처럼 장성에서는 전쟁이전에 이미 유격대가 활동하고 있었고,
그 중요한 활동가가 후일 허사령으로 불린 김병억이었다. 그가 전투
적인 활동가가 된 것은 한편으로는 장성중학 교사였던 오홍석의 영
향이었지만, 보다 구체적인 의식화의 통로가 있었다. 그의 가까운 친
척인 증언자 10의 증언은 다음과 같다.

> 증언자 10: 김병억형은 북하면 용두리 하만부락에 사는 우리 백부 김상
> 　　　　협의 둘째 아들입니다. 1929년생이지요. 우리 조부는 한말
> 　　　　에 몽유록이라는 한문소설을 쓴 김광수입니다.[29] 백부가 일
> 　　　　제때 미두하다가 패가망신해서 1930년대 후반에 식구들을
> 　　　　끌고 만주에 가서 십장노릇을 했고 큰 어머니는 함바식당
> 　　　　을 하는 등 고생했습니다. 그러다가 해방되어 돌아왔는데

---

28) 인민군 진주와 함께 양재환은 나와서 활동하다가 후퇴후 다시 입산하여
　　행방불명이 되었고, 김재홍은 오홍석, 김종기 등과 함께 유격대 활동을
　　하다가 경찰의 유인작전에 말려들어 체포되었다.
29) 김광수는 1907년 몽유록이라는 한문체 소설을 쓴 지역의 지식인이었다.
　　그의 몽유록에 관해서는 조용호(2001)를 볼 것.

좌익사상은 없었어요. 형이 서당에 다니다 1946년에 장성중
학이 생길 때 늦게 학교에 들어가 읍 성산리 상풍에 있는
우리 집에 하숙을 했는데, 마라톤도 잘하고 건장했어요. 그
때 우리 바로 옆동네인 남당마을에 살던 구0복30)이라는 사
람이 있었어요. 이 사람이 일제때 학병으로 끌려 갔다가 중
국 연안으로 탈출했었는데, 46년 6월경에 마을로 돌아와서
청년들을 규합하였습니다. 내가 그 집에서 사람들이 모여
학습하는 것을 보았는데, 가끔 '오씨'도 나타났습니다. 그
구씨가 그 해 11월에 병역 형에게 입산하라고 지령했습니
다. 그 때 나이가 불과 18세였습니다. 물론 그 때는 연락원
정도였고, 가끔 장성중학교에도 나타났는데, 언젠가 경찰이
학교에 온 그를 쫓아가는 걸 본 적이 있지요.

일제하에서 일본이나 만주, 또는 북한 지방으로 나갔다가 귀환한
사람들이 이 시기에 밑으로부터의 정치적 활성화에 중요한 역할을
했다는 사실은 널리 알려진 이야기인데, 이를 뒷받침하는 또 다른 사
례가 발견된다.

> 증언자 6: 나는 1923년생인데, 호적이 갑자생이어서 1945년 2월 징병으
> 로 용산을 거쳐 큐슈로 끌려갔다가 그 해 9월말에 기산리 고
> 향으로 돌아왔어요. 12월에 경찰시험 보러 갔다가 장성노동
> 조합에서 시험장을 습격하여 도망 나왔지. 그 후 농사만 짓
> 고 살았습니다. (지금 생각하면 경찰에 안 가길 잘했어요.)
> 1949년 당시 마을에 세포조직이 있었는데 일제 때 흥남공장
> 에서 일하다 48년경에 돌아온 조기해라는 사람이 책임자였
> 습니다. 그것이 발각되어 경찰서에 끌려가 몽땅 두들겨 맞고
> 그 때 동네에서 두 명이 죽었어요.

전쟁전의 준전쟁 상태는 민중적 흐름에 대한 국가권력의 탄압과
이에 대한 무력저항에 의해 형성된 것이다. 경찰은 저항자에 대한 공

---

30) 그는 1948년 혹은 49년에 경찰에 체포되어 총살당했다. 그러나 그의 형
   은 일제말기에 군청의 인적 물적 공출에 앞장을 서서 인심을 잃었던 사
   람이라고 한다.

포정치를 시작하였다. 장성에서는 황룡시장에서 수 십 명을 공개적
으로 처형했다. 남양촌에서도 이 때 1명이 희생되었는데 그는 당시
22세의 전대자라는 청년이었다. 증언자 9에 따르면, 그는 좌익도 아
닌데 좌익 혐의로 죽었다. 경찰의 자의적 권력행사가 이루어졌다. 오
홍석의 경우 1950년 3월 치안국에서 좌익활동에 관한 조사를 받았는
데, 신병이 전남 경찰국으로 인도된 후, 기소중지로 풀려났다. 그는
법관과 경찰간부였던 대학 친구들의 도움으로 석방되었는데, 상환답
500마지기가 들어갔다(오제신 2001, 249쪽).

1950년 5.30선거는 5.10선거와는 양상이 달랐다. 후보로 총 11명이
난립하였는데 대부분의 후보가 무소속이었다. 이 선거에서 장성읍
안평리 변씨 문중을 배경으로 한 변진갑이 12,000여 표를 얻어 당선
되었다. 그는 해방 후 장성의 우파의 중심인물로 활동했는데, 그의
부친이 식민지기 장성면장을 역임했다. 그 자신은 해방후 5년간 읍
장을 하면서 공산당 반대 강연을 많이 하였다. 김병수는 제헌의회 선
거에서 출마했다가 사퇴했는데, 5.30선거에도 민국당 후보로 출마하
여 3,500표를 얻어 낙선하였다. 5.30 선거에서 차점자였던 신창호는
모현리의 지주였다. 무소속으로 출마한 김요건은 중앙고보와 고대를
졸업한 울산김씨로 문관 중령이었다. 이들 외에 대한청년단장을 한
박남순이 분단국가 형성기의 주요 인물이었다.

2. 전쟁경험

장성지역에서 인민군의 점령은 별다른 저항없이 이루어졌고, 다른
지역에서처럼 장성에서도 주민들에 대한 조직화가 진행되었다. 공식
기록에는 전쟁기에 장성군 노동당 위원장은 북한에서 내려온 이모였
으며, 군 인민위원장은 북상면 출신의 이모, 부위원장은 사범학교 출

신의 이영백이었다. 그러나 대부분의 주민들은 당조직과 인민위원회 조직을 명확하게 구분하지 못하며, 잘못 알려진 경우가 많다. 실제로 조직활동을 했던 경험자들만이 이를 구분할 수 있다. 이 시기 조직활동에 참여했던 한 증언자의 증언은 다음과 같다.

> 증언자 6: 장성군당 위원장은 북이면 모현의 빈농 출신의 이영세였는데 그는 전쟁 전에 유격대 활동을 했다. 부위원장은 북한에서 내려온 양관수였다. (그는 입산했다가 자수하여 살다가 병사했다.) 인민위원장은 송종근이었고, 조직부장은 북한출신이 맡았으며, 선전부장을 오홍석이 담당하였다. 선전부에 주로 인텔리들이 배치되었다.

서울대를 졸업한 김동성이 피난차 와 있다가 민청위원장으로 활동하였지만, 그밖의 기층조직은 비밀이어서 그다지 알려지지 않았다.

> 증언자 3: "그 사람들 조직이 묘하지. 직접 일대 일로 포섭하므로 잘 드러나지 않아요. 나는 6·25때 은둔생활을 했지. 낮에는 꼴베고, 밤에는 콩밭에서 자고 … 당시 위원장은 송종근이었는데, 그 사람은 온건파라서 사람 죽일 위인이 아니지. 누가 강경파로 지휘했는지 몰라. 10년이상 징역살다 나온 차00이라고 있는데, 그 사람이 잘 알고 있어요. 그런데 그 사람한테 물어보았어도 끝까지 안가르쳐 주데."

전쟁기간에 장성군의 리더쉽의 특징은 전쟁전 입산 활동자들이 돌아와 중요한 역할을 담당했다는 것이다. 김병억이 대표적인 사례이다. 그런데 이들중 간부급은 군에서 활동한 것이 아니라 도당에서 주로 활동을 하였다. 그리고 이들의 가족도 적극적으로 활동했다. 김병억의 부친인 김상협은 북상면 인민위원장 역할을 했다. 군 단위의 조직은 의식적 활동가들이 주도했지만, 리나 마을단위의 경우 민중들의 자발적인 활성화에 못지 않게 이른바 기본계급을 염두에 둔 충원이 이루어졌다. 장성 북하 지역의 한 마을의 경우 가장 낮은 신분이었던 '당골네'가 여맹위원장이 되었는데, 수복 후 '자신은 별다른 죄가 없다'고 생각하여 그대로 마을에 남아 있다가 학살되기도 했다.

한편, 군당과 인민위원회는 9월 29일 장성읍에서 철수하여 남창골로 입산하였다. 장성읍에서 철수할 때, 좌익은 지주, 친일파, 군경가족, 우익 청년단 간부 200여명을 네 대의 트럭에 싣고 호송하다가 도중에 트럭 세대에 실린 인원은 석방하고[31] 나머지 50여명은 처단하였다. 이들의 입산 후 군당과 인민위원회가 재편되었다. 군당이 지구당으로 개편되면서, 군당위원장은 도당으로 전출했으며, 지구당은 광양출신 김채윤[32]이 맡았다.

인민위원회와 좌파들이 입산한 후 약 3주간의 상황을 기존의 기록들은 '행정부재'라고 표현하지만, 실제로는 치열한 투쟁 상태였다. 1950년 10월 3일 경찰이 장성읍을 일시 수복하였고, 그 후 공방의 과정에서 장성경찰서가 소각되었다. 10월 7일 삼계지서가 소각되고 이어 10월말까지 차례로 북이지서, 진원지서, 북상지서, 황룡지서, 동북지서, 북일지서, 삼서지서, 북하지서, 성산지서가 소각되었다. 1950년 10월 학생의용대가 조직되어, 경찰과 합동작전을 하였다.

> 증언자 5: 10월초, 1차 군 작전후 수복된 장성에 나가보았는데 그 쪽 분위기가 미수복 된 북쪽 지역을 철저히 감시해요. 지금 장성댐 있는 곳이 경계인데, 거기서 장성군 유족동지회장을 만났지요. 북상, 북하는 언제 수복될지 모르고 수복될 때까지 그대로 집에 있다가는 좌익에 죽거나 좌익으로 몰려 죽겠다싶어서 재빨리 나왔지요.

> 증언자7 : "사변전 빨치산은 공산주의 성향이 강하고, 주민들도 동조적이었는데, 인민군 점령 3개월 동안 항상 불려 다니는 동원체

---

31) 오제신의 회고록에는 오홍석이 이들의 처단을 취소시켰다고 한다.
32) 그는 후에 체포되어 포로수용소에 수감되었다가 도망하였는데, 다시 체포되어 처형되었다.

제가 지속되면서 민심이 이탈했다." 이 때문에 국군수복시 주민들은 이를 환영했다.

장성읍이 수복되고 군청과 경찰서 업무가 재개된 것은 10월 22일이 었다. 이 때부터 다시 입산자나 부역혐의자를 찾는 과정에서 우파와 경찰에 의한 폭력이 재개되었다. 장성에서의 유격대 토벌은 1950년 10월 10일 시작된 호남지구공비토벌작전의 일환으로 11사단(사단장 최덕신, 연대장 박기병)이 주도하였는데, 이들은 중국전쟁에서처럼 민가를 소각해버리는 견벽청야 전법을 사용하여 불탄 마을이 많다.

군경에 의한 입산자 토벌은 1951년 4월 11사단과 8사단의 교대와 더불어 강화되었다. 장성을 비롯한 인근 지역에서 입산한 유격대는 순창 쌍치를 중심으로 근거지를 형성했다. 그러나 장성의 좌파 지도부를 형성했던 김시중, 송종근, 오홍석 등 비전투요원들은 1951년 3월 24일 체포되었고, 적절한 재판절차 없이 3월 28일 처형되었다.

이들이 체포되고 처형되는 과정도 흥미롭다. 토벌대는 입산자들에 대한 공세를 취하면서 순창 쌍치에 있었던 지도부를 읍과 산악지대의 중간 마을인 남양촌으로 유인했다. 마을의 맨 끝에 있는 집이 안전한 은신처인 것처럼 하여 김시중, 오홍석, 김종기 등을 유인했다. 김시중은 노인이어서 옛 동지인 이영구의 집에 약 20일간 머물렀는데, 군당 위원장 이성세[33]까지 들어온 것을 확인한 후 경찰은 이들을 기습하여 체포하였다. 곧 이어 송종근도 산에서 체포되었다. 체포과정에서 이성세의 임신한 부인은 마을앞 논에서 사살당했다.

지역의 유력한 지배집단의 일원이었던 이들이 체포된 후 처형되기까지의 과정은 '체제선택의 마지막 회유와 선택'의 기간이었다. 당시 경찰서장 이봉하가 체포가 아닌 자수의 형식으로 바꾸어 살려주겠으니 자술서를 쓰라는 제안을 했다. 이런 제안 뒤에는 오홍석의 대학

---

33) 그는 서삼면의 빈농 출신으로 다른 증언자는 이영세로 말했다.

동창이며 고위 경찰이었던 박주식[34]의 배려가 있었다고 하며, 또한 가족적 연결망을 동원한 권유나 회유가 활용되었다. 그러나 김시중, 송종근, 오홍석이 서로 상의한 후 이 제안을 거절하자 총살할 것을 명령했다(오제신 2001, 254쪽). 이들은 삼서의 몽침재라는 골짜기에서 총살되었다. 다른 증언자도 "오홍석은 당시 경찰국장과 친했지. 그가 살려내려고 노력을 많이 했는데, 끝까지 전향을 거부했어"라고 기억하였다.

> 증언자 6: 홍석이 죽을 때, 장성경찰서에 6~7명이 잡혀 있었는데, 좌익이 이들을 구출하려고 경찰서를 습격한다는 소문이 있자 경찰이 이들을 차로 싣고 가서 죽였지. 내가 일꾼들 데리고 가서 홍석이 시체를 관에 넣어 묻었지.

이후에도 토벌대와 유격대는 장성에서 계속 충돌하였다. 유격대는 노령병단이었다. 1952년 3월 3일 순창 꼭두재에서 교전하였다. 1952년 6월 23일 유격대 120명이 장성열차를 습격하여, 군경 55명이 사망하고, 32명이 부상하였다. 1953년 11월, 또는 1954년 7월, 북부지구 사령관 김병억이 광산군 임곡과 장성군 동화면의 경계에 있는 일명 '돼지막' 아지트에서 포위되었다가 사망하였다. 김병억이 사망한 경위에 관한 증언이 있다.

> 증언지 8: 장성 옥정리에 살았던 조모라고 있는데, 원래는 타지에서 들어와 주막하면서 살았어요. 그 사람이 원래 백정 출신인데,

---

34) 박주식은 경성농업학교 출신으로 오홍석과 함께 경성제대 문과 갑류에서 수학했으며, 종로경찰서장, 치안국장 등을 역임하였다. 1937년 경성제대 예과에 입학한 문과 갑류에는 조선인이 12명이었으며, 여기에는 대법원장을 역임한 이영섭, 재무부장관을 역임한 김영선, 문교부장관을 역임한 박일경 등이 있다. 해방 후 월북했거나 납북된 사람은 김일성대 교수를 역임한 전용식, 구매처 국장 양승욱, 그리고 양승섭 등이다.

전쟁이 터지자 좌익을 했지. 경찰이 그를 회유하여 프락치로
만들었는데, 그가 허사령을 유인하여 포위하였지. 그 상태에
서 자수를 권유하자 수류탄으로 폭사했어요."

그는 사망할 당시 자신의 부하들 8명을 모두 끈으로 묶고 있었는
데, 이 중 한 사람은 총을 허벅지에 맞아 살아났고, 토벌대는 이를 앞
세워 공비토벌을 계속하였다. 김병억이 죽자 경찰은 그의 부친으로
하여금 확인하도록 하였다. 김병억의 사상은 장성에서의 전쟁의 종
료를 의미한다.

3. 투쟁에서의 신분적 요소

전남의 다른 농촌에서 관찰되는 것과 마찬가지로 한국전쟁기에 장
성에서 신분적 유제는 많이 남아 있었다.

> 증언자 1: 내가 (울산 김씨로) 어렸을 때 나주 본량에서 자랐는데 옆 동
> 네가 민촌이여. 그 사람들한테 '하소'하면서 자랐지.

> 증언자 5: 대표적인 반촌마을인 북상면 기동, 북하면 증평, 북이면 신평
> 등에 '천석꾼'이라고 불리는 울산 김씨 지주들이 있었고, 이
> 지역은 반상차별이 심했다. 북일면 신흥리와 오산리 교촌은
> 변씨 집성촌으로 큰 지주는 없으나 양반 행세가 강했다.[35]
> 황룡면 맥동에도 지주(김상필)가 있었다. 반촌은 양반만 거주
> 하는 것이 아니라 하인층도 많았다. 기동마을의 경우, 70호

---

35) 장성군지에 따르면 신흥리의 피해자수는 명확하지 않고 '많은 인명 피
해'를 입었다고 기록된 반면, 오산리 교촌은 마을 57호중 54명이 죽었
다. 증언자 9도 북일면과 북이면에 지주가 많고 또 반상차별이 심했다
고 평가했다. 그는 명백하게 이 지역에서 '양반－상놈' 갈등이 계급갈등
보다 컸다고 말했다. 북이면 신평리 거마마을의 경우 72호의 마을규모
에 전쟁중 사망자는 100여명이었다. 제헌 국회의원 김상순이 거마마을
출신이다.

전후로 이 중 자기 집을 가지고 있는 사람은 15~16호에 지
나지 않고 나머지는 '호저'집에 거주했다. 주민들의 대부분이
'평민이 못되는' 머슴이나 종이었다. 이들은 반말로 하대당했
고, 가난했다. 내 친구 하나는 "너는 어째서 우리 어머니에게
반말하느냐"고 대든 적이 있다. 서로 교류가 별로 없었다. 이
런 상태에서 남노당이 들어왔다.

증언자 9: 우리 어렸을 때 동네 어른들한테 '허소'하는 일이 많았는데
나는 절대 그렇게 하지 않았습니다. 그 사람들이 겪은 정신
적 고통을 생각해 보시요.

이 시기의 신분적 차별은 오랜 역사 속에서 누적된 것이었지만,
동시에 혁명이나 전쟁 등이 발생하면 매우 민감하게 반응하는, 거꾸
로 말하면 그만큼 위기에 서 있는 것이었다. 다음의 증언은 이를 잘
보여준다.

증언자 3: "6.25 직전까지 20~30년 연상이라도 (그 사람들에게) 남자 여
자 할 것 없이 '자네', '하소' 등 하대했지. 6·25가 나자마자
그 동네 아주머니 하나가 나한테 '영광양반(택호), 이제 '어
이' 말 그렇게 못한답디다"라고 말해요. 그래서 '아 그래요,
좋은 말씀 들었소.'라고 그 즉시로 말을 올려 버렸네."

인민군 점령기의 사회갈등이 신분투쟁과 연관되어 있었다는 사실
은 이 시기의 '반공투쟁'의 사회적 기초를 분석해보면 잘 드러난다.
장성에서 반공투쟁은 지배 성씨의 하나인 변씨 문중이 매우 깊숙하
게 개입되어 있다는 것은 잘 알려진 사실이다. 앞에서 언급한 『광복
30년』이나 『장성군사』에 기록된 장성읍 장안리의 사례를 보자.

장성읍 장안리를 중심으로 태극결사대라는 우익청년조직이 있었다.
이 반공청년단체는 변진일이 주동이 되어 조직했다. 변은 국방부 문관
으로 첩보업무를 맡고 있었는데, 6·25가 터지자 단신 남하, 7월 23일 고
향에 왔다. 장안리는 봉암, 월봉, 장재 등 3개 마을로 이루어져 있는데,

6백여 호 대부분이 변씨 문중이었다.[36] 고향에 온 변은 먼저 좌익들의
계보부터 파악했다. 남노당으로 암약해온 청년들을 중심으로 머슴살이
하던 청년, 일꾼 등이 죽창을 깎아들고 설쳐댔다. 이들은 80여명의 우익
인사들을 색출해 처형할 계획까지 세우고 있음을 알았다. 7월 26일 (변
이 고향에 내려온 지 사흘 째 되던 날밤) 벌써 마을청년 8명이 희생을
당했다. 그들은 서삼면 중동산 속으로 우익청년들을 끌고 가 죽창과 칼
등으로 찔러 죽였다.

변은 먼저 20세 전후의 마을청년들을 비밀리에 모았다. 8월 18일에
조직된 태극결사대[37]는 모두 32명이었다. 모두 장성읍 장안리 출신들이
었다. 태극결사대원들이 처치한 폭도들의 수효는 9월 21일까지 모두 21
명에 이르렀다. … 이들을 그냥 놓아두었더라면 양민의 희생이 더욱 컸
을 일이었다.

9월말이 가까워오자 폭도들은 한층 더 발악을 하기 시작했다. 폭도들
의 수효도 더욱 늘어 140여명에 달했다. 이들은 자기네편이 감쪽같이 살
해당하자 면밀한 탐색을 한 끝에 태극결사대의 정체를 알아내고야 말았
다. 그리하여 9월 29일 마침내 장안리 일대를 이 잡듯이 뒤져 태극결사
대원 16명을 잡아냈다. 폭도들은 잡은 결사대원들을 태봉이란 산속으로
끌고 들어가 20여명이 차례로 돌아가며 칼과 죽창으로 찔러 죽였다.

10월 6일 저녁 국군이 입성한다는 소문이 퍼지고 장성 못재에 까지
이르렀다는 귀속말이 오가자 장안리 주민들은 마을 앞 월봉공회당에
모여들었다. 모여 앉은 주민은 50여명이나 되었다. 이 때 느닷없이 백명
가까운 좌익폭도들이 몰려와 공회당을 포위하고 소위 악질반동분자들
을 가려내기 시작했다. … 변대장은 결사적으로 달아났다. 폭도들은 태
극결사대원과 그 부인, 우익청년들의 아내들 12명을 포함한 42명을 가
려내 태봉으로 끌고 가 처형했다. 폭도들은 또 여순반란 때 공비잔당을
신고했다는 이유로 기산리 이온공 순경의 일가족 7명을 몰살시켰다(김
석학 공편 1975; 『장성군사』 2001).

장성읍의 장안리는 장안과 장재로 구성되어 있는데, 장안은 다시

36) 1982년 『장성군사』에서 마을 유래지를 작성할 때 장안마을은 63호중 50
호가 황주 변씨였고, 장자터는 27가구 중 3호가 황주 변씨였다(1982,
『장성군사』, 875~876쪽). 인근 안평리의 안평마을, 장동마을, 장암마을
등에도 변씨들이 많이 거주하고 있다.
37) 『전라남도지』(1969)에는 태극의용단이 9월 20일 조직된 것으로 나와 있
다. 여기에 나와 있는 명단 32명 중 변씨는 24명이었다.

봉암과 월봉이라는 마을로 구분된다. 봉암은 일제때 80여호로 이 중 변씨가 30호였으며, 월봉은 70여호 중 변씨가 10호였다. 『장성군사』 (2001, 1133)에 따르면 장안에서 "6.25때 120여명이 죽고 큰 수난을 겪었다." 장재마을은 40여호였는데 전쟁 때 40여명이 죽었다. 장안리 태극결사대의 변진일 외에도 이와 유사한 투쟁을 전개한 북일면 신흥리 광복형제단[38]의 단장은 변대옥, 북상면 용곡리 화랑단의 단장 변기옥이었다. 왜 이처럼 변씨들이 반공투쟁의 최전선에 서게 되었는가. 다음의 증언을 보자.

> 증언자 3: "변씨들의 희생이 컸던 이유는 여러 가지인데, 우선 우리 변가는 소위 양반들이고 밑에 하인들이 많았다. 노비를 사고 파는데, 사내는 이리저리 팔고 안놈(비)은 안 팔아. 그렇게 되면 부부가 떨어져 살아요. 그런 비참한 삶을 그들이 살았네. 갑오년 이전의 필암서원 노비보를 보면 얼마에 팔았는지 써 있어요.[39] 변씨 문중은 큰 판서댁과 작은 판서댁으로 나눠지는데, 영조 조에 큰 판서댁이 서울로 이사하면서 재산을 문중에 기증하였고, 문중에서는 그 대가로 이사비용을 댔지. 그 때는 노비들도 재산이므로 이제 문중에서 종노릇을 하게 되었네. 그런데 그 사람들이 원래 판서댁 종이지 변가네 문중 종은 아니여. 그 중심마을이 장안인데 원래 그 마을이름이 담안이지. 담안에 40호가 큰 판서댁 종이었거든. 그런데 변씨 문중 시향 때마다 그 40호에게 일을 시켜요. <밥상 올려라> 하면 밥상 올리고 또 <나무 해와라>하면 나무해오고. 그렇게 몇대를 내려와 6·25 직전까지 그렇게 했으니 앙앙지심이 있었지. 6·25가 되자 그들이 대부분 좌익이 되어 복수했지. 이것이 변씨들이 희생이 컸던 기본 원인입니다. 특이한 것은 변가들이 성질이 유하지 않고 혹독하게 부렸어요. 변가들 사는 곳은 대체로 동네마다 하인들이 좌익이 되었지.
> 또 한가지는 장안에서 변가 중심으로 태극결사대가 생겼어

---

38) 이 조직은 7월 25일 조직된 것으로 1969, 『전라남도지』, 771쪽)에 나와 있는데 16명의 단원 중 12명이 변씨, 4명이 전씨였다.

39) 장성 필암서원의 경제적 기초와 신분적 갈등의 가능성에 관하여는 전형택(1997) 참고.

요, 북일에서도, 북상에서도 그런 반공결사대 들이 결성되어 인공치하에서 '불온삐라'를 뿌리고 그랬으니 일망타진하려고 안 그랬겠어? 또 다른 요인은 장성에서 2대 국회의원이 변진 갑이고, 그 당질이 일곱 고을 경찰서장을 지낸 변성연이야. 그래서 당시에 변씨는 경찰가족이 되었지. 또 장성에서 피해가 컸던 것은 군경이 후퇴할 때 보도연맹원들을 모두 죽였기 때문이야. 그 사람들은 건준에 동조했던 사람들이 많지만 좌익이라고 볼 수 없지. 오히려 그 사람들을 좌익으로 만들지 않았나. 인민군 치하에서 보도연맹 유족들이 많이 활약했지. 기씨들도 보도연맹에 들어간 사람들이 많아요. 그래서 기씨들이 또 당했지, 처참하게."

위의 증언에 따르면, 명백히 갈등과 투쟁은 전통적인 신분적 차별을 밑바탕에 두고, 그에 덧붙여 몇 가지의 정치사회적 요인들이 복합적으로 작용한 결과였다. 우익으로 불렸던 국가형성주도집단에 대한 반감, 전쟁초기의 학살, 그리고 반공청년들의 조직적 저항이 서로 결합하여 갈등이 증폭되었다.

전쟁기의 경험은 문중마다 차이가 있고, 이것이 이후의 각 집단의 성쇠에 큰 영향을 미쳤다.

> 증언자 3: 광김(광산 김씨)은 하나 안 죽었지. 일제 때도 인공 때도 적당히 잘 넘어갔다. 울김(울산 김씨)은 좌익도 많고 우익도 많지. 집안끼리 모략하고 죽이기도 하고. 변씨는 대체로 우익이었고, 좌익이 없지 않았지만 시원치 않았다. 기씨는 대체로 좌파 쪽에 가까웠다.

울산 김씨가 양반이라 하더라도 좌파적 입장에서 행동을 한 사람이 많이 있는데, 한 증언자는 이런 현상의 배후에는 이념(지식인)과 신분(서자) 등의 요인이 작용하였다고 말했다.

전쟁기간 중 학살의 구체적 양상에 관하여 비교적 상세한 증언들이 있다.

증언자 5: 전쟁이 발발하자 동네마다 구 당원(남노당원)이 있다는 것이
드러났다. 인민군을 본 적은 없지만, 누구네 집 머슴이나 하
인 등 완장부대가 나타났다. 병억이가 장악하고 있었다. 이들
은 주민들을 분류했다. 우익계로 지목받은 사람은 많이 피신
했으나 일부는 체포되고 장성으로 넘겨져 하나 둘씩 사라졌
다. 그들은 9월 28일 바로 후퇴명령이 떨어지자 국민학교와
면사무소를 방화하고 입산했다. 그러나 군이 진입하지 않자
다시 나와 학살을 시작했다. 인공 때는 산발적으로 희생되었
으나 수복 후 본격적인 학살이 토착공산주의자들에 의해 행
해졌다. 밤에 골목이 시끄러우면 그 곳에 학살이 있었다. 많
은 경우 일가족 몰살의 형태로 진행되었는데 이것은 주로 사
감에 의한 것이었다. 물론 상놈은 대상이 아니고 양반이 대
상이었다. 해방 후 면장이 두 명 있었는데 전임 면장은 수복
전에 죽었고, 그 가족은 광주로 피신했는데, 현임 면장은 4형
제 가족이 모두 체포되어 죽었고, 단지 한명만이 탈출했다.
당시 은어로 '어리빗질'은 대강 죽이는 것이고 '참빗질'은 몰
살시키는 것이다. 북하면은 양쪽 다 관용적이었던 반면, 북상
은 기존의 하인층이 주도하는 좌익테러가 심했다. 증평의 울
산 김씨 동촉촌은 피해가 상대적으로 적었던 반면, 김씨와
하인층으로 구성되어 있던 기동과 덕재 마을은 피해가 심했
다. 한 예로 학교 사택에 거주하던 교사 가족이 태극기를 올
렸다고 9식구 모두 죽었다.

증언자 3: "장성에서는 좌익이 사람 많이 죽였어요. 인공놈들이 사람을
어떻게 죽였느냐. 내가 말하면 아무도 곧이 듣지 않아요. (내
가 '삼서기행'이라는 글을 썼었는데 없어져버렸어.) 그 때 내
가 유가족동지회 조직부장을 했는데,[40] 나중에 발굴작업을
하러 갔어요. 좌익이 후퇴할 때 사람들을 죽이고 그냥 도망
갔어. 그래서 삼서에서 대한청년단이 동네사람들을 동원하여
송장을 찾는 거여. 가서 보니 전부가 대창으로 찔러 죽였는
데, 여자는 하문에다 찌르고, 어린애는 가마니에 둘씩, 셋씩
넣고 죽여서, 삼서 구저골에 가면 물 흐르는 고랑이 있는데
거기에다 던져버렸어. 애들이 마늘씨 조각처럼 눌려 있어요.
하루에 17기를 발굴했네. 잔인했지.

---

40) 1950년 10월 22일, 변진일과 변시연이 주도하여 장성 순국의열유가족동
지회를 만들었고, 유가족 구호사업과 사적조사 및 유체수습 활동을 하
였다. 이에 관해서는 1969, 『전라남도지』, 770쪽을 볼 것.

좌익테러의 대상은 어느 지역에서나 마찬가지이나 기독교 교회가 포함되었다. 1945년부터 1949년까지 장성에서 새로 세워진 교회는 20여 개였다. 전쟁 중에 보생교회 관련 전도사와 그의 가족이 죽었고, 9월 18일 소룡리교회 교인 28명이 죽었다.

이와는 다른 방향에서 우익테러에 의한 피해도 있다. 그것의 출발은 보도연맹사건이었다. 장성에서 보도연맹원으로 희생된 사람은 정확하게 집계되지 않는다. 남면의 경우 보도연맹으로 36명이 희생되었고, 그 이후에 희생은 거의 없다. 진원면의 경우 보도연맹원 예비검속대상으로 두 사람이 지목되었는데, 한 사람은 아무 죄가 없다고 소집에 응했다가 죽임을 당했고, 다른 한 사람은 피신하여 살았다. 다음은 장성읍 기산리를 중심으로 하는 증언이다.

> 증언자 6: 전쟁이 나자 보도연맹건으로 시장에서 12명이 총살당했는데, 이 중 한사람은 입산자와 연락을 했고 이들에게 식사를 제공했다는 혐의를 받았지요. 기산리 청년들은 두 명이 남창골에서 죽었고. 전쟁이 나자 장성 청년들이 모두 당에 가담했어요. 당시 동네에서는 오홍석이 중심인물로 마을의 60여호 중 50여호가 그를 따른 반면, 오씨 4형제만 그를 따르지 않았습니다. 이들은 오홍석과도 가까운 친척이었는데, 그리고 경찰이나 우익청년단, 교회 어느 것도 아닌데, 오홍석에 반대하고 경찰 편에 섰지. (좌익) 후퇴 때는 기산리 청년 7~8명이 입산했는데, 기관에서 활동한 사람만 입산했지. 동네에 있으면 꼭 우익이 아니더라도 반대세력(오씨 4형제)이 손가락질하면 죽게 돼있어요. 당시 경찰에게 20여명이 죽었고, 한번은 12명이 총살당했습니다. 남창골에서 거의 날마다 죽었어요. 나는 백양산에서 오홍석과 만난 적이 있지요. 나는 입산 후 지구당 연락관을 하다가 1952년 2월 쌍치에서 체포되었습니다. 기산리에서 입산후 사망한 사람이 17~18명, 비입산 사망자가 13명, 이렇게 총 30명이 죽었어요.[41]

---

41) 『장성군사』(2001)의 기산리 피해기록에는 20명으로 나와 있다.

이 증언을 보면 오홍석의 지도력이 매우 컸다. 일부에서는 그를 따르는 약 200명의 추종자가 희생되었다고 증언하였다. 그런데 이 기산리의 사례를 보면, 당시의 갈등이나 투쟁을 문중, 이념, 계급, 신분 등의 요인으로 환원하여 설명할 수 없는 측면이 있다는 것을 알 수 있다. 오제신의 회상기에 따르면, 오홍석의 지도력은 그가 지주의 자식에 최고의 인텔리이면서도 마을마다 야학을 만들고, "농사꾼과 머슴을 가리지 않고 함께 막걸리잔을 나누며 선생이 되고 형님이 되어 동고동락"(2001, 247쪽)을 한 결과였다.

4. 희 생

한국전쟁기에 발생한 주민들의 대규모 학살은 지금까지 좌우익이라는 이념적 이분법에 의해 재단되어 왔다. 2000년을 전후하여 한국전쟁전후 민간인학살의 문제가 사회적 쟁점으로 떠오르고(김영범 2001), 대규모 학살사건의 진상규명과 명예회복을 위한 특별법 제정을 요구하는 움직임이 형성되었다. 분단체제하에서 좌익으로 몰려 희생된 주민들의 가족이나 사회운동가들이 이들을 '좌익'으로 규정하는 것에 반대하고 양민 또는 민간인으로 재규정하면서 학살사건의 진상규명, 희생자의 명예회복을 요청하게 되었다.[42] 이런 움직임에 대한 대응으로 일부에서는 좌익테러에 의한 희생의 문제를 다시 거론하기도 한다(김행복 2001).

이런 흐름의 하나로 월간조선사에서 1952년 공보처 통계국이 작성한 자료를 발굴하여 『6·25 피살자 59994명』이라는 책자로 출간하였다.[43] 이 자료는 원래 4권으로 명칭은 『6·25사변 피살자명부』이며

---

42) 16대 국회에서 이 문제는 야당의 완강한 반대로 이를 해결하기 위한 특별법 제정은 이루어지지 않았다.

작성일은 1952년 3월 31일이다. 이 명부는 성명, 성별, 연령, 직업, 피해 연월일, 피해 장소, 본적, 주소 등 총 8개 항목으로 작성되어 있고, 시군별로 구분하여 피해가 많은 성씨별로 기록하였다. 이 자료는 전쟁기의 희생자 모두를 기록한 것이 아니고 '잔인무도한 괴뢰도당에 의해 피살된 공무원 및 일반인', '군경을 제외한 비전투자'로 한정하였다.44) 이 자료에 따르면, 희생자의 72.6%인 43,511명이 전남에서 희생되었는데, 그 중에서도 가장 피해가 큰 지역(군)이 영광으로 무려 21,225명이 피살되었고45), 그 다음으로 영암이 7,175명, 장성이 4,306명으로 뒤를 이었다. 전남북에서 희생자가 많은 이유를 인민군 후퇴기의 후퇴로의 차단에서 찾기도 한다. 실제로 한 증언자(10)는 당시의 희생에 관하여 "일 영암, 이 장성, 삼 영광"이라는 말이 있으며, 이념적 맥락에서 보면 좌익테러와 우익테러에 의한 희생이 "반반"이라고 말하였다.

이 자료가 발간된 시기에 희생자의 개념 속에는 '빨갱이'나 그에 동조한 사람은 기록할 가치조차 '없는 존재'였다. 이후의 정부측의 공식 기록도 마찬가지였다. 그러나 만약 이른바 '우익테러'에 희생된 사람들을 고려한다면, 이 시기 희생자의 통계는 근본적으로 달라질 수밖에 없다. 한국전쟁기 희생자들은 전쟁당시부터 '좌우'의 이분법적 틀에 의해 규정되면서 이른바 좌익테러에 의한 희생자들은 '보훈'의 시각에서 조사되었지만, 우익테러에 의한 희생자들은 반체제적

---

43) 1952년 10월에 발간된 대한민국 통계연감에는 피살자 수가 122,799명, 1977년 국방부가 발간한 한국전쟁사에는 128,936명으로 기록되어 있다.
44) 그러나 실제로 주민들의 증언을 들어보면, 다른 맥락에서 사망한 사람들도 포함되어 있다. 이런 사례는 영암 영보에 관한 박찬승의 연구(2003)에서도 확인되고, 또 구림에서도 확인된다. 이 자료에 관한 정확한 성격규명은 차후의 과제이다.
45) 영광군에서도 가장 피해가 집중된 곳이 염산면인데 이에 대한 연구가 전남대 호남문화연구소팀에 의해 진행중이다.

집단으로 간주되었으며 이들에 대한 조사여부가 불명확하다.[46] 공식적으로 이들은 망각의 대상이 되었고, 비공식적으로는 '사찰'의 대상이 되었다. 지역에 따라 사정이 다르지만, 필자가 연구한 영암 구림의 경우, 좌익테러의 의한 희생자가 우익테러에 의한 희생자보다 약 3배가량 더 많았다.

<표 1> 장성에서의 인명피해상황

장성읍	547	북일면	600~700
동화면	약160	북이면	1102
삼서면	687	북하면	391
삼계면	1015	남면	(36)
황룡면	157	진원면	–
서삼면	약400	합계	약5,000

*자료: 『장성군사』, 2001, 제8편에서 재구성

1969년 발간된 『전라남도지』의 경우 장성에서의 '피살자'는 13,000명이나 명단이 밝혀져있지 않다고 기록되어 있다(771쪽). 장성에서의 희생자를 마을별로 추론할 수 있는 자료는 『장성군사』(2001)의 전쟁기 마을별 상황이다. 이에 근거하여 각 면별 희생자수를 정리하면 앞과 같다.

이 자료에 따르면 장성군에서 전체 희생자는 약 5천명 정도로 집계된다. 그런데 면별 피해상황이 매우 다르다. 피해는 장성 북부와 서부의 삼계–삼서면에 집중되어 있고,[47] 진원면이나 남면 등 장성

---

46) 민주화의 진전과 더불어 분단 체제적 이분법이 쇠퇴하고, 우익테러는 국가테러로 재규정되면서 이에 의한 희생자들은 명예회복운동의 대상이 되었다. 최근에 적극적인 활동을 벌이고 있는 '한국전쟁 전후 민간인 희생 진상규명 범국민위원회'측에서는 대략 희생자수를 100만 명으로 추산한다.

47) 이 지역은 나승규의 영향이 매우 컸다. 그의 아들 나정주는 당시 인민군 8중대장으로 유명했으며, 영광의 불갑산 지구 유격대를 지휘하였다.

남부는 피해가 매우 적다. 장성군 지역사회는 읍과 황룡면, 동화면의 중부를 중심으로 동북부 산악지대(북상면과 북하면), 서부(삼계, 삼서면), 노령산맥 남부(진원면, 남면)로 구분되며, 전쟁피해의 양상 또한 이런 지역구분에 따라 달랐다. 마을자료와 1952년 공보처자료, 그리고 증언을 종합하여 생각한다면, 장성에서 희생자들은 5천명이 넘었는데, 여기에는 좌익테러에 의한 사람 뿐 아니라 우익(국가)테러에 의한 희생도 일부 포함되어 있는 듯하다.

공식통계상으로 보면, 전쟁전인 1948년 장성인구는 112,599명이었는데, 전쟁이 끝난 1955년 통계에 따르면 107,829명으로 감소하였다. 주민들과의 인터뷰에서 나타나는, 희생의 규모는 이보다 약 2배 정도이다. 분명히 한국전쟁은 대규모 희생과 피신을 포함한 이주로 인하여 인구의 큰 감소를 가져왔다.

주민들이 생각하는 장성에서의 큰 피해의 원인은 주로 '학살의 연쇄고리'에서 발화점이 되는 전쟁초기의 '경찰의 보도연맹원 학살'에 돌리는 견해[48]와 '다른 지역에 비해 늦은 수복'에서 찾는 견해로 나뉘어진다. 두 견해 모두 타당한 측면이 있다.

보복의 연쇄와 지속적 악화의 발화점을 흔히 전쟁직후의 보도연맹 학살에서 찾는다. 각각의 지역이 이것을 어떻게 겪었는가에 따라 이후의 보복의 상승적 양상이 달라진다. 남양촌의 사례를 살펴보자. 백계리와 하호리, 증평 등 장성읍의 북부 지역에는 보도연맹원이 약 50명이 있었다. 이들의 상당수는 입산자 가족이었다. 전쟁이 발발하자 경찰에서 이들을 소집하여 버스 한대에 실었다. 이런 상태에서 마을의 리더였던 이영구가 신상묵 경찰서장을 찾아서 이들을 처단하면 안된다고 설득하였다. 끈질기게 설득하여 새벽에 결국 이들을 데리

---

48) 보도연맹원에 대한 학살은 남창골에서 이루어졌는데 "피가 강물처럼" 흘렀다고 증언했다(증언자 10).

고 마을로 돌아왔다.[49] 그 이후 인민군이 마을을 점령했고, 그는 아마도 지주라는 이유로 체포되어 인민재판에 회부되었다. 그가 국민학교운동장에서 열린인민재판에 회부되었을 때 이전의 보도연맹원 가족들은 그의 처단을 강력하게 반대하였고, 결국 방면되었다.

이처럼 전쟁에서 일반적으로 나타내는 보복의 연쇄와 대응하는 지점에 배려의 연쇄도 존재한다. 대체로 이것은 친족망을 통해 작동한다. 그 사례의 하나가 곧 김병억 가족의 경우이다. 김병억은 김상협의 차자로, 장자는 김병두(병남)였다. 그도 전쟁전에 이미 유격대로 활동하고 있었는데, 체포되어 사형을 언도받았다. 이를 알고 중령 계급의 국방부 문관으로 근무하던 김요건이 조병옥의 도움을 받아 구명하였다.[50] 한국전쟁이 발발했을 때, 김요건이 장성에서 체포되었다. 그의 부친이 김상협을 찾아 구명을 부탁하였고, 두 사람이 '허사령'을 길에서 만나서 묶여 끌려가던 김요건을 풀어주었다. 경찰이 장성을 수복하자 면 인민위원장을 했던 김상협은 입산했다가 하산하여 담양에서 변성명을 하고 서당 훈장노릇을 하였는데, 결국 정체가 드러나 체포되었다. 그렇게 되자 다시 김요건이 경찰서장을 찾아가 구명하였다. 이것은 지역의 유지층이 이념을 달리하는 체제의 변동이 발생할 때 배려의 연쇄를 통해 생존하는 모습을 보여주며, 동시에 이들이 어떻게 국가권력과 비공식적 방식으로 상호 작용했는가를 보여주는 것이다.

장성에서 전쟁피해를 논의할 경우 주민들의 신분적 구성, 또는 이와 밀접한 관련을 맺고 있는 문중적 요인이 많이 거론된다. 신분적 맥락에서 말한다면, 장성은 다른 군의 전쟁기간중의 대립 양상과는 다르다. 전통적인 향리층이 매우 약했기 때문에 읍과 반촌간의 갈등

---

49) 이영구는 후일, 이 날이 자신의 일생에서 가장 보람있는 날이었다고 그의 아들인 이증하에게 말하곤 하였다.
50) 조병옥이 김요건의 학창시절 스승이었다고 한다.

이 거의 없었던 반면, 반촌 내부의 신분적 차별이 갈등을 만들어낸 중요한 요인이었고, 이것이 생태학적 요인에 의해 증폭되었다.

> 증언자 7: 옛 양반집안출신 좌익이 있는 경우 주민들에 대한 폭력은 자제되었고 그만큼 희생도 적었다. 김0중은 김시중의 재종으로 황룡 월평의 대표적인 양반출신이나 좌익이었고, 이런 경우 신분적 갈등은 거의 없었다. 북상에는 이런 양반출신 좌익이 거의 없다. 황룡의 광산 김씨는 좌우파 모두 있으나 서로 도와서 화를 적게 당했다. 필암서원이나 요월정은 인민군 점령 기간 중에는 울산 김씨중 좌파였던 인물이 보호했고, 수복이 빨리 되어 파괴되지 않았다. 장안의 변씨는 모두 우파로 타성씨한테 많이 당했다. 향리층의 후손인 읍내 가문중 상호리, 하호리의 C씨는 대체로 우파, S씨도 군 과장을 하는 등 우파, P씨는 극우파로 분류되었다. 그러나 이들은 모두 재산가가 없고 몰락한 상태여서 별다른 영향력을 행사하지 못했다.

한편, 전쟁 중에 지역사회의 권력의 지배양상은 전국적 전선의 흐름에 따라 좌우된다하더라도 항상 이에 기계적으로 종속되지는 않았다. 예컨대 옥정리의 경우 4개 마을로 이루어졌는데, 다른 마을과 달리 희생자가 없었던 이유를 한 증언자는 평야지역, 인물 부재, 빠른 입산자 부재, 수복일시[51] 등을 꼽았다.

농촌에서의 투쟁은 이념보다는 과거의 누적된 적대감이 더 크게 작용하였다고 말한다. 실제로 전쟁기에 머슴이나 하인층이 기본계급으로 당원으로 충원되는 경우가 많았다. 그렇다면 마을의 빈농층이 마을내의 지주, 즉 자신의 계급적 파트너를 직접 겨냥했는가. 타협과 배려를 통한 공존인가, 투쟁과 보복의 연쇄인가는 마을마다 달랐다. 그것에 관해서는 증언이 많지 않지만, 이들이 숙청대상인 자신의 상전을 보호하는 사례가 없지 않았다. 도덕공동체는 완전히 해체되지 않

---

51) 음력 9월 9일 못재에서 좌익이 우익인사들을 처형하려다 공격을 받아 처형을 포기하였다.

은 상태였다. 마을단위의 조사에서 '다른 마을에 비해 피해가 없거나 적은 마을은 그 이유'를 주로 좌익지도자의 개인적 품성으로 돌리는 경우가 많다. 대체로 마을을 통제하는 좌파 지식인의 존재여부가 중요했고, '이념보다는 평소의 인심이 중요했다'는 기억이 우세하다.

IV. 전쟁후체제와 전쟁기억의 재현

1. 전쟁후체제의 형성

한국전쟁 후 지역체제의 양상은 매우 다양한 측면에서 살펴볼 수 있는데, 권력구조의 양상을 나타내는 지표가 국회의원 및 도의원 선거 등으로 구성되는 '정치사회'이다. 장성의 국회의원 선거동향을 살펴보면 1948년 5.10선거와 1950년부터 1963년까지의 선거가 구별되고, 1950년부터 형성된 지역정치사회의 기본틀이 약간의 변화가 있기는 했지만, 10년 이상 그대로 유지되었음을 알 수 있다. 이를 구성하고 있는 사람들이 변진갑, 김병수, 김후생, 김요건, 이강일, 박래춘 등이다. 이들은 대부분 우파의 중간지주, 그리고 황주변씨와 울산김씨라는 유력 성씨의 배경을 지닌다.

1950년의 5.30 선거에서 11명의 후보가 난립했다가 1954년에 9명, 1958년에 4명으로 줄어들었는데, 5·30선거부터 변진갑이 3회 연속 당선되었다, 그는 장성읍 출신으로 그의 사위가 경찰이었으며, 5.30 선거에서는 무소속으로 당선되었다. 1958년에 자유당 후보로 나와 당선되었는데, 4월혁명 이후 실시된 선거에 출마하지 못했다. 그러나 1963년 선거에 다시 국민의 당 후보로 나와 차점자로 낙선하였다, 1963년의 선거는 선거구가 장성과 담양이 합쳐지면서 실시되었으므로 장성의 투표동향은 불명확하나 변진갑이 사실상 장성군에서는 1 위를 한 것으로 추측된다. 그만큼 그는 1950년부터 10여년간 토착적 근거가 확실하였다.

전쟁후 1950년대의 장성의 정치사회에서 주목되는 인물은 김병수 이다. 그는 1948년부터 한민당, 민국당, 민주당 등 줄곧 동일한 계통 의 정당 후보로 나와 차례로 5위, 3위, 2위, 당선의 경로를 거쳤고, 1963년 선거에서 3위를 기록했다. 주민들은 그를 가장 적극적인 우 익활동가로 평을 했는데, 선거양상을 보면 자신의 활동을 근거로 끈 질기게 권력을 추구했다고 말할 수 있다. 기씨로는 유일하게 전쟁기 간중 임실경찰서장 역임한 기우대가 1954년의 3대 선거에 출마하였 으나 형편없이 낙선하였다. 전쟁이 끝난 1954년의 선거에서 차점자 였고 1958년 선거에서 3위를 했던 김후생은 김시중, 이영구 등과 같 이 활동했던 친구로 일제말기 북이면장을 역임한 경력이 있는 울산 김씨였다.

장안리의 태극결사대를 이끌었던 변진일은 1952년 4월 20일에 실 시된 읍의회 선거에서 의원으로 당선되었다. 1952년 5월 10일의 도 의원 선거에서 장성에서는 김태종과 박래춘이 당선되었다. 박래춘은 이후 국회의원 선거에 세 차례 입후보하였으나, 모두 낙선하였다.[52] 김태종도 4월혁명 후 실시된 민의원선거에 출마하였으나 낙선하였 다. 1956년 8월의 도의원 선거에서 장성에서는 변을봉, 나몽성이, 1960년 12월 실시한 3대 도의원 선거에서는 정녹준과 김녹영이 당선 되었다. 변을봉 또한 전쟁기에 피해를 당한 우파적 인물이었다.

---

52) 이강일과 선거 때마다 끈질기게 출마하였으나 계속 낙선하였다.

<표 2> 장성의 국회의원 선거동향(1948~1963)

	1948. 5. 10	1950. 5. 30	1954. 5. 20	1958. 5. 2	1960. 7. 29	1963. 11. 26*
당선자	김상순(민)	**변진갑(무)**	**변진갑(무)**	**변진갑(자)**	김병수(민)	박승규(공)
차점자	정규문(무)	신창호(기)	김후생(무)	**김병수(민)**	이강일(무)	**변진갑(국)**
3위	백인규(민)	박래춘(무)	**김병수(민)**	김후생(무)	김태종(무)	**김병수(민)**
4위	**김병수(민)**	김요건(무)	이강일(무)	이강일(무)	김요건(무)	기타(3)
		김병수(민)	박래춘(자)		박래춘(사)	
		이강일(무)	기타(4)			
		기타(5)				

*선거구가 장성과 담양이 합쳐짐.

이 표에서 나타나는 중요한 특징은 전쟁 직전의 5.30선거와 전쟁 이후의 선거에 출마한 사람들의 연속성이다. 1950년대의 지역정치사회는 전쟁 직전에 이미 형성되었다. 전쟁이후 약 10여 년 간의 지역권력의 동향은 기존의 양반가문에 기반을 둔, 정치적으로는 우익적인 인물의 독주체제였다고 요약된다.

1950년대는 드물기는 하지만, 학연이나 경제적 자원, 또는 문중적 배경이 있으면 변신도 가능하였다. 오홍석의 매형인 김준용의 사례를 보자. 그는 1951년 4월 산에서 내려와 자수한 후 처가의 도움으로 간단한 조사를 받고 석방되었다. 그는 자신의 조부의 생가가 있던 충북 옥천으로 생활터전을 옮기고 자유당원으로 변신하였으며 농촌지도자 활동을 하다 1970년대말 미국으로 이민을 갔다(오제신 2001, p.253). 이것은 지역사회에서 '유지'층이 생존해가는 드문 사례이다. 이와 유사한 또 하나의 예외적인 사례도 있다. 전쟁기간에 면 인민위원장을 했던 김병억의 부친 김상협은 1960년 4.19 혁명후 치루어진 선거에서 면장으로 당선되어 '두 나라'에서 면장을 한 사람으로 기록되었다. 친족 공동체가 강력하기 때문에 가능한 사례이다.

2. 전쟁기억의 재현

전쟁 후 체제는 지역정치를 한 축으로 하면서 다른 한 축에서는 전쟁기억의 내면적 이데올로기화로 구성된다. 전쟁기억은 여러 가지 형식으로 표현되지만, 가장 직접적인 것은 희생자들의 추모비이다. 장성에서 건립된 한국전쟁기의 희생에 대한 추모비는 1951년 4월 38 명을 각인한 장안리 충혼비가 최초이다. 이어 남면 충의비가 정순조를 추모하기 위하여 1952년 8월에 세워졌으며, 이어 91명의 희생자를 각인한 진원면 충혼비가 1953년 6월에 세워졌다. 1959년 8월 15일 170명의 이름을 새긴 장성읍 수산리 동산 충혼비가 세워졌고, 이어 6명을 각인하고 있는 서삼면 충혼비가 1961년 8월에 세워졌다. 이런 추모비는 모두 이른바 '좌익테러'에 의해 희생된 사람들을 위한 것으로 1950년대의 전쟁기억의 가장 중요한 표현방식이었다. 이들은 모두 면단위이거나 마을 단위의 친족적, 공동체적 기억의 산물이었다. 이후 한동안 이런 류의 추모비는 세워지지 않았다.

1970년대 중반에 김석학·김종명(1975)에 의해 장성에서의 반공투쟁이 언론에 공개된 이후로, 이 내용이 지역공식사로 채택되어『장성군사』(1982)에 기록되었는데 이 무렵인 1981년, 장성군 전체의 좌익테러에 의한 희생자 충혼탑이 세워졌다. 장성군 순국의열 충혼탑은 "적의 만행 앞에 무참히 쓰러진 순국의열"을 봉안하기 위한 것이었다. 이 탑은 2,739명의 봉안자 명단을 새기고 있다. 봉안영령을 지역별로 보면, 장성읍 141명, 장성읍 장안리와 안평리 98명, 서삼면 206명, 북일면 498명, 북이면 645명, 북상면 244명, 북하면 209명, 황룡면 104명, 동화면 51명, 삼계면 306명, 삼서면 187명, 진원면 99명, 남면 6명 등이었다. 이 탑은 1979년 '의열위령탑' 발기위원회가 조직되어 준비되기 시작했으며, 1981년 충혼탑으로 개칭되어 건립되었

다. 이 충혼탑건립위원회는 박남순[53]이 위원장을 맡았고, 건립문은
향토문화개발협의회 회장이던 정채균이 작성하였다. 결국 이 충혼탑
은 1970년대의 지역향토사 모임의 이념적 지향이 한편으로는 반공주
의에, 다른 한편으로는 공동체주의에 기반하고 있음을 보여주는 것
이다. 흥미로운 것은 이 충혼탑에 기록된 2,739명의 희생자 규모는
1952년 공보처의 집계보다 훨씬 적은 것인데, 이는 사후의 전쟁피해
의 정확한 재현이 얼마나 어려운 것인가를 보여주는 것이다.

　이런 추모비의 건립의 대극에는 공동체적 지도자의 '영웅-전설화'
가 존재한다. 전쟁기에 희생된 사람들 대부분은 잊혀졌지만 몇 사람
은 비공식적인 세계에서 신화화된 측면이 있다. 이런 신화화는 종종
사실의 영역을 벗어나 비범성이 과장되거나 이질적 요소들이 혼합되
는 방식으로 이루어지는 경향이 있다. 신화화된 '큰 인물' 담론은 주
로 주인공이 공식적인 담론의 영역에서 오랫동안 금기시될 때 발생
한다. 장성에서는 김병억의 '허사령'화[54]가 여기에 속한다. 그는 유
격대의 이미지에 걸맞게 축지법을 쓰는 등 신출귀몰했다는 일화를
동반하면서 '영웅화'되고 '전설화'되었다. 한국현대사에서 '큰 인물'
담론은 대부분 식민지기나 전쟁기에 사망한 좌익 지도자를 중심으로
하여 형성되는데, 이는 한편으로 죽은 자와 생존자의 거리두기를 통
한 증언자의 안전 확보전략이면서 동시에 은근한 자긍적 공동체 드
러내기의 산물이다.

　전쟁이 끝난 이후 사람들은 자신들이 겪은 엄청난 피해의 원인을
'큰 구조적 원인'이나 이념의 탓으로 돌리지 않았다. 전쟁후 가족의

---

53) 그는 한국전쟁이 발발할 때, 전남북부 3군 호국군 대대장이었다.
54) 공식적 지역사에서 조차 '허사령'의 기원을 그의 어머니 성을 따른 것으
　　로 쓰고 있는데, 그의 모친은 실제로는 윤씨였고, 그가 입산하여 결혼한
　　부인은 차정희였다. 한 증언자는 허씨라는 가성을 쓴 것은 자신의 집안
　　에 피해를 주지 않으려는 배려 때문이라고 말하였다. '허사령'이라는 명
　　칭은 한국전쟁 발발이전 이른바 '구 빨치'시절부터 사용되었다.

피해가 없었던 사람들은 '명당'썼다는 말을 자주 들었다. 전쟁경험이 풍수설과 연관된 일상적 담론으로 구성되고 있다는 특징을 발견할 수 있는데, 여기에는 상반되는 두 가지 측면이 있는 듯 하다. 하나는 실제로 풍수설과 '조상의 음덕'을 믿는 사람들이 있다는 것이고, 다른 하나는 실제로 그것을 믿느냐에 관계없이 고통스런 경험을 공유하는 일상적 인사치레가 발전된다는 점이다. 경험을 직접 표현하지 않고 전통적 사유방식에 기대어 에둘러 말하는 담론이 발전한다는 것이다. 전쟁기에 많은 피해를 입었던 사거리에서는 마을 이름이 사거리(死去里)로 불렸다. 주민들은 큰 피해의 원인을 마을 이름 때문이라고 생각하고, 원래의 이름인 복암리로 개칭하자는 여론이 형성되었다.

또한 전쟁경험을 통하여 사람들이 살아가야 할 '처세'의 원칙으로 평상시에 '인심'을 잃지 말아야 한다는 것을 자주 말하게 된다. 여기에서 인심은 무엇을 의미하는가. 앞에서 언급한 남양촌의 경우 마을의 지주였던 이영구는 마을주민들이 출산을 하면 꼭 쌀 두되와 미역 한가닥을 일생을 두고 실행했다고 한다(증언자 9). 1910년대 큰 기근이 닥쳤을 때 쌀 50가마를 싣고 장성 각 면을 돌면서 구휼했다는 일화도 이에 해당한다. 대체로 인심을 잃는다는 것은 공동체적 관행을 넘어선 과도한 수탈을 하거나 '부자'로써 마을 주민들에게 마땅히 베풀어야 할 도리를 행하지 않는 것이다. 이는 명백히 마을이 도덕 공동체로 작동하고 있었다는 것을 의미한다. '인심'의 대극에는 '사감'이 존재한다. 당시의 투쟁·갈등 또는 보복적 행위는 '이념'이 아니라 '사감'의 산물이라고 구술된다.

'사감'론은 갈등과 투쟁의 원인을 개별화시키는 담론전략의 산물이기도 하지만 하눅인들이 가장 말하기 어려운 사회적 범주에 갈등이 기초하고 있었다는 것을 간접적으로 드러내는 것일 수 있다. 그

범주는 신분이다. 주민들이 말하는 '사감'은 신분적 차별에 기초한 인간적 모멸에서 발생하기 쉽다.

> 증언자 7: 기동마을의 경우 구 당원은 5~6명으로 책임자는 최씨였다. 수복 후 진짜 좌익 활동가는 피신했거나 자수한 반면, 좌익으로 몰려 죽은 사람이 7~8명된다. 이들은 대부분 하층 주민이며 비 김씨가 많고, 김씨는 3명이 사감이나 오해로 희생되었다. 좌익에 의해 약 50명이 희생되었다. 덕재는 80호쯤 되는 비교적 큰 마을로 면 소재지였다. 이 마을도 수십 명 희생되었는데 양상은 기동과 비슷하다.

전쟁기에 보다 주체적으로 활동했던 사람들은 전쟁 후 생종을 위해 '침묵'을 선택하였다. 한 증언자는 입산하였다가 1952년 체포된 후 포로수용소에 수용되었다가 1959년 출옥하였다. 그러나 그 이후 약 30년 간 늘 감시대상이 되어 조사받고 호출당했다. 외지 출타시 신고해야 했다. 또한 입산 후 행방불명된 동생 때문에 몇차례 지방법원에 출두해야했고, 사망 증거를 대자 겨우 해제되었다. 그는 필자에게 자신의 행적을 44년만에 처음으로 증언하는 것이라고 말했다.

> 증언자 5: 적나라하게 밝히자니 생존한 사람이 있거나 자손들이 있고, 지금은 거의 화해한 상태인데, 모르고 넘어가다가 새롭게 밝혀 놓으면 다시 불씨를 지필지도 모르지.

이런 새인적 침묵이 분단체제의 정치사회화에 기초하고 있다면, 외부자에게 당시의 마을내부에서 있었던 일을 밝히지 않으려는 집단적 현상으로서의 '단합적 침묵'(정근식, 2003)의 객관적 기초는 무엇인가를 신분의 현대적 의미와 연관시켜 좀더 연구할 필요가 있다.

2000년 이후 전국적으로 전개되고 있는 전쟁기 민간인 학살에 관한 진상규명과 명예회복운동은 장성에서는 별로 형성되지 않았다.

그만큼 좌익테러에 의한 피해가 컸기 때문이기도 하고, 지역내에 전쟁경험을 객관화하려는 새로운 세대가 없기 때문이기도 하다. 전쟁기에 '좌파'로 활동한 사람들에 대한 추념은 여전히 금기에 속했지만, 이것이 최초로 깨지는 것은 집단적이라기보다는 개인적이고 가족적인 것이었다. 2001년 오제신은 자신의 아버지 오홍석에 대한 추억을 월간 예향의 지면을 빌어 공개하였다.

V. 기억의 민주화

이 글은 전쟁기의 대규모의 인명피해가 과거의 지역전통, 즉 문향이라고 부르는 양반지배적 전통과 어떤 관련을 맺고 있는가, 또는 지역의 전통을 재구성하는데 있어서 이런 과거의 갈등이 어떻게 반영되는가를 검토하려는 것이었다. 지역수준에서의 갈등과 투쟁을 연구하다보면, 거대한 체제나 이념은 어디론가 사라지고 다른 모습만이 나타난다는 한계를 갖게 된다. 또한 구술사적 접근을 취하면 개인의 선택의지가 많이 작동된 것처럼 보이나 사실은 개인적 선택의 여지는 극히 제한되어 있었다.

전국적으로 장성은 영광, 영암과 함께 전쟁기간동안 가장 큰 인명피해를 입은 지역 중의 하나이다. 피해의 규모는 정확하게 알 수 없지만, 대체로 1만명 이상으로 추정된다. 전쟁기 피해는 지형상 산을 끼고 있어서 유격대 활동이 용이하거나 주야간 지배세력의 교대가 오랫동안 이루어진 곳, 그리고 계급이나 신분적 갈등이 심한 곳에서 상대적으로 컸다. 이 피해는 생태적 지형이 매개요인으로 크게 작용했지만, 이른바 우익테러 뿐 아니라 좌익테러의 비중이 상당하고, 그

안에는 전통적인 신분적 지배와 차별의 요소가 깔려 있었다. 영암의 경우 읍과 반촌이 경쟁적인 맥락을 형성하면서 반촌에 속하는 지역이 사회주의적 성향이 강했고 피해도 상당히 컸는데 비해, 장성에서는 이와 달리 국가형성을 주도한 양반 성씨나 중규모 지주를 가진 마을의 반상간 갈등이 주축을 이루었다. 반촌은 오히려 우파적 입장을 가진 경우가 많고, 마을내 신분갈등으로 희생이 컸다. 동일한 지배신분이라도 당시 형성되어가던 국가권력과의 관계에 따라 서로 다른 길을 걸었다.

전쟁기의 갈등과 투쟁의 양상은 신분, 교육정도, 계급 등이 복합적으로 작용했다. 장성에서 인민군 점령 하에서 성립된 권력의 지도부는, 표면상으로는 빈농들이었지만, 실질적 지도부는 중상층 지주출신의 지식인들이었다. 김시중이나 송종근 등 1920년대부터 지역의 지도자로 활동한 인사들과 함께, 오홍석 등 일제말기 고등교육에 의해 형성된 최고 엘리트가 새로운 지도층으로 등장한다. 이들에 의한 해방직후의 민족교육운동의 연장선상에서 설립된 중학교는 전쟁기의 혁명적 에너지를 만들어내는 하나의 근거지로 기능하였다. 그러나 전쟁은 이들이 통제하지 못하는 상황을 만들어냈고, 이것이 큰 희생을 낳는 요인으로 작용하였다. 이들에 대한 적대적 리더쉽은 반촌에 기초한 반공 청년단의 활동으로 나타나고 이것이 피해를 가중시켰다.

다른 한편으로 장성을 대표하는 지배 가문이었던 4성씨의 운명이 한국전쟁기를 거치면서 크게 달라졌음을 확인할 수 있다. 해방직후부터 한국전쟁기까지 정치적 지향의 선택은 개인단위로 이루어졌을지라도 이들이 친인척 네트웍과 강하게 얽혀있기 때문에 결과적으로 문중단위로 이루어지는 것처럼 보이게 한다. 정치적 지향은 정치적 활성화의 정도와 분단국가 형성에 대한 태도라는 두 가지 기준으로 구분할 수 있다. 이를 좀더 구체적으로 표현한다면, 국가기구에 적극적으로 참여한 가문과 그에 소극적이었던 가문, 미 조정기에 큰 타격을 입고 있던 가문과 상대적으로 비정치적이었던 가문이라는 분류이다. 결국 정치적으로 활성화된 집단은 이념적 지향이 어느 쪽이던 장기적으로 약화되고, 식민지기와 한국전쟁기에 정치적 활성화정도가 낮아서 별다른 피해를 받지 않았던 성씨가 점차 주도적 집단으로 변화해가는 현상이 관찰된다.

전쟁 후 지역정치체제는 해방 후부터 전쟁에 이르는 기간에 우익적 요소로 활동했던 인물들에 의해 주도되었다. 전쟁경험과 기억은 이데올로기적으로 전유되어 전쟁직후부터 충혼탑으로 재현되었다. 1970년대에 시작된 지역정체성의 정립과정은 이런 전쟁기의 경험을 비켜가면서 조선후기나 근대 민족운동에서 자원을 이끌어냈다. 그러나 현대사적 경험이 결락된 상황에서 만들어진 지역정체성은 주민들의 참여나 동원을 제한적인 것으로 만들게 되는데 이는 곧 분단체제라는 구조적 힘이 그만큼 큰 규정력을 발휘하고 있다는 것을 의미한다.

구술은 기억의 재현이지만 사실의 선택성에 작용하는 정치적 요인의 비중을 측정하기란 매우 어렵다. 말할 수 없던 기억의 뒤늦은 표현욕구는 민주화와 함께 당연하게 증가한다. 구술사적 접근은 전쟁기 투쟁과 갈등의 평균적 모습을 드러내려는 것이 아니라, 말하기 힘든 신분적 요소의 작동을 포착하려는 것이다. 이와 아울러 우리는 장성의 사례에서 권위주의 체제의 민주화의 정도와 과거 기억의 드러내기의 상호관계를 다시 생각할 수가 있다. 새롭게 말해지는 영역이나 내용이 권위주의시기에 자랑스럽게 말할 수 있었던 기억과 함께 경쟁적 양상으로 발화되는가, 아니면 시소적 양상으로 발화되는가. 장성의 사례에서는 좌익테러에 의한 희생이 다른 지역에 비해 상대적으로 많았기 때문에 경쟁적 양상이 보이기는 하지만, 전반적으로는 시소적 양상으로 나타나는 듯 하다. 다만, 구술의 세계가 질문자와 응답자의 상호작용에 의해 재구성되는 것이라면, 신분적 요소를 중심으로 한 질문이 곧 이 시기의 전쟁경험에 대한 기억을 신분적인 것으로 유도하는 틀이 아닌가하는 의심은 반복될 수 밖에 없는 방법론적 난제에 속한다.

● 참고문헌

1. 자 료

공보처 통계국, 1952, 『6·25사변 피살자 명부』(2003, 『6·25 피살자 59994
　　　　명』, 월간조선사).

장성군, 1997, 『장성군 마을사 – 황룡면편』.

장성군사 편찬위원회, 2001, 『장성군사』.

전라남도지편찬위원회, 1969, 『전라남도지』.

한국농촌경제연구원, 1985, 『농지개혁시 피분배지주 및 일제하 대지주
　　　　명단 – 농지개혁사편찬자료 10』.

향토문화개발협의회 편, 1982, 『장성군사』, 장성군사편찬위원회.

향토문화개발협의회, 1973~2002, 『향토문화』 1~22.

2. 논 저

강정구, 1996, 『분단과 전쟁의 한국현대사』, 역사비평사.

고영진, 1999, 『조선시대 사상사를 어떻게 볼 것인가』, 풀빛.

김동수, 1977, 「16~17세기 호남사림의 존재양태에 대한 일고」 『역사학
　　　　연구』 7.

김동춘, 2000, 『전쟁과 사회』, 돌베개.

김석학·김종명 공편, 1975,『광복30년 1-3』, 전남일보사.

김성윤, 1998,『조선후기 탕평정치연구』, 지식산업사.

김영범, 2001,「한국전쟁과 양민학살」, 정근식 외 편,『동아시아와 근대의 폭력』2, 삼인.

김행복, 2001,「북한군의 양민학살에 관한 연구」『한국전쟁사의 새로운 연구2』, 국방부 전사편찬연구소.

박지현, 1993,「조선후기 장성지방 사족의 동향」, 한국정신문화연구원 석사학위논문.

박찬승, 2000,「한국전쟁과 진도 동족마을 세등리의 비극」『역사와 현실』39.

_____, 2003,「영암 영보」『지방사와 지방문화』6-2, 역사문화학회.

송정현, 1981,「필암서원 연구」『역사학연구』10.

안종철, 1991,『광주-전남 지방현대사연구』, 한울.

_____ 외, 1995,『근현대의 형성과 지역사회운동』, 새길.

염미경, 2001,「양반가문의 한국전쟁경험」『호남문화연구』29, 호남문화연구소.

오제신, 2001,「거르재」『예향』2001년 5월호, 광주일보사.

윤택림, 2003,『인류학자의 과거여행 : 한 빨갱이마을의 역사를 찾아서』, 역사비평사.

윤희면, 1998,「고종대의 서원철폐와 양반유림의 대응」『한국근현대사연구』10.

_____, 2001,「전라도 장성 필암서원의 정치사회적 기능」『전남사학』17.

이용기, 2001,「마을에서의 한국전쟁경험과 그 기억」『역사문제연구』6, 역사비평사.

이해준, 1995,「하서 김인후의 현양사업」『하서 김인후의 도학과 문학사상』, 광주광역시.

이헌창, 1997,『민적통계표의 해설과 이용방법』, 고려대학교 민족문화연구소.

이훈상, 1990,『조선후기 향리연구』, 일조각.

전형택, 1997,「조선후기 필암서원의 경제기반과 재정」『전남사학』11.

정근식 외, 2003,『구림연구』, 경인문화사.

_____, 1992,「상무대 이전지역 촌락사회의 구조와 변화」『상무대 이전
　　　　지역 종합학술조사보고서, 전남대 박물관.

_____, 2002,「한국전쟁경험과 공동체적 기억」『지방사와 지방문화』5
　　　　－2, 학연문화사.

정진상, 1995,「해방직후 사회신분제 유제의 해체」『사회과학연구』13－
　　　　1, 경상대학교 사회과학연구소.

_____, 2000,「한국전쟁과 전근대적 계급관계의 해체」『경제와 사회』
　　　　46, 한울.

조용호, 2001,「김광수의 <몽유록>연구」『고소설연구 11』, 한국고소설
　　　　학회.

지수걸, 1999,「구한말 일제초기 유지집단의 형성과 향리」『한국 근대이
　　　　행기 중인연구』, 신서원.

지승종 외, 2000,『근대사회변동과 양반』, 아세아문화사.

최정기, 1992,「해방직후 민족교육의 문제」『전남 사회운동사 연구』, 한
　　　　울.

표인주 외, 2003,『전쟁과 사람들』, 한울.

홍성찬, 1999,「한말 일제하의 사회변동과 향리층」『한국 근대이행기 중
　　　　인연구』, 신서원.

_____, 1992,『한국근대농촌사회의 변동과 지주층』, 지식산업사.

제 6장

정기시장과 지역사회의 변동

홍 성 흡

Ⅰ. 지방 정기시장을 보는 시각

장시(場市) 혹은 장터(marketplace)란 농민, 수공업자, 어민 등의 직접 생산자들이 일정한 날짜와 장소에 서로 물산을 교환하는 정기시장을 의미한다. 우리나라에서는 15세기 후반부터 서울과 지방 각지에서 장시가 자생적으로 형성되기 시작하여 일반인들의 교역의 대부분이 이곳에서 이루어진 것으로 알려져 있다(김대길 1993). 그 후 시간이 흐름에 따라 농업 생산력이 발달되고 지주제가 점차 확대되면서 장시는 더욱 발달하게 되었다. 삼남지방에서는 주기적인 재난과 기근 등으로 물자의 교역이 절실해짐에 따라 지방의 소도시들을 중심으로 자연 발생적으로 장시가 개설되기 시작하였다. 이렇게 장시

가 발달되기 시작하자 소도시들에서는 5일(혹은 3일이나 7일)마다
날을 달리하여 장시가 개설되기에 이르렀고, 이에 따라 정기적으로
장시를 개설하는 관행이 법제화되어 지역마다 하나의 교역권을 형성
하기에 이르렀다. 이 과정에서 장시는 취급 품목별로 기능이 분화되
어 사회경제적 분업이 고도화되기 시작하였고, 장터와 장터를 연결
하는 장길이 촘촘하게 형성되었다(정승모 1992). 이처럼 장시가 전국
도처에 일반적으로 개설되기 시작하면서, 장시는 지역사회의 사회경
제적, 문화적 결절점의 역할을 하게 된다. 조선이라는 신분제 사회에
서는 양반들이 장터 출입하는 것을 꺼렸고, 혼란한 시대상황에서는
민란을 모의하고 일으키는 배후지로도 기능하였다.

　여기에서는 장성의 황룡장의 사례를 중심으로 이 장터가 지역사회
의 사회경제적, 문화적 교류에서 차지하는 위치를 살펴보도록 하겠
다. 장터에 대한 연구는 지금까지의 지역연구에서 대부분 마을공동
체를 마치 외부와는 분리된 닫힌 체계, 즉 독립된 소우주로 파악하는
경향이 지니는 한계를 극복할 수 있는 소재라고 생각한다. 즉 실제의
마을공동체란 외부 세계와 연관을 맺지 않고서는 존재할 수 없기 때
문에, 개별 마을의 경계를 뛰어넘는 연구범위를 설정하는 것이 반드
시 필요하다. 이러한 문제의식에서 장시란 새로운 문제 연구 영역의
설정이라는 측면에서도 큰 의의를 지니는 것으로 생각한다. '황룡장'
이라는 장시를 중심으로 사회경제적, 문화적 관계를 맺고 있는 주변
지역 사회의 연관 관계를 연구하는 것은 소위 '황룡권'이라는 보다
넓은 지리적, 문화적 경계에 대한 연구 영역 개척이라는 점에서 큰
의의를 지닌다. 또한 이 연구는 공식적인 문헌자료를 통해서는 거의
찾아볼 수 없는 문화생활사의 단면을 구술과 기억에 의존하여 재구
성해 보는 새로운 시도이다. 완벽한 과거의 재구성이라는 것이 애당
초 불가능하다고 할 때, 구술과 기억에 의존한 연구는 상당한 위험성

을 안고 있음에도 불구하고 거의 유일한 대안이라고 할 수 있다. 따라서 여기에서는 서로 상이한 기억들이 나타나는 경우들도 있고, 심지어 상충되는 경우도 발견할 수 있을 것이다.

논의의 범위는 장성 황룡장의 현재의 모습을 중심으로 하지만, 조선말부터 현재까지의 장시의 역사이다. 황룡장은 '우시장'으로서 성립했다가 일제시대에 접어들어 더욱 번창하여 정점을 이루었고, 전문시장으로서 인근 지역사회에서 중심적이고 통합적인 기능을 수행하다가 해방 후 인근의 광주의 시장권이 성장하면서 쇠퇴하였다. 장성이 점차 '광주권'에 편입되면서 황룡장의 기능이 현저하게 약화되고 있다.

일찍부터 경제인류학 분야에서는 시장체계의 기원과 발달과정에 대한 연구와 시장 및 장터에 대한 민족지 연구를 수행해 왔다. 시장체계의 기원과 발달에 대해서는 크게 민간에서 자생적으로 성장이 이루어진다는 이론(bottom-up이론)과 국가의 체제 정비 등을 위해 인위적으로 조성된다는 이론(top-down이론)으로 나누어 볼 수 있다. 전자의 이론에서는 직접 생산자들(농민, 수공업자, 어민 등) 간의 자연스러운 재화교환의 필요성으로부터 시장이 출현하고 발달한다고 본다. 시장체계는 단순한 직접 생산자들의 교환체계가 상업화의 진전에 따라 지역적 교환체계로 바뀌면서 형성되고, 이 과정에서 새롭고 더 큰 시장으로의 성장과 시장 하부구조의 개선은 시장교환 참여자들의 이득을 증대시키고 개방성과 더 큰 경제적 접합을 가져오는 것으로 파악하고 있다. 즉, 수평적인 직접 생산자 대 직접 생산자의 교환에서 수직적인 농촌 대 도시 간의 교환으로 발전하는 것으로 보고 있다. 이러한 내발적인 시장출현 및 발전이론에서는 생산기술이 발전하면서 사회적 분업화가 진전되고, 그에 따라 더 많은 잉여가 생산되고 교역이 질적, 양적으로 성장한다는 것을 가정하고 있다. 시장

발달의 추동력에 대해서는 학자들 간에 약간의 차이를 보이고 있는 데, 베리(Berry, 1967)는 잉여생산기술의 발달을, 스키너(Skinner, 1964) 는 인구성장을, 샌더스(Sanders, 1956)는 지형학적, 기후적 요인의 다양성을 들고 있다.

후자의 이론은 폴라니(K. Polanyi)의 아이디어로부터 출발한 것으로 지역 사회의 외부에 존재하는 요인들의 압력과 자극에 의하여 시장이 출현하고 발전된다고 보는 견해이다. 일반적으로 시장이 출현하는 곳은 사회문화적 교차로인데, 특히 서로 다른 생태 지대 또는 지역경제 간의 교역이 발달된 곳에서 출현하는 것이 일반적이라는 것이다. 따라서 초기의 시장은 대상 무역이나 원거리 교역로를 따라 발달되는 것이 보통이고, 지역사회 내의 대내교역보다는 대외교역이 우선시되는 특징을 지니는 것으로 보고 있다. 이 이론을 주창하는 학자들 역시 가장 중요하고 결정적인 외부적 자극으로 드는 요인에 있어 강조점이 서로 다르다. 예를 들어 메이아수와 반스, 서비스는 원거리 교환(Meillassoux, 1971 ; Vance, 1970 ; Service, 1975)을, 애플비(Appleby, 1976)는 도시부에서의 식량의 필요를, 스미스(Smith, 1974)는 계층 혹은 신분사회에서 엘리트 계층의 수요를 그 주된 요인으로 보는 견해를 피력하였다.

이들 이론 이외에도 (경제)지리학 분야에서는 시장의 출현과 발달에 대해 거리에 따른 수확체감의 법칙에 기초한 공간모델(Thunenn), 지역조직에 대한 입지모델(Christaller의 중심지이론) 등을 제시하였다.

이러한 논의 이외에 시장 발달이 사회경제적, 정치적, 문화적 측면에서 지니는 기능에 대한 논의들이 민족지적 연구를 통해 제시되었다. 워델이나 브렌튼(Waddell, 1972; Blanton, 1983)은 시장의 발달이 '농민들이 자가 생산했던 재화들을 전문화된 생산자들에게 의존하게 만들어 농업생산에 보다 강도 높은 노동집중화를 가능하게 했다고 주장하였다. 즉, 시장체계는 1차 생산자들을 위한 일종의 노동집중 혹은 노동 절감 장치로 기능했으며, 이 과정에서 시장체계는 국가의 수취체계에서 요구하는 것보다 더 많은 잉여를 생산할 수 있도록 하는 국가기구적 속성을 띠게 됨과 동시에 농민층 내부의 분화를 유도하게 된다는 것이다. 결국 국가는 시장체계가 유지될 수 있도록 해주는 중요한 수단이었다는 것이다. 버든(Berdan 1989)은 이러한 주장에서 한 단계 더 나아가 일단 만들어진 시장은 국가 수준의 통제를 강화시킴과 동시에 시장참여자들이 조직적인 저항을 할 수 있도록 해주는 중요한 통로가 되는 경향이 있다고 보았고, 특히 자유시장경제가 확립되면 확립될수록 국가통제는 필연적으로 약화되는 경향이 나타난다고 보았다.

울프와 플레트너(Wolf 1955; Plattner 1975; 1980)는 멕시코 치아파스 주의 산 크리스토폴 지역에 대한 연구에서 다종족 사회집단에서 이동상인들이 문화적 중개자(cultural broker)로 기능하고 있음을 밝힌 바 있고, 스키너(Skinner 1964; 1985)는 중국 남부의 쩨크완 지역에 대한 사료를 토대로 크리스탈러와 로쉬의 중심지이론 모델이 실제 중국의 사례에 적용된다는 것을 밝힌 바 있다. 이 연구는 300여 년 간에 걸친 장기적인 지역시장체계의 변화과정을 토대로 전통적인 중국 농촌사회의 기초 단위는 '표준 시장 공동체(standard marketing community)'라는 육각형 형태를 띠고 있다는 것을 밝혔다. 무엇보다 스키너의 연구에서 중요한 발견은 이 표준 시장 공동체가 통혼권을 구성하여 내혼 단위를 형성하는 경향이 있다는 것을 밝혔다는 점이다. 스미스(Smith, 1974; 1976; 1977)는 서부 과테말라에 대한 현지조사를 토대로 중국에 비해 국가의 정치적 지배가 상대적으로 미약하고 다종족 집단으로 구성되어 있음으로 해서, 중국과는 달리 표준시장보다는 지역의 중심시장이 보다 큰 역할을 하는 사례를 보고하였다.

우리나라의 장시에 대한 연구는 지금까지 주로 역사학 분야를 중심으로 이루어져 왔다. 그리고 시기적으로 볼 때, 조선 후기부터 현재까지의 장시에 대한 연구가 상대적으로 많은 반면에 그 이전 시기의 장시에 대한 연구는 매우 드물다. 15세기 후반 들어 본격적으로 출현하기 시작하기 이전의 장시에 대한 연구는 매우 적어, 고려 후기의 장시에 대한 김삼현(1992)의 연구와 조선 전기에 대한 궁원면일(宮原免一 1956; 1968)의 연구를 꼽을 수 있는 정도이다. 조선 중기와 후기의 장시에 대한 연구로는 김일곤(1962), 김병하(1963), 임병태(1976), 한상권(1981), 정승모(1983), 이세영(1983), 이호영(1986), 이경식(1987), 오성(1987), 이헌창(1990), 박선희(1996) 등을 들 수 있다. 이 연구들은 기본적으로 사료를 토대로 한 분석으로서 본 연구가 선택한 기억과 채록에 근거한 연구와는 차이가 있다. 비록 정승모의 연구라든가 류우익(1972), 이덕성(1976) 등의 연구가 사회과학적 혹은 인류학적 방법을 사용하고는 있지만, 본격적인 의미에서의 학술 논문으로서 기억과 채록을 방법으로 한 것과는 거리가 멀다. 그리고 예를 들어 이철호(1991) 등에 의한 장시에 대한 르포성 글들이 있기는 하지만 상대적으로 대중성을 얻기 위한 성격의 글들로서, 장시의 분위기를 읽는 정도의 도움을 받을 수 있을 따름이라고 생각한다. 다음 장에서는 이상의 선행 연구에 대한 검토를 바탕으로 하여, 장성군 황룡장의 현재의 모습을 중심으로 조선 후기부터의 변화과정을 살펴보도록 하겠다.

Ⅱ. 황룡시장의 배경과 문화적 특성

장성군은 전라남도의 북부 지역에 소재하고 있고, 예로부터 한양으로 통하는 도로가 나주로부터 발원하여 지나가는 곳이다. 동쪽으로는 담양군, 서쪽으로는 영광군, 남쪽으로는 광주시, 북쪽으로는 정읍군과 고창군이 위치하고 있다. 병풍산에서 시작되는 용흥천과 용두천이 영산강 지류인 황룡강의 본류를 이루며, 장성읍 근처에서 월계천과 합류하여 광주로 흘러내리는 지형을 이루고 있다. 담양 쪽과는 병풍산과 불태산이 면해 있고, 영광쪽으로는 고성산, 태청산, 문수산이 줄지어 있다. 이처럼 전라남도에서는 비교적 높은 산으로 둘러싸여 있어, 과거에는 나주로부터 시작되는 길 이외에는 타지와의 교류가 쉽지 않았을 것으로 짐작된다. 현재는 고속도로와 철도를 통해 광주와 목포, 정읍과 연결되고, 지방도가 장성읍을 중심으로 담양, 함평, 영광, 고창, 순창 등과 통해 있다. 동학혁명 때 황룡면 월평리에서 관군과 동학군이 전투를 벌여 관군이 대패하였으며 이를 기념하여 탑이 건립되어 있다.

1600년 선조 때 장성현과 진원현이 합쳐져 장성현이 되었고, 일제 치하인 1914년 군면 통폐합 시에 영광군 삼북면, 내동면, 현내면을 합쳐 삼계면으로, 삼남면, 외서면을 합쳐 삼서면으로, 외동면과 함평군 대화면과 오산면 일부를 합쳐 동화면으로 하여 장성군에 편입되었고, 그 대신 갑향면이 담양군 관할로 이관되었다. 원래 장성읍은 성산리에 있었는데, 이 때 지금의 읍 자리로 옮겨왔다. 1975년 장성댐 공사로 인해 북상면이 수몰되어 폐지되었고, 1983년 남면 삼태리의 일부 지역이 광주광역시에 편입되어 현재에 이르고 있다. 대략 장성군은 중앙에 읍과 황룡면, 동화면이 위치하고 있고, 동북부에는 산

악지대인 북상면과 북하면, 노령산맥의 남부 지류가 벗어나와 있는
진원면과 남면, 서쪽의 비교적 평탄한 삼계면과 삼서면으로 이루어
져 있다. 장성은 조선 시대 이래 광산김씨, 울산김씨, 행주기씨, 황주
변씨 등 네 성씨의 향반 세력의 힘이 강력하여 다른 지역에 비해서
향리나 아전 등의 힘이 약했던 것으로 보인다. 특히 북일면 신흥리,
북이면 신평리, 황룡면 황룡리와 필암리, 아곡리, 북하면 기동리와
증평리, 오산리 교촌 등 장성군내의 대표적인 반촌 마을들이었다.

장성군의 인구는 다른 농촌지역과 마찬가지로 계속 줄어들고 있어
1965년의 13만 여명을 정점으로 하여 2000년 말 현재 5만 6천여 명
이 살고 있다. 이러한 추세는 앞으로도 지속될 것으로 보인다. 장성
의 주요 산물은 쌀, 보리, 고구마, 콩 등이고 딸기와 채소류, 화훼 등
의 생산도 근래 들어 많이 늘어났다. 예부터 곶감의 생산이 유명하여
『동국여지승람』에도 지역 특산품으로 기록되어 있지만 지금은 손이
많이 가는 곶감 대신에 오히려 단감 생산이 주를 이루고 있는 상태
이다. 그 외의 지역 특산품으로는 비자와 생강, 모시, 한지 등의 생산
이 많이 이루어졌던 것으로 알려져 있으나 수요의 감소로 인해 지금
은 많이 생산되지 않고 있는 실정이다.

본 연구의 대상인 황룡장이 위치하고 있는 황룡면은 1993년 행정
구역 개편에 따라 13개의 법정리와 26개 행정리, 48개 반(班)과 43개
자연마을로 구성되어 있다. 이 중 황룡장이 서는 지역은 3개 반으로
이루어져 있는 월평(月坪) 1리로 지역사회에서는 신시장(新市場)이라
고 불리고 있다. 주민들의 말에 의하면 일제시대까지만 해도 황룡장
은 흔히 '화룡장'으로 불렸고, 장성 사람들은 황룡장 가는 것을 '모랭
이[馬良의 순수한 우리말] 간다'고 말했다고 한다.

문헌기록에 의하면, 황룡은 1770년에 발간된 『동국문헌비고』에 장
시가 서는 곳으로 기록되어 있고, 그 후 『임원경제지』(1830년)에도

명칭이 나와 있다. 1938년의 기록에는 황룡장 대신에 월평장이라는 이름이 올라 있다. 200년 넘는 이전의 사실에 대한 파악은 어렵겠지만 이 문헌 기록에 의하면 상당히 오래 전부터 황룡장이 있었다는 것을 미루어 짐작할 수 있다. 또한 이 문헌들에는 오늘날과 마찬가지로 4일과 9일의 5일마다 장이 섰던 것으로 나와 있는데, 이것으로 보아 정기시장이 열리는 간격이 매우 오래 전에 형성되었을 것으로 생각한다. 전라남도 북부 지역의 정기시장의 상권은 상인들의 행로를 통해 알 수 있다. 대략 장성군은 북부 광주시와 영광군, 고창군과 같은 권역으로 묶여 있어, 1일과 6일에는 광주 비아장이나 장성 사거리장이 서고, 2일과 7일에는 장성 사창장과 영광읍장이, 3일과 8일에는 광주 송정장이나 고창읍장이, 4일과 9일에는 황룡장이 서는 방식으로 순환되고 있다. 이 상권은 황룡장으로부터 바라보면, 나주로부터 연결되어 한양에 이르는 도로를 따라 형성된 것이고, 이 정기시장들이 대략 하나의 시장권으로 묶여져 있다는 것을 알 수 있다.

장성의 정기시장으로는 현재 황룡장을 비롯하여 사창장, 약수장, 사거리장 등 네 곳이 있다. 이 중 황룡장의 역사가 가장 길고, 사창장은 1914년 행정개편으로 영광군에 속하던 장시가 장성으로 편입된 것이다. 1922년 호남선 철도가 개통되면서 백양사역을 중심으로 사거리장이 생기고 중남역을 중심으로 신흥장이라는 장이 생성되었는데, 이 중 신흥장은 한국전쟁을 거치면서 폐쇄되어 지금은 사라지고 없다. 그리고 일제시대까지 있었던 수산장은 해방 후 읍 소재지가 장성읍 수산리에서 장성읍 영천리로 옮겨 오면서 쇠퇴하여 현재는 열리지 않고 있다.

황룡장은 원래 황룡면 회사촌 용월정 부근(주민들은 이곳을 구장터 혹은 옛 시장이라고 부르는데, 지금의 장성읍 월산동에 속한 지역임)에서 열리던 것이 1922년 호남선 열차가 다니기 시작한 직후인

1926년 시장터가 좁고 교통도 상대적으로 불편하여 현재의 위치로 옮기게 되었다. 신시장으로부터 약 5리 정도 거리에 장성역이 들어선 것이 아마도 시장터를 옮기게 된 가장 중요한 원인일 것이다. 행정구역상 월평리 151-1번지 일대의 6500평 가량과 장성읍 영천리 삼월동 1371번지 일대의 2500평 정도를 합친 약 9000평 가량의 부지에서 장시가 열리고 있다. 이 지역은 원래 하천부지였던 곳이었으나 시장이 옮겨오면서 마을이 형성되기 시작하였다. 지금도 땅을 조금만 파들어 가면 모래흙이 나온다고 한다.

황룡장은 다른 마을공동체들과는 달리 철도나 도로를 따라 인구이동이 잦은 곳이었기 때문에 각성받이들로 이루어진 마을이 형성된 것은 지극히 당연하다. 일제 때부터 거주하였던, 즉 현재의 위치로 시장이 옮겨온 시기를 전후로 하여 이 지역으로 들어온 성씨로는 장흥고씨, 경주정씨, 진주정씨, 전주이씨 등을 들 수 있고, 해방 직후에는 울산김씨가, 한국전쟁 후에는 밀양박씨가, 1978년경에 창령조씨가 들어와 살게 되었다고 한다.

제보자들의 정보에 의하면 1900년경 광산군 대촌에서 구장터로 장흥 고씨가 들어와 어물전을 했는데, 그 후 그의 아들이 1928년 신시장으로 이주하면서부터 시장규모가 커졌다. 일제 때에는 상권을 일본인들이 쥐고 있었는데, 잡화상, 지물포, 고리대금업, 정미소 등을 일본인들이 경영하고 있었다고 한다. 한국전쟁이 끝난 후 당시 변진갑 장성읍장이 황룡장을 없애고 장을 읍으로 옮기고자 현 읍사무소 건너편 부지에 장을 개설하였다. 그러나 크게 번창하지 못하고 6개월 만에 폐쇄된 반면에 황룡장은 당시 황룡시장 번영회장이었던 고윤경이 논 680평을 기증하여 더욱 활성화되게 되었다. 황룡장은 1964년 정기시장으로 공식인가를 받았으며 한때 근 6개 군의 주민들과 상인들이 활발하게 이용하였다. 그리고 1980년에는 장성읍 1371

번지에 있던 우시장 부지가 좁아 1980년에 월평리 151－6번지로 우시장 터를 옮겼다.

1998년 현재 신시장리에는 총 140가구[이 중 대부분이 상업에 종사하며 농가도 32호에 이름], 645명[남 328, 여 317명]이 거주하고 있다. 이 곳에서 발견되는 주요 결사체로는 1988년 조직된 회원 70명 정도로 가장 큰 황룡시장번영회와 일심친목계[1990년 조직, 회원 25명 가량], 황우회[1991년 결성, 회원 60명 가량] 등이 있다.

Ⅲ. 장터의 기능 변용과 성쇠

1. 조선 후기의 황룡장

황룡장은 예로부터 인근 지역에서 송정장과 함께 우시장으로 이름이 높았다. 아마도 『동국문헌비고』에 처음 장시로 기록되어 있던 18세기 중엽부터 소를 매개로 한 장시로 성장하였던 것으로 짐작된다. 이 시기의 황룡장에 대한 구술자료는 당시 장시의 생활상에 대한 편린만을 제공하고 있다. 따라서 여기에서는 채록된 내용들을 중심으로 간략하게 정리하도록 하겠다.

이 시기에 황룡장은 정보가 교통되고 수집되며 관청의 홍보라든지, 사람 모집 등의 기능을 수행하고 있었다. 이 밖에도 사교가 이루어지거나 오락과 유흥이 벌어지는 장소이기도 하였다. 장시의 개시일에 맞추어 수령방백들은 장시를 찾는 사람들의 왕래가 잦은 장소에 포고나 게시물 등을 붙여 정보를 알렸다. 또한 필요한 일꾼들을 모집하는 장소로도 활용되었다. 정보교통의 장으로서 장시가 이용되는 것은 수령방백들에게만 한정되어 있는 것이 아니었다. 일반 백성들도 사람을 찾거나 자신의 처지를 알리기 위하여 이 곳을 이용하였다. 즉, 개인적인 억울함을 호소하거나 사회에 불평과 불만을 지닌 사람들이 자신을 숨긴 채 글을 써 붙이는 장소로 이용되었다. 또한 죄를 지은 사람들에게 징벌을 내리거나 끌고 다니면서 모욕을 주는 장소로도 활용되었다. 이러한 전통은 해방 정국 하에서 반대 세력에 대한 처형 장소로 장터가 흔히 이용되었다는 사실로부터 계속 이어져 내려갔음을 알 수 있다. 그리고 각지의 사람들이 오고 가면서 노동력이나 혼담 등이 오고가는 장소로도 활용되었다. 주민들의 이야기에 의할 것 같으면 고조나 증조할아버지, 할아버지들 대의 혼담이 장시에서 처음 나오기 시작하여 오고가게 되었다는 말을 들을 수 있다. 이처럼 정기적으로 많은 사람들이 오가는 장소였던 장시는 정부의 국가시책이나 체제안정을 위한 홍보의 장소로 그리고 일반 민중들에게는 다양한 정보를 얻고 교환함으로써 사회적 여론을 형성하는 장소임과 동시에 정치적인 개인의사 혹은 집단의사를 표현하는 것이 이루어진 곳이었다.

아마도 이 시기의 장시에 대한 기억으로 가장 많이 남아 있는 것은 오락 및 유흥문화에 대한 것일 것이다. 특히 황룡장은 우시장이었기 때문에 인근 지역의 농민들이 목돈을 만질 수 있는 거의 유일한 장소였던 것으로 기억되고 있다. 따라서 이를 노린 사람들이 많이 몰려드는 것은 당연한 것이었다. 밀주를 만들어 파는 사람들, 투전과 골패 등의 도박을 벌리는 사람들도 나타나게 되었다. 노인들은 사당패 혹은 걸립패라고 불리는 민중놀이 집단들이 큰 상점 앞이나 장터 안의 광장에서 연희를 연출하거나 판소리꾼들이 사람들을 모아 판소리를 불렀다는 이야기에 대해 기억하고 있다. 아마도 이러한 재인 집단들과 점포를 가진 상인들 간의 밀접한 이해관계는 손님들을 끌어모으기 위한 전략적 측면도 강하게 있었을 것이다. 판소리의 전성기

가 18~19세기라고 하는데 이 시기는 정확히 장시가 번성하는 시기
와 일치한다. 판소리는 현장 연희이면서 일부 연극적인 표현 요소까
지 구사하는 종합예술적 성격을 띠고 있어 서민들의 희로애락을 대
변하는 것으로 큰 인기를 끌었다고 한다. 즉, 장시는 판소리의 주요
무대임과 동시에 장시의 문화를 형성하는데 매우 중요한 비중을 차
지했을 것으로 생각한다. 특히 추석이나 설날, 백중 등의 큰 명절을
맞게 되면 위에서 열거한 여러 연희와 행사들이 성황리에 펼쳐졌다
고 한다. 당시에는 음주나 연희구경이 거의 유일한 낙이었기 때문에
장시를 찾는 것은 굉장히 큰 행사였다는 말을 들었다고 주민들은 제
보하고 있다. 또한 점을 치거나 씨름이나 줄다리기, 윷놀이를 구경하
는 등의 볼거리가 종합적으로 펼쳐지는 공간으로서 장시는 가장 안
성맞춤이었을 것이다. 이러한 모습은 일제 치하로 접어들면서도 거
의 변하지 않고 유지되었던 것으로 보인다.

2. 일제 하의 황룡장

1910년 일제가 조선을 합방하기 이전인 1908년경부터 이미 장시
를 총체적으로 파악하고 규제, 감독하기 위한 조치를 취하기 시작하
였다. 통감부는 대한제국 하에서 지방관이 담당하고 있던 시장의 신
설과 위치변경문제를 중앙의 농공상부(農工商部)로 이관하였고, 강
점 후에는 시장을 변경할 경우에 도지사가 총독에게 보고하여 처리
하는 것으로 바꾸었다. 그리고 토지조사사업 과정에서도 시장에 대
해 시장명, 연간 시장거래액, 주요 거래상품의 종류, 물화 집산지역,
신화(新貨)유통 상황 등의 항목으로 나누어 면밀히 실지조사를 수행
하였다(조선총독부 1919). 또한 1920년을 전후한 시기에 시가지 정리
과정에서 전통적 장시를 시읍의 중심지로부터 분리하여 다른 지역으

로 이전시키는 정책을 추진하였고, 이로 인해 적지 않은 문제가 발생하였다. 황룡장도 예외가 아니어서 1926년 장터가 옮겨지게 된다.

조선총독부가 1914년 공포한 '시장규칙'(총독부령 제136호)에 나타난 시장정책은 공영제와 허가제를 근간으로 하고 있다. 이는 일제가 시장에 대한 개설권을 독점적이고 실질적으로 장악함으로써 자신들이 통제하기 쉬운 시장의 개설을 확대하기 위한 것이었다. 공영제란 공공단체[道, 郡, 府] 또는 이에 준하는 기관[읍, 면]이 아니면 시장을 개설할 수 없도록 한 것이다. 허가제란 시장의 명칭, 위치, 면적, 설비, 개시일과 휴업일 및 시장의 개폐시간, 취급하는 재화의 종류, 시장설치 이유 등을 서면으로 도지사에게 제출하여 허가받도록 한 것이다. 그리고 일제는 장시에 대한 감독과 단속을 경찰관서에서 담당하도록 하였고, 담당 경찰은 필요할 경우 시장 상인이나 장시에 온 사람들에 대해 공안, 위생, 교통 등에 대한 필요한 조치를 취할 수 있는 근거를 지니게 되었다. 이는 일제가 장시를 불온한 목적으로 활용될 수 있는 장소로 인식하고 있음을 보여 준다. 또한 일제가 시장에 대한 통제와 감독을 구체적으로 하고자 한 목적은 1909년부터 실시하고 있었던 시장세의 원활한 징수에 있었다.

1910년대에 전국적으로 토지조사사업이 실시되어 토지세의 비중이 현격히 높아짐에 따라 시장세의 비중은 크게 낮아졌고, 그 결과 1927년에 일제는 세제를 개편하여 시장세를 폐지하게 된다. 그 대신에 일제는 장시를 통해 원자재와 식량을 매집하는데 집중하기 시작한다. 즉 1차 생산품의 잉여분을 교환하던 장시가 점차 자본주의적인 상품이 교환되는 장소로 변모되고 농업 생산품이 반출되는 장소로 변모하게 된 것이다.

한상권(1981, 233쪽)은 1915년부터 1940년까지의 전국적인 시장수의 변동과정을 추적하여 평안도와 강원도, 함경도의 시장수가 증가하고 있었던데 비해, 남부와 중부지방의 시장 수는 거의 변하지 않은 대신에 그 규모가 확대되었음을 밝힌 바 있다. 황룡장이 협소한 구 장터에서 보다 넓은 현재의 위치로 옮겨 온 것도 같은 추세를 반영한 것으로 보인다. 즉, 교통로의 확충과 농산품의 원활한 매집을 위해서도 보다 규모가 큰 시장으로 바뀌는 것이 필요했던 것이다. 이 과정에서 상대적으로 자본 규모가 크고, 관료들과 강한 연결망을 지니고 있었던 일본인들이 점차 시장의 지배권을 장악하게 된 것은 지극히 당연한 것이다. 황룡장의 경우, 상설상점들 중 한의원이나 약국, 음식점 몇 곳을 제외하고는 대부분의 상설상점들을 일본인들이 경영하였고, 특이하게 중국인이 경영하던 포목점[비단장사] 두 곳과 술집 겸 음식점이 한 곳 있었다고 한다. 특히 고리대금업을 했던 사람 두 명 모두가 일본인이었다는 사실이 눈에 띄는데, 이 사실은 그 경영규모가 크지는 않았다고 하더라도 이미 군 단위의 장시까지 일본인들의 금융자본이 침투하고 있었음을 말해 준다. 일본인들이 경영하던 상설상점 중 비교적 규모가 컸던 것은 잡화점과 지물포, 담배가게, 정미소, 농기구상, 기름상회 등이었는데, 인공 치하에서 지서가 소각된 후 수복이 이루어진 후 임시지서로 사용되었던 노무라[野村]가 경영하던 잡화점이 황룡장에서는 가장 컸다고 한다. 상대적으로 한국인들은 음식점이나 술집, 어물전 등을 많이 경영하고 있었던 것으로 알려져 있다.

상설상점은 지역 주민들이 항시 필요한 물품을 구입하거나 급전이 필요한 경우에 이용하는 상점이었다. 그러나 황룡장을 장시답게 하는 것은 역시 장날이었다. 장성을 비롯한 인근 6개 군에서 몰려 온 사람들은 조금씩 싸온 나물이나 제철 과일을 내다 파는 사람들로부터 어물이나 각종 잡화를 장시를 돌면서 파는 전문 상인들까지 각양각색이었다. 새벽 4시부터 열리는 우시장을 시작으로 6시경에는 이미 사람들이 몰려들어 복잡해지기 시작하고, 오전 11시 정도가 되면 소를 비롯한 큰 거래는 거의 이루어지고 생필품을 사기 위한 소규모 거래가 이루어졌다. 새벽부터 장국밥집은 문전성시를 이루고, 거래를 마친 사람들은 술을 마시면서 집으로 돌아갈 준비들을 하기 시작하였다. 대개 아침 9시경부터 오후 2, 3시까지 사이에 재인들이 나서서 난장이 벌어지거나 판소리판이 벌어지기도 하였다. 장시에 대한 출입에 있어서 일반 서민들은 자유로웠지만, 양반들은 거의 장에 출입하지 않고 대신 집안의 하인이나 머슴들을 보내 물건을 샀다고 한다.

황룡장의 성장에 있어 반드시 거론되어야 할 인물이 고**이다. 그는 1900년 무렵에 광산군에서 구장터로 들어와 어물전 장사를 크게 하여 큰 돈을 벌었고, 1928년 장시가 옮기는 것을 따라 신시장으로 옮겨와 어물전 장사를 하다가 1940년대 초부터 '대흥정미소'를 인수하여 정미업을 시작하였다. 이를 통해서도 큰 돈을 모으게 되어 수백석 부자가 되었다고 한다. 그는 오랫동안 황룡시장 번영회장을 맡았던 인물로 해방 이후 시장이 다른 곳으로 옮겨가는 것을 막기 위해 자신의 토지를 희사하기도 하였다. 그가 신 시장으로 옮겨오면서부터 시장은 활기를 띠기 시작하였고, 구장터의 기능은 점차 약화되었다고주민들은 말하고 있다. 그는 특유의 친화력으로 일본인들과도 교류하면서 영향력을 넓히고자 하였고, 이 시도는 상당히 성공적이었다. 그는 1930년대 초부터 5마력짜리 발동기를 구입하여 사용할 정도로 기계화에도 관심이 많은 인물이었다.

주민들의 기억 속에서 황룡장이 우시장으로 성가를 높였던 시기는 조선 후기라고 말하는 이들도 있지만 대개는 이 시기를 가리킨다. 소를 직접 거래하고자 하는 사람들은 물론이고 제사가 있거나 명절을 맞은 사람들이 고기를 준비하기 위해서 이 곳을 찾았다. 소는 파는 사람과 팔고자 하는 사람이 직접 거래를 하는 것이 일반적이었지만,

주재소의 순사가 나와서 항시 감시를 하였다고 한다. 이는 불법적인 도살 등을 막기 위한 것이라는 명목으로 행해졌지만, 실제로는 정보를 수집하는 것이 목적이었다고 한다. 혹시 큰 돈을 만진 사람 중에 세금을 내지 않은 사람들이나 모르는 사람이 소를 사고파는지 등을 알기 위한 것이었다고 한다. 때로 사람을 찾는 사람들이 방을 붙이기도 하였고 거의 없었지만 범법자들에 대한 형 집행이 이 곳에서 이루어지기도 하였다고 한다. 이 때의 형 집행은 오라를 묶어 시장길을 끌고 다니는 방식으로 이루어졌다고 기억되고 있다.

황룡장은 일제하에서 장시로서의 기능이 가장 활발했던 것으로 보인다. 더 큰 외부사회로부터의 자극에 의해 시장의 규모가 확대되고 취급하는 품목과 양이 늘어나기는 했지만, 광주 등 인근지역과의 교통이나 지리적 위치로 인해 상대적 자율성을 지닌 채 지역사회의 사회경제적, 문화적 중심지로서의 역할을 하고 있었던 것으로 보인다. 해방 후 이 역할은 한동안 지속되지만 근대화 과정을 거치면서 점차 조그만 시골 장터로 변모하게 된다.

3. 해방 후 한국 전쟁 직후까지의 황룡장

해방 후 일본인들이 물러가자 황룡장에도 일종의 공백상태가 발생하였다. 일본인들[과 중국인들]이 경영하던 상점을 누가 인수하느냐 하는 것이 장에서 발언권을 강화시킬 수 있는 중요한 계기를 마련해 주었다. 한국인이 경영하던 상설상점은 거의 주인이 바뀌지 않았지만, 일본인과 중국인들이 경영하던 상설상점의 주인들은 모두 주인이 바뀌게 되었다. 형식적으로는 적법한 절차를 밟은 것처럼 되어 있지만, 상대적으로 영향력이 있는 사람들이 특히 일본인들로부터 헐값에 반강제적으로 인수하거나 비교적 큰 건물을 차지하고 있었기 때문에 공공건물로 사용되기도 하였다. 담배집을 하던 일본인 상점은 해방 후 4년간 대동청년단 사무실로 사용되었고 농기구 판매점은 해방 후 지서로 사용되다가 인공 치하에서 소각된 후 잡화상을 하던 일본인 상점 터로 지서가 옮겨가게 되었다. 비교적 큰 일본인 소유의 상점 중 기름집은 이**가 인수하여 미곡중개를 하면서 술장사를 하였고, 정미소는 임**이 인수하여 곡물과 비료를 판매했으며, 야채상을 하던 점포는 최**가 인수하여 과자점을 열었고, 잡화상은 문**이 인수하여 담배집을 경영하였다. 그리고 장판집은 김**이 인수하여 고무신을 판매하였고, 지물포는 김**가 인수하여 장판집을 경영하면서 국민회 사무실로 사용하였다. 중국인이 경영하던 포목점 세 곳 중 한 곳은 박**이 인수하여 1947년경부터 자전거포를, 또 다른 한 곳은 김**가 인수하여 비단장사를 하였고, 다른 한 곳은 조**이 인수하여 미곡상을 열었다. 인수자들 중 두 김씨가 장성의 양반집안인 광산김씨와 울산김씨이기는 하지만, 두 사람 모두 타지에서 들어와 일제시대 때부터 살던 사람들이다. 또 한 가지 특징적인 것은 일본인이나 중국인이 취급하던 상품을 그대로 잇는 경우가 비교적 적다는 사실이다. 이는 기본적으로 인수한 사람들의 자본이나 기술, 경험 등의 개인적 능력의 차이에서 기인하는 것이었지만, 정치적 혼란이라는 시대적 상황도 영향을 미친 것으로 보인다.

　해방 후 장성지역사회는 좌우익의 대립이 심각하였고, 남로당 계열의 좌익들이 장성군 내의 소규모 지역사회에서 우익들과 무력대립을 하던 일종의 '무정부상태'에 놓여 있었다. 1947년 경 황룡장에서 경찰들이 좌익들 수십 명을 공개적으로 처형하는 것을 정점으로 하여 황룡장에도 극도의 긴장 상태가 만들어졌다. 지역 주민들은 낮에만 장을 보고 돌아오는 것이 일반적이어서 황룡장의 경기는 추락하게 되었다. 이러한 상황은 1950년 7월 23일부터 같은 해 9월 29일 군당과 인민위원회가 입산하기까지, 아니면 같은 해 10월 22일 장성읍이 수복되고 군청과 경찰서의 활동이 다시 시작되기까지 지속되었다. 그 후도 '산손님'들의 활동은 끊임없이 이루어져 각지의 지서가 불타는 사건이 빈발했고 사람이 죽고 다치는 사건이 여기저기서 발생했기 때문에 시장의 매기는 예전만 못했고 출입하는 주민들의 수도 현저하게 줄었다고 한다. 그 대신 황룡장은 정치적 장으로서의 성격이 더욱 강해지는 경향을 나타내게 되었다. 즉, 정치적 구호나 입장을 피력하는 방이 계속해서 붙여졌고, 이념적 대립의 공개적인 선전장으로 변하게 된 것이다.

한국 전쟁이 끝난 후인 1955년 장성의 대표적 우파 인물인 변**당시 장성읍장이 장시를 읍사무소 근처로 옮기려고 시도한 적이 있다. 그는 읍장으로서 읍 지역을 장성의 중심지로 성장시키고자 하는 의도가 있었던 것이다. 본디 장성은 1914년 행정개편으로 장성현 지역과 진원현 지역 그리고 영광군 삼계리 등이 합쳐진 지역이고, 다시 1930년대에 들어 성산리 지역에 있던 장성읍을 현재의 위치로 옮겨온 까닭에 다른 지역에 비해서 장성읍의 규모가 작고 경제적 중심지의 역할도 하지 못하는 편이었다. 여기에는 울산김씨들 중 상대적으로 진보적인 인물들이 1920년 월평리에 월평(초등)학교를 설립하는 과정에서 만들어진 알력도 작용했다고 한다. 즉, 정치적 경쟁자들이 키우고자 했던 지역을 벗어나 새로운 중심지를 만들어 자신의 지도력을 과시하고 싶었던 것이다. 그렇지만 새로 개설한 5일장(2일, 7일)은 애초의 의도와는 달리 그다지 크게 번성하지 못하고 6개월여 만에 폐쇄되고 말았다. 이 때 지역사회의 정치적 지도자로서 비교적 기반이 탄탄하던 변**의 시도를 좌절하게 만든 인물 중 한 사람이 앞에서 살펴본 당시 황룡시장 번영회 회장이었던 고**이다. 그는 자신의 논 680평을 황룡장의 규모 확대를 위해 희사함으로써 황룡장이

다시 장성의 중심 장시로 설 수 있는 토대를 만드는데 일조하였다. 이 사건 이후 황룡장은 약 10년간에 걸쳐 지역사회의 중심 장시, 즉 읍장으로서의 기능을 수행하게 된다.

이러한 역사적 우여곡절을 겪으면서 황룡장은 장성군의 중심시장으로서의 위치를 지속하게 되었지만, 근대화라는 새로운 물결이 밀려오고, 교통 등이 한결 편리해짐에 따라 서서히 광주권에 흡수되기 시작하면서 점차 그 지위를 잃게 된다.

4. 근대화 과정을 거친 현재의 황룡장

1965년을 정점으로 하여 장성군의 인구가 줄어들기 시작했다는 사실은 황룡장이 점차 중요성을 상실하기 시작했다는 것을 단편적으로 말해 준다. 인근 광주에 있는 양동시장, 서방시장 등을 출입하는 주민들이 서서히 늘어나기 시작하면서 황룡장은 우시장을 제외하고는 거의 상권을 잃어가게 되었다.

이 곳 주민들이 황룡장이 쇠락을 맞게 된 결정적 계기로 기억하고 있는 것은 1973년의 호남고속도로의 개통이다. 개통 직후 광주행 직행버스가 생겨 그 이전에 있었던 광주까지 운행하는 시내버스와 군내버스와 함께 광주로 시장권이 흡수되는데 결정적인 역할을 하였다. 이 즈음부터 이미 공산품들을 광주 혹은 드물지만 서울로부터 가져와서 판매하는 상점들이 늘어나면서 황룡장의 상권은 급속히 위축되기 시작하였다. 이농을 통해 농업의 기계화가 본격적으로 시작되던 1970년대 초중반 이전까지 황룡장은 그런대로 우시장으로서 성가를 유지하였지만, 새마을운동을 통해 농기계화가 서서히 진전되면서 결정적으로 타격을 입게 되었다. '쇠똥 치우기 바빴던' 시절은 다 지나간 것이다.

1980년 지저분하고 부지가 좁아 황룡장의 서쪽 편에 위치하고 있던 우시장을 축협 밑의 다리 아래로 옮겼다. 강변에 위치하고 있어서 넓고 소의 매매에 필요한 현대적 설비가 갖추어져 있지만 1987년의 소 파동을 겪으면서 매매되는 소의 절대 두수가 줄어들게 되었다고 한다. 옛 우시장 터에서는 새벽 4시에 개장해서 오전 11시까지 소가 취급되었지만 지금은 새벽 4시에 개장하여 새벽 6시에 파장하는 것으로 바뀌었다. 이 사실만 보더라도 소를 이문을 남길 수 있는 상품으로 보지 않고, 팔더라도 장에서 소비할 정도로 소 사육자들이 현실을 낙관적으로 보지 않는다는 것을 알 수 있다. 또한 주로 장성군내나 광주시, 담양군, 영광군 등에서 황룡장을 찾는 소비자들 역시 현격하게 줄어들었는데 이는 군이 황룡장을 찾지 않더라도 얼마든지 축산품을 구입할 수 있는 현실과 관련되어 있다.

현재 황룡장의 상설 상점들은 다른 농촌의 상점들과 크게 다르지 않다. 구멍가게 수준을 넘지 않는 조그만 점포들이 늘어서 있고, 장이 서지 않는 날에는 찾는 사람도 거의 없는 풍경이다. 다른 시골보다는 상점이 많지만 몇몇 곳은 개점휴업상태로 낡은 간판만이 예전에 상점이었다는 것을 알 수 있게 해준다. 길을 따라 택시회사와 화물차 회사, 정미소와 한약방 및 약국, 주조장, 식료품점, 청과물점, 건어물상회, 다방, 미용실, 이발관, 세탁소, 미곡상, 사료상, 철물점, 자전거 판매점, 농기구 수리상, 포목의류 및 이불점, 전파상회, 농약자재상, 지업사, 신발가게, 시계상 등이 늘어서 있다. 이들 상점 이외에 가장 많이 눈에 띠는 것이 식당과 식육점인데, 거의 매상을 올리지 못하고 있는 실정이다. 이들 상설상점들을 중심으로 번영회가 운영되고 있는데, 번영회는 장세수납도 하고 있고 수납된 장세를 군청 재무과에 납부하는 역할을 담당하고 있다. 이 장세들은 장터를 청소하고 건물을 관리하는 곳에 쓰인다. 한때 번영회는 황룡장의 중요한 사회조직으로 활동하기도 하였고 의욕적으로 친목 기능을 수행하기도 하였지만, 지금은 그다지 활성화되어 있지 못한 상태이다. 임원들을 중심으로 의욕적인 구상을 피력하기는 하지만, 실제 실현되는 것은 매우 어려워 보인다. 이에는 1980년 우시장 자리를 옮기고, 원래의 우시장 자리에 장옥을 지어 분양하고자 했지만 거의 분양이 이루어지지 않은 경험이 상당히 큰 영향을 미친 것으로 보인다.

이들 상설 상점들은 대부분 생산지로부터 직접 물건을 가져다 팔고 있다. 어물은 목포, 여수, 군산, 부산 등지에서 경매를 통해 낙찰을 받아 도매상이 가져오면 그것을 가져다 팔고 있다. 최근 들어서는 부산쪽으로부터 가져오는 어물의 양이 점차 늘고 있다. 이는 냉동차를 이용한 수송이 그만큼 일반화되어 있기 때문이다. 이들 도매상들은 새벽에 물건을 내 주고 저녁에 물건값을 받으면서 냉장고가 없는 소매상들의 남은 어물들을 냉장고에 보관해 주기도 한다. 그 대표적인 예가 장성수산이라는 대형 냉장창고 회사이다. 건어물의 경우는 목포나 여수, 속초 등에서 1년에 한두 번 꼴로 직접 가져와서 창고에 보관해 두고 팔고 있다. 그 이외의 공산품들은 서울이나 광주 등의 대도시에서 떼어다가 팔고 있지만, 지금은 거의 상권이 형성되어 있지 않다.

장이 서는 날에는 평일보다 장이 활기를 띠지만, 트럭이나 포장마차를 끌고 와서 좌판을 벌이고 장사를 하는 뜨내기 장사꾼들이 대부분이고 일부 할머니들이나 아주머니들이 야채류나 청과류, 나물, 강아지 등을 가지고 와 소규모로 좌판을 벌리고 장사하고 있다. 전문 이동상들은 정기시장의 장날에 맞추어 전국을 돌면서 장사를 하는 사람들로서, 다른 장에 비해 황룡장이 1980년대 이래 유난히 쇠락한 대표적인 장 중 하나라고 평가하고 있었다. 장이 서더라도 매기가 거의 없고 일단 장을 찾는 사람들이 많지 않다고들 한다. 그래서 이들이동상들은 황룡장에서는 큰 기대를 갖지 않고 쉬어 가는 날로 생각하고 찾는다는 말을 공통적으로 하고 있다. 황룡장에는 그곳에서만 발견할 수 있는 특산물이 없고 축산물 정도만이 과거의 전통을 이어 다른 상품들에 비해서 많이 팔리는 정도라고 한다.

근대화과정을 거치면서 상대적으로 독립적인 상권을 지니고 장성군의 읍장으로서 활성화되었던 황룡장은 광주시의 상권이 확대되면서 점차 자생력을 지니지 못한 소규모 시골 장터로 바뀌었다. 교통이 편리해져 수송이 원활해지고 저장수단이 발달되었으며, 정보화가 진전되면서 이러한 상황은 앞으로 지속될 것이고, 황룡장은 더욱 그 규모가 축소될 수밖에 없는 과정을 겪게 될 것이다.

IV. 맺음말

이 글에서는 전남 장성군에 위치한 황룡장의 사례를 통해 시골 장시의 변용과정을 구술과 기억자료에 의해 재구성해 보았다. 지금까지의 장시에 대한 연구는 상대적으로 역사학이나 경제사 연구로 편중되어 있었기 때문에 본 연구는 인류학의 민족지적 연구 성과들을 기반으로 하여 새로운 방법론을 검토해 보고자 하는 시도라고 할 수 있다.

황룡장은 18세기 중엽에 장시가 처음 있었다는 것이 확인되었다는 사실 이외에 시장 출현의 구체적 원인에 대해서 규명할 수 있는 자료는 없는 상태이다. 조선후기 경 이미 인근 6개 군의 주민들이 황룡장을 찾는 장시로 성립되어 있었고, 특히 우시장으로서 성가가 있었던 것으로 확인된다. 그러나 조선 후기를 거쳐 일제시대에 접어들어 장시가 번성하게 된 데에는 세금 징수와 1차 산품의 매집이라는 외부적 변수가 크게 작용했던 것으로 보인다. 이 때가 황룡장으로서는 전성기였고 사회경제적인 측면에서뿐만 아니라 정치적, 문화적인 측면에서도 지역사회의 중심 고리 역할을 하고 있었다. 해방 이후의 정치적 혼란기에는 경제적 측면에서 시장의 경제적 기능은 약화되었지만 정치적 기능은 오히려 강화되었던 것으로 생각한다. 그 후 정치적 고려에 의해 장터가 없어질 수 있는 위기를 맞기도 했지만 주민들과 시장 상인들의 힘으로 이를 저지시키면서 다시 장이 활성화되기도 하였다. 그렇지만 근대화라는 지금까지와는 전혀 다른 물결이 밀려오면서 독자적인 상권을 유지하지 못한 채 광주권에 편입되어 쇄락의 길을 걷고 있는 상태이다. 특히 호남고속도로를 비롯한 각종 도로의 확충과 이농에 따른 농업의 기계화는 우시장으로서의 황룡장의 정체성이 흔들리게 되는데 결정적 타격을 입혔다. 지금은 인근에서도 규모가 작은 시골 장터로 변했고 개점휴업상태의 상설 상점들도 많은 상태이다. 앞으로 황룡장은 지역 축제 등의 이벤트성 행사라든지, 특산품의 유일한 유통 경로로 자리매김되는 등의 큰 변화가 발생하지 않는 한 지금의 추세는 멈추지 않을 것으로 보인다.

구술과 기억에 의존한 역사의 재구성이라는 연구는 시기별 비교자료의 균질성 혹은 형평성이라는 근본적인 방법론적 난제를 안고 있다. 이 문제는 구술자의 기억이 지니는 정확성의 문제뿐만 아니라 구술자의 사회문화적 위치와 역사성을 반영하고 있다. 아마도 이러한 이유로 인해 이 방법론은 기어츠가 이야기했듯이 영원히 완벽할 수 없는 성격을 지니고 있는 것일지도 모른다. 다만 지역사회에 대한 총체적 연구를 수행하는데 있어서 각 학문분야가 지니고 있는 강점을 살리고 약점을 보완한다는 차원에서 의미를 지니고 있다고 생각한다.

이 연구는 다음 몇 가지 측면에서 보완이 이루어져야 할 것이다.

우선, 연구대상 자체가 한정되어 있지 않기 때문에 보다 장기간에 걸친 연구 조사가 필요할 것으로 보인다. 특히 상인과 소비자 양쪽 모두를 대상으로 접근하기 위해서는 황룡장과 관련된 6개 군 지역 전체로 연구 범위를 확대할 필요가 있다. 두 번째, 사회적 연망의 구성에 있어서 문화적 연결고리의 역할에 대한 해명이 부족하다는 점을 들 수 있다. 특히 통혼권에 대한 분석을 통해 연망을 재구성하는 문제는 첫 번째 문제와 관련하여 미흡한 상태에 놓여 있다. 세 번째, 상인들의 경영분석이 필요하다. 이 문제는 황룡장에서 오랜 기간 상업에 종사하던 상인을 선정하여 사례연구로 보충되어야 할 것으로 생각한다.

● 참고문헌

1. 자 료

1995, 『강원도시장민속』, 국립민속박물관.
2001, 『광주의 재래시장』, 광주민속박물관.
1985, 『문화유적총람』, 전라남도.
1981, 『문화재도록』, 전라남도.
1976, 『장성군 문화재일람』, 한국문화재 보호협회 장성군지부편.
1989, 『장성군 마을사－황룡리 편』, 장성군・장성문화원편.
1982, 『長城郡史』, 長城郡史編纂委員會.
1899, 『長城郡邑誌』.
1978, 『장성향토문화』 1∼5, 장성문화원 편.
1985, 『전남읍면편람』, 전라남도.
1988, 『전남의 마을 유래자료집』, 전라남도.

1982～1984,『全羅南道誌』1～3, 全羅南道誌編纂委員會.

1912,『지방행정지역명칭일람』, 조선총독부.

1974,『(장성)향토문화』, 장성향토문화개발협의회 편, 2집.

2. 논 저

고석규, 1997,「영산강유역의 장터문화와 남도민의 삶」『향토문화』17
　　　　집, 향토문화개발협의회.

국립광주박물관, 2000,『광산김씨 집성촌의 역사와 민속』.

김대길, 1993,『조선후기 장시에 대한 연구』, 중앙대학교 대학원 사학과
　　　　박사학위 논문.

김대길, 2000,『시장을 열지 못하게 하라』, 가람기획.

김병하, 1963,「보부상에 대한 고찰」『경제학논집』3권 1호, 중앙대학교.

김삼현, 1992,「고려후기 장시에 관한 연구」『명지사론』, 명지사학회.

김일곤, 1962,「이조시대의 향시와 지방상업」『경제』5집, 부산대학교.

류우익, 1972,「한국의 정기시장에 관한 지리학적 연구」『낙산지리』2호.

박래경, 1980,「조선조 읍지 개관과 장성읍지고」『향토문화』6, 향토문
　　　　화개발협의회.

박선희, 1996,『전북지방 정기장시의 특성과 변화 −조선후기 일제시대
　　　　까지−』, 서울대 사회교육과 석사논문.

안진오 외, 1998,『장성황룡』, 향토문화개발협의회.

오 성, 1987,「조선후기 목재상인에 대한 일연구」『동아연구』3집, 서강
　　　　대학교 동아연구소.

이경식, 1987,「16세기 장시의 성립과 그 기반」『한국사연구』57.

이덕성, 1976,「한국의 정기시장에 대한 인류학적 연구」『인류학논집』
　　　　2집.

이병직, 1983,「장성군 마을사 연구의 실제」『향토문화』8집, 향토문화
　　　　개발협의회.

이병직, 1996,「장성군 마을사 연구의 실제」『향토사연구』7집, 한국향
　　　　토사연구전국협의회.

이세영, 1983, 「18·19세기 곡물시장의 형성과 유통구조의 변동」『한국사론』15집.

이재하 외, 1992, 『한국의 장시 : 정기시장을 중심으로』, 민음사.

이철호, 1991, 『장터순례』, 도서출판 유림.

이헌창, 1990, 『개항기 시장구조와 그 변화에 대한 연구』, 서울대학교 경제학과 박사학위논문.

이호영, 1986, 「19세기 은진 경강읍의 상품유통구조」『한국사론』15집.

임병태, 1976, 「한국 재래시장의 발달연구」『목포교육대학교 논문집』, 목포대학교.

정승모, 1983, 「농촌 정기시장체계와 농민 지역사회구조」『호남문화연구』13집, 전남대학교 호남문화연구소.

정승모, 1992, 『시장의 사회사(시장으로 보는 우리문화이야기)』, 웅진닷컴.

차행선, 1991, 「황룡강유역의 마을형성과 지명유래」『향토문화』11집, 향토문화개발협의회.

한상권, 1982, 「18세기말～19세기 초의 시장발달에 관한 기초연구」『한국사론』7.

Appleby G, 1976, "The Role of Urban Food Needs in Regional Development, Puno, Peru", *Regional Analysis*, Vol. 1: Economic Systems, C. A. Smith(ed.), Academic Press.

Berdan F, 1989, "Trade and Markets in Precapitalist States", in *Economic Anthropology* : 78～107, S. Plattner(ed.) Stanford University Press.

Berry, B. J. L, 1967, *Geography of Market Centers and Retail Distribution*, Englewood—Cliffe : Prentice Hall, 1967.

Blanton R. E, 1983, "Factors Underlying the Origin and Evolution of Market Systems", in *Economic Anthropology : Topics and Theories*, S. Ortiz(ed.), Monographs in Economic Anthropology, No. 1:55—66.

Meillassoux C, 1971, *The Development of Indigenous Trade and Markets in West Africa*, London: Oxford University Press.

Plattner S, 1975, "Rural Market Networks", *Scientific American* 232: 66~79.

Plattner S, 1980, "Economic Development and Occupational Change in a Developing Area of Mexico", *Journal of Developing Areas* 14: 469~482.

Sanders, W, 1956, "The Central Mexican Sybiotic Region: A Study in Prehistoric Settlement Pattern", in *Prehistoric Settlement Patterns in the New World*, G. R. Willey(ed.) Viking Fund Publication in Anthropology, No. 23, New York: Wenner—Gren Foundation for Anthropological Research.

Service, E, 1975, *Origins of the State and Civilization*, New York: Norton.

Skinner, G. W, 1964, "Marketing and Social Structure in Rural China", *Journal of Asian Studies* 24: 3~43 ; 195~228 ; 363~399.

Skinner, G. W, 1985, "Rural Marketing in China: Revival and Reappraisal" in *Markets and Marketing*, S. Plattner(ed.), Lanham, MD.: University Press of America for the Society for Economic Anthropology.

Smith C. A, 1974, "Economics of Marketing Systems: Models from Economic Geography", *Annual Review of Anthropology* 3: 167~201.

Smith C. A, 1976, *Regional Analysis*, Volumes 1 and 2, New York: Academic Press.

Smith C. A, 1977, "How Marketing Systems Affect Economic Opportunity in Agrarian Societies", in *Peasant Livelihood*, R. Halperin and J. Dow(eds.) New York: St. Martin's Press.

Vance J, 1970, *The Merchant's World*, Englewood—Cliffe : Prentice Hall.

Waddell E, 1972, *The Mound Builders*, Seattle: University of Washington Press.

Wolf E, 1955, "Types of Latin American Peasantry", *American Anthropologist* 57: 452~471.

宮原免一, 1956, 「十五・六世紀朝鮮における地方市」『朝鮮學報』9집.

宮原免一, 1968, 「李朝初期の産業地圖について」『朝鮮學報』48집.

제 7 장

유기농업생산조직의 형성과 변화

오 미 란

Ⅰ. 대안을 찾아

한국에서의 유기농업[1]은 1970년대 중엽에 개별 생산자 - 조직인
「정농회」와 「한국유기농업연구회」라는 소규모 생산자조직으로 출발
하여 1980년대에 도시소비자 조직인 「생활협동조합운동」과 결합하
면서 점차 확대되기 시작했다(김호 1996). 유기농업에 대한 논의가
현재의 농업위기를 극복하는 대안적 농업방식으로 부각되기 시작한
것은 1989년 U・R협상 이후 세계농업시장의 전면개방으로 인한 농
업위기와 1992년 「리우환경회의」 이후 1995년 OECD에서 농업위기

---

1) 농림부는 유기농업을 「화학비료, 유기합성농약(농약, 생장조절제, 제초
제), 가축사료첨가제 등 일체의 합성화학 물질을 사용하지 않고 유기물
과 자연광석, 미생물 등 자연적인 자재만을 사용하는 것」이라고 규정하
고 있다.

와 환경생태 위기에 대한 대응으로서 「지속 가능한 농업(Sustainable
Agriculture)」[2]이 공식적인 의제로 다뤄지면서부터이다. 이에 따라
1995년 한국정부는 '친환경농업'[3]을 중요한 농업정책으로 채택하였
다(신은정 2002).

유기농업이 대안적 농업으로 주목받는 이유는 첫째, 화학비료와
농약을 사용하지 않고 퇴비와 생물학적 약제를 이용하여 지력 향상
을 통해 파괴된 생태계를 복원시킴으로서 건강하고 안전한 '고품질
농산물'을 생산하는 환경친화적인 농업기술이라는 점과 둘째, 자연
과 인간, 도시−농촌, 생산−소비의 유기적 결합을 매개로 하는 사
회체계의 변화에 대한 가치를 지향하고 있다는 점이다. 유기농업의
이러한 특징은 최근 안전한 먹거리 및 환경에 대한 일반소비자의 높
은 관심과 주5일 근무로 인한 여가활용 방법에 있어서 농촌공간에
대한 관심의 고조, 각지방자치체들이 지역발전 전략의 일환으로 농
촌의 생태·환경의 지역상품화 정책을 채택등과 맞물리면서 대안적
농업으로 지속적으로 확대되어 가고 있는 추세이다. 이에 따라 유기
농업은 농업위기 극복, 지역발전, 새로운 사회체계의 모색을 지향하
는 많은 연구자들의 관심의 대상이 되고 있으며 유기농업의 '대안
성'[4]에 관한 많은 연구가 이루어졌다(강수돌, 1999; 김창길, 2002; 송

---

2) 1992년 「리우−환경회의」는 '농업부문에서 「지속가능한 농업(Sustainable
   Agriculture)」을 의제로 다뤘다. 「지속가능한 농업」은 기존의 다수확 제일
   주의 농업의 환경파괴성을 비판하고 관행농업에 대한 대안으로 제시되
   었다. 1995년 OECD는 지속가능한 농업을 위한 조건으로 ① 경제적으로
   성립 가능한 농업생산 시스템의 확립 ② 생산수단으로서 자연자원 기반
   의 유지향상 ③ 농업 이외에 생태계의 유지향상 ④ 농촌의 쾌적한 환경
   및 경관 창출 등 네 가지 조건을 제시하였다.
3) 친환경 농업법에서 규정하는 친환경농업이라 함은 '유기농업, 전환기유
   기농업, 무농약, 저농약' 등의 개념이 포괄된 개념이다(친환경 농업법
   시행령 제1조).
4) '대안'이라는 의미에 대해 이론적으로 뚜렷이 합의된 규정은 없다. 일반

명규, 1998, 2001; 서종혁, 1999; 신은정, 2002; 유정길, 1998; 조경만, 1998, 1999; 허 장, 2003).

유기농업의 '대안성'에 관한 이들 연구의 대부분은 생태, 환경, 소비, 유통 등의 관점에서 바라본 새로운 사회체계의 구성이나 새로운 농업기술에 관한 연구가 주를 이루고 있다. 반면 유기농업을 농민들의 구체적 이해를 중심으로 한 농업조직의 관점에서 분석한 연구사례는 거의 없다. 이는 유기농업생산을 농민들의 경제적 이해를 둘러싼 농업형태로 바라보기보다는 환경·생태적 가치의 실현 등 새로운 사회체계에 대한 모색으로 보는 관점이 지배적이었기 때문이다. 그러나 유기농업이 생태적 가치의 실현이나 소비에서 새로운 유기적 사회관계의 형성을 지속하기 위한 대안이 되기 위해서 필수적인 전제는 '유기농업 생산의 지속 가능성'이다. 많은 연구자들이 유기농업을 대안 농업으로 주장하고 있지만 2002년 12월 농림부의 공식 통계에 의하면 유기농업 인구는 전체 농가의 0.2%인 1,035호에 불과하다. 이는 당위적인 가치추구만으로 대안농업체계가 구성될 수는 없다는 것을 보여준다. 따라서 유기농업이 대안농업체계로 자리잡기 위해서는 유기농업의 확산과 재생산 구조의 안정적구축이 중요한 과제이다.

이 장은 이러한 문제의식에 입각해서 장성에 위치하고 있는, 생산·소비·유통·문화 등 다양한 영역을 포괄하는 유기농업생산자

적으로 '대안'이라는 의미는 기존의 사회에서 제기되는 문제에 대한 해결방식을 가리키는 의미로 사용된다. 대안체계에 대한 규정은 국가나 사회체제적인 수준에서부터 일상 생활세계의 삶의 방식의 재조직화 까지 실천적 범주가 다양하다. 이렇듯 기존 연구에서 '대안'의 의미가 다양하게 사용되는 것은 이 개념이 하나의 고정된 이론으로 정형화되어 있기보다는 사회경제적 현실에서 부딪히는 문제를 극복하기 위한 실천적 방안을 모색하는 과정에서 만들어진 개념이기 때문이다. 논문에서는 기존의 농업에서 발생한 문제를 극복하는 방법으로서 환경, 생태, 농업 위기에 대한 대응방안으로 거론되는 환경농업의 범주를 규정하는 개념으로 사용하였다.

조직인 '한마음공동체'에 대한 사례연구[5]글이다. 이 연구에서 제기하고 있는 질문은 다음 세 가지이다. 첫째, '한마음공동체'는 어떤 요인에 의해서 유기농업을 선택하게 되었고 그 요인은 조직의 구성과 체계에 어떻게 반영되어 있는가? 둘째, '한마음공동체'의 변화과정은 농업·농민의 사회경제적 현실의 어떤 요인에 의해서 영향을 받고 있으며, 이러한 요인은 유기농업생산 조직의 변화과정에 어떤 형태로 반영되고 있는가? 셋째, '한마음공동체'가 14년 동안 유지·존속되면서 지역사회 또는 외부사회에 끼친 영향은 무엇이고 어떤 성과와 문제점을 가져왔는가? 이 세 가지 질문은 최근 도시-농촌의 유기적 연대를 통해서 지역사회 발전이나 농업문제를 해결하고자 하는 다양한 시도에 대한 전망을 모색 하는데 있어서 의미 있는 실마리를 제공할 수 있을 것이다.

Ⅱ. 한마음공동체의 형성

한마음공동체는 1980년대에 성립된 교회공동체와 농민운동조직을 근간으로 출발한 농업생산 조직이다. 1984년 장성군 남면 마령리 백운교회에 남상도 목사가 부임하면서, 백운교회를 중심으로 한 교회공동체는 농민운동 조직으로 발전하였다. 목사가 이 교회에 부임한 시기는 수입개방으로 인한 농산물가격 폭락으로 카톨릭농민회와 기독교농민회 등 교회를 중심으로 한 농민운동이 활발히 전개되던 시

---

5) 한마음공동체에 대한 그 간의 연구로는 생태적 관점과 도시-농촌 유대관계에 관한 연구(조경만 1998 ; 1999 ; 김명혜 2001), 유기농 문화공동체적 관점(심운정 2001), 농촌 지도력과 관련된 연구(정기환 2002) 등이 있다.

기였다.6) 농민투쟁의 경험은 농민운동의 조직화로 이어졌고 1986년
백운교회에서는 교인들을 중심으로 기독교 농민회 남면지회를 결성
하여 적극적으로 농민투쟁에 참가하였다.7) 그 과정에서 백운교회는
농민교육 장소로 활용되었고 교회 지도부의 대부분은 농민회 간부로
활동하였으며 교인들의 상당수는 농민회 회원이 되었다.

　　당시 해방 이후 최대 규모였던 농민투쟁인 '수세(收稅)거부운동8)'

---

6) 1980년대는 '개방농정'으로 대표되는 농업정책이 전개되었다. 이에 따
　라 농축산물이 대량으로 수입되었고 특히 외국산 축산물의 수입으로 인
　해 1985년 '소값 파동'이 일어나면서 축산농가를 중심으로 한 '농축산물
　수입개방반대투쟁'이 전국적으로 전개되었다. 이후 농민투쟁은 '쌀값
　보장', '마늘·양파 생산비 보장 투쟁' 등 크고 작은 투쟁으로 이어졌고
　80년대 말 '수세폐지'와 '농산물수입개방반대투쟁'이라는 전국 투쟁으
　로 지속적으로 확대되어 갔다. 농민문제연구소 발행, 전남지역 농민운
　동 주요활동(1986~1994).
7) 농민문제연구소 발행, 전남지역 농민운동 주요활동(1986~1994) 자료집
　각 호를 참조하면 장성군 남면 한마음교회를 중심으로 한 농민투쟁 활
　동은 마을 자갈대 징수 거부투쟁, 적십자 회비 납부 거부투쟁, 의료보험
　현물 납부 투쟁 등 농민저항운동이 중심이 되었음을 알 수 있다. 특히
　농민교육의 대부분이 수세의 부당성과 농산물 수입개방의 구조적 문제
　에 집중되어 있다.
8) 당시 '수세'라는 명목으로 농지개량조합이 조합비를 걷는 것은 일제시
　대부터 내려오던 오랜 관행이었다. 1917년 일제가 수리조합을 설치하고
　수리세를 징수했다가 해방이후 1956년 수리조합은 평의원 선거를 실시
　하여 자치조직으로 운영되었다. 1961년 평의회는 정지되고 정부가 직접
　조합장을 임명하는 형태의 정부통제하에 놓여졌다. 이들 농지개량조합
　은 조합비 명목으로 이른바 '수세'라는 명칭의 세금을 부과했다. 그후
　1970년 4대강유역개발사업으로 수세의 부담이 증가하게 되고 물관리를
　둘러싼 문제는 농민들의 오랜 불만요인으로 커져갔다. 농민들의 이러한
　불만은 1986년 전북의 동진댐 주변 지역과 전남의 영산강유역 농민들의
　투쟁으로 전개됨으로써 해방이후 단일과제에 대한 전국 최대규모의 농
　민투쟁으로 전개된 것이 '수세'투쟁이다. 이 투쟁의 결과 조합비는 대폭
　감면되었고 전남의 경우 이 투쟁에서 '전남북 수세대책위원장'을 맡았
　던 故박금서씨가 농지개량조합의 조합장이 당선되는 쾌거를 올린 투쟁
　이다(농민대중운동으로서 수세투쟁, 1988, 농민문제연구소).

을 시작한 남상도 목사는 그 후 '쌀값보장', '수입개방 거부투쟁', '의료보험거부투쟁' 등 전국적 농민투쟁에 관련된 사안만이 아니라 '마을 자갈대 징수거부 투쟁', '적십자회비 부당 징수 거부' 등 크고 작은 농민투쟁과 마을농민들에게 농민문제를 알리는 교육을 실시하였다(조경만 1997).[9] 마을 뿐 아니라 남면 지역에서 남상도 목사가 갖는 지도력은 농민운동을 통해서 형성되었는데 남 목사가 재직하고 있던 백운교회 증축 때 마을 주민들 모두가 교회증축 공사에 참여한 점이나 면 단위 학교에서 행사 일정을 구성할 때 한마음공동체의 행사 일정을 고려한다는 점으로 보아 남목사의 지역 내에서의 위치를 알 수 있다.

한마음공동체의 형성 요인에 대한 올바른 분석을 위해서는 한마음공동체가 조직되던 당시의 농업을 둘러싼 내·외적 조건에 대한 종합적인 분석과 한마음공동체의 생산농가들이 처한 경제적 토대와 지역적 조건 등을 종합적으로 분석해야 한다. 특히 한마음공동체를 둘러싼 내외적 조건의 구성이 '한마음공동체'의 유기농업 생산조직으로서의 특성에 어떤 영향을 미치고 있는가에 대한 분석을 통해서 '한마음공동체'에 속한 생산농민들이 유기농업을 선택한 동기와 조직구성의 특성을 명확히 할 수 있기 때문이다.

1. 소비자운동의 활성화와 유기농업

농업생산조직의 형성과 변화에 있어서 농산물 가격, 소비자들의 기호의 변화 등 조직외부 환경의 변화는 생산농가의 조직 구성 방식에 매우 중요한 영향을 끼친다. 이는 조직 외부적 환경의 변화에 따

---

9) 당시 농지개량조합이 장성군 남면에서 거둬들이는 수세는 약2억 원 정도로 남면 농민들의 벼농사 수입의 1/10에 해당하는 금액이다.

라 생산농가의 조직방식이 선택되기 때문이다. 한마음공동체가 건설
될 당시의 농업 외부적 영향은 크게 두 가지로 나눌 수 있다.

첫째, 우루과이라운드 농산물 협상과 WTO 농산물 협상의 가속화
로 인한 농업위기의식의 전국민적 확대이다. 1980년대부터 부분적으
로 실시되던 한국정부의 농산물 시장 개방 정책은 1990년대 들어서
면서 자유무역 시장 논리의 무차별적인 공격으로 완전개방으로 전환
하기 시작한다. 농산물 시장의 완전개방에 대한 위기의식은 농민들
만이 아니라 수입개방에 대한 전국민적인 저항을 불러 일으켰다. 농
산물시장개방에 반대하는 종교단체나 소비자들을 중심으로 한 '우리
농산물지키기국민운동본부(1990)', '우리쌀지키기운동본부(1991)' 등
전국적인 국민운동의 형태를 띤 범국민적인 저항운동이 전개되었다.
농산물 시장개방, 특히 쌀시장 개방에 대한 국민적 저항운동의 성과
는 농업의 산업외적 기능과 가치(환경, 문화, 전통 등)에 대한 국민적
공감대를 일부 얻어낼 수 있었다.

둘째, 1987년 6월 시민대투쟁 이후 정치투쟁 중심의 시민운동이 일
상 생활세계의 재조직화를 통한 생활상의 실천운동인 주민운동으로
조직적 성격을 전환하기 시작하였다. 특히 여성단체나 소비자단체가
생활협동운동에 많은 관심을 가지기 시작했는데 농산물의 구매, 육아,
의료 등 일상생활 속에서 조직적 협동을 통해 생활을 재조직화하는
활동이 주를 이루었다. 특히 환경에 대한 관심의 증대는 생태에 대한
관심을 확대시켰고 이는 무공해 농산물에 대한 소비자들의 요구의 증
대로 이어졌다. 이에 따라 사회운동가들이나 사회운동 단체들을 중심
으로 한 생활협동조합이 활발히 건설되기 시작하였다.[10]

---

10) 유기농산물을 중심으로 한 소비자운동은 한 살림(1986), 여성민우회
(1987)를 출발로 하여 1990년대 초반 각 대도시 지역에서(특히 노동운동
과 지역운동이 활발했던 지역-인천, 부천, 광주, 대구 등) 소비자생활
협동조합 운동이 활발히 전개된다(김용우 2001).

농업 외부적 환경의 이러한 변화에 따라 카톨릭농민회나 기독교농민회 등 교회와 관련된 농민회원들 중 일부가 유기농업생산으로 전환하여 도시교회와 농촌교회의 교류를 매개로 한 종교적 일치성을 갖는 유기농업생산과 유통이 증대되기 시작하였다. 또한 도시와 거리적 인접성이 있는 지역에서 사회운동가들을 중심으로 한 유기농업 생산농가들이 조금씩 증대되었다. 이는 유기농산물의 판매가 상품에 대한 신뢰만이 아니라 종교적 공동체성, 혹은 사회운동에 대한 이념적 동질성에 기초한 신뢰, 즉 인간관계 중심형 대면적(face to face) 판매에 기초하고 있기 때문이다.

한마음공동체 역시 농업 외부적 환경의 이러한 특성을 그대로 반영하고 있는데 이는 한마음공동체 대표 남상도[마령리 백운교회 목사]씨의 말을 통해서 확인된다.

> "기독교농민회 전남지부 생명사업부 일을 맡아서 하면서 생명가치에 대한 새로운 중요성을 인식하였다. 특히 그동안 농업위기를 극복하기 위한 활동으로 농민회를 통한 대중투쟁을 열심히 했는데 이것만이 아니라 농업이 지속될 수 있는 근본적인 대책이 필요하다고 생각했다. 그래서 농민도 살고 소비자도 사는 생명가치의 실현 농법인 유기농업을 시작하게 되었다."

한마음공동체의 초기 유기농업 생산방식에 동의한 주된 성원들은 교회의 장로이면서 농민회의 핵심간부들이었던 농민들 5명으로, 이들은 전국 최초의 유기농업조직인 정농회를 통해서 유기농업 교육을 받은 사람들이었다(조경만 1998). 한마음공동체의 유기농업에 대한 선택은 생산농가의 필요와 요구에 의해서라기보다는 생명운동이라는 기독교적 가치의 실현을 중심으로 한 것이었다. 즉 생명가치의 실현을 위한 방식의 하나로 유기농업이 선택된 것이다. 이것은 경제적 가치를 중심에 두는 생산농가들의 이해와 어긋나는 것이어서 결성

초기에 조직화에 동의하는 회원수는 90명이었으나 실제로 유기농업을 선택한 농가는 8농가에 불과하여 초기 조직형성 과정에서 어려움으로 작용하였다.

2. 농업정책의 변화와 농업생산조직의 확대

한마음공동체가 조직될 당시 농업정책은 농산물시장개방에 따른 농업위기에 대응하는 방안의 하나로 농업경쟁력 확보를 위해 농업의 전문화, 규모화, 기계화를 중심으로 한 농업구조조정 정책인 '농어촌발전종합대책'이 적극적으로 전개되었다. '농어촌발전종합대책'은 농업구조를 규모화 하고 농민들을 농업경영자로 전환하여 경쟁력을 강화하는 방안으로 영농법인, 영농회사를 적극적으로 추진하여 생산조직의 협업화[11]를 유도하였다. 1990년 발표된 '농어촌발전특별조치법'은 소농 중심의 가족농 해체를 도모하고 농업의 경쟁력을 확보하기 위하여 대규모 정책자금을 통해서 농업의 협업화와 규모화 생산을 유도하였다. 이로 인해 1990~1996년 6년 동안 전국적으로 농업 영농법인 3,487개소와 위탁영농회사 4,906개소가 조직되는 등 농업생산조직이 급속하게 확대되었다.[12]

---

11) 조성백, 최민호(1996)는 협업의 형태를 작업의 협업, 경영의 협업, 생활의 협업 3가지로 구분한다. 첫째, 작업의 협업은 노동력을 중심으로 일정 작업과정만 협동으로 하고 개별경영은 그대로 각자가 알아서 하는 것. 둘째, 경영의 협업은 농업을 공동으로 경영하는 것. 셋째, 생활의 협업은 경영협업과 소비생활까지 공동으로 하는 것으로 구분된다. 한마음공동체의 경우 결성당시 작업과 경영의 협업이 혼재되어 나타난다.
12) 영농조합법인은 협동 경영적 요소가 강하고 위탁영농회사는 회사법인으로서 농기구의 협동 이용과 농업수탁 조직으로 기업적 측면이 강하다. 전남지역은 1996년말 영농법인 920개(전체의 36.4%)와 농업회사 1,096개(전체의 22.4%)로 영농법인 형태가 압도적인 형태이다(김정호,

1987년 이후 대규모 농민대중투쟁의 성과를 통해서 전국적인 농민
운동 조직을 건설한 농민들은 대외적으로는 농산물 시장개방에 대한
정부정책에 대항하여 강력한 정치투쟁을 전개하면서도 다른 한편으
로는 위탁 영농회사나 영농법인의 조직화를 통한 농업생산조직 결성
을 통해서 대규모 정책자금을 지원 받거나 혹은 전업농자금, 후계자
자금 등 정부정책을 적극적으로 활용하는 양면적인 대응방식을 취했
다. 당시 농민운동 조직 내부에서는 농민운동의 실천방식을 둘러싸
고 농업위기를 극복하는 방안으로 대규모 농민투쟁과 일상적 경제적
이해실현 활동을 통한 농업생산조직의 변화를 둘러싼 논쟁13)이 전개
되었다.

협업적 농업생산 방식은 유기농업의 특성상 매우 유용한 조직형태
이다. 지력향상과 제초작업이 작업과정의 핵심인 유기농업의 특성은
자신의 논만이 아니라 인근 농민들의 논밭도 농약이나 화학비료를
사용하지 않아야 한다. 또한 제초작업이나 퇴비의 축적 등을 위해서
는 공동작업이 필요하고 기존농업으로 환원에 대한 유혹으로부터 자
유롭기 위해서는 공동 풀메기 작업이나 집단적 영농을 통해서 기존

이성호, 박문호, 1997, 농경련). 이는 전남의 경우 기업적, 상업적 농업보
다는 미작 중심적 구조가 지배적인 농업구조였다는 점과 과수나 특작
재배 역시 규모화, 단지화가 미흡함으로 인해서 법인형태를 많이 선택
한 것이라고 볼 수 있다.

13) 이러한 입장을 가진 사람들은 대부분 경제협동사업을 준비하거나 작목
반 구성, 영농법인, 위탁영농회사 등을 운영하는 방식을 선택하였고 대
중투쟁 중심의 농민운동 활동을 중단했다. 이들은 정농회, 기독교농민
회, 가톨릭 농민회 회원들 중 일부가 포함되어 있다. 남목사가 있던 장
성군 남면의 경우도 한마음공동체를 결성한 이후 대중투쟁 중심적인
농민운동 조직 활동은 점점 쇠퇴하기 시작하였다. 이 때문에 경제사업
을 주장하는 활동가들은 개량주의자로 조직속에서 강하게 거부되고 이
후 정부에 대한 강한 정치투쟁을 주장하는 조직적 입장에 따라 점차적
으로 기존 농민회 조직과 일정한 거리를 유지하게 된다.

농업의 유혹으로부터 자신의 농법을 보호해야 한다. 따라서 공동생산과 공동판매 등의 협업적 생산조직방식은 유기농업의 가치를 제대로 실현할 수 있는 필수적인 농업 방식이다. 대부분의 유기농업생산조직이 특정 공간, 혹은 특정 품목 등으로 집단화, 공동체화 하는 것은 유기농업의 이러한 특징에서 기인한다. 또한 유기농업 유통은 집하장과 냉장시설 등 대규모 자본이 소요되는 부대시설을 필요로 하는데 영세한 소규모 생산조직으로는 이러한 시설을 구비하기가 어렵다. 이러한 어려움 때문에 대부분의 유기농업생산조직은 생산만 전담하고 유통을 분리하여 리스크를 줄이는 방식을 선택하거나 정부정책자금을 활용하여 유통을 위한 기본시설을 확보하기 위해 영농법인 형태로 구성되어 있다.

한마음공동체가 건설될 당시의 농업정책은 농업생산 방식의 협업화를 적극적으로 유도하긴 했으나 유기농업이나 환경농업에 대한 차별화된 지원을 포함하고 있지는 않았다. 한마음공동체의 대부분 성원들은 오랜 농민투쟁 과정에서 행정(군, 국가)과의 관계는 적대적, 혹은 갈등관계에 놓여있었던 회원들이 많아서 정부의 농업정책을 적극적으로 활용하기 보다는 교회를 중심으로 한 도시소비자의 교류를 강화하고 기존의 유기농업조직과 관계를 통해서 조직을 결성하였다. 내부 구성원들의 이러한 특징은 1990년 한마음공동체 결성당시의 조직형태를 임의조직인 '한마음공동체'[14]로 결정하고, 생산과 유통과 소비

---

14) 한마음공동체의 명칭은 외부 관계의 맥락에 따라 다르게 사용되고 있다. 일반적인 대외관계에서 공식적 명칭은 '한마음공동체'이다. 한마음공동체라는 개념은 생산자, 소비자, 생태학교를 포괄하는 개념으로서 하나의 가치를 지향하는 '하나'라는 범주를 포함하고 있다. 그러나 행정기관과 관계에서의 공식명칭은 '장성군 유기농법 소득 작목 한마음영농조합법인'으로 사용된다. 이는 농업생산자조직의 협동화 일환인 협업조직의 성격을 지닌 법인체로서 법적, 제도적 관계를 규정하는 맥락이다. 한마음 유기농산물 매장의 공식적 명칭은 '한마음공동체 00점'으로 되어 있다.

를 공동으로 실현하는 공동체적 협업을 도모하려 했으나 실패하였다. 그 후 소비의 확대와 안정적 유통의 필요성이 제기되면서 1994년 '한 마음 영농법인'으로 전환하면서 농업정책을 적극적으로 활용하게 됨에 따라 법인체적 성격을 띤 유기농업생산자조직으로 전환되었다.

3. 생산농가의 현황

한마음공동체는 장성군 남면 마령리, 덕성리, 평산리, 분향리의 4개 마을 60여 생산농가로 구성되어 있는데, 이 지역은 현재 그린벨트로 지정되어 있었다. 4개 마을 농가 수는 165 농가이고 약 90%가 논농사를 짓고, 10% 정도의 농가는 비닐하우스나 과수(단감)농사를 짓고 있는 전형적인 농촌이다. 생산자들은 대부분 가족농을 중심으로 구성되어 있으며 소상품 생산 체계를 유지하고 있다.

한마음공동체는 장성읍보다는 광주라는 대도시와의 근접성으로 인해 단감, 수박, 딸기 등의 소규모 상업적 작물의 생산이 많이 이루어지고 있고 광주라는 시장배후지를 겨냥한 과수농사가 발달해 있다. 따라서 한마음공동체 주변 농가들은 토지의 규모화나 대규모 기계조직에 의존하는 방식의 농업생산조직 보다는 유통의 용이성과 농산물 시장의 안정적 가격을 통해 소득을 보전할 수 있는 방식이 중요한 관심 사안이다(조경만 1998; 심운정 2002).

한마음공동체가 결성될 당시의 생산농가의 조건을 조경만(1998)의 연구를 통해서 살펴보면 유기농업 생산 농가는 1990년 5농가였던 것이 점차 확대되어 1997년 27농가로 확대되었고, 2004년 현재 28농가가 되었다. 1990년 한마음공동체를 결성할 당시 총 90여명의 생산농

논문에서는 한마음공동체라는 명칭을 사용하고 특별히 '영농법인'에 대한 지칭이 필요할 때 만 '한마음영농법인'이라고 사용하였다.

가가 유기농업에 동의를 했으나 실질적으로 유기농업 생산을 실행한 농가는 5농가에 불과했고, 14년째인 현재도 28농가에 그치고 있는 것은 기존농업의 유기농업으로의 전환의 어려움을 보여주고 있다.

유기농업 생산으로의 전환의 어려움은 유기농업을 위한 지력 향상을 위해서는 3년 이상의 오랜 시간이 소요된다는 점뿐만 아니라 생산 농가의 경제구조의 특성으로부터 기인한다. 유기농업은 초기 실행과 정에서 생산력의 저하라는 위험을 감수해야 하기 때문에 농산물 판매 수입에 대한 의존도가 강한 농가일수록 유기농업으로의 전환이 어렵다. 규모가 영세한 농가나 노동력 의존도가 높고 농업소득에 전적으로 좌우되는 농가들은 유기농업 방식으로 전환이 어려우며 농업의존도가 높은 중농들 역시 전적으로 유기농업적 생산방식을 선택하기보다는 유기농업과 기존농업이라는 두 가지 방식을 병행하게 된다.

<표 1> 한마음공동체 농가와 주변농가의 토지소유 및 경작규모(1998)

규모 \ 유형	경작규모		소유규모	
	주변농가	한마음	주변농가	한마음
300평 미만	58	0	60	1
300~1,500평 미만	38	1	63	0
1,500~-3,000평 미만	42	3	44	12
3,000~-6,000평 미만	50	14	40	9
6,000~9,000평 미만	17	6	9	3
9,000평 이상	14	3	3	2
계	219	27	219	27

출처: 조경만(1998)

<표 1>을 살펴보면 한마음공동체의 생산농가의 특징을 잘 알 수 있다. 주변 농가들이 1,500평 미만의 경작규모가 50%를 차지하는데 비해 한마음공동체 농가들은 3,000~6,000 규모의 경작규모 농가가

50%[주변농가는 25%]를 차지한다. 또한 농지소유 규모에 있어서도
한마음공동체 생산농민들의 경우 1,500~3,000평을 소유한 농가들이
50%를 차지하는데 반해 주변 농가들은 25%만이 1,500~3,000평의
농지를 소유하고 있다. <표 1>에서 보여지듯이 한마음공동체 생산
농가들의 특성은 소농의 경제적 특성을 지니고 있으면서도 평균 경
작규모가 주변농가보다 넓고, 생산에 적극적인 농가들이다. 이들의
소농적 경제구조는 농업을 통한 이해증진 욕구와 단 한번일지라도
한해 농사의 실패는 농가경제에 치명적인 영향을 미칠 수 있는 위험
을 동시에 안고 있다.

  이들은 경작규모를 늘리는 적극적 영농방식을 선택하면서도 새로
운 영농방법인 유기농업에 대해서는 경제적 불안정성을 방어하기 위
한 소극적 방식의 유기농업과 기존농업을 병존시키는 경영방식을 선
택하고 이를 통해서 경제적 이해를 실현함과 동시에 위험을 분산하
려는 소극적 경영전략을 선택하게 된다.[15] 이러한 생산농가의 조건
은 유기농업의 취지나 가치에 대해서는 많은 회원들이 동의를 했지
만 자신이 소유한 토지와 생산물을 전적으로 유기농업적 방식으로
전환하는 농가는 초기 핵심농가로 국한되는 경향을 보인다. 초기 핵
심회원들은 유기농업에 대한 신념이 강한 사람들이다. 조경만의 연
구에서는 한마음공동체의 생산농가 27농가 중 핵심농가[가치 지향적
농가[16]]는 5가구이고 나머지는 주변농가[시장 지향적 농가][17]]들로

---

15) 김충실·김세균(1993)의 연구에 의하면 경북지역 농민들에 대한 의식실
   태조사 결과 유기농업생산 의향을 가진 농가는 52.6%인데 반해 이들이
   유기농업을 선택하지 못한 이유는 가격불안정 42.4%, 노동력부족
   31.1%로 현재 농업생산구조로는 유기농업의 확대가 제한적 일 수밖에
   없음을 시사해 주고 있다.
16) 유기농업의 생태계보전성, 새로운 사회체계에 대한 지향 등에 의미를
   두고 유기농업 생산을 행하는 농가들을 조경만은 핵심농가로 구분하고
   있다. 이를 본 논문에서는 유기농업의 가치를 지향하는 가치 지향적 농

분류하고 있다. 생산농가의 이러한 경제적 조건 때문에, 한마음 공동체에서 생산의 협업화를 발견하기는 어렵다.

유기농업 생산과정에서 가장 힘든 노동과정은 제초이다(조경만 1998; 허미영 2003). 한마음공동체에서는 제초작업을 협동에 의존하기보다는 가족노동이나 고용노동으로 해결하고 있다. 또한 지력향상을 위해 무엇보다 중요한 퇴비의 공동생산 역시 이루어지지 않고 있다. 일반적인 유기농업조직의 특성인 작목특화 전략이나 집단 구역화라는 특징도 발견되지 않는다. 오히려 한마음공동체에서는 아주 일반적인 생산물인 쌀, 야채, 감, 딸기가 주 생산물이고 농지 역시 광범위한 지역에 산재되어 있다. 이는 한마음공동체가 가지고 있는 지리적 이점인 시장 배후지의 확보와 유기농업과 기존농업의 병행을 통한 생산자의 리스크 관리, 노동집약적 생산조건의 미흡 등이 종합적으로 반영된 결과로 볼 수 있다.

생산농가의 이러한 특징은 유기농업 생산의 가장 중요한 특징인 '상품에 대한'의 보장을 위한 공동체 성원들 간의 갈등과 조직관리상의 어려움을 가져다주는 요인으로 작용하기도 한다. 농약의 사용

가로 분류해보았다. 이들은 유기농업 조직의 핵심농가들이다. 이들은 농업을 통해서 경제적 이해를 취하려하기보다는 유기농업을 농민운동, 건강한 먹거리 운동, 생명운동의 일환으로 생각하는 사람들이다.

17) 조경만의 연구에서는 핵심농가처럼 자신의 가치에 따라 유기농업을 선택하기보다는 유기농업을 통한 경제적 이해를 실현하기 위한 방법의 하나로 자신의 농사 중 일부를 유기농업에 할애하는 방식으로 유기농업 전략을 선택하는 농가들을 주변농가로 구분하고 있다. 이들은 자신의 경제적 이해에 합당할 때 적극적으로 유기농업을 선택하고 그렇지 않을 때는 재배면적을 축소하거나 작물을 전환하기도 한다. 또한 유기농업 판매 역시 '한마음공동체'를 통해서만 출하하는 것이 아니라 '학사농장(인근 유기농업법인)'을 통해서 판매하기도 하는 등 자신들의 이해에 따라 자유롭게 생산과 판매를 조절하는 농가들이다. 본 논문에서는 이러한 농가들을 가치 지향적인 농가에 비교해서 시장 지향적 농가로 분류했다.

을 금지하는 것에 대해서 조직 내부 성원 스스로가 감시자가 되어야 하고 자율적 실천가가 되어야 하는 어려움이 제기되거나 농약의 사용을 둘러싸고 조직운영자와 회원들의 갈등이 야기되기도 한다.[18] 또한 농가 내부의 생산조건의 특징은 한마음공동체 조직의 형태를 전면적인 협업조직으로의 발전시키지 못하고 개별생산에 근거한 유통 위탁 조직으로 변화하게 만드는 요인이 되고 있고, 이는 가치 지향적인 핵심농가들로 하여금 지속적으로 생산과 유통이 함께 이루어지는 협업조직을 모색하게 만드는 주요한 원인이다.

'한마음공동체'는 농민들의 자발적 선택에 기초한 임의조직이면서 법인체 성격을 동시에 가지고 있는 개방형 조직으로서 협업과 협동생산을 지향하고 있지만 실제적으로는 협업이나 협동생산은 수행되지 않는 내적 모순을 가지고 출발한 농업생산조직으로 규정할 수 있다. 한마음공동체 성원들은 사회운동적 실천의 일환인 생명사상이라는 가치에 의해 유기농업 방식을 선택하게 되었고 농업정책의 적극적인 활용의 필요성에 의해 임의조직에서 법인체적 성격을 띤 협업조직의 형태를 선택한다. 이는 생산자들의 내적 요구에 의해 조직의 형식과 내용이 결정되는 것이 아니라, 농업을 둘러싼 외부적 요구에 따라 조직이 변화하며, 농민들이 당면한 생산조건에 의해 조직형태를 선택하고 있음을 의미한다. 즉 외부적 요건에 의해 조직방식이 결정되었음을 알 수 있다.

'한마음공동체'의 조직구성의 이러한 특성은 구성원들로 하여금

---

18) 생산농가중 한사람은 병들어 죽어가는 작물이 하도 안타까워 딱 한번 농약을 쳤는데 실무자가 이에 대해 강한 제재를 가한 것에 대해 불만을 토로하기도 했다. 그 갈등 때문에 그는 유기농업을 잠시 포기했다가 최근에서야 면적을 축소해서 다시 시작하고 있다고 했다. 제일 큰 어려움을 묻자 '한여름 뙤약볕에서 혼자 풀매고 있어봐 … 제초제 1봉이면 끝난다 … 그럴땐 정말 농약치고 싶은 맘이 굴뚝같당께 … 어려워 어려워.'하고 대답했다.

주체적 참여를 저해하고 있으며, 조직의 목표로 설정된 유기농업의 전면적 수용을 저해하는 요인이다. 가치지향적인 일부 농가를 제외하고는 대부분의 농가들은 자신들의 경제적 이해에 따라 선택적 방식으로 유기농업 생산을 행한다. 특히 조직의 목적을 결정하는 과정에 조직 핵심 지도력의 의지와 가치가 강하게 반영되므로 일반 성원들의 조직 참여도가 제한적이고 농업위기에 대응하는 새로운 형태의 조직인 협업적 경영을 통한 공동의 이해실현은 제한된다. 따라서 생산농가들은 자신이 보유한 일부 토지만을 유기농업으로 대체하는 개별 농가의 위기관리 차원에서 유기농업이 전략적으로 활용되는 측면을 보이고 있다.

Ⅲ. 한마음공동체의 변화

1. 배 경

농업생산조직의 형성과정에서 농업 외부적 요인이 지배적인 영향력을 끼친 것과는 달리 조직의 변화과정은 조직 외부적 요인과 구성원들 간의 상호작용에 의해 동태적으로 변화하는 과정이 수반된다. 농업생산조직의 변화과정은 조직 외부적 요인의 변화에 따른 내부 구성원들의 욕구의 변화와 대응 조직 운영과정에서 구성원들의 상호 이해의 갈등과 통합 과정을 동시에 반영하고 있다.

조직의 변화는 외적으로는 조직의 기능과 형태의 분화, 조직을 둘러싼 인적 구성의 변화로 드러나고 내적으로는 조직 내부 운영방식과 구성원들 간의 결합 등 조직 통합력의 변화를 수반한다. 조직의 변화과정에서 구성원들은 각자의 이해관계에 따라 상호 갈등관계에 놓여지거나 통합을 강화하는 등 상호작용을 하면서 조직의 성격을 재구성하게 되는 것이다(조경만 1998; 최민호 외 1997). 특히 조직의 변화과정에서 발생하는 구성원들의 상호이해 관계의 변화와 이에 대응하는 조직관리 과정은 조직의 발전과 쇠퇴를 가늠하는 중요한 요인이다.

1994년 이후 정부는 농업의 경쟁력 강화를 위해서 친환경 농업, 고품질 농업, 규모화 영농이라는 세 가지 유형으로 농업구조조정정책을 전개하였다. 이는 그 동안 식량자급 및 증산정책에 따라 도외시해왔던 유기농업 또는 친환경농업에 대한 관심의 제고를 의미한다. 유기농업에 대한 정부 정책은 두 가지로 요약된다. 첫째, 유기농업 생산의 확대를 위한 지원이다. 이것은 중산간 지대 유기농업 단지화, 가족농 단지 조성, 지역특화 사업, 친환경 농업지구 조성, 친환경 농업 시범마을 등 유기농업 생산구조를 만들기 위한 생산조직의 개편에 관한 지원이다. 이러한 지원 중에서 농민들이 가장 적극성을 보이고 있는 사업은 '친환경농업시범마을'이다. 이는 주 5일 근무제의 확대와 농촌체험에 대한 교육적 요구 증대, 그리고 가족여가 공간으로서 농촌을 선호하는 도시민들의 요구와 밀접하게 관련되어 있다. '친환경농업시범마을'은 도시-농촌의 지속적인 교류관계를 형성하고 친환경 농산물의 판매를 강화함으로써 농업·농촌의 위기를 극복하는 대안으로 적극 장려되고 있다.[19)]

둘째, 유기농업의 제도화이다. 1993년 농산물 품질인증제가 실시

---

19) 친환경 농업 시범마을은 2001년 18개 부락, 2002년 26개 부락으로 점점 확대되고 있는 추세이다. 정부의 자금지원은 마을 당 2억 원이며 2001년 실시한 18개 부락 중 유기농산물을 판매한 부락은 9개 마을, 지역특산품을 판매한 마을은 3개 마을, 숙박이나 마을 내 문화재를 중심으로 한 민박, 축제 형태로 운영된 마을은 6개 마을이다(농림부 2002년 친환경 농업 보고 자료).

된 이후 1994년에는 농림부내에 친환경 농업과를 설치하여 환경농업
정책 개발, 유기농업 육성 등의 지원업무를 담당하기 시작하면서 유
기농업 정책이 제도화되었다. 이를 바탕으로 1997년 '친환경농업육
성법'이 제정·공포되었고 1998년 11월 친환경농업 원년 선포를 통
해 친환경농업은 농업정책의 중요한 부분으로 자리잡기 시작하였다.
2000년에는 농림부 내에 유기농업과 친환경 농업을 대상으로 하는
「환경농업발전위원회」를 설치하여 지속적으로 환경농업계획을 심의
할 수 있도록 민관의 책임구조를 형성하였고, 2001년 농촌진흥청에
'친환경유기농업기획단'이 설치되어 친환경농업과 유기농업에 관련
된 기술 연구 등 실질적인 지원체제를 확립하였다. 환경농업을 지속
가능한 농업으로 발전시키기 위해 「21세기를 향한 농림환경정책」을
수립하여 친환경농업 육성정책의 3단계가 완료되는 2010년에는 농
업 전 분야를 친환경농업으로 전환한다는 정책을 수립하였다.

　한마음공동체는 정부의 친환경농업정책이 가시화되기 이전인
1990년에 결성되었으나 유기농업에 대한 생산농가의 참여가 저조하
였고 당시의 정부의 농업정책 역시 규모화·전문화 등 생산력 강화
에 주력하고 있었다. 그 후 1994년 정부의 '농어촌발전특별조치법'의
제정과 가족농의 해체를 위한 협업생산조직에 대한 농업정책으로의
전환은 농민들의 협동조직화를 적극적으로 유도하였는데, 이런 맥락
에서 한마음공동체는 1994년 한마음영농조합법인을 구성하고 정부
로부터 생산시설의 확충을 위한 자금을 지원받아 집하장, 냉동 창고,
퇴비장, 우렁이 양식장, 무기동 하우스 등의 유통기반을 확보하고 농
어촌기반공사로부터 저리 자금을 대출 받아 밭 5000평을 구매하였
다. 그 후 1996년 군청과 합동으로 광주 봉선동에 전국 최초로 유기
농 쌀 모음터를 개설한데 이어 1999년, 2000년 두 해에 걸쳐서 생태
문화산업을 전개할 친환경농업 교육장인 「한마음자연학교」를 신설

하였다. 2000년에는 정부위탁으로 귀농학교를 운영하고 2002년에는 농림부로부터 여성농업인센타 사업을 지원 받았다. 이런 사업들은 정부와의 유대관계를 강화시키는 방향으로 작용했다.

<표 2> 장성군의 친환경농업 관련 예산지원 현황 (단위: 백만 원)

년도/액수	계	국비	도비	군비	융자	자부담
1995	271	125	50	—	25	71
1996	266	125	50	—	25	66
1997	373	100	51.9	12.6	50	158.5
1998	381	75	51.9	32.6	75	146.5
1999	92	14	4	40	—	34
2000	710	235	93	148	100	134
2001	2,088.5	1,584	92.9	145.6	100	115
2002	3,313	3,039	34	128	—	112
합 계	7,494.5	5,297	427.7	506.8	375	888

<표 3> 한마음공동체에 지원된 정부정책자금 총액

지원년도	사업명	사업량	사업비(천원)						비 고
			계	국비	도비	군비	융자	자담	
1994 이전	공동퇴비 제조장	50평	74,929	21,000 (28%)	10,500 (14%)	10,500 (14%)	0	32,929 (44%)	친환경농업 사업
1994 이전	유기농 하우스	650평	38,965	15,000 (38.5%)	7,500 (19%)	7,500 (19%)	0	8,965 (23.5%)	"
1995	중소농 고품질사업	1단지	270,942	125,000 (56%)	25,000 (11%)	25,000 (11%)	25,000 (11%)	70,942 (11%)	농림사업 (자담추가)
1996	농산물직판장(봉선동)	61평	212,000			150,000 (70%)	—	62,000 (30%)	군수명의 임대
1996	우렁이 양식장	1개소	37,500		13,000 (35%)	13,250 (35%)	—	11,250 (30%)	친환경농업 사업
1999	친환경 농업교육	1개소	250,000	100,000 (40%)	30,000 (12%)	70,000 (28%)	—	52,942 (20%)	농림사업
2001	지역 특화사업	1개소	100,000	50,000 (50%)	10,000 (10%)	40,000 (40%)	—	—	친환경농업 교육장보완 사업
2002	여성농업인 센타	1개소	120,000	60,000 (50%)	—	42,000 (35%)	—	18,000 (15%)	농림부사업
소계			1,061,336	371,000	—	358,250	—	211,086	

<표 2>에서 보여지듯이 정부의 환경농업지원은 1997년말의 IMF 시대를 겪은 이후 1998~1999년에는 급격히 줄었다가 2000년부터는 다시 급증한다. 2000년도부터 정부가 친환경농업에 대해 직접지불제를 실시하였기 때문이고 유기농업에 대한 정부지원의 내용은 유기농업 유통을 위한 대규모 시설지원이나 유기농업적 생산을 위한 기반시설 확보를 위한 지원액은 아직 미미한 실정이다.

<표 3>을 보면 한마음공동체에 관한 지원은 대부분 국비로 이루어졌음을 알 수 있다. 지원액은 일반적인 영농법인에 대한 지원규모를 크게 넘어서는 것은 아니었으나 '자연학교'에 대한 지원금이 대폭 증가하여 한마음공동체는 단일 법인으로서 장성군 관내에서 가장 많은 정부 정책자금이 지원된 조직으로 변모하였다. 유기농업생산에 대한 정부정책자금 지원은 일반적인 영농법인 지원 수준이었으나 생태체험에 관한 지원액은 다른 생산영농법인에게는 지원되지 않은 정책자금이다.

한마음공동체는 정부지원금을 조직 전체의 생산·유통·생태·환경부분의 시설자금, 기반시설의 확충에 사용하였다. 한마음공동체가 지방정부와 협력관계로 전환한 것은 1996년 '유기농쌀 모음터' 개설부터였다. 한마음공동체는 1995년과 1996년에 걸쳐 진행된 정책자금의 지원을 통해서 소비자 직거래 유통을 위한 기반시설을 확보하였고 2000년과 2001년에 이루어진 정책자금을 지원받아, 생태교육장 시설을 위한 기반시설확보 문제를 해결하였다. 이는 소규모 농업생산협동조직이 갖는 취약점인 시설자금 확보의 불가능성을 대규모 정책자금을 통해서 해결하는 과정이다. 이로 인해 새로운 사업영역을 위한 기반시설의 확보가 가능해지고 조직 발전을 위한 조건을 확충할 수 있었다.

이처럼 농업정책자금의 활용은 한마음공동체의 발전과 변화의 조건을 만드는데 있어서 중요한 역할을 하고 있다. 또한 이러한 과정을 통해서 한마음공동체와 정부와의 관계는 저항과 대립적 관계에서 적절한 활용과 협력의 관계로 전화하는 계기로 작용하게 되었다. 한마음공동체의 유기농업관련 정책의 활용은 정부의 유기농업 정책을 일방적으로 따르는 조직방식이 아니라 조직내부의 어려움을 극복하는데 유기농업 정책을 적절히 활용하는 주체적인 대응과정으로 볼 수 있다.

한마음공동체 조직의 변화 과정은 유기농산물 시장의 변화과정에 대한 대응을 통해서도 잘 드러난다. 기존의 농업생산과 유통체계는 생산자와 소비자의 격리, 도시와 농촌의 분리, 소극적 소비자로서의 대중 등을 전제로 하고 있다. 이는 먹거리가 지니고 있는 몸, 건강, 생명 등의 의미는 전혀 반영하지 않고 단순한 시장경제의 경쟁논리와 상품성에 의존하는 구조이다. 그런데 1990년대 접어들어 대량생산, 대량소비적 농산물 식품 체계의 경직성과 획일적 유통구조가 초래하는 '오염'에 대한 경각심이 높아지고, 농산물에 투입되는 화학비료와 살충제, 그리고 유통과정의 불투명성 등에 대한 문제제기가 이루어졌다. 아울러 효율성과 낮은 가격을 근거로 한 마케팅이 건강(health)과 농식품의 안전(safety)의 문제를 간과한다는 비판적 인식이 증대되었다. 이에 대한 대안으로 외국에서는 소규모의 유기농산물 전문 점포, 지역사회와 함께 하는 농업(community supported agriculture), 유기농 소비자협동조합, 유기농 장터(farmer's market)등이 떠오르고 있는데(김철규 2003), 이러한 경향은 한국에서도 발견되고 있다. 건강에 좋은 고품질 식품 수요가 크게 증대함에 따라 소비자와 직접적 대면 판매에 의존하던 유기농산물은 기존의 대형 마켓에서도 거래되는 등 판매방식이 다양화 되어가고 있는 추세이다.

유기농산물 시장은 정부의 친환경농업정책 실시 이후 다변화되었다. 초기 유기농산물 시장은 신뢰에 기초한 대면적 판매였는데, 그 후 생산자의 조직화와 더불어 소비자의 조직화를 통한 조직적 판매 방식을 거쳐서 최근에는 개별생산자와 소비자의 직거래, 인터넷판 매, 백화점이나 대형 슈퍼마켓을 통한 상업적 판매방식과 농촌문화, 생태체험, 관광을 결합한 생태문화상품판매 등 다양한 형태로 전문 화하고 있다. 이에 따라 소비자들의 상품에 대한 신뢰와 구매방식도 차츰 변화하고 있다.

유기농업 소비시장의 경쟁적 시장체제로의 전환은 유기농산물 유 통구조가 독점적, 고정적 판매구조에서 경쟁적, 유동적 판매구조로 전환된다는 것을 의미한다. 이러한 시장구조로의 편입으로 인해 소 비자들은 점점 상품의 다양성과 구매의 용이성을 요구한다. 그 결과 유통의 영역이 비대해지고 생산자들 역시 이러한 유기농업 소비시장 에 맞게 생산을 조절하거나 전환하게 된다. 소비자들은 과거처럼 유 기농산물에 대한 상품의 신뢰를 인적 네트웍에 의존하기보다는 유기 농산물 품질인증제를 통한 제도화를 통해 점차 규격화된 표준에 의 존하게 되고 상품구매에 있어서도 소비자조직을 통한 구매방식을 활 용하기 보다는 직거래, 전문매장, 인터넷 구매 등 다양한 통로를 활 용하고 있다.

유기농산물 유통의 변화는 소비자들의 생활조건의 변화와 밀접한 관련이 있다. 유기농산물 구매자들은 대부분 주부들이다. 최근 주부 들의 취업이 증가함에 따라 구매의 편리성에 대한 요구는 조리가 간 편한 유기농산물 가공과 외관상 상품성을 갖는 농산물을 요구하게 된다. 이러한 요구에 따라 소비자조직이 아닌 유기농산물 매장을 통 한 판매는 유기농산물 판매에서 중요한 방식으로 자리 잡기 시작했 다. 구매의 용이성이 중요하게 되면서 유기농산물 유통은 일반적인 시장판매 구조로 편입된다. 소비자들은 유기농산물 매장에 제품의 다양성과 조리에 간편하도록 1차 가공을 요구하거나 상품의 외양과 가게환경이나 서비스 등을 동시에 요구하게 된다. 이러한 시장판매는 유기농산물 생산이 특성상 소품종 소량생산이라는 생산의 불안정성에 의해 영향을 받는다는 점에서 때로 소비자와 가격이나 제품공급을 둘러싼 갈등 요인으로 작용한다. 소비자와의 갈등은 주로 상품의 품질이나 시장가격과의 차이, 자연재해에 의한 제품의 품질저하 등으로 인해 나타난다.

<그림 1> 현행 환경농산물의 유통구조

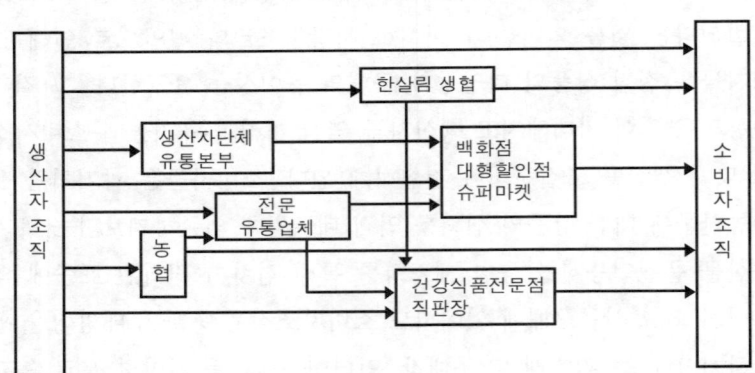

* 자료 : 농림부 2003

    <그림1>은 현행 유기농산물 유통방식을 나타낸 것이다. 현행 유기농산물 유통방식은 세 가지로 나눌 수 있다. ① 생산자와 소비자의 직거래 ② 생산자와 직거래를 매개하는 조직에 의한 판매(소비자단체, 농협) ③ 백화점 및 대형할인점 슈퍼, 전문직판장을 통한 판매 등이다. 한마음공동체의 경우 두 번째 방식에 속하는 직거래매장이라는 유통조직을 활용한 판매방식을 택하고 있다.

2. 1990년대의 한마음공동체의 변화

한마음공동체는 1990년 남면 백운교회의 교인들을 중심으로 조직이 결성된 이래 14년 동안 3번의 큰 변화를 겪으면서 발전을 거듭해왔다. 유기농업생산자공동체 건설을 목표로 출발한 한마음공동체는 1994년 '한마음영농법인'으로 재구성되어 유통조직과 소비자조직으로 확대되었고, 2000년 '한마음 자연학교'를 추가로 확대하면서 생산·소비·유통·생태를 포괄하는 조직으로 변화되었다.

1990년 4월 27일 그 동안 농민운동에 적극적으로 함께 해 왔던 백운교회와 농민회 회원들은 남상도 목사를 중심으로 '한마음공동체'라는 유기농업 생산조직을 결성하였다. 한마음공동체 결성 당시 회원은 90명이었지만 실지로 유기농업 생산을 실시한 농가는 5명이었다. 이 시기에 남 목사는 '예수교 장로회 농사목회 협동사업부'에서 활동하면서 '생명사상을 통한 먹거리'의 중요성을 인식하였고, 남면 농민회 소속의 농민들 중 일부는 '정농회'라는 유기농업단체의 교육에 참가하여 '유기농업 생산조직'으로 전환을 모색하기 시작했다. 그 결과 유기농업 생산을 목적으로 한 '한마음공동체'가 건설되었다. 조직 결성 초기 소비자 조직은 없었지만 도시교회를 중심으로 소비자 조직을 확대하다가 점차로 아파트 주민들을 중심으로 소비자회원을 구성하기 시작하였다. 이 시기의 변화의 과정을 유기농업 생산조직 형성, 소비자조직 확대, 유통구조 확립으로 나누어서 살펴본다.

1) 유기농업 생산조직 형성 (1990~1994)

농산물 수입개방으로 인한 농업위기와 도시소비자들의 소비조직의 확대로 인해 유기농업 생산조직의 필요성을 인식한 생산농민들의 일부는 '한마음공동체'라는 유기농업 생산조직을 형성하였다. 초기 덕성리, 마령리, 분향리, 평산리 지역 농민들 90여명이 이에 동의했으나 실지로 유기농업 생산을 시작한 농가는 5가구였다. 이들 5가구에서 생산된 유기농산물은 교회를 통해서 판매되다가 소비층이 아파트 주민들로 확대됨에 따라 생산농가는 점점 늘어나 20여 가구로 확대되었다.[20] 생산농가의 확대와 농업정책의 변화로 인한 정부정책자금의 지원 확대에 따라 1994년 한마음공동체는 개별농가들의 임의조직에서 '장성군 유기농법 소득작목 한마음 영농조합법인'이라는 협동경영조직을 구성하여 법인체로 변화하였고, 1995년 군비와 도비의 지원을 받아 유통에 필요한 기반시설을 확보하여 현재의 생산조직의 기틀을 마련하였다.

2) 소비자조직 확대(1995～1997)

이 시기는 조직의 안정성(유기농산물의 판로 확보를 통한 생산농가의 보호)을 확보하기 위해 소비자조직을 구축하는 과정이다. 1994년 '한마음영농법인'이 조직되고 정부의 지원을 받아 유통기반시설을 확충하게 된 한마음공동체는 광주 하남에서 노동운동을 했던 사람들을 중심으로 구성된 하남소비자생활협동조합을 비롯하여 1990년 이후 지속적으로 도시교회와 아파트 주민을 대상으로 한 소비자 교육을 통해서 소비자 회원들을 확대한 결과 회원들은 1,500여 세대로 증가되었다. 소비자 조직의 확대에 따라 초기의 주문 배달제는 직거래 매장

---

20) 유기농업의 목적에 동의하는 회원은 많으나 실제 유기농산물을 재배한 가구가 적은 것은 기존농업을 유기농업으로 전환하는데 어려움이 많다는 것을 의미한다. 이러한 추세는 한마음공동체 뿐만 아니라 1994년부터 시작된 환경농업 정책에도 불구하고 2002년 현재 전체 농가 중에서 유기농가의 비율이 0.5%(1,035호)에 불과한 것을 보면 잘 알 수 있다(농림부 2002 통계).

의 설립으로 변화되었다. 1994년 9월에 하남생활협동조합의 건설에 이어 10월에는 중흥동에 생활협동조합이 건설되고, 1995년 7월에는 학동에 유기농산물 직거래 매장이 신설되었다. 그 후 1996년에는 장성군과 합동으로 봉선동에 유기농 쌀모음터를 개장하였다.

소비자 조직의 변화는 한마음공동체의 실무조직에 변화를 가져왔다. 실무조직의 담당자들은 주로 과거에 농민운동이나 노동운동을 했던 헌신적인 활동가들이었으나 소비자 회원의 증대는 회원들의 판매를 직접적으로 담당할 유통전문가를 요구하게 되었다. 이에 따라 1997년 경영에 대해 전문지식을 갖춘 실무자로 조직주체가 변화하게 되었다. 또한 소비조직의 확대는 소비자들의 제품에 대한 요구의 다양성을 충족시켜야 하는 과제와 매장을 통한 직거래 방식의 확대는 취급품목의 일상성과 다변화를 요구하게 되었다. 농산물의 특성상 소규모 생산만으로 시장구조에서 항상성을 유지하는 것은 매우 어렵다. 따라서 판매방식과 수요물량의 변화는 생산물의 공급체계의 변화를 유도하였다. 한마음공동체는 생산자의 확보가 어려운 조건에서 소비조직의 요구를 수용하기 위한 유기농업 공급 품목의 다변화를 위해 다른 지역 유기농업 생산농가의 제품과 한마음공동체와 비슷한 성격의 단체들과 생협, 친환경적 상품을 제조하는 업체들로부터 농산물과 가공식품, 기타 생필품을 납품 받아 판매하였다. 이는 한마음공동체가 농업생산만이 아니라 유기농업 유통대행조직의 역할로 확장됨을 의미한다. 또한 재정관리와 운용의 어려움을 해소하기 위해 '한마음 신용협동조합'[21]을 건설하였다. 이 시기에 형성된 조직형태는 지금 까지도 한마음공동체의 기본적 골격을 이루고 있다.

---

21) 한마음신용협동조합은 1994년 7월16일 인근 지역 주민 40여명의 출자로 이루어진 협동조직이다.

3) 유통구조 안정기(1998~2000)

이 기간은 조직의 안정적 기반을 구축한 '한마음공동체'가 독창성을 확고히 하고 주변에 영향력을 확대해 가는 시기이다. 이 시기 변화의 두드러진 특징은 유통의 확대이다. 1997년 IMF위기는 유기농산물 소비에 있어서도 영향을 미치게 된다. 유기농산물 판매는 소비자 회원의 안정적 구축을 통한 판매방식 때문에 일반적인 시장경제의 판매보다 타격은 적었지만 유기농산물 매출의 감소를 초래하였다. 또한 소비자생활협동조합운동은 소비자 조직의 확대에 도움이 되긴 했으나 소비자 조직의 지속적인 관리와 소비자 조직의 유동성으로 인한 판매의 불안정성이라는 어려움을 가져오는 요인이 되는 한편 유기농업 유통의 상업화 경향으로 인해 백화점이나 전문 유통업체를 중심으로 한 상업적 유기농산물 유통이 시작되었다. 한마음공동체는 유기농업을 둘러싼 시장구조의 변화에 따라 이에 대한 대응방식을 둘러싸고 유통방식에 대한 조직 내부적 갈등이 발생하였다. 갈등의 핵심은 백화점등의 상업적 유통에 편승할 것인가, 소비조직을 확대하고 '한마음공동체'의 고유한 판매방식을 유지할 것인가에 대한 논쟁으로 전개되었다. 이는 단순히 유통방식을 둘러싼 논쟁이라기보다는 한마음공동체의 조직적 지향에 관한 구성원간의 인식의 차이에서 비롯된 것이다. 기존 사회운동 출신 실무자들은 한마음공동체를 생명운동이라는 사회운동의 일환으로 볼 것을 강조했고 한마음공동체의 법인 지도부와 유통 팀의 일부는 농민들의 경제적 이해를 실현하는 생산조직으로 볼 것을 강조하였다. 즉 이 갈등은 가치지향적, 이념지향적 구성원과 시장지향적, 경영적 입장을 가진 구성원간의 논쟁이었다. 논쟁의 결론은 상업적 유통에 편승하기보다는 직거래 매장의 확대 쪽으로 방향을 잡는 것이었다. 이를 위해서는 유통에 관한 전문성을 갖춘 구조와 인력의 필요성이 합의되고 이에 따라 영농법인 내부에 유통전문 팀이 구성되었다. 유통 전문팀은 매장에 공급할 생산물의 공급 및 생산, 유통 조직을 총괄하는 분야와 생산자들의 농산물을 수거 배달하는 집하·배송팀, 매장관리팀 등 3영역으로 분화되었다. 1999년 이후 유기농산물에 대한 소비자들의 관심이 증대하면서 한마음공동체 매장은 2003년 현재 15개로 확대되었다.

3. 2000년 이후의 변화

2000년 이후 한마음공동체는 생태문화산업[22]과 지역행정·농민조직과의 관계를 확대하는 등 외부관계의 적극적 개척을 시도 하였다. 이 시기 한마음공동체는 세 가지 부분에서 급격한 변화를 보이고 있다. 첫째, 장성지역 생산농민들을 대상으로 한 유기농업의 확대와 생산농가의 조직화를 지원하는 활동을 강화하고, 둘째, 지방정부(군)나 지역농업조직인 면단위 농협과의 유대를 확대하고 셋째, 농촌의 생태문화산업을 적극적으로 상품화하는 것이다. 특히 농촌 생태문화산업의 적극적 상품화는 2000년대의 가장 큰 특징이다.

1) 지역(장성)내 유기농업 조직의 확대에 관한 지원

그 동안 공동체 내부적 운영에만 치우쳤던 한마음공동체는 2000년

---

22) 생태문화 산업은 최근 주5일 근무의 확대와 환경친화적인 생태에 대한 요구를 활용한 농촌의 상품화 전략의 하나이다. 이러한 방식은 1990년대 중반 농협을 중심으로 한 주말농장, 관광농원으로 시작되었으나 최근에는 농촌민박, 유기농산물 판매, 도시-농촌 유대를 통한 결연 맺기 등 다양한 형태로 나타나고 있다. 본 논문에서는 이러한 새로운 형태의 사업을 '생태문화산업'이라는 범주로 개념화하였으며 농촌의 환경이나 생태를 재구성하여 지역외부의 무작위 대상에게 상품으로 판매하는 산업의 일환으로 규정한다.

전국 최초로 유기농업교육장[23]을 신설하고 장성군 농민들을 대상으로 한 유기농업교육을 강화하고 있다. 유기농업교육장의 확보는 한마음공동체의 활동 내용에 커다란 변화를 가져왔다. 교육 공간의 확보를 통해서 일반농가의 유기농업 농가로의 전환을 적극적으로 전개함과 동시에 유기농업에 대한 교육을 통해 지역농민운동 조직과 함께 지역농업의 변화를 유도하는 대중적이고 제도적인 지원 활동을 전개하는 것이 가능해졌다.

이러한 노력의 결과로 2002년 장성군 남면 '유기농업 쌀작목반'이 구성되었고 장성군 '남면농민회'의 재건이 가능해졌다. 또한 유기농업 생산농가의 확대를 위해 유기농업품질인증 농산물에 대한 교육과 인증신청을 지원하는 역할을 통해 한마음공동체 생산농가 중 25개 농가가 품질인증을 획득하였고 인근 지역의 일반농가들도 유기농업이나 친환경농업으로의 전환을 모색하게 되었다. 특히 유기농업을 중심으로 한 유통의 전국화를 위해 '전국생활협동조합연대', '농협' 등을 비롯한 생산자, 소비자 조직과 관련된 연대를 적극적으로 모색하기 시작하였다.

2) 지방정부, 지역농업조직과의 유대 강화

지방정부와의 관계는 1990년 갈등·대립관계에서 1994년 균형관계로 회복되었고, 1996년 군과 함께 광주시 봉선동에 '유기농쌀모음터'를 설치하면서 부분적 협동 관계로 전환되었다. 2000년 한마음공동체의 사업이 무작위 소비자를 대상으로 한 생태문화산업과 지역

---

23) 2000년 정부지원금으로 폐교 5000평을 확보하여 농가체험 시설인 황토방과 생태유치원, 환경교육장인 천적, 하우스시설, 일반 회합이 가능한 교육시설, 가축사육장, 황토염색, 도예실습장 등 다양한 시설을 보유하고 있다.

(군–면) 내 유기농업 생산농가의 확산으로 바뀌면서부터는 사안에 따라 적극적 협력의 관계로 전환되고 있다. 한마음공동체는 2000년 정부로부터 대형 보조금을 받아서 한마음 자연학교를 개설하였으며 정부의 위탁교육인 '귀농자 교육' 및 친환경농업정책의 제도화에 따른 유기농산물 품질인증농가 확대를 위해 집중적인 노력을 기울이고 있다. 그 일환으로 최근에는 지역농업 조직인 농협과 함께 유기농 쌀에 대한 교육, 판매 등을 공동으로 책임지는 협동관계를 형성하고 남면 유기농쌀 작목반에서 생산되는 쌀은 농협 35%, 한마음공동체가 65% 전량 판매하기로 약정을 한 상태이다.

3) 농촌 생태문화산업의 상품화

2000년 전국 최초로 유기농업교육장인 '한마음자연학교'를 만든 한마음공동체는 전국에서 단일 조직으로는 가장 많은 내방객을 가진 생태문화산업 조직으로 변화하고 있다. 한마음공동체의 문화·생태의 상품화는 정부에서 실시하는 친환경농업 시범마을과는 다른 방식을 취하고 있다. 정부 지원 하에 있는 녹색환경 체험마을의 경우 마을 민들의 일부, 혹은 전부가 참여하여 민박이나 마을의 문화 자산 등의 상품화를 통해서 친환경 농산물이나 지역특산물을 판매하는 방식이지만 한마음공동체는 특정한 공간을 확보하고 그 공간 내부에서 정형화된 전문적 프로그램을 통해 문화·생태체험 만을 집중적으로 실시하는 방식을 택하고 있다.

한마음자연학교는 폐교된 남면 서초등학교를 구입하여 만든 5000평 규모의 공간으로 환경농업에 관한 교육과 생태문화체험, 황토로 지은 황토방 민박 프로그램을 진행하고 있다. 또한 자연학교는 한마음공동체의 대규모 소비자교류 행사인 추수감사제, 정월대보름 한마당, 소비자의 날 등 대형행사가 치러지는 공간이다. 한마음자연학교는 2000년 5월 개장한 이래 이용객은 2000년 7,000명, 2001년 12,000명, 2002년 15,000명으로 이용객 수는 매년 20% 정도 증가하고 있다. 그러나 전체 이용객 중 장성지역 주민들이 차지하는 비중은 5%에도 미치지 못하고 대부분 외지인들에 의해 이용되고 있다. 한마음 자연학교의 이용대상은 특히 유치원과 초등학교의 생태체험, 환경교육 프로그램에 적극적으로 활용되고 있다. 이는 한마음공동체가 갖는 지리적 이점 즉, 광주에서 가깝고 고속도로와 인접해 있다는 점, 그리고 어린이 교육과정에서 생태문화 체험의 중요성은 강조하고 있지만 이를 수용할 공간과 종합적 프로그램이 절대적으로 부족한 상황에서 이를 충족시켜줄 수 있는 몇 안되는 시설이라는 점이 작용하고 있다고 보여진다. 한마음공동체의 자연학교는 일종의 시장 선점효과를 누리고 있는 것이다. 이러한 성과에도 불구하고 한마음자연학교 사업은 공동체 내부성원이 아니라 일반 소비자를 대상으로 함으로써 외부적으로 한마음공동체의 생태적 이미지를 강화하는데 크게 기여하고 있긴 하지만, 이용객의 상당수가 어린이들 중심이기 때문에 생태문화산업의 성과가 생산농민의 매출증대로 이어질 수 있는지에 대해서는 아직 단정하기에 이르다. 이렇게 형성된 한마음공동체의 구성은 다음 지도를 보면 알 수 있다.

한마음공동체는 제1기에는 교회와 한마음공동체가 같은 공간에 존재해 있다가 제2기에는 한마음공동체와 교회가 분리되고 제3기에는 교회, 한마음영농법인, 한마음자연학교가 공간적으로 완전히 분화되는 과정으로 전개됨을 알 수 있다. 이는 단순히 공간상의 변화만이 아니라 조직구성과 사업내용의 전문화를 동반하고 있다. 교회라는 신앙의 영역과 유기농업이라는 생산의 영역, 자연학교라는 생태문화산업의 공간적 분화과정은 한마음공동체의 조직변화 과정 속에서도 그대로 보여진다.

<지도 1> 한마음공동체의 시설의 배치 : 장성군 남면 마령리 일대 ―

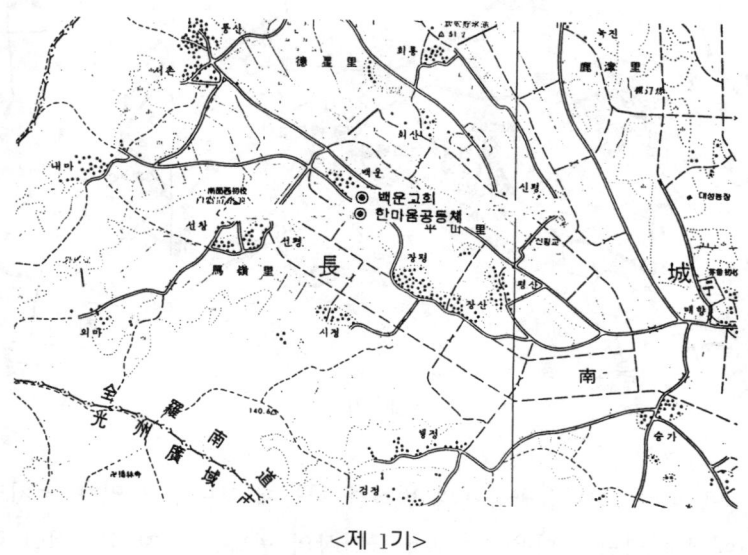

<제 1기>

<제 2기>

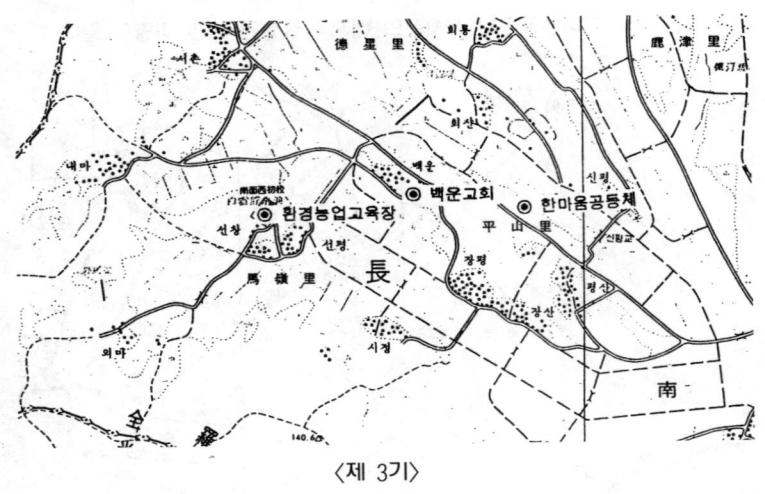

〈제 3기〉

<표 4>는 한마음공동체의 변화를 한눈에 보여주고 있다. <지도 1>에서 나타난 한마음공동체의 공간상의 변화는 단지 외형적인 형식의 변화가 아니라 조직외부 환경에 대응하는 조직주체, 조직목표, 조직운영 형태, 사업내용, 조직의 관계망 등 전체적인 면에서 나타나는 변화과정과 공간의 변화가 함께 이루어졌음을 보여주고 있다. 특히 이러한 변화는 농업정책과 유기농업 시장의 변화에 영향을 받고 있음을 알 수 있다. 따라서 조직 외부환경에 대한 역동적 대응방식으로서 한마음공동체가 유지·발전하는 과정에서 시장선점과 조직외부 여건의 변화에 대한 개방적이고 탄력적인 대응은 한마음공동체가 취하고 있는 중요한 방식의 하나이다.

시기에 따른 변화의 특징을 종합해 보면 제1기는 소비자조직이 없는 시기이다. 소비자 조직이 없는 생산은 판매에 있어서 난관에 봉착하게 된다. 이러한 어려움은 다시 생산조직의 축소와 불안정성으로 이어진다. '한마음공동체'가 초기 단계에서 생산조직의 확대를 이루어지지 못한 점은 유기농업 생산 자체로의 전환의 어려움도 있지만

소비조직과의 관계도 일정한 영향을 받고 있다.

<표 4> 한마음공동체의 변화과정

	제1기 (1984-1990)	제2기 (1990-2000)	제3기 (2000이후~현재)
조직목표	농업문제 해결을 위한 투쟁으로서 저항운동	유기농업생산자운동 및 판매조직화	유기농업생산 및 생명·환경·문화·생태산업
조직주체	장성군 남면 농민회 백운교회	한마음공동체 (영농조합, 신협,작목반, 생활협동조합)	한마음영농법인 한마음자연학교
운영주체	교회핵심간부, 개인	교인들 중 유기농업에 동의한 간부중심, 법인	학교팀과 유통팀 실무자중심
조직 외부환경	수입개방으로 농업위기 가속화	환경농업 정책 가시화 소비자의 안전한 식품 요구 강화, IMF시대	주5일근무제 실시 친환경농업정책제도화 문화, 여가 공간요구
조직형태	임의조직, 개별회원 중심(교인, 생산농가)	협동조직 : 법인체 한마음영농법인 소비생활협동조합 신용협동조합	사업형조직 : 한마음영농법인/유기농산물 한마음 자연학교/여성농업인 센타/생태유치원
사업내용	투쟁·저항	생산·소비·유통	생산·소비·유통·생태문화·학교
조직 관계망	교회(도시교회 포함), 농민회	교회 전남 유기농 생산농민, 도시 소비자 행정(군)	전남 유기농 생산농민/소비자/문화. 생태체험 요구자/남면 농민회/농협/행정(군)

이러한 실정은 제1기의 주된 사업을 생산조직의 확대와 내실화보다는 소비자조직의 확대에 주력하게 만드는 요인이 되었고 이는 유기농업 생산조직으로서 '한마음공동체'의 발전이 더디게 된 요인으로 작용한다. 유기농업 생산농가들은 생산의 어려움 못지 않게 판매처를 확보하는 일이 중요한 과제가 된 것이다. 이 과정에서 교회는 판매의 어려움을 극복하는 중요한 매개로 작용한다. 남 목사는 도시교회를 대상으로 농촌목회, 농촌교회의 어려움을 호소하는 한편 교인들과의 교류라는 신앙적 믿음에 근거한 소비자들을 확충하는데 성

공한다. 이들 소비자들은 다시 아파트 단지를 중심으로 소비자의 확대를 가능케 하는 자원으로 활동하고 판매형태도 교회중심의 판매에서 아파트 단지를 중심으로 한 회원제 판매로 확대되다가 유기농산물 직거래 매장으로 안정화된다. 따라서 제1기의 주된 특징은 소비자 없는 유기농업 생산으로 판매를 확보하기 위한 시장확보에 주력하는 시기로 나타난다.

제2기는 소비조직의 확대를 통해서 생산조직의 외연을 확대하는 과정이다. 소비자생활협동조합의 구축과 유기농산물 유통 매장의 확대는 소비시장의 요구와 형태에 따라 생산조직의 내용이 변화함을 알 수 있다. 직거래 매장의 확대는 소비자 조직과 생산자 조직의 결합력을 약화시켰다. 직거래 매장을 통한 생산자-소비자의 상품교환은 '신뢰'를 매개로 한 상품판매 대신에 유기농산물의 '상품성'이 매개과정에서 영향을 미치게 되고 '제품의 다양성과 구매의 용이성'이라는 소비자들의 요구의 변화를 유발한다. 이러한 요인에 따라 매장의 관리·운영에 관한 전문적 경영 능력을 지닌 조직구조가 요구된다. 이에 따라 한마음공동체는 자신과 비슷한 성격을 지닌 유기농업 생산농가와의 관계를 통해 소비자들의 요구에 대응하게 되고 임대매장의 확대를 통해 유통의 전문화를 꾀하게 되었다. 이로 인해 직영매장 체제에서는 수익성이 판매의 중심동기가 아니지만 임대매장의 경우 수익성을 보장해야 하는 과제가 추가되는 것이다. 따라서 유기농산물 판매방식은 경영과 이윤을 동시에 보장하는 시장 상품경제의 일정한 반영을 요구받게 된 것이다.

제3기는 문화와 생태를 통한 활동을 통해 공동체의 수익성과 외부적 이미지를 강화하는 과정으로 이어진다. 또한 지역 내 유기농업의 확대를 위한 외부적 관계의 확대와 친환경 농업제도의 적극적 활용과 유통확대를 위한 과정으로 전개된다. 친환경 농업이 농업정책의 중요한 패러다임으로 제기되고 유기농산물 시장은 시장경제 체제로 서서히 변화해 가는 과정에서 정부의 친환경 시범마을의 확대와 농촌공동체의 활성화방안의 일환으로 농업의 다원적 가치 중의 하나인 농촌의 환경·생태·문화 등 농촌이라는 공간이나 이미지 자체의 상품화가 제기되면서 생태문화를 상품화하는 사업이 활발히 전개되기 시작하였다.

한마음공동체의 생태문화산업은 다른 친환경마을과 다른 구조를 가지고 있다. 기존의 친환경 마을은 일부 마을 주민의 참여를 중심으로 외부 소비자들을 대상으로 한 생태체험에 중심을 두고 마을의 문화를 상품화하면서 환경농산물을 판매하는 방식을 취한다. 이와는 달리 한마음공동체는 일정한 공간을 근거로 생태적 프로그램의 전문성을 통해서 생태적 가치를 상품화하는 방식을 선택하였다. 또한 지역 내 유기농산물 품질인증 농가의 확대를 위한 노력은 유기농산물 유통시장의 불안정성을 보충하면서 지역 농업을 유기농업의 패러다임으로 전환시키려는 전략으로 볼 수 있다.

Ⅳ. 조직구조의 분화와 특징

유기농업 생산의 생명 중심적 가치의 실현과 생산농가의 경제적 이해 사이에는 많은 갈등이 내재되어 있다. 이러한 갈등은 조직관리 과정에서도 그대로 나타난다. 조직구성원인 생산농민과 조직운영 실무자 사이에는 유기농산물 시장의 변화에 따른 조정 과정에서 긴장과 갈등이 발생한다. 이러한 갈등을 해소하는 방식에 따라 조직체계와 내부 성원들의 역할이 변화되면서 조직은 점차 전문화, 분업화되는 과정을 밟는 것으로 보인다.

한마음공동체는 조직 외부조건의 변화에 따라 구성원들의 이해와 욕구가 다양해지면서 조직체계는 여러 가지 형태로 변화하였다. 즉 구성원의 변화를 포함한 규모의 확대, 사업 내용, 조직의 관계망, 운영체계 등에 직접적인 영향을 미친다. 초기에는 유기농업 생산농가의 확대가 조직의 일차적 목표가 되지만 유기농업 생산이 시작된 이후에는 유기농산물의 판매를 위한 소비자의 확보가 중요한 과제였다. 생산자와 소비자의 확보가 일정정도 이루어지면 소비자와 생산자 사이의 상호이해의 충돌에 따라 전문적인 유통 체계가 필요해지고 이에 따라 유통조직은 분화되고 전문화되기 시작한다. 변화된 유통구조는 생산농가들에게 상품에 대한 새로운 요구를 발생시킨다. 따라서 각각의 영역은 독립적으로 존재하고 있지만 상호작용을 통해서 끊임없이 각자의 이해와 욕구를 조정하는 과정을 통해서 조직체계를 변화시키고 있다.

1. 생산조직의 변화

'한마음공동체'의 생산영역의 변화과정은 세 시기로 구분할 수 있다. 제1기는 가치지향적 생산농가들에 의해서 공동생산, 공동판매에 기초한 협업공동체와 개별영농을 통해서 경제적 이해를 실현하고자 하는 시장지향적 농가가 분화된다. 이 과정에서 가치지향적 농가들은 유기농산물 생산만이 아니라 판매까지 공동으로 담당하면서 유기농업적 생산의 확대를 위해 노력한다. 가치지향적 유기농업 생산농가들의 헌신적인 활동을 통한 유기농업 소비구조가 창출되면 시장지향성을 가진 생산농가들이 점차 유기농업으로 전환하면서 유기농업 생산이 서서히 증가한다.

　제2기는 공동체적 지향을 가진 협업조직은 해체되고 생산방식은 개별영농 방식으로 환원되지만 판매에 있어서는 공동판매가 유지되는 방향으로 변화된다. 공동체적 지향을 가진 협업조직의 해체에 대해서 한마음공동체의 대표를 맡고 있는 남목사는 생산성 문제를 중요하게 들고 있다. 하지만 보다 근본적인 이유는 협업적 방식이 가져다주는 구성원들 내부간의 갈등이 더 주된 문제인 것으로 보인다.[24] 협업은 생산 뿐 아니라 유통, 분배의 협동까지 지향하기 때문에 이 세 가지 과정 모두를 통해서 구성원의 만족이 없으면 갈등요인으로 작용한다. 진정한 의미의 공동체는 부분적인 생산이나 분배의 공유로는 실현되기 어렵고 생태공동체에서 주장하는 생활의 일치까지를 포함한 협업이 필수적인 요인임을 확인해주고 있다.

　제3기는 정부의 유기농업 정책과 궤를 같이하면서 유기농업 생산에 대한 친환경 직접지불제, 유기농산물 품질인증제 등 정부의 정책적 지원에 따라 한마음공동체 내의 농가들의 유기농업출신들의 생산농가로 재구조화되는 과정과 유기농업 생산농가의 제도화과정이 포함되어 있다.

<표 5> 한마음공동체 생산농가의 변화과정

내용 시기	회원수			생산 농가수	경영방식
	마을민	외지인	계		
1기	88가구	2가구	90가구	8가구	공동생산, 공동판매 개별생산, 공동판매
2기	55가구	5가구	60가구	28가구	개별생산, 위탁판매
3기	35가구	5가구	40가구	28가구	개별생산, 위탁판매

---

24) 남상도 목사는 "처음엔 공동으로 생산하고 공동으로 소유하고 공동으로 판매하여 이익금을 나누는 방식을 시도해 보았다. 그런데 어떤 사람은 일하고 어떤 사람은 급한 개인 볼일을 보러가고 … 또 공동생산에서 벌어들인 돈이 충분치 않기 때문에 자기 농사도 얽매여야 하니깐 … 공동으로 하는 것이 개인적으로 하는 것보다 생산성도 더 떨어진다"며 공동으로 작업을 하는 과정의 어려움을 말하고 있다.

<표 5>에서 보여지듯이 조직 건설 초기에는 많은 생산농가들이 유기농업에 동의하고 회원으로 가입하였으나 실제 유기농업 생산으로 전환한 농가는 제1기 8명, 제2기 28명. 제3기 28명으로 생산농가의 증가는 매우 더딘 것으로 나타났다. 또한 회원수는 1기에는 90가구였지만 시간이 흐름에 따라 점점 줄어들어 3기에는 40가구로, 절반 이상이 줄어든 것으로 나타났다. 이러한 변화는 초기 교회조직에서 남목사의 유기농업 생산방식에 동의했던 농민들이 점차적으로 교회의 범위를 벗어나 농업생산조직으로 전환되는 과정에서 나타난 것이다. 이러한 결과를 볼 때, 한마음공동체에 관한 조경만(1998)과 심운정(2001)의 연구에서 한마음공동체 생산농가들의 95%가 기독교신자라는 것이 공동체 유지의 중요한 요인으로 주장되지만, 실제 유기농업 생산의 선택과 지속에 있어서 중요한 영향을 미치는 요인은 농민들의 경제적 이해임을 알 수 있다. 즉 농민들은 유기농업이 갖는 경제적 이점에 의해서 움직인다.

<표 6> 한마음공동체 유기농업 생산농가의 연령별 구성

년도	30세미만	31-40세	41-50세	50-60세	61-70세	70세이상	계
2001	0	2	4	7	13	2	28
2003	1	5	4	5	10	3	28

자료: 심운정(2001), 2003년은 현지조사 결과.

유기농업 생산농가의 연령구성은, 박현태(1999)의 연구에서 친환경농가의 100%가 50대 이하인데 반해 이종성(2002)의 연구에서는 일반농가와 비슷하게 나타났다. <표 6>을 보면 한마음공동체의 경우도 일반농가와 마찬가지로 50대 이상 인구가 80%를 차지하고 있고 30대는 4명인데, 이들은 외지인이나 공동체 실무자들이다. 여기에서도 다른 농촌과 마찬가지로 농업재생산구조가 취약함을 보여주고 있다. 설문조사결과 28가구의 생산농가 중 후계세대가 가능한 농가는 2농가에 불과했다. 특히 60세 이상의 인구가 13명으로 45%를 차지하고 있는 것으로 보아 유기농업의 지속성을 위해서는 후계세대의 육성이 무엇보다도 중대한 과제임을 알 수 있다.

<표 7>은 한마음공동체의 매출액과 운영현황을 나타낸 것이다. 유기농산물의 매출은 2002년 현재 1996년에 비해서 두 배로 성장했고 이익금 역시 8배로 상승했다. 매출액은 해마다 지속적으로 성장추세에 있지만 1998, 1999년은 IMF사태로 인해 매출이 일시적으로 감소했고 2002년은 비약적으로 증대되었다.[25)]

<표 7> 한마음영농조합법인 매출표 (단위 : 원)

년도	총자본금	총매출	이익금
1995	6,318만	0	0
1996	6,318만	118,800만	-564만
1997	6,318만	122,000만	3,931만
1998	6,318만	101,600만	3,109만
1999	6,928만	113,600만	4,395만
2000	6,928만	126,000만	3,577만
2001	9,800만	124,000만	2,369만
2002	9,800만	212,000만	7,100만

자료 : 한마음영농조합법인 정기총회 자료(1995~2002)

2001년 출자액의 증가는 한마음공동체의 이윤이 많이 남아서라기보다는 임대매장 수익금이 포함된 금액이다. 매출은 증가되고 있지만 생산농가 수는 변화하지 않았고, 유기농산물 공급 생산농가의 확대로 인해 유기농산물 판매의 지역적 범위가 확대되었다. 이는 생산농가들의 내부적 갈등요인[26)]으로 작용하기도 하지만 오히려 생산

---

25) 2002년 매출의 비약적 증대가 한마음 자연학교의 영향에 의한 것인지는 아직 밝혀지지 않았다.

농가의 안정적 유지로 인해 유기농산물 수요량과 소비자의 불만을 해소하여 판매를 둘러싼 갈등을 해소하는 계기로 작용하기도 한다.

2. 소비·유통조직의 변화

일반적 농산물 시장구조와 달리 유기농산물 판매에 있어서 가장 중요한 전제는 '신뢰'이다. 생산자는 신뢰로 가꾸어진 농산물을 시장에 내놓고 소비자들은 자신의 건강을 위해서 이들 농산물을 일반농산물 가격보다 비싸게 사먹는 것이다. 이는 일반적인 상품시장 경제에서 이루어지는 익명성을 기초로 한 시장가격에 의해 유지되는 상품교환과는 달리 '신뢰'를 기초로 한 판매방식이다. 따라서 생산과 유통은 분리될 수 없는 상호의존 관계를 필요로 하는 한편 상호 갈등의 원천을 안고 있다. 생산자는 자신이 생산한 생산물이 더 비싼 가격에 판매되길 원하고 유기농산물 매장은 보다 낮은 가격에 구입해서 비싼 가격에 판매하려고 한다. 또한 소비자들은 품질 좋은 농산물을 보다 저렴하고 구입이 용이하고 조리가 간편한 상태로 판매되길 원한다. 따라서 이 3자간의 이해의 실현과정에서 유통구조는 다양한 형태로 조직되고 변화된다. 한마음공동체의 경우 유통은 3가지 방식으로 변화되었다.

---

26) 조사과정에서 드러난 생산농가들은 가치지향적 농가든 시장지향적 농가든 현재 형성되어 있는 유기농산물 가격이 노동한 수고에 비해서 낮다고 응답했다. 또한 판매에 있어서도 전량 판매가 보장되지 못한 적도 있었다고 지적했다. 그러나 유통실무자들은 오히려 생산농가들의 물량은 오랜 기간동안 소비자와의 거래를 통해서 예측이 가능하고 저장이 가능한 농산물의 경우 전량 판매가 가능하다고 응답했다. 그리고 가격 결정에 있어서 내부성원들의 회의에 의해서 생산농가들이 직접 결정하고 있고 생산농가들의 실수로 인해서 빚어진 농산물의 유통에 관한 책임은 전적으로 유통법인이 전담하고 있다고 응답했다.

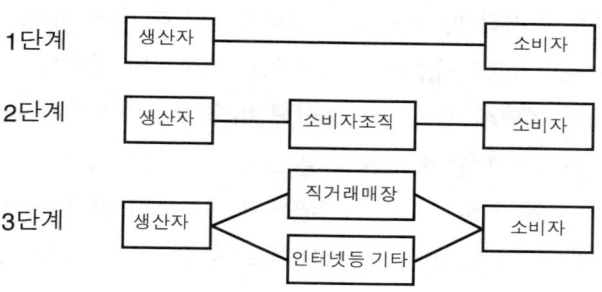

<그림 2> 한마음공동체 유통의 변화단계

<그림3>에서 볼 수 있듯이 한마음공동체의 유통은 생산자와 소비자의 직접적 대면적 판매에서 생산자와 소비자 사이에 소비자생활협동조합이라는 소비자 조직을 매개로 한 판매로 전환했다가 다시 직거래 매장이라는 유통조직을 매개로 한 판매방식으로 변화했다. 직거래매장을 통한 판매는 유기농산물 시장의 특성이었던 대면적 판매방식을 익명의 소비자와의 관계로 전환함을 의미한다.

유기농업 유통에 있어서 핵심은 신뢰관계를 기초로 한 판매방식이다. 따라서 유통형태의 변화는 '신뢰'의 변화를 수반한다. 소비자와 생산자의 직접적 대면관계에 기초한 판매에서 신뢰는 유기농업생산 그 자체이다. 그러나 2단계로 전환되면 소비자조직 내부 성원들이 소속한 조직인 생활협동조합이 신뢰를 보증하는 것이다. 3단계의 익명적 판매에서는 '신뢰'를 보증하는 다른 매개물을 필요로 한다. 한마음공동체가 생산자들에게 적극적으로 '친환경농업품질인증'을 받도록 지원사업을 벌이는 이유는 유기농업의 확대에도 목적이 있지만, 유통구조의 변화가 중요한 원인으로 작용하고 있음을 알 수 있다.27)

---

27) 한마음공동체 소속 생산농가 28가구 중 품질인증 농가는 26가구, 미인증 농가는 2가구이다. 품질인증이 안된 2가구는 현재 품질인증을 준비

초기 소비자 조직구축 당시에는 소비자 회원이 되기 위해서는 다섯 단계[28]를 철저히 밟아야 했다. 그러나 직거래 매장 체제로 전환된 이후로는 소비자조직사업은 적극적으로 전개되지 못했다. 생산자조직은 토지와 지역에 묶여 안정적인데 비해 소비자조직은 주거나 직장의 불안정성으로 인해 해체 혹은 소멸의 위기에 항상적으로 노출되어 있다. 또한 소비자조직 구성원들의 대부분이 전업주부들이라는 점에서 이들의 부분취업이나 생계구조의 변화 역시 소비자조직의 불안정성을 강화하는 요인으로 작용한다(조경만 1999). 따라서 소비자조직은 형성과정 뿐 아니라 유지에 있어서도 많은 노력이 요구된다. 소비자 조직의 관리를 위해서는 별도의 조직이 필요하지만 한마음공동체의 실무역량으로 이것을 감당하는 것은 어렵다. 이런 맥락에서 한마음공동체는 판매방식을 유기농산물 직거래매장 중심으로 전환하게 된다.

한마음공동체가 유기농업 시장의 변화에 대한 대응방식으로 선택한 것은 직거래 매장과 '품질인증제'인데, '친환경 농산물 품질인증' 제도만으로는 신뢰의 확보가 불충분하다. 따라서 한마음공동체는 '신뢰'의 매개물로 대규모 문화 행사를 활용한다. 한마음공동체에서 실시하는 대규모 문화행사로 대표적인 것은 정월대보름 한마당, 추수감사제, 소비자의 날 행사이다. 한마음공동체가 이처럼 대규모 소비자 행사를 치를 수 있었던 것은 '한마음자연학교'라는 공간을 확보했기 때문이다. 이 과정에서 유통조직인 직거래 매장은 소비자들에게 행사를 홍보하고 실천하는 역할을 한다.

하고 있는 가구이고 이들 가구에 대해서는 유통팀에서 생산과정을 철저히 관리하고 있다.

28) 첫째, 소비자 교육을 3~4시간 정도 받아야 한다. 둘째, 반드시 생산 현장을 방문해야 한다. 셋째, 공동체 조직에 가입하며 입회비 10,000원씩을 낸다. 넷째, 1구좌에 10,000원씩을 5구좌 이상 출자를 해야 한다. 다섯째, 공급 차량과 시간을 맞추어 지정된 장소에 나와야 한다.

현재 한마음공동체는 광주에 13개, 전남에 2개 총 15개 직거래매
장을 소유하고 있고 한마음공동체의 총 소비자 회원은 3000세대이
다. 광주의 13개 매장 중 직영매장은 3곳, 임대 매장은 10곳이고 임
대매장의 규모는 2~4평이다. 직거래 매장은 매장설치에 드는 기초
적 비용이나 매장관리 비용의 규모가 크기 때문에 제한적일 수밖에
없다. 전남 지역은 2003년 순천과 목포에 각각 매장이 신설되었다.

<표 8> 한마음공동체 매장 현황

매장명	신설년도	운영형태	매장운영자의 경력
운림한마음	1994	임대	한마음실무자
중흥한마음	1994	직영	직영
하남한마음	1994	임대	소비자조직
봉선한마음	1996	임대	소비자회원
염주한마음	1996	임대	교인
문흥한마음	1996	임대	개인소비자
진월한마음	1998	임대	사회단체회원
두암한마음	1998	임대	주부(종교인)
첨단한마음	1998	임대	한마음실무자
풍암한마음	1999	임대	사회단체회원
운암한마음	2000	임대	환경운동가
상무한마음	2002	직영	직영
금호한마음	2003	임대	개인소비자
목포한마음	2003	임대	건강식품업자
순천한마음	2003	임대	유기농회원
계	15개	임대3/직영12	

생산조직과 유통조직은 대부분 상호의존관계이면서도 갈등관계에
놓이기 십상인데 한마음공동체의 경우 이를 적절하게 관리할 수 있는
이유는 매장을 운영하고 있는 임대운영자들이 대부분 한마음공동체
와 유기적인 인적 결합력을 가진 구성원들이기 때문이다. 매장을 운
영하는 대부분의 임차자들은 과거에 한마음공동체에서 유통실무조직
의 일을 맡았던 사람들이거나 소비자 회원 등으로 유기농업 생산조직
에 대한 '신뢰'와 유기농업의 사회적 가치체계에 동의했던 구성원들

이다. 따라서 상품의 가격결정과 상품 거래에 있어서 나타날 수 있는 갈등을 인적 결합력을 통해서 부분적으로 완화시킬수가 있다.

유기농산물 시장의 변화에 따른 한마음공동체의 대응을 요약해 보면 다음 세가지로 나타난다. 첫째, 유통조직의 분화와 전문화를 추구하는 과정이다. 소비자조직에서 유통조직으로 변화하는 과정에서 직영과 임대 매장의 분화가 나타난다. 이들은 생산조직인 영농법인체에 속해 있으면서도 독립적으로 운영되는 특징을 가지고 있다. 이러한 특징은 일반적인 농업영농법인의 경우와 크게 다르지 않다.[29] 둘째, 시장 배후지의 확대와 유기농업생산농가들과의 횡적 결합을 강화하는 방식이다. 이는 유기농업의 경쟁적 시장질서의 형성과 재생산구조의 열악함에 따른 대응 전략으로서 시장 배후지를 광주에서 전국으로 확대하려는 시도와 공동체 성원만이 아니라 군 단위 유기농업 생산농가의 확대를 위한 노력으로 나타난다. 셋째, 판매되는 유기농산물에 대한 '신뢰'에 기반한 상품화를 위해서 지속적인 노력을 하고 있다. 소비자의 현장 방문을 위한 대규모 문화 프로그램의 제공과 유기농산물 품질인증이라는 제도화, 생태환경에 대한 소비자의식의 강화를 위한 한마음자연학교의 활용 등 다양한 방식으로 소비자와의 관계를 유지하려고 한다.

---

29) 농어촌경제연구원, 1997,『농업법인의 운영실태와 정책과제』33〜40쪽. 농어촌경제연구원의 1997년 자료에 따르면 농업영농법인의 경우 생산형 45.4%, 가공형 25%, 유통형 25%로 조사되었고 이중에서 흑자를 내는 법인의 대부분이 유통과 가공에 집중되어 있다. 또한 생산형의 특징은 협업으로 나타나고 가공형과 유통협은 별개의 사업으로 운영되고 있는 경우가 대부분이다.

3. 생태문화산업의 형성

2002년부터 정부에서 적극적으로 실시하고 있는 '친환경 농촌마을'을 조성하는 과정은 민박과 환경농업, 혹은 민박과 생태체험, 민박과 마을 문화유산의 결합이라는 세 가지 형태로 진행되고 있다. 친환경마을 사업을 전개하는 대부분의 지역은 이를 통해서 유기농산물의 판매, 지역특산물 판매 방식으로 농산물 유통을 결합시키고 있다. 그러나 한마음공동체의 경우 친환경 농촌마을의 사업방식과 다른 생태문화산업구조를 가지고 있다. 한마음공동체의 자연학교를 맡아서 운영하고 있는 실무자의 증언은 한마음공동체의 생태문화산업이 왜 일반적인 친환경마을 조성사업과 다른지를 보여준다.

"오래 전부터 환경·생태에 관한 대안학교와 생태마을을 구상하면서 폐교를 물색해 오다가 한마음영농법인과 거리 상 인접해 있고 저수지를 끼고 있어서 청정환경을 가지고 있는 마을(마령리)내 폐교를 확보하게 되었다. 그러나 몇 번의 검토 끝에 생태적 대안학교를 제도화하는 것보다는 도시 인접성 이라는 지리적 여건의 유용성과 농촌문화와 생태를 상품화하고 열린 생태학교를 지향하는 것으로 ... 대안학교의 방식을 전환하게 되었다."

한마음자연학교의 교장을 맡고 있는 남상도 목사의 이야기에서도 생태체험을 왜 한마음공동체의 중심 사업으로 설정했는지를 알 수 있다.

"한마음공동체의 핵심은 생산도 중요하지만 유통에 있다. 생산자에 의해서 유통이 소유될 때만 진정한 생산자율성이 실현된다고 생각한다. 우리(한마음공동체)가 다른 유기농 공동체들과 다른 점은 유통을 직접적으로 관리하고 있다는 점이다. 유통은 농민의 생명이다. 따라서 유기농산물의 유통이 유기농산물 생산자가 아닌 전문적 유통조직에 의해서 운영되는 것은 안 된다고 생각한다. 앞으로도 한마음공동체의 모든 사업은 오로지 농업과 농촌, 즉 생산농민의 입장에서 실행하고자 한다. 자연학교를 만든 것도 이런 이유이다. 처음엔 생태마을을 만들까 … 생태학교를 만들까…이런 저런 논의가 있었으나 유통과 연결된 문화사업이되어야 한다는 생각에 체험학교를 만들었다. 어린이들에게 환경의식을 강화하고 부모들이 관심을 기울이게되고 또 소비자들과 교류를 활성화할 공간도 … 농촌의 생태나 문화도 농민의 자산이므로 상품화되어야 한다."

한마음자연학교는 1999년 마령리의 폐교된 남면 서초등학교를 구입하여 생태환경체험장, 농촌문화체험장, 황토민박체험, 생태교육관, 황토집, 천적사육장, 가축사육장, 생태유치원, 여성농업인센타 등 다양한 생태문화 체험이 공유되는 공간이다. 한마음자연학교의 총면적은 5,000여 평이고 이곳을 구입하고 개조하는데 들었던 비용은 약 4억이었다. 한마음자연학교는 법적으로는 '한마음영농법인'의 시설로되어 있으나 실질적인 운영은 독립체산제로 이루어지고 있다. 전통문화와 생태체험은 도자기공예팀장과 황토 염색촌장이 따로 독립적으로 운영하고 있고, 유기농 환경교육은 우렁이 양식, 미꾸라지 양식장 등을 운영하는 농사 팀에 소속된 농민들이 별도로 운영하고 있다. 유기농업 체험장인 단감수확, 천적사육장 등은 한마음공동체에서 직영으로 운영하고 있는 곳이다. 이밖에도 부설조직으로 생태유치원과 여성농민센타가 있다. 이를 총괄하는 조직으로 한마음자연학교 운영팀이 있어서 1주일 1회 모임을 통해서 전체 사업을 조정한다.

한마음공동체는 한마음자연학교 공간을 이용하여 장성군이나 남면 지역 생산농민들의 유기농업 환경교육을 실시하고, 다른 한편으로는 소비자들에게 환경농업 체험의 기회를 제공하여 생산자-소비자 양 영역에서 생태주의의 관점을 공유하려는 시도를 하고 있다. 이 과정에서 한마음공동체는 많은 사람들의 생태체험학교로서 역할을 강조한다. 이러한 목적에 따라 일반적인 친환경마을의 특징인 마을

주민들이 민박이나 유기농산물 판매를 조직하는 방식이 아닌 장소집
중형 생태공간화 방식을 채택하고 있다.

한마음공동체의 생태문화산업은 두 가지 영역으로 나눌 수 있다.
정규적 생태교육을 갖춘 생태교육프로그램과 생태유치원, 여성농민
센터 등 프로그램에 의해서 정규적으로 운영되는 것과 다른 하나는
무작위 소비자들을 대상으로 자연학교의 생태문화 프로그램과 체험
공간을 제공하는 사업이다. 이는 기존의 친환경 마을이 후원조직, 교
류프로그램을 통해 소비자와 유기적 관계를 형성시켜 유기농산물을
판매하는 방식과 차별성을 갖는 것이다.

자연학교는 대형공간을 확보함으로써 소비자들을 상대로 한 교류
의 가능성을 열어주었다. 자연학교를 매개로 한 대규모 문화행사와
농가 민박 형태의 황토방 시설의 이용은 소비자와의 교류에서 중요
한 기능을 하고 있다. 이 과정에서 직거래 매장은 소비자의 생태문화
체험과 대형행사에 대한 참여를 독려하고 권유하는 역할을 함으로써
과거 소비자공동체가 했던 역할의 일부를 대신한다. 이는 단순히 한
마음자연학교의 이용객을 늘리는 일환이 아니라 한마음공동체의 조
직 목표였던 생산자-소비자의 지속적인 교류를 통한 생명운동의 이
념을 공유하기 위한 과정의 일환으로 판단된다.

<표 9> 생태유치원의 현황

구분	총원아수	장성지역	광주지역
2000년	78명	15명	63명
2001년	105명	17명	88명
2002년	105명	18명	87명

<표 10> 자연학교 이용자 현황

년도	농민교육	소비자교육	체험학습교육	생태휴가	계
2000년	640명	1,480명	4,720명	280명	7,120명
2001년	880명	3,240명	6,490명	590명	11,200명
2002년	1,450명	4,850명	8,000명	700명	15,000명

<표 9>와 <표 10>을 보면 생태문화산업이 한마음공동체에서 차지하는 비중을 한눈에 알 수 있다. 한마음자연학교의 방문객 수나 프로그램이 한마음공동체의 유기농산물 매출에 영향을 미치는지 어떤지는 아직 단정할 수 없지만 1만 명이 넘는 방문객을 통해서 한마음공동체 전체의 생태적 이미지를 강화하는데 많은 역할을 하고 있음을 알 수 있다. 그러나 이러한 활동이 지역내부의 구성원을 대상으로 하기보다는 도시소비자를 중심으로 이루어지고 있고, 어른보다는 어린이가 주 대상이라는 한계를 가지고 있다. 이러한 한계에도 불구하고 한마음자연학교가 단순한 농촌문화나 환경농산물 판매나 교류만이 아니라 전통문화 체험과 생태체험을 전문성을 가진 상품으로 구성했다는 점은 한마음자연학교의 생태문화산업의 성공적 실현 가능성과 지속성을 유지하는 중요한 요인으로서 다른 친환경마을 조직에 비해서 한마음공동체만이 갖는 가장 큰 장점이다.

V. 과 제

한마음공동체는 제1기에는 생산조직, 제2기에는 유통조직, 제3기에는 생태문화산업 조직이 중요한 역할을 담당하고 있다. 이러한 과정은 조직 외적인 환경의 변화와 그에 따른 구성원들의 욕구의 변화로부터 발생하는 위기관리과정이었다. 외부 환경에 의해서 많은 영향을 받는 농업조직의 특성상 조직의 변화과정에 있어서 내적변수를 하나로 규정하기는 매우 어렵다. 그러나 한마음공동체처럼 조직형성과정에서 특별한 목적을 지향하는 조직은 조직의 변화과정에서 조직주체, 특히 리더의 역할이 매우 중요하다. 조직의 리더가 변화하는 외부 상황에 대해 어떤 전략과 대응방침에 의해 조직의 분화를 지도하느냐에 따라 특정 시기마다 조직의 기능에서 중요한 역할을 하는 구조들이 변화하게 된다. 조직 내부에서 중요한 역할을 담당하는 분야의 변화에 따라 조직체계는 내부에서 역할의 변화에 따른 구조의 분업화, 전문화 과정이 수반된다.

한마음공동체의 변화과정에 핵심적인 영향을 미친 요인은 농업정책의 변화와 유기농산물 시장의 변화였다. 농업정책의 변화는 한마음공동체의 조직형태를 임의조직에서 법인조직으로 변경시키고 소농생산 경제로 인한 자금조달의 어려움을 정책자금을 통해서 해결하도록 하고 있다. 농업정책의 변화가 생산조직의 성격을 변화시킨 것과 달리 유기농산물 시장구조의 변화는 한마음공동체 조직의 핵심인 유통구조의 변화를 수반한다. 유통구조의 변화는 한마음공동체 생산구조의 변화와 더불어 조직의 갈등과정에 많은 연관을 가지고 있다. 이는 한마음공동체 조직구성원들이 유기농업의 가치실현을 중심으로 한 가치지향적 조직구조의 발전을 지향하기보다는 현실 경제적 이해관계를 중심으로 한 시장지향적 조직운영에 중심을 두고 있음을 보여준다. 유기농산물에 대한 소비자들의 요구의 증대는 생산농가들의 유기농업 참여정도를 결정하고, 소비자 조직의 결성은 유기농업 유통방식에 영향을 미쳤다. 한마음공동체의 조직운영은 점점 가치실현 중심적인 구조에서 현실적인 경영을 중심으로 한 전문화, 분업화 구조로 변화해 갔다. 이 과정은 직거래매장의 확대와 생태문화산업의 활성화로 나타난다. 생태적 가치의 실현과 농업을 둘러싼 생산농가들의 현실적 이해 실현 사이의 끊임없는 갈등과 통합 과정은 다른 유기농업생산조직과 한마음공동체 해결해야 할 주요한 과제의 하나이다.

생태문화산업은 한마음공동체 조직의 형성과정에서 제기한 생명 중심의 가치체계의 확대와 이를 위한 사회체계의 재구성을 도모하는 장이다. 이는 한마음공동체라는 유기농업 생산조직이 현실적인 경제적 이해관계를 넘어서서 생태중심적 가치실현을 해나가는 매우 중요한 통로이다. 그러나 유통의 확대와 안정성을 위해 생태문화산업을 활용하고 생태문화산업을 통해서 유통의 안정화를 구축하려는 한마음공동체의 전략이 어느 정도 효율적일지는 판단하기 어렵다. 다만 한마음공동체가 끊임없이 생명중심적 가치관의 확대와 생산조직 체계의 협동적 가치를 실현하기 위한 지역농업 패러다임의 전환을 모색하고 있는 것은 조직 초기의 목적인 사회운동적 가치지향성을 가진 조직목표를 실천하기 위한 노력의 과정임에는 분명하다. 한마음공동체는 앞으로도 지속적으로 시장경제의 경쟁 구도로부터 유통의 안정성을 지키기 위한 실천적 모색과 유기농업 재생산 위기를 극복하기 위해 지역농업에서 환경농업의 확대라는 실천방향을 모색할 것이다. 이를 통해서 한마음공동체는 유통의 위탁조직, 유기농업 확대를 위한 인큐베이터, 생명중심의 가치관을 교육하는 생태적 대안학교로 조직체계를 지향해 갈 것이다. 그러나 한마음공동체가 동시에 경쟁적 시장질서에 편승하는 공동체산업의 속성을 가지고 있다는 점에서 양자의 긴장과 갈등을 어떻게 관리할 것인가는 지속적으로 연구되어야 할 과제이다. 생태문화 산업의 경쟁구조를 극복하기 위해서는 유기농산물 생산 프로그램을 지역전체의 발전을 위한 패러다임과 결합시켜야 한다. 이를 위해서는 지역전체의 발전패러다임 속에

환경, 생태에 대한 구체적인 지역디자인을 통해 한마음공동체의 역할과 위상이 재구축되어야 할 것이다.

● 참고문헌

1. 자 료

KBC, 2003, 5월 그날의 함성과 자치공동체.

MBC, 2003, 농촌, 살길은 무엇인가?.

www.agri-korea.or.kr(한국농어촌사회연구소)

www.commune.or.kr(불교환경교육원)

www.hn21.or.kr(공동체네트워크)

www.krei.re.kr(한국농촌경제연구원)

www.mfg.go.kr(농림부)

www.organic.or.kr(한국유기농업협회)

www.refarm.org(전국귀농운동본부)

www.undong.org(대안공동체)

www.yuginong.co.kr(한마음공동체)

김철규, 2003, 「세계화와 한국의 농업문제」, 농촌사회학회 2003 자료집.

농민문제연구소 『농민운동 주요일지』 각 년도

생태사회연구, 2003, 『지구환경보고서』.

한마음영농조합 정기총회 자료집

한마음자연학교 프로그램 관련 기획 및 평가자료

허미영, 2003, 「한국 환경농가 여성의 노동과 농사일 만족도」, 농촌사회학회자료집.

2. 논 저

(사)한국인증농산물생산자협회 전남지부, 2003, 『친환경·품질인증으로 가는 농업』.

가노오 요시카즈, 1991, 『강한농민 열린농업』, 삼성경제연구소.

강정일 외, 1994, 「위탁영농회사 운영실태 조사 연구」, 한국농촌경제연구원.

권광식, 2000, 「협동네트웍을 통한 친환경농업의 발전방안」『농업협동조합 연구』 17집.

권영근, 2001, 「환경보전형 농업정책의 평가와 과제」『농민과 사회』 32집, 농어촌사회연구소.

김 준, 2000, 「어촌사회의 구조와 변동」, 전남대 박사학위 논문.

김 호, 1996, 「환경보전형 농업정책의 현황과 과제」『(사) 환경과 생명』 9호.

김기혁, 2000, 「환경보전형 농업정책의 평가와 방향」『농민과 사회』 26호, 한국농어촌사회연구소.

김성균, 2003, 「생산, 유통 소비 네트워크로 1백년 후를 준비한다」『말』 199호.

김수석 외, 2002, 『농업관련 NGO의 농정참여에 관한 연구』, 한국농촌경제연구원.

김용우, 2002, 「공동체운동의 현실과 전망」『사회비평』 31호.

김정호 외, 1997, 『농업법인의 운영실태와 정책과제』, 한국농촌경제연구원.

김종숙, 1996, 『소비자생활협동조합의 농산물 구매형태에 관한 연구』, 한국농촌경제연구원.

김충실 외, 1993, 「유기농업 선호모형 개발과 생산자선호 분석」『농업경제연구』, 한국농촌경제연구원.

박광서, 1999, 「농업법인경영체의 조직화 수준과 성장 가능성」『농촌사회』 9집.

_____, 1997, 『농업생산조직과 지역농업조직화』, 전남대 출판부.

박병상, 1999,『참여로 여는 생태공동체』, 아르케.

서종혁, 1999,『친환경농업 육성정책의 방향』, 한국농촌경제연구원.

손상목, 2003,「선진국 유기농업동향 파악을 통해 살펴본 한국유기농업의 발전방안 제안」, 단국대 유기농업연구소.

송명규, 1998,「생태중심주의적 대안사회 운동의 시각에서 본 유기농업의 의의」『환경정책』6권.

_____ 외, 2001,「생명지역주의 ; 생태공동체 운동의 이념적 기초」『한국지역개발학회지』13권.

신은정, 2002,「'지역사회개발전략'으로서 '지속가능한 농업'의 실천방안 모색」『농민과 사회』32호.

심운정, 2001,「유기농 문화공동체의 형성과 발전 과정 — 전남 장성 '한마음공동체'를 중심으로 — 」, 목포대 석사학위 논문.

아그네스 헬러, 1984,『개인과 공동체』, 백산서당.

윤수종, 1998,「새로운 농촌공동체로서의 영농조합 ; 무안군 양념채소류 유통사업영농조합을 중심으로」『현대사회과학연구』, 전남대학교 사회과학연구소.

이영민 외, 2001,「농촌지역 환경갈등과 농촌주민 환경운동의 역할과 의미: 양평군 팔당지역 유기농업운동을 사례로」, 한국지역지리학회지 제7권.

임상봉, 2003,「세계화 추세에 대응하기 위한 농촌정책 과제」, 농촌사회학회 자료집.

조경만, 1998,「유기농업의 생태·경제 과정을 통해서 본 사회자연체계의 이상과 현실」『현대사회과학연구』19권.

최협 외, 2001,『공동체론의 전개와 지향』, 선인.

_____, 2001,『공동체의 현실과 전망』, 선인.

최민호 외, 1997,『농민조직론』, 서울대 출판부.

한국불교환경연구원, 1998,『생태위기시대의 공동체운동』.

_____, 1997,『자연과 인간이 더불어 사는 공동체를 찾아서』.

한면희, 2002, 「문명 패러다임 전환과 생태주의」, 계간 『과학사상』 여름호.

허장 외, 2003, 『농촌마을의 리더쉽 구조와 역할에 관한 연구』, 한국농촌 경제연구원.

_____, 2003, 「대안 농업으로서의 환경농업 ; 가능성과 한계」, 농촌사회 학회자료집.

홀리, 아모스 H, 1995, 『인간생태학 ; 지역공동체 이론』, 일지사.

農村 ビジョン研究會, 1986, 『21世紀へ向けての農村 ビジョンとその 實現のための方向』, 地球社, 平成3年.

大原興太郎 外, 1994, 『現代日本の 農業觀,－その 現實と展望－』.

伊藤 忠雄, 1991, 『現代農業生產組織の經營論』, 農林統計協會.

全國農業協同組合聯合會, 2000, 『環境保全形農業と自治体』.

_____, 1996, 『環境保全型農業と地域活性化』.

祖田 外, 1996, 『持續的 農村の 形成－その 理念と可能性』, 財團法人 富民協會.

Laster. W. Milbrese, 2001, 『지속가능한 사회』, 인간사랑.

Redclift, Michael, 1997, 『지구환경과 사회이론』, 한울아카데미.

제 8장

홍길동축제와 지역 정체성

추 명 희

Ⅰ. 지역축제의 의미

한국의 지역축제는 1990년대 이후 세계경제적 변화에 따른 국내 경제구조의 재편과 지방자치제 실현 등으로 인해 각 자치단체들이 지역활성화 전략으로 가장 많이 채택하고 있는 문화적 프로젝트 중의 하나이다. 지방자치단체들은 축제를 통해 지역의 전통과 문화적 자원을 상품화함으로써 창출되는 경제적 측면 뿐만 아니라 기존의 생산위주의 지역 통합전략이 지닌 한계에 대한 대안적인 문화전략으로 축제를 적극 이용하고 있다. 이는 지역 정체성을 대내외적으로 표방하고 지역민들의 긍지와 자부심을 증대시켜 통합성을 유지하는데 있어서 지역축제의 기능이 강조되고 있음을 의미한다.

이러한 측면에서 축제는 역사적 과정을 통해 뿌리내려진 지역정체성이 지역 주민들에 의해 가장 잘 반영되는 장인 동시에 지역의 '일부' 주도집단에 의해서 지역정체성이 재규정되거나 변모해 나갈 수 있는 계기로 작용한다. 축제가 지역민들 개인의 정체성과 나아가 지역성을 반영하고 규정짓는 역할에 주목하면서, 최근의 지역축제 연구에서 지리학적 함의를 성찰하려는 연구들이 이루어지고 있다(조명래 1996; 정선희 1999).[1] 최근의 세계화와 지방화의 흐름 속에서 새롭게 규정되고 기능하는 지역은 이제 지역적 주체가 형성되는 장이면서, '정체성이 형성되는 지역'으로 변화하고 있다. 기본적으로 지리적 요소를 바탕으로 언어와 종교를 포함한 문화, 경제, 정치 등의 여러 요소가 복합적으로 작용하여 형성된 지역정체성은 지역사회의 특정 기념물이나 경관이라는 공간적 차원과 함께 주기적인 축제나 기념행위 등 시간적 차원에서 상징화되어 표현된다. 이 과정에서 지역이미지는 이를 확대하는 기념행위나 축제에 의해 확산되기 쉽기 때문에 최근 각 지역의 축제는 지역정체성을 만들어내고 확인하는 기제로 작용하게 된다(정근식 1997). 이러한 현상은 특히 지방자치제가 시작되면서 각 지자체들이 그 지역의 역사적 경험에 기초한 전통과 문화자원을 이용하여 지역을 상징하는 축제를 만들고 이를 활성화함으로써 지역민의 통합과 연대의식을 고취하고자 하는 일련의 문화전략에서 두드러지게 나타나고 있다.

이러한 배경에서 이 장은 지방자치제 실시 이후 지역전통과 문화자원을 바탕으로 한 지역축제를 통해 지역상징을 재창출하고 이를 지역활성화 전략으로 활용하고 있는 장성군을 사례로 과거의 역사적

---

1) 일반적으로 국내의 지역축제에 대한 접근 방식은 축제를 상품화하고 판매할 구체적인 전략을 수립하는데 관심을 갖는 실용주의적 입장과 지역축제가 만들어지고 활성화되는 사회·역사적 맥락 및 과정과 정치적 의미를 밝히는 분석적 연구로 나뉘어 진다. 현재까지 한국에서 축제에 대한 논의는 전자의 흐름이 주류를 이루고 있는 가운데, 최근 지역축제에 관한 경제주의적 논리가 갖는 문제점을 지적하면서 정치·사회·문화적인 효과를 주목하는 연구 또한 다양하게 제기되고 있다(정호기 1999).

사실이 어떻게 지역의 전통 또는 정체성으로 정립되고, 현재의 지역 사회에 재구성되는가를 고찰하고자 한다.

예로부터 장성군은 조선의 유림 중 뛰어난 인물중의 하나인 하서 김인후의 필암서원으로 상징되는 '선비의 고장'으로 알려져 왔고, 동학군의 활동에서 중요한 전기가 마련된 황룡강 전투지역과 한말 의병의 중요한 근거지였다고 하는 역사적 사실로 인해 근래에 '의향' 으로 정립되어 온 지역이다. 장성은 성균관 대성전(大成殿)에 배향되어 있는 하서 김인후의 고향이라는 사실과 그를 배향하고 있는 필암서원의 존재로 인하여 예로부터 소위 '선비의 고장'으로 불리었으며, 지역민들의 자부심 또한 대단하였다. 아울러 1592년 임진왜란 당시 장성 남문창의(南門倡義)를 일으킨 선열들의 의로움을 '선비의 정신' 으로 받아들여 지역사회의 정체성으로 삼아왔다. 또한 장성은 동학 및 한말 의병의 현장으로써 이에 기반한 '의향'이라는 정체성을 형성하여 왔고, 이러한 장성군의 역사적 정체성은 소위 '선비정신론', '호남의향론'을 구성하는데 중요한 역할을 수행하여 왔다고 볼 수 있다. 장성군의 이러한 다양한 역사적 전통과 경험은 '선비의 고장', '의향', 그리고 최근에는 '홍길동축제'로 이어지면서 홍길동축제를 중심으로 한 장성군의 지역상징과 지역정체성은 서로 유기적으로 결합되면서 새롭게 재구성되는 양상을 보이고 있다. 최근에는 「홍길동전」의 주인공인 홍길동의 생가로 추정되는 곳이 발굴되었다.

이러한 측면에서 본 연구는 '선비고을', '의향'으로 대표되는 장성지역의 지역정체성이 어떠한 과정을 거쳐서 장성의 지역상징 및 정체성으로 자리잡게 되었으며, 지역의 역사적 사실과 경험에 기반한 장성지역의 정체성이 오늘날 '홍길동축제'라고 하는 외부적인 이미지를 강화시킨 지역축제를 통해 어떻게 재구성되고 있는지의 과정을 밝히고자 한다. 이러한 연구목적을 위해 본 연구에서는 첫째, 장성지역 선비정신의 역사적 소재와 특징, 의병활동과 한말사회운동을 중심으로 선비정신과 의향론이 장성의 지역상징 및 정체성으로 형성되고 전개되어 온 과정을 분석한다. 둘째, 장성의 지역상징 및 정체성의 문화적 재구성의 과정을 홍길동의 지역상징화와 홍길동축제의 성장과정분석을 통해 고찰하고, 마지막으로 이러한 분석결과를 토대로 홍길동축제로 대표되는 장성지역의 홍길동 관련 문화전략의 쟁점 및 현실을 고찰하고자 한다.

본 연구는 이러한 연구목적을 위해 일차적으로 문헌연구를 중심으로 조사지역에 대한 각종 자료를 수집하고 기존 연구를 검토함으로써 현지조사와 분석에 필요한 1차 자료를 수집하였다. 이 연구에서 사용한 문헌자료는 기존에 발간된 향토지와 장성지역을 대상으로 한 지표조사보고서, 그리고 장성의 지역향토사 연구단체에서 편찬한 자료집과 연구서들이다. 이러한 자료수집과 분석을 토대로 '선비고을', '의향'의 전통이 장성의 지역상징 및 정체성으로 형성되고 정립되어 온 과정을 분석하였고, 이와 더불어 문헌자료와 구술의 비교방법 등도 활용하였다. 또한 1990년대 후반 홍길동담론의 구체적인 현실화의 결과인 홍길동의 지역상징화 전략과 축제화 과정을 통해 장성지역의 지역상징 및 정체성이 재구성되는 과정에 대한 분석은 장성군청에서 간행된 각종 자료집과 보고서, 그리고 홍길동을 주제어로 검색한 광주·전남지역 신문과 전국 일간지를 참조하였고, 축제의 성장과정에 대한 참고자료로서 2003년 5월 3일부터 5월 5일까지 홍길동축제 관광객 분석을 실시한 정강환의 연구성과를 원용하였다. 한편, 이러한 자료수집과 분석을 토대로 홍길동의 지역상징화와 축제화를 주도했던 중심주체들인 당시 장성군청 실무자들과 장성문화원 관계자들 그리고 선비고을, 의향을 대표하는 중심주체들인 마을유림들을 대상으로 한 인터뷰와 참여관찰, 구술자료 수집 등을 통해 홍길동 담론의 지역상징화 전략과 축제화 과정에서 도출된 쟁점 및 전망 등을 고찰하였다.

Ⅱ. 지역상징의 형성과 문화적 재구성

1 '문향'과 '의향' 전통의 형성과 전개

소위 '선비의 고장', '문향'으로 대표되는 장성의 역사적 정체성의 중심에는 호남인물로는 유일하게 문묘(文廟)에 배향되어 있는 하서 김인후와 그를 제향(祭享)하고 있는 필암서원이 자리하고 있고, 이는 장성지역 정체성의 형성과 전개과정을 이해하는 첫 번째 코드이다. 이와 더불어 장성지역 특유의 선비문화전통이 형성되고 전개되는 과정에서 중요한 역사적 전기를 마련한 사건은 기묘사화(己卯士禍, 1519)를 들 수 있고, 이로 인해 낙향한 재지품관과 사족들을 중심으로 전개되었던 사림들의 활동은 장성지역뿐만 아니라 호남사림의 맥을 형성하고 발전케 한 중요한 동인으로 작용하였다. 장성의 이러한 역사적 전통은 '선비정신', '선비의 고장'으로서 백암산을 중심으로 한 장성문화권을 형성하였고, 이는 특히 하서 김인후를 비롯하여 고봉 기대승, 노사 기정진 등 한국유학사상 뛰어난 유학자들의 배출로 이어져 예로부터 이 지역은 '선비의 고장'으로 불려 왔다. 이와 관련해서 장성지역에는 하서 김인후를 제향하고 있는 필암서원[2]을 중심

---

2) 국가사적 제242호로 장성군 황룡면 필암리에 소재하고 있다. 하서 김인후를 배향한 서원으로 1590년(선조 23)에 문인들에 의하여 장성읍 기산리에 창건되고, 1786년(정조 10)에 하서의 사위인 고암(鼓岩) 양자징(梁子澂)을 추배하였다. 필암서원은 현종 3년(1662)에 '필암(筆岩)'이라는 사액을 받았으며, 하서 선생이 호남에서 유일하게 문묘에 배향된 점에서

으로 많은 서원(書院) 및 사우(祠宇)³⁾들이 존재하고 이는 '선비정신', '문향'으로 상징되는 장성의 지역정체성과 지역이미지를 결정짓는 중요한 역할을 하고 있다.

한편, 하서 김인후와 필암서원으로 상징되는 '선비정신'에 이어 장성의 지역정체성의 역사를 파악하는 두 번째 코드는 '의로운 고장'이라고 하는 '의향'의 전통이다. 장성 사람들이 자신의 고장을 '의향'으로 받아들이는 역사적 뿌리는 1592년 임진왜란 당시 '남문창의'에서 출발한다. '선비의 고장', '문향'으로 상징되어온 장성의 이러한 전통은 1592년 임진왜란 당시 장성 남문창의(南門倡義)를 일으킨 선열들의 의로움을 '선비의 정신'으로 받아들여 '문향'에 이어 '의향'이라고 하는 또 하나의 지역정체성으로 발전하게 되었다. 이러한 '의향'전통에 관한 담론은 최근 홍길동축제를 통해 '문향'과 '의향'이 결합한 '문무를 겸비한 고장'이라는 지역상징 및 정체성의 창출로 새롭게 재구성되고 있는데, 그 중심에는 특히 '의로움'에 대한 자부심으로 표출된 '의향전통'에 관한 담론이 중요한 역할을 하고 있다. 장성 지역민들은 남문창의를 국난을 당하여 장성 선비의 기개를 높이 보여준 사건으로 자부하면서 그 근거를 '의(義)'와 '리(理)'를 숭상하는 선비정신에 두고 이러한 선비정신이 국난을 계기로 의병정신으로 발현된 것임을 강조하고 있다. 장성 지역민들은 선비정신의 중추를 형성하고 있는 이러한 '의(義)'정신을 국가가 위기에 처했을 때 생명을 버리면서 투쟁하는 용기의 원천으로 보았고, 이는 '의로운 고장', '저항정신'으로 상징되는 장성인의 중요한 기질로 강조한다.

도 이 지역의 선비문화를 대표하는 유적이다.
3) 장성에는 현재까지 현존하는 서원 및 사우가 총 15개 존재한다. 원래 총 26개가 있었는데 고종 5년(1868) 대원군의 서원 철폐령으로 모두 훼철되어 필암서원만 남았다가 그 뒤 점차 복설되고 몇 곳이 신설되어 현재 20여 개의 원·사가 있으며, 15개소의 유허지가 남아 있다.

남문창의 이후 이러한 의향전통에 대한 장성인들의 자부심은 한말
호남 의병활동의 중심지로써 장성에서 일어났던 일련의 역사적 사건
들과 인물들의 행적을 기록하고 기념한 여러 문헌 및 유적 등에서
자주 확인할 수 있다. 그 내용의 중심에는 개화기 외국세력의 침투에
대항하여 전국적으로 일어났던 위정척사운동의 출발이 된 장성 출신
노사 기정진의 병인소(丙寅疎)와 1895년 국모시해사건(을미사변)과
뒤이은 단발령에 반발하여 호남지역 의병활동을 주도했던 송사 기우
만, 성재 기삼연 등을 들 수 있다. 이처럼 한말 호남의병의 중심지로
서 장성지역에서 일어났던 일련의 의병활동은 장성선비정신과 유기
적으로 연결되면서 '의향'이라고 하는 지역상징 및 정체성을 형성하
는 중요한 토대가 되고 있음을 알 수 있다. 즉, 오랜 동안 선비의 고
장, 의병활동의 중심지로 알려진 장성의 이미지와 상징은 주로 다수
의 서원 및 사우를 중심축으로 장성을 영남의 안동에 비견하여 그
자긍심을 고취시키는 역할을 했다고 볼 수 있다(향토문화 4호, 1977,
p. 40.). 따라서 장성 지역민들은 항상 자신의 고장을 '선비의 정신'이
살아 있는 '문향'으로 인식하고 있으며, 아울러 의를 실천하는 '의향'
이라는 점에 오랜 자부심을 가져 왔다.

한편, 이러한 의향전통에 대한 담론에 있어서 최근 새롭게 재조명
되고 있는 역사적 사건은 한말 동학군의 활동에서 중요한 전기가 마
련된 장성 황룡강 동학농민전투이다. 사실 황룡강 동학농민전투는
선비정신과 의향활동의 유기적 결합을 통한 장성의 지역정체성 형성
과정에서 있어서 그동안 크게 부각되지 못한 이 지역의 역사적 자원
중의 하나였다. 일례로 그동안 장성지역 향토사 연구를 주도하면서
지역정체성의 정립작업을 추진해왔던 이 지역 연구단체 및 문화단체
들이 편찬한 각종 문헌 및 자료집(1973년~1990년대 중반까지)[4]의

---

4) 대표적으로 1973년 결성되어 문향'과 '의향'으로 상징되는 지역정체성

내용을 보면 관련 내용의 대부분이 선비정신과 의병활동의 역사적 전개와 의의를 강조하면서 '문향'과 '의향'이라는 지역상징 및 정체성의 확립에 중점을 반면, 장성의 동학농민전투의 역사적 의의와 이 지역과의 관련성 등에 대한 언급은 거의 없다.

그러나 최근 들어 장성 황룡강 동학농민전투와 의향전통을 연결시키고자 하는 일련의 작업들을 시작으로 장성은 그동안 다른 지역전통에 비해 부각되지 못했던 이러한 역사적 자원을 기존의 지역전통으로 재구성하고 연결시키면서 복합적인 지역상징의 창출을 시도하고 있다. 즉 1994년 동학농민혁명 100주년을 기념하여 장성지역에 동학농민군 승전기념공원 및 기념탑을 조성하고, 1995년에는 동학농민혁명 100주년 기념 학술대회에서 동학농민전쟁과 장성과의 관련성을 조명하는 등 일련의 활동을 통해 그동안 선비전통과 의병활동을 중심으로 전개된 의향담론에 선비 또는 유림이 아닌 '농민'이 주체가 된 역사적 사실을 지역전통으로 부각시키고 있는 것이다. 이를 통해 최근 장성에서는 유림과 선비들이 주체가 된 의병활동과 다른 한편으로 농민이 주체가 된 동학농민혁명의 중심지로서 갖는 장성의 역사적 사실과 전통이 '의향'이라는 지역상징과 지역정체성으로 재구성되면서 서로 경합하거나 유기적으로 연결되는 양상으로 나타나고 있다. 즉 선비정신과 임난시의 의병활동, 그리고 동학농민혁명과 한말 의병활동의 중요한 근거지로서 장성은 '의로운 고장'이라는 지역정체성을 정립하고 이를 지역홍보 및 지역활성화에 적극적으로 활용하고 있는 것이다.

이와 함께 현재 장성지역에서 활발히 진행되고 있는 지역활성화

의 형성과 정립에 주도적인 역할을 담당했던 장성 <향토문화개발협의회>가 펴낸 지역문화잡지인 「장성 향토문화」 창간호부터 1990년대 중반까지의 문헌 및 자료집과 장성 문화원의 「문향」 창간호(1986)부터 현재까지의 자료집 등을 들 수 있다.

전략의 핵심은 그동안 전설과 민간 구담으로만 전해져 오던 '장성출신 홍길동'에 관한 담론의 현실화이며, 이는 홍길동축제의 개최와 생가터 복원, 홍길동의 지역캐릭터화로 이어지고 있다. 이는 학술대회 개최 및 학계의 보고와 유적지 건립을 통해 장성의 황룡강전투의 역사적 의의와 중요성이 크게 부각되고, 신분제도의 타파와 평등사상 구현에 역점을 두었던 동학농민정신과 장성지역에서의 활동이 강조됨에 따라 '장성출신 홍길동'담론은 지역전통의 재창출과 현재적 활용이라는 맥락 속에서 새롭게 재해석되고 있는 것이다. 이것은 '선비의 고장', '의향'으로 정립되어온 지역정체성의 토대 위에 그동안 공식적인 기억과 역사적 사실 속에서 암묵적이고 감추어진 부분으로 존재하던 민중의 기억인 동학농민혁명의 근거지로서, 그리고 동학농민혁명의 정신과 맥을 같이하는 홍길동의 출생지로서 장성의 지역상징과 정체성이 새롭게 재구성되어 가는 과정이라고 볼 수 있다.

2. 홍길동의 지역상징화

장성 홍길동축제는 소설 속의 인물인 홍길동을 매개로 하여 1999년부터 시작되어 2003년 현재 5회 째 개최되고 있는 이 지역의 대표적인 지역축제로서 장성군이 지역이미지 제고와 경쟁력 확보방안을 위해 추진 중인 핵심적인 지역활성화 전략의 하나이다. 홍길동축제는 지금까지 허균이 쓴 최초의 한글소설 속의 주인공으로만 알려졌던 홍길동이 장성군 황룡면 아곡리 아치실 마을에서 태어난 실존인물이라는 전제 하에 축제의 전반적인 기본 토대를 구성하고 있다.

홍길동축제의 개최근거가 되고 있는 홍길동의 실존인물 여부와 장성출신이라고 하는 역사적 사실에 관한 연구사적 토대는 1969년 숙명여대 이능우(李能雨) 교수가 『조선왕조실록』 광해군일기와 『중종

실록』,『선조실록』등의 기록을 인용하여 학계에 보고한 것이 그 시
작이다. 이후 1981년 동국대 김기동 교수(당시 한국학연구소장)가 문
헌설화 20종을 정리,『한국문헌설화』10권을 발간하면서 조선조 3대
설화집인『계서야담』,『청구야담』,『동야휘집』,『해동이적』등에 홍
길동전의 줄거리를 이루는 홍길동의 행적과 활동이 구체적으로 기록
되어 있음을 학계에 보고하고, 이를 언론에 소개하기도 했다.5) 한편
으로, 실존인물 홍길동이 전남 장성에서 출생했으며, 이를 증명하는
생가터와 홍씨들의 고총(古塚)이 있다는 사실이 학계와 언론에 처음
알려진 것은 1974년 당시 설성경(현 연세대 국학연구원 부원장) 교수
가 처용암(북이면 원덕리 갈애바위)의 조사차 장성지역을 답사하던
중 향토사학자 변시연씨로부터 홍길동 생가터와 관련된 곳을 전해
듣고 이를 신아일보(현 경향신문)에 소개하면서부터이다.

당시 장성지역에서는 주민들의 입을 통해 홍길동이 황룡면 아곡리
아치실 마을에서 태어났으며, 홍길동의 생가터와 홍길동이 먹고 자
랐다고 하는 홍길동샘이 있다고 하는 전설과 민간 구담6)이 전해오고

---

5) 1981년 6월 26일자 동아일보에 실린 내용은 다음과 같다. "… 김교수에
따르면, 홍길동은 국정이 극히 문란했던 연산군때 실존했던 강도로서
그 전설이 1세기가 지난 선조때는 의적으로 변하고, 허균이 홍길동전을
국문으로 지은 선조 말년에는 왕으로까지 신분이 상승하였다. 홍길동이
실존인물이라는 설은 지난 69년 숙명여대 이능우 교수가『조선왕조실
록』의 연산군 일기를 비롯하여 … 그러나 이들 正史는 홍길동을 강도
로 지칭하면서 … 홍길동의 일반적인 죄상만 기록하고 있다. 이에 반해
문헌설화는 홍길동이 도적으로 변하게 된 동기와 과정을 비롯하여 그
행적과 활동상황을 구체적으로 적고 있으며, 이 문헌설화에는 허균이
홍길동전을 창작할 때 소재로 삼았을 것으로 추정되는 사례가 풍부하게
들어 있다고 밝혔다."
6) 이와 관련된 전설 및 민간 구담의 구체적인 내용은 다음과 같다.
전남 장성군 장성읍에서 남쪽으로 10km 정도의 거리에 있는 산골마을
인 황룡면 아곡리 아치실 마을 뒤 150m 지점에는 몇 백 년은 족히 됨직
한 감나무들과 산죽(일명 시누대)에 둘러싸인 백여 평은 된 집터가 있

있었다. 그러나 당시까지도 장성지역에서는 홍길동과 관련된 담론과
역사적 사실의 진위여부는 이 지역의 역사적 정체성과 지역전통에서
'선비정신'과 '의향'담론에 비해 주목을 끌지 못했다. 이러한 사실은
70년대부터 장성지역에서 활발히 전개되었던 향토사운동과 그에 따
른 지역정체성 확립을 위한 일련의 과정, 예를 들면 지속적인 향토사
관련 문헌편찬이나 토론회 및 학술대회 개최 등의 내용을 보더라도
홍길동은 이 지역의 정체성과 지역전통에서는 어떠한 위치도 차지하
지 않고 있는데서 잘 알 수 있다.

　그러나 '실존인물 홍길동', '장성출신 홍길동'이라고 하는 홍길동
관련 담론이 본격적으로 전개되고 이것이 장성을 상징하는 지역전통
으로 내세우게 된 직접적인 계기가 된 것은 1997년 강릉시와의 '홍

고, 아직도 토방자리에는 자연석이 무너지지 않고 그 형태를 유지하고
있는데 이곳이 홍길동의 생가터라고 전설로 지금까지 전해 내려오고
있다. 여기에서 마을 쪽으로 백여 미터 지점에 있는 암탉골(일명 밤골)
입구 개울가에는 사시사철 맑은 물이 끊이지 않고 흐르는 조그만 샘이
있는데, 이곳이 홍길동이 먹고 자랐다는 홍길동샘이다. 옛날에는 이 샘
을 아곡리 주민들이 마을우물로 사용하기도 했다.
　원래 아치실에는 처음 배씨들이 살았었는데, 배씨들이 이곳을 떠나면서
그들의 묘지를 표시하기 위해 돌배나무를 심었고, 그 후 홍씨들이 살다
가 홍길동이 강도로 잡혀가자 마을이 풍지박산되어 홍씨들이 뿔뿔이
헤어지면서 역시 그들의 묘지에 산죽(山竹)을 심어 표시했다고 전해져
온다. 지금도 홍길동의 생가터 등에서 그 흔적을 찾아볼 수 있다. 특히
산죽울타리는 집을 지키는데도 훌륭한 방어벽이 될 뿐만 아니라 유사
시에는 화살로 사용할 수 있기 때문에 일부러 산죽을 심었다고도 전해
진다. 또한 장성읍 장안리에 있는 변씨 선조들의 묘지상석 중에는 당시
주인이 없는 홍씨의 고총에서 비석을 옮겨다 묘지 상석으로 썼다는 구
전이 내려오고 있는데, 이에 대해 북하면 단전리에 살고 있는 한국고문
연구회회장이자 향토사학자인 변시연옹은 '우리 선조가 남의 묘 앞에
있는 비석을 가져다 상석으로 썼다는 것은 수치스러운 일인데도 지금
까지 구전으로 전해지는 것만 봐도 홍씨들의 고총에 대한 유래를 확인
할 수 있는 근거'라고 말하고 있다(전남의 전통문화 하권, 1983).

길동 연고권 논쟁'이 시작되면서부터라고 할 수 있다. 홍길동 연고권 논쟁은 1997년 2월 장성군이 홍길동 생가터의 복원사업을 시작으로 이를 소재로 한 관광자원화 방안을 검토하던 중 같은 해 3월 강릉시에서도 소설 홍길동전의 저자인 허균 선생의 선양사업의 일환으로 홍길동을 강릉시의 마스코트로 정한다고 하는 언론보도7)를 접하게 되면서 시작되었다. 당시 이 논쟁은 정부가 정한 「문화유산의 해」를 맞이해 각 지역의 문화자원을 활용한 축제 및 이벤트 개발 등과 같은 지역활성화 전략으로 강릉시와 장성군이 이를 추진하는 과정에서 맞붙게 된 결과라고 볼 수 있다. 오랜 기간 신사임당과 그의 아들 이율곡으로 상징되는 강릉시와 하서 김인후와 호남사림의 중심지로 대표되어온 장성군이 모두 지역특유의 보수적인 이미지와는 상반되는 인물인 홍길동을 지역상징으로 내세우면서 연고권 논쟁을 벌인 것은 매우 이례적인 일이었고, 따라서 당시 중앙일간지 및 지역일간지에서도 이를 여러 차례 기사화8)하면서 두 지역간 경쟁은 더욱 가속화되었다.

장성군은 이러한 언론의 이례적인 관심과 함께 1998년 SBS 드라마

---

7) 당시 한겨레신문에 보도된 강릉시의 홍길동 관련 연고권 주장은 다음과 같다. "오랜 기간 신사임당과 그의 아들 율곡의 신화가 도시의 상징처럼 알려진 강원 강릉시가 '역모'를 꾀하는 이들이 나오는 소설 주인공을 시의 상징으로 세우고 이미지 제고에 나섰다. 강릉시는 조선조 때 허균이 쓴 소설의 주인공인 홍길동의 캐릭터를 상품화하기로 하고, 상징 로고와 마스코트 도안을 현상공모했다. 홍길동 캐릭터 현상공모를 통해 가상의 인물인 홍길동 연고권을 공개선언하고 나선 것이다 …"(1997년 3월 29일자 한겨레 신문).

8) 1997년 3월 한겨레신문에 처음 기사화된 강릉의 홍길동 연고권주장을 반박하는 장성군의 대응기사가 같은 해 4월 조선일보에 "때아닌 홍길동 고향논쟁"이라고 하는 제목의 기사로 실리면서 이후 지역신문을 비롯하여 한국일보, 서울일보, 동아일보, 한겨레신문 그리고 시사저널 등 각 중앙일간지와 주간지들은 이를 상당기간 기사화하였다.

'홍길동' 방영을 계기로 홍길동의 출생지로서 장성군의 이미지를 제고시키고, 이를 자원화하기 위한 전략수립을 빠르게 진행시켜 나갔다. 우선 장성군은 1974년 홍길동 출생지로서 장성을 언론에 최초로 소개한 연세대 설성경 교수를 중심으로 이루어진 국학연구원에 '홍길동 학술연구' 용역을 의뢰하였다. 그 결과는 1차적으로 「실존인물 홍길동의 생애 재구(Ⅰ)-출생과 성장, 국내 활동부분을 중심으로」 (연세대 국학연구원 1997)라는 논문으로 발표되었고, 장성군과 연세대국학연구원의 주관 및 주최로 서울 전경련회관에서 '97년 11월에는 '홍길동 학술토론회'를 개최하였다. 이와 함께 장성군은 1998년 홍길동 캐릭터 개발, 홍길동 생가터 주변개발계획, 홍길동 기념사업 등 홍길동 관련 종합계획을 수립하기에 이르렀고, 1999년에는 홍길동축제가 개최되면서 홍길동은 장성의 지역전통과 정체성의 역사에서 이 지역을 대표하는 새로운 지역상징으로 새롭게 창출되고 있는 것이다. 이후 2002년 장성군과 홍길동축제 추진위원회의 주관으로 열린 '홍길동 국제학술 심포지움'은 그동안 강릉시와 장성군간의 연고권 논쟁을 일단락시키면서 홍길동은 이제 장성을 상징하는 지역전통으로 정립되기에 이르렀다. 그동안의 연구 성과를 간략하게 요약하면 다음과 같다.

홍길동의 5대조 홍규는 남양부원군이었는데, 무진참화(戊辰慘禍)로 호남에 피신하였으며, 홍길동의 부친 홍상직은 전남 장성에 정착하게 된다. 홍길동은 홍상직의 서얼로 황룡면 아치실에서 태어났다. 이후 홍길동은 1500년까지 공주 무성산성(茂盛山城)을 근거지로 삼아 많은 추종세력을 결집하여, 자신의 정치이념인 만민평등의 민주공동체운동을 펼쳐갔으며, 대동적 활동 끝에 자수나 체포에 의해 강상죄(綱常罪)로 의금부에서 문초를 받았다. 이후 1501년 일본 유구(琉球)로 탈출한 다음, 팔중산(八重山) 지역에서 크게 활약했으며, 일본에서는 그를 '오야케 적봉(赤蜂) 홍가와라'라고 불렀다(2002년 홍길동 국제학술심포지움 자료집에서 발췌).

이상의 연구결과가 갖는 사실성과 정확성에 대한 학계의 입장은 아직도 그 의견이 분분함에도 불구하고, 이러한 연구 성과는 그간의 이루어졌던 홍길동과 관련한 장성지역 문화전략을 활성화시키는데 중요한 근거로 작용하고 있다. 결국 이러한 일련의 과정을 통해 홍길동은 오랫동안 '선비의 고장', '의향'으로 상징되어온 이 지역의 정체성의 역사에서 장성을 대표하는 새로운 지역상징으로 새롭게 재구성되고 있고, 나아가 장성출신 홍길동을 일본 오키나와 열도를 지배한 지역영웅으로 부각시킴으로써 민족적 우월감을 자부하는 측면도 보이고 있다.

결과적으로 오랫동안 '선비의 고장', '의향'의 전통을 이 지역의 오랜 역사적 정체성으로 정립시켜온 장성지역에서 사실 별다른 주목을 받지 못했던 '홍길동' 담론은 1997년 시작된 강릉시와의 홍길동 고향 연고권 논쟁을 기점으로 학술연구용역 및 일련의 문화전략을 통해 장성의 새로운 지역전통 및 상징구축으로 나아가고 있다. 특히 홍길동축제의 개최를 통해 의'를 구현하는 '의적'으로서 홍길동을 장성지역의 '의향'전통과 맥을 같이하는 영웅적 인물을 강조함으로써 외부적으로 역동적인 장성지역의 이미지를 강화하는 한편, 축제를 통해 이를 상품화하고 있는 것이다.

Ⅲ. 홍길동축제의 성장과정

현재 장성군이 추진하고 있는 지역 활성화 전략에서 가장 중점을 두고 있는 사업은 홍길동 관련 관광사업이라고 할 수 있다. 그 중 홍길동축제는 1997년 강릉시와의 홍길동 고향 연고권 논쟁으로부터 가속화된 일련의 사업들, 즉 홍길동 학술연구용역 및 학술대회 개최, 홍길동 캐릭터 개발사업, 홍길동생가복원 사업으로 이어진 장성군의 문화전략을 외부에 효과적으로 전달하면서 내부적으로는 '장성출신의 실존인물, 홍길동의 고장'으로서 지역이미지와 상징의 재구성이라고 하는 지역민의 정체성 구축에 있어서 중요한 역할을 하고 있다.

2003년 현재 5회째 개최되고 있는 홍길동축제는 1997년 홍길동관련 학술연구 용역 및 학술대회 개최 등을 통한 연구사적 토대와 2001년 홍길동 생가터 유구 발굴조사를 통해 획득한 고고학적 근거 등을 토대로 홍길동축제의 핵심주제인 '장성출신의 실존인물, 홍길동'의 고장으로서 장성군의 이미지를 강화하는데 주력하고 있다. 따라서 축제프로그램의 구성 및 행사의 전반적인 성격 또한 홍길동의 고장으로서 갖는 장성군의 이미지와 상징을 효과적으로 전달하고 이를 상품화하는데 주로 맞춰져 있음을 알 수 있다. 이 중에서 특히 '홍길동과의 만남'이라는 프로그램은 홍길동이 장성에서 태어난 실존인물임을 증명하는 학술적 자료를 시작으로 홍길동의 일생과 그와 관련된 전설 및 인물에 대한 정보를 상세하게 진열함으로써 축제에 대한 정보제공과 함께 교육적인 기능을 수행하고 있어 축제방문객의 축제에 대한 이해를 높이는 역할을 하고 있다. 그리고 '뗏목타기 체험'은 축제장의 지형을 적극적으로 활용하여 율도국 구역을 설정하고 구역간의 이동을 뗏목을 통한 체험을 통해 이루어지도록 고안한 홍길동축제의 대표적인 체험프로그램으로 좋은 반응을 얻고 있다.[9] 이 밖에도 활빈당 퍼포먼스, 율도국 가는 길, 홍길동 추모제 등의 프로그램은 홍길동 전시관을 통해 홍길동에 대한 이해를 높이고, 이를

---

9) 장성군청이 배재대학교 관광이벤트연구소에 의뢰한 제5회 장성 홍길동 축제 축제평가 및 방문객 분석 결과 중 '뗏목타기'가 홍길동축제 프로그램 만족도 분석에서 전체 평균 5.88(7점 척도)로 1위를 차지한 것으로 나타났다.

직접 프로그램으로 통해 체험해 보게 함으로써 축제방문객들로부터
좋은 반응을 얻고 있는 것으로 평가되었다. 즉, 홍길동의 생애를 과
정별로 퍼포먼스를 통해 재연함으로써 홍길동에 대한 스토리메이킹
이 있는 축제의 기반구축이 3회부터 꾸준히 정착되어가고 있는 것으
로 평가된다(표 1 참조).

<표 1> 홍길동축제 프로그램 구성 및 내용(2003년)

구 분	내 용	
기본행사	·개막식 ·홍길동 선발대회 ·마당극「홍길동전」	·홍길동 추모제 ·홍길동 씨름대회 ·5월의 향연
일반행사	·활빈당 퍼포먼스 ·문향축전 ·도립국악단 공연	·어린이 홍길동축구대회 ·무술시범 ·관광객 장기자랑
부대행사	·홍길동과의 만남(전시관) ·나룻배 젓기 체험 ·홍길동캐릭터그리기 ·체험 문화교실 외 다수	·율도국 퍼포먼스 ·뗏목 타기 체험 ·홍길동 불꽃놀이

자료 : 장성군청 문화관광과

매년 5월 어린이날을 전후로 3일 동안 개최되는 홍길동축제는
1997년 가을에 열리는 백양단풍축제 기간동안 병행하여 일부 개최되
었던 것을 1999년 1회 홍길동축제로 확대·개편한 것이다. 홍길동축
제의 성립 이전까지 장성지역을 대표했던 축제는 백양사 주변의 단
풍을 소재로 하여 열리던 '백양단풍축제'였다. 그러나 1997년 홍길동
고향 연고권 논쟁을 소재로 한 기사가 외부, 특히 중앙일간지 등에서
다루어지면서 오히려 장성군은 이 기회를 장성지역의 인지도와 이미
지를 강화시키는 전환점으로 인식하고 이와 관련한 사업들을 빠르게
진행시켜 나갔다. 따라서 당시로서는 실존인물이자 장성출신이라고
하는 사실을 우선적으로 고증하기 위해서는 무엇보다 홍길동 생가터

발굴이 가장 시급한 과제로 등장했고, 이를 위해 각종 문헌연구를 통한 학술결과를 토대로 생가터 발굴을 추진하였다. 그 결과 장성군 황룡면 아치실 344번지 남양 홍씨 35대손인 홍성두씨 집 부근에 26억원의 예산을 투입하여 15세기형 전통한옥 8동, 110평과 청소년수련관 8동, 120평 규모로 이루어진 홍길동 생가터를 복원했으며, 여기에서 200미터 내려간 지점에서 '길동샘'을 발굴하여 그 사실성을 보다 구체화시켰다. 홍길동축제는 이와 같은 축제개최목적에 부합하는 일련의 환경조성, 즉 홍길동 생가터 발굴과 역사적 고증자료 수집을 통한 연구사적 토대가 마련됨으로써 마침내 1999년 장성의 상징적인 인물로써 홍길동을 내세운 이 지역의 대표적인 지역축제로 선정되었고, 주요 행사는 홍길동 생가터와 축제행사장을 중심으로 개최되고 있다.

한편, 장성군에서는 홍길동과 관련한 문화관광 사업 중 생가터 발굴과 함께 홍길동의 지역상징화 작업을 위해 홍길동 캐릭터 사업을 중점적으로 추진하고 있다. 이는 특히 시기적으로 매년 5월 어린이날을 전후로 개최되는 축제의 성격상 어린이와 청소년을 겨냥한 캐릭터개발에 힘쓰고 있는데, 이를 통해 장성군은 1997년 12월부터 1999년 3월까지 총 73여 종의 홍길동캐릭터를 개발하고, 106건의 의장 및 상표등록을 완료한 상태이다. 홍길동 캐릭터 사업은 전국 지방자치단체 최초의 문화사업이자, 21세기 지식산업으로 장성군이 심혈을 기울이고 있는 문화전략이다. 이를 통해 장성군은 그동안 소설 속의 인물로만 축소되어 전해오던 홍길동을 장성출신의 실존인물이라고 하는 역사적 사실을 재조명하면서 일본 오키나와까지 진출한 지역영웅으로 부각시키고, 한편으로 축제기간 캐릭터상품 판매를 통해 지역홍보와 경제적 부가가치 창출을 꾀하고 있다. 실제로 5회(2003년) 축제기간 동안 관광객들의 쇼핑품목 조사결과[10] 전체의 34.7%가 홍길동캐릭터 상품을 구입한 것으로 나타나 가장 높은 점유율을 차지하였다. 이는 3회 축제의 17.4%와 비교해 볼 때 약 2배 가까운 증가율로써 금년(2003년) 신세대 취향에 맞도록 디자인이 새롭게 개발된 홍길동캐릭터가 관광객들에게 좋은 반응을 얻고 있는 것으로 판단된다.

2003년, 5년째를 맞고 있는 홍길동축제는 이처럼 소설 속의 인물인 홍길동을 매개로 한 다양한 프로그램과 캐릭터상품판매와 같은 문화마케팅 전략을 통해 장성지역의 새로운 지역상징과 이미지를 창출하고 있다. 즉, 홍길동축제는 오랫동안 선비정신, 의향으로 대표되는 장성지역 정체성의 토대 위에 90년대 후반부터 본격적으로 시작된 홍길동이라고 하는 인물의 역사적 고증과 고고학적 발굴 작업을 통해 획득한 연구사적 근거를 기반으로 '홍길동의 고장, 장성'이라고 하는 또 다른 지역정체성과 상징구축에서 중요한 역할을 하고 있다. 홍길동축제 개최 이전까지 호남사림의 중심지 또는 선비정신의 지역전통을 강조하는 이 지역 특유의 보수적이고 정적인 이미지는 축제를 통해 홍길동이 만민평등 사상을 주장했던 '의'로운 인물임과 동시에 일본 오키나와 열도를 지배한 영웅적인 인물임을 부각시키면서 내·외부적으로 '홍길동의 고장, 장성'이라고 하는 이미지의 상품화와 지역민들의 정체성의 구축으로 재생산되고 있는 것이다. 이와 같이 장성은 홍길동 생가터 발굴과 역사적 고증자료 수집을 통한 연구사적 토대 구축, 홍길동축제의 개최 등을 통해 '선비고을, 장성'이 갖는 지역경관 위에 홍길동 생가터 발굴과 홍길동캐릭터 개발 등 새로운 지역경관을 창출하고 있고, 이를 통해 보다 역동적인 지역이미지 및 지역상징의 재구성과 '홍길동의 고장, 장성'이라고 하는 또 하나

---

10) 이는 장성군청이 배재대학교 관광이벤트연구소에 의뢰한 제5회 장성 홍길동축제 축제평가 및 방문객 분석 결과 중 쇼핑품목에 대한 조사결과를 원용한 것이다.

의 지역전통을 창출하고 있다.

Ⅳ. 신문화전략의 쟁점과 현실

홍길동축제는 예로부터 '선비의 고장'과 '의향'의 전통을 장성지역의 오랜 지역정체성으로 정립시켜온 토대 위에 90년대 후반 홍길동전의 주인공 홍길동의 생가터 발굴과 캐릭터 개발 등 일련의 문화전략을 통해 '홍길동의 고장, 장성'이라는 새로운 지역상징과 전통의 재창출이라는 일련의 흐름 속에 놓여 있다. 그리고 이것은 '의'를 실천한 선비의 고장, 장성에서 만민평등의 사상을 실현코자 했던 의적 홍길동의 고장, 장성으로 이어지는 과정에서 축제라고 하는 스펙터클하고 역동적인 이벤트와 결합되면서 빠른 속도로 이 지역의 지역상징과 정체성으로 재구성되고 있다. 홍길동 생가터와 캐릭터상품은 매년 홍길동축제의 축제공간과 이벤트 상품 판매 등으로 연계되면서 축제의 공간을 활성화시키고, 지역민을 포함한 축제방문객들에게 '홍길동의 고장, 장성'의 이미지와 상징을 홍보함과 동시에 이를 상품화하고 있는 것이다.

이렇듯 홍길동축제는 짧은 역사에도 불구하고 '홍길동의 고장, 장성'이라고 하는 지역전통의 재구성과 현재적 활용이라는 측면에서 성공적인 평가를 받고 있다. 여기에는 무엇보다 강릉시와의 홍길동 연고권 논쟁을 시작으로 가속화되었던 '장성출신, 홍길동'에 관한 연구사업과 생가터 발굴 작업, 홍길동캐릭터 개발 등의 문화전략이 외부적 이미지를 강화시킨 축제를 통해 유기적으로 결합되면서 비교적 단기간에 홍길동 담론이 지역전통과 정체성안으로 흡수된 점이 중요하게 작용한 것으로 판단된다. 이 과정에서 민간구담 또는 전설로 존재하던 장성출신 홍길동에 관한 담론의 현실화를 주도했던 세력은 장성군과 연세대 국학연구원이었고, 이 두 집단의 만남은 강릉시와의 홍길동 연고권 논쟁으로 중앙 및 지역 언론의 관심을 받으면서 탄탄한 결속관계를 유지하게 되었다. 강력한 장성군의 후원을 바탕으로 중앙의 전문가 집단으로써 연세대 국학연구원과 지역 언론은 장성과 홍길동 담론의 유기적 결합을 위한 구체적인 연구 성과를 발표하면서 외부적으로는 장성출신의 실존인물인 '홍길동의 고장, 장성'을 홍보하고, 내부적으로는 홍길동과 관련된 일련의 문화전략의 타당성과 지역 활성화를 위한 구체적으로 근거로 활용하였다고 할 수 있다. 이는 그동안 장성의 선비전통과 의향전통을 지역정체성으로 확립하는데 주체적인 역할을 담당했던 향문회와 장성문화원 등의 지역향토사 단체들의 협조를 이끌어내면서 장성과 홍길동 담론은 이제 홍길동축제라고 하는 역동적이고 외부적인 이미지를 강화시킨 이벤트와의 결합을 통해 장성의 또 다른 지역전통과 지역상징으로 재구성되고 있음을 알 수 있다.

그러나 장성군과 연세대 국학연구원에 의해 주도적으로 진행되었던 홍길동과 관련된 일련의 문화전략은 초창기 홍길동 캐릭터 개발 과정에서 홍길동을 지역영웅으로 부각시키고, 그 행적을 의적으로 미화하는 과정에서 이 지역 유림들과 문중 집단의 반발을 불러 일으켰다. 이들은 대부분 조선후기부터 장성지역의 제반 향촌지배조직을 이끌었던 대표적인 4성씨인 울산김씨, 광산김씨, 황주변씨, 행주기씨 등의 유력사족들로 그동안 장성의 선비정신과 의향의 전통을 확립하는데 주체가 되었던 세력들이다. 이들의 불만은 대략 다음과 같이 요약될 수 있다.

> 홍길동이 무슨 의적이냐, 도적일 뿐이다... 그리고 장성의 많은 자랑
> 거리들 중에서 왜 하필 역적이자 도적이었던 홍길동을 지역상징으로
> 내세우느냐 … 모름지기 장성에서는 홍길동을 내세운 지역축제보다 필
> 암서원을 비롯한 서원에서 글소리가 나야지 제대로 된 장성이라고 할
> 수 있지 …

이들은 홍길동이 실존인물이고, 장성출신이라는 점에는 거부감이
없었지만, 신분체제의 모순을 고발하고, 역모를 꿈꾸었던 도적을 장
성의 상징적인 인물로 부각시키는 캐릭터 사업 등에는 매우 부정적
인 시각을 드러냈다. 이러한 부정적인 시각들은 유림들이 다수 분포
되어 있는 군의회의 예산책정과정에서도 불리하게 작용하였고, 홍길
동 관련 문화전략을 강력하게 추진하고자 했던 당시 장성군수에 대
한 비난여론을 형성하기도 하였다.

이러한 분위기를 반영하듯 장성군에서는 1999년부터 추진하고 있
는 홍길동 생가복원사업인 홍길동 테마파크 조성사업과 함께 이 지
역의 대표적인 국가사적인 필암서원 성역화 사업도 이와 병행하여
추진 중에 있다. 필암서원은 오랫동안 장성을 상징하는 대표적인 인
물인 하서 김인후를 배향하고 있으며, 문향이라고 하는 지역경관을
형성하고 있는 이 지역의 다수의 서원 중에서 그 명성과 역사적 가
치가 가장 두드러진 서원이라고 할 수 있다. 그러나 최근까지도 필암
서원이 갖고 있는 이러한 자원적 가치에도 불구하고 이에 대한 주변
정비사업이나 명소화 사업 등은 이루어지지 않았던 게 사실이다. 따
라서 90년대 후반 언론과 지방정부의 집중적인 관심을 받으면서 매
우 빠른 속도로 추진되었던 이 지역의 홍길동과 관련한 일련의 문화
전략에 비해 이 지역의 오랜 전통을 상징해왔던 필암서원을 비롯한
다수의 서원과 사우에 대한 상대적인 무관심은 이 지역 유림들의 반
감을 불러 일으켰다. 그러나 당시 홍길동에 대한 외부적 관심의 집중
과 이를 지역이미지 제고와 홍보에 적극 활용코자 했던 장성군의 강

력한 정책의지는 홍길동 학술용역사업과 홍길동 생가터 발굴, 그리고 캐릭터 개발을 빠른 속도로 진행시켜 나갔고, 마침내 이러한 성과를 외부에 적극 알릴 수 있는 홍길동축제를 개최함으로써 지역민의 관심과 참여를 유도하는데 성공하였다. 당시 최초로 홍길동 관련 사업을 공무원 제안제도에 건의하였고, 채택된 후 홍길동축제를 기획하고 추진하였던 변범석씨(현 장성문화원장)는 당시의 상황을 이렇게 설명했다.

> 초창기 홍길동과 관련한 캐릭터 사업, 생가터 발굴 그리고 홍길동축제를 기획하면서 홍길동을 장성출신의 지역영웅, 혹은 의적으로 묘사하는데 대한 일부 지역민들 특히 유림들의 거부감이 상당했지요 … 우리 고장엔 하서 김인후 선생을 비롯한 수많은 인물들이 있는데, 왜 하필 서얼출신의 도적, 역적이었던 홍길동을 내세우느냐는 것이었습니다. 하지만 이러한 반감이나 부정적인 시각도 축제를 통해 장성을 적극적으로 홍보하고, 캐릭터 사업 등으로 지역경제를 활성화시키자는 지역여론이 형성되면서 점차 없어지고 있습니다. 옛날엔 외지인들이 장성하면 단풍, 백양사 정도로 인지하고 있었다고 한다면, 요즘은 축제와 캐릭터 때문인지 홍길동하면 장성을 떠올린다고 합니다. 지역민들도 이러한 점을 매우 긍정적으로 받아들이고 있는 것 같아요 …

이와 같이 장성에서는 지방자치와 지역 활성화 전략에서 홍길동이라고 하는 새로운 지역상징을 창출하고 이를 축제화함으로써 보다 역동적이면서 대중적인 지역이미지로의 전환을 시도하고 있다고 할 수 있다. 그리고 장성은 이제 홍길동 담론의 구체적인 현실화, 즉 축제화를 통해 오랫동안 장성의 지역정체성과 상징으로 대표되었던 선비정신과 의향전통이 홍길동의 고장, 장성이라고 하는 또 하나의 지역전통과 서로 경합하거나 유기적으로 연결되는 양상을 보이면서 복합적인 지역상징을 창출하고 있음을 알 수 있다. 장성지역의 선비정신과 의향전통의 담론적 전개에 비해 매우 빠른 속도로 이 지역의 새로운 지역정체성의 담론위로 자리잡은 홍길동 담론은 축제화 과정

을 비롯한 일련의 문화전략의 핵심적인 근거가 되었던 지역 활성화
를 위한 강력한 수단으로 정착되면서 내부적으로는 지역통합과 외부
적으로는 지역이미지를 제고시키는 기능을 하고 있다.

V. 전 망

지금까지 본 연구는 전남 장성군의 홍길동축제를 사례로 축제화
과정을 통해 지역상징 및 지역정체성이 어떻게 재구성되고 이것이
또 현재의 지역사회에 어떻게 활용되고 있는가를 고찰하였다. 홍길
동축제는 장성의 오랜 지역정체성으로 상징되어온 '선비정신', '의
향'의 전통이 최근 '홍길동'이라고 하는 역동적인 지역영웅을 매개로
결합되면서 장성지역의 또 다른 지역이미지와 상징의 창출이라고 하
는 일련의 흐름 속에 놓여 있다.

지역정체성의 역사를 파악하는데 있어서 중요한 쟁점이 되는 것은
과거 역사적 경험과 사실에 기초한 전통과 문화가 다양한 물리적 지
역경관과 함께 어떻게 현재의 지평에서 불러내져 활용되는가, 그리
고 전통의 활용을 통해 지역민들의 정체성 확립의 노력이 어떤 맥락
에 놓이는가에 있다. 이러한 측면에서 장성에서 진행되고 있는 장성
출신의 실존인물 홍길동에 관한 문헌사적 고증작업과 고고학적 발굴
작업, 그리고 홍길동축제의 개최 등으로 획득한 지역전통의 창출 및
활용은 현재적 이해와 역사적 사실이 결합됨으로써 지역이미지와 상
징을 강화시키고 지역정체성을 형성하는 매개로 작용하고 있음을 알
수 있다. 즉 장성지역의 역사적 경험에 기초한 전통과 문화는 지역상
징이나 정체성으로 재구성되면서 서로 경합하거나 유기적으로 연결

되는 양상을 보이고 있다. 여기서 특히 홍길동축제는 예로부터 '선비의 고장'과 '의향'의 전통을 장성의 오랜 지역정체성으로 정립시켜온 토대 위에 최근 '홍길동의 고장, 장성'이라는 새로운 지역상징과 전통의 창출이라는 일련의 흐름 속에서 중요한 매개기능의 역할을 하고 있는 것이다.

한편, 초창기 홍길동과 관련한 문화전략은 이 지역 특유의 보수적인 정서를 대변하는 유림세력과 문중집단의 거부감과 부정적인 시각에도 불구하고 장성군의 강력한 주도력을 뒷받침으로 홍길동 캐릭터 사업과 축제개최로 인해 파급되는 지역홍보와 지역활성화의 타당성과 근거를 지역민들에게 제시하면서 긍정적인 지역여론을 이끌어 내고 있다. 여기에는 무엇보다 현재의 지역축제가 가진 지역발전의 시장지향적 성격, 즉 지역활성화라는 구체적인 명분이 강력하게 작용한 결과라고 할 수 있다. 짧은 역사에도 불구하고 홍길동축제는 장성군을 대표하는 지역축제로 자리잡아 가면서 홍길동 캐릭터를 이용한 지역로고, 생가터의 관광자원화 등 이와 관련한 다양한 지역문화경관을 창출하고 있다. 이와 함께 장성은 이 지역의 오랜 전통을 상징해왔던 필암서원을 비롯한 다수의 서원 및 사우에 대한 정비작업과 명소화 사업과 함께 홍길동 생가터와 주변 유적지를 연계하는 관광루트 개발 등 지역사회의 다양한 부면을 아우를 수 있는 전략도 함께 꾀하고 있다.

장성은 현재 오랫동안 이 지역의 정체성과 상징의 중심에 있었던 '선비의 고장', '의향'에서 홍길동축제의 역동적이고 외부적인 이미지를 강화시킨 이벤트전략과 축제의 강한 시장지향적 속성이 창출하는 지역활성화라는 명분 앞에 '홍길동의 고장, 장성'이라는 전통의 창출과 재구성을 경험하고 있다. 이러한 측면에서 홍길동축제는 이제 전통의 재구성과 현재적 활용이라는 차원에서 그동안 이 지역의 역사적 경험에 기초한 전통과 문화를 다양한 물리적 지역경관과 함께 어떻게 현재의 지평에서 불러내 활용할 것인가, 그리고 이를 위한 지역사회의 다양한 목소리를 어떻게 담아낼 것인가에 진정한 지역통합 및 지역활성화의 기능을 담당할 수 있을 것이다.

● 참고문헌

1. 자 료

'홍길동' 주제어로 검색된 전국 및 지역 일간지 기사자료.

장성군 교육청, 1979, 『장성 선비의 얼』, 전남일보사 출판국.

장성군 · 조선대학교 박물관, 1999, 『장성군의 문화유적』.

장성군청 홈페이지 http://www.changsung.chonnam.kr

장성군청, 1982, 『내고장 전통가꾸기』, 장성군.

장성군청, 1997, 『장성군 마을사』 - 황룡면편 - , 장성군.

장성군청, 2001, 『장성군사』, 장성군 · 장성군사 편찬위원회.

장성군청, 1998, 『지방행정의 경쟁력 강화를 위한 C · I, B · I 및 캐릭터 개발방안 - 전남 장성군에서 추진한 개발과정을 사례로-』, 장성군.

장성군청, 2002, 『홍길동 국제학술 심포지움 자료집』, 장성군.

장성문화원, 1986, 『문향』 창간호~11집.

정강환, 2003, 『제5회 장성홍길동축제 축제평가 및 방문객 분석 결과보고서』, 장성군청 · 장성홍길동축제추진위원회.

향토문화개발협의회, 1973~1992, 『장성 향토문화』, 창간호~12호.

홍길동축제 관련 각종 팜플렛 및 홍보자료들.

2. 논 저

고석규, 1997, 「영산강유역의 장터문화와 남도민의 삶」『향토문화』 17집, 향토문화개발협의회.

광주광역시, 1995, 『하서 김인후의 도학과 문학사상』.

광주일보사, 1983, 『전남의 전통문화』 하권.

국립광주박물관, 2000, 『광산김씨 집성촌의 역사와 민속』.

금장태, 2000, 『한국의 선비와 선비정신』, 서울대학교 출판부.

김희태, 1993, 「전남지방의 향토사연구의 현황」『전남지방의 향토사연구』, 향지사.

동학농민혁명기념사업회, 1974, 『동학농민혁명의 지역적 전개와 사회변동』, 새길.

박지현, 1993, 「조선후기 장성지방 사족의 동향」, 한국정신문화연구원 석사학위논문.

설성경 외, 1997, 「실존인물 홍길동의 생애 재구(Ⅰ)-출생과 성장, 국내 활동부분을 중심으로」『東方學志』 96집, 연세대 국학연구원.

설성경, 1999, 「호남인물을 소재로 한 고소설-홍길동전 모델 관련 기록을 중심으로-」『고문연구』 12호, 한국고문연구회.

송정현, 1982, 「임진왜란의 호남의병활동-초기의병을 중심으로-」『향토문화』 7, 장성 향토문화개발협의회.

신용하, 1993, 「동학농민군의 집강소에 대한 일고찰」『역사학보』 133.

신용하, 1993, 『동학과 갑오농민전쟁연구』, 일조각.

안진오 외, 1998, 『장성황룡』, 향토문화개발협의회.

안진오, 1996, 『호남유학의 탐구』, 이회문화사.

이병직, 1983, 「장성군 마을사 연구의 실제」『향토문화』 8집, 향토문화개발협의회.

이상식 외, 1996, 『전남동학농민혁명사』, 전라남도.

이영민, 1999, 「지역정체성 연구와 지역신문의 활용-지리학적 연구주제의 탐색-」『한국지역지리학회지』 5(2).

이을호, 1980, 「한국철학사상과 장성문화권」『향토문화』6, 향토문화개
　　　발협의회.

이이화, 1995, 「동학 농민전쟁 과정에서 나타난 장성전투의 의미」『호남
　　　문화연구』23집, 전남대 호남문화연구소.

이정덕, 1998, 「지역축제와 지역정체성」, 정근식 편저, 『축제, 민주주의,
　　　지역활성화』, 새길.

이해준, 2001, 『지역사와 지역문화론』, 문화닷컴.

정근식, 2001, 「지역사회 장기구조사의 구상－구림을 중심으로－」『호
　　　남문화연구』28집.

정근식, 1996, 「지역정체성과 상징정치」『경제와 사회』30호.

정선희, 1999, 「축제의 담론과 지역정체성에 관한 연구－강릉 단오제를
　　　주요 사례로－」, 서울대학교 대학원 사회교육과 석사학위논문.

정은주, 1993, 「향토축제와 '전통'의 현대적 의미」, 서울대학교 대학원
　　　석사학위논문.

정호기, 1999, 「지역축제의 활성화와 문화정치－광주·전남의 지역축제
　　　를 사례로－」, 정근식 편저, 『축제, 민주주의, 지역활성화』, 새길.

조명래, 1996, 「지역정체성과 지역운동」『공간과 사회』7호.

최홍규, 1997, 「경기지역 향토사연구의 현황과 방향」『향토사연구의 회
　　　고와 전망』.

홉스봄 (최석영 역), 1995, 『전통의 날조와 창조』, 서경문화사.

황병성, 1998, 『산과 물이 어울려 스스로 하늘을 이룬 장성』, 장성문화
　　　원.

‖ 찾 아 보 기 ‖

ㅇ

ㅈ

집 필 자

정근식 (서울대 문학박사, 서울대 사회학과 교수)
김병인 (전남대 문학박사, 순천대 학술연구교수)
박명희 (전남대 문학박사, 전북대 학술연구교수)
홍성흡 (서울대 문학박사, 전남대 인류학과 교수)
윤희면 (서강대 문학박사, 전남대 역사교육과 교수)
전형택 (서울대 문학박사, 전남대 역사교육과 교수)
추명희 (전남대 문학박사, 전남대 호남문화연구소 연구교수)
오미란 (전남대 대학원 박사과정)

지역전통과 정체성의 문화정치

초판 발행일   2004년 11월 25일
재판 발행일   2005년 10월 10일

발행인   한 정 희
편 집   이 미 진
발행처   경인문화사
주 소   서울시 마포구 마포동 324-3
전 화   718-4831~2
팩 스   708-9711
E-mail   kyunginp@chol.com
등록번호   제10-18호
등록연월일   1973.11.8.

ISBN : 89-499-0286-9 94330   값 : 13,000원